SO GEHT'S:

# HOHE GEWINNE ERZIELEN

## RISIKO UNTER KONTROLLE BEHALTEN

Von Kryptowährungen über Short-Selling bis zu Optionen und NFTs

FBV

ROBERT ROSS

**Bibliografische Information der Deutschen Nationalbibliothek**
Die Deutsche Nationalbibliothek verzeichnet diese Publikation in der Deutschen Nationalbibliografie.
Detaillierte bibliografische Daten sind im Internet über http://dnb.d-nb.de abrufbar.

**Für Fragen und Anregungen:**
info@finanzbuchverlag.de

1. Auflage 2023


Türkenstraße 89
80799 München
Tel.: 089 651285–0
Fax: 089 652096



Die englische Originalausgabe erschien 2022 bei Adams Media, einem Imprint von Simon & Schuster.

Übersetzung: Prof. Dr. Fritz Söllner
Redaktion: Ulrich Wille
Korrektorat: Anke Schenker
Umschlaggestaltung: Marc-Torben Fischer
Satz: Röser MEDIA GmbH
Druck: GGP Media GmbH, Pößneck
Printed in Germany

ISBN Print 978-3-95972-672-6
ISBN E-Book (PDF) 978-3-98609-294-8
ISBN E-Book (EPUB, Mobi) 978-3-98609-295-5

*Weitere Informationen zum Verlag finden Sie unter:*

*www.finanzbuchverlag.de*
Beachten Sie auch unsere weiteren Verlage unter www.m-vg.de.

# INHALT

**KAPITEL 7**



**KAPITEL 8**



**KAPITEL 9**



**KAPITEL 10**



**KAPITEL 11**



**FAZIT**

Für meine Eltern Pat und Terry Ross, die mir beibrachten, was Geld wert ist, und mir schon als Kind zeigten, wie man in den Straßen von New York City durchkommt. Diese wertvollen Lehren sind mir heute noch von Nutzen. Aber noch wichtiger war, dass sie mich lehrten, mit ebenso viel Eifer zu arbeiten wie zu spielen.

# EINFÜHRUNG

Wenn man den Ausdruck »hochriskante und hochprofitable Investments« hört, dann denkt man wahrscheinlich an Hedgefonds-Manager, die mit hochkomplexen Anlagestrategien das große Geld machen. Diese skrupellosen und superreichen Investoren nützen ihre überlegenen geistigen Fähigkeiten, um vor allen anderen zu erkennen, in welche Richtung sich die Aktienpreise entwickeln. Und als Kleinanleger hat man absolut keine Chance, diese Strategien nachzuvollziehen.

Falsch! Nichts könnte weiter von der Wahrheit entfernt sein als diese Ansicht. Der technische Fortschritt hat die Unterschiede bei den Gewinnchancen angeglichen und nun können auch Kleinanleger viele der Strategien nutzen, die von den besten Hedgefonds eingesetzt werden. Und wie der berühmte Investor Peter Lynch in seinem einflussreichen Buch *One Up on Wall Street* geschrieben hat, sind viele Kleinanleger genauso gut in der Lage, richtige Anlageentscheidungen zu treffen, wie der durchschnittliche Wall-Street-Experte.*

Es gibt aber eine Sache, die die Händler an der Wall Street von Kleinanlegern unterscheidet: ihre Fähigkeit, Risiken zu bewerten. Wie ich Ihnen zeigen werde, können Sie umso höhere Investmentrenditen erzielen, je besser Sie mit Risiken umgehen können. In diesem Buch werden Sie lernen, wie man hochriskante und hochprofitable Anlagestrategien sicher und effektiv einsetzt. Ich habe alle wichtigen Informationen, nützlichen Marktindikatoren und Methoden zur Verlustvermeidung zusammengetragen, die ich in meiner langjährigen Karriere als professioneller Aktienanalyst und als Anlageberater genutzt habe. Sie werden lernen, wie hochriskante Investments funktionieren, wann man kaufen und wann man

---

* Die Erstauflage von *One Up on Wall Street* erschien 1989 bei Simon & Schuster, New York. (Anmerkung des Übersetzers).

verkaufen sollte, und – wenn alles nach Plan verläuft – dabei zusehen, wie Ihre Gewinne wachsen.

Einige der 30 Themen, mit denen wir uns beschäftigen werden, sind:

- Kryptowährungen,
- Aktien von wachstumsstarken Unternehmen,
- Kauf- und Verkaufsoptionen,
- Akquisitionszweckgesellschaften (SPACs: Special Purpose Acquisition Companies),
- Meme-Aktien,
- hebelbasierte börsengehandelte Fonds (ETFs: Exchange-traded Funds),
- Termingeschäfte,
- non-fungible Token (NFTs).

Auch wenn Sie auf der Stelle hochriskante Anlagestrategien einsetzen wollen, empfehle ich Ihnen dringend, sich die Zeit zu nehmen, um diese Strategien genau kennenzulernen, bevor Sie richtiges Geld einsetzen. Ich rate auch dazu, mit kleinen Beträgen anzufangen. Denn der Sinn und Zweck des Einsatzes von hochriskanten und hochprofitablen Strategien ist es, mit einer kleinen Summe Geld einen hohen Ertrag zu erwirtschaften. Zu viel Geld auf den Erfolg einer Hochrisikostrategie zu setzen ist ein Fehler, den viele Anfänger machen. Ich will nicht, dass er auch Ihnen passiert. Deswegen betone ich in jedem Kapitel, wie wichtig es ist, das Risiko unter Kontrolle zu halten.

Um Ihnen dabei zu helfen, mit den Risiken der verschiedenen Anlagestrategien umzugehen, enthält jedes Kapitel detaillierte Beispiele, die Ihnen Schritt für Schritt zeigen, wie man diese Hochrisikostrategien einsetzt. Dazu gehören auch Geschichten darüber, wie Geldanleger mit einigen dieser Hochrisikogeschäfte Geld gewonnen (und verloren!) haben.

Das Ziel von *Investieren mit hohem Risiko und hohem Gewinn – Ein Leitfaden für Einsteiger* besteht darin, Ihnen beizubringen, wie man diese Hochrisikostrategien verantwortungsvoll nutzt, um damit seine kurz- und langfristigen Anlageziele zu erreichen. Lassen Sie uns also loslegen!

# KAPITEL 1

# DAS WICHTIGSTE ÜBER HOCHRISKANTES UND HOCHPROFITABLES INVESTIEREN

In den meisten Finanzratgebern preist ein ergrauter Wall-Street-Veteran die Strategie an, S&P-500-Indexfonds zu kaufen, sie 40 Jahre zu halten und sich dann mit ein paar Millionen auf dem Konto zur Ruhe zu setzen. Dann erklärt dieser Oldtimer noch die Vorteile von Goldaktien und prahlt schließlich damit, dass man sich mit seinem »Allwetter-Aktienauswahlsystem« früh zur Ruhe setzen könne.

Und an irgendeiner Stelle wird er, so sicher wie das Amen in der Kirche, erwähnen, dass man jetzt genug Geld hätte, sich eine Villa am Strand zu kaufen, wenn man vor 20 Jahren 5000 Dollar in Amazon-Aktien investiert hätte.

Es stimmt natürlich, dass der Kauf und das langfristige Halten von Indexfonds ein guter Weg ist, ein Vermögen am Aktienmarkt aufzubauen. Als ein Millenial, der noch viele Jahre seiner Geldanlagelaufbahn vor sich hat, folge ich diesem Ansatz mit fast der Hälfte meines Portfolios. Aber Sie haben dieses Buch nicht gekauft, um sich über die Vorteile von Indexfonds zu informieren. Wie der Titel nahelegt, geht es hier um *hochriskante und hochprofitable* Investmentstrategien.

Ich will Ihnen zeigen, wie man Aktien handelt, bei denen es einen Short Squeeze gibt, wie zum Beispiel GameStop (GME)* und wie man Kryptowährungen ausfindig macht, die in ein paar Tagen um 300 Prozent in die Höhe schießen können˙ Mögen Sie renditestarke Aktien? Ich werde Ihnen zeigen, wie Sie am besten Unternehmen finden, die eine Dividendenrendite in zweistelliger Höhe haben, sodass sich der Kauf dieser Aktien innerhalb von nur ein paar Jahren allein durch die Dividendenzahlungen amortisiert. Haben Sie genug davon, dass Ihnen Finanzexperten immer wieder erzählen, wie viel Sie hätten verdienen können, wenn Sie Amazon vor 20 Jahren gekauft hätten? In diesem Buch werde ich Ihnen zeigen, wie Sie *das nächste Amazon* finden können.

Am wichtigsten ist aber, dass ich Ihnen Schritt für Schritt erkläre, wie man diese hochriskanten Strategien sicher anwenden und größere Geldverluste vermeiden kann.

## Sie müssen verstehen, was Risiko ist

Im Kern geht es bei Risiko um die Analyse von Unsicherheit. Damit versuchen wir herauszufinden, wie hoch die tatsächliche Rendite einer Investition, verglichen mit der erwarteten Rendite, sein wird. Je besser Sie Risiken einschätzen können, desto besser werden Sie als Investor sein.

Ich war für über die Hälfte eines Jahrzehnts Aktienanalyst. Während dieser Zeit war es mir vergönnt, von einigen der weltweit besten und intelligentesten Denker auf dem Gebiet der Geldanlage zu lernen. Zu ihnen gehören John Mauldin, Felix Zulauf und Jared Dillian. Viele dieser Experten werden später in diesem Buch noch zu Wort kommen.

Ich habe auch *sehr viel* Zeit damit verbracht, mit Kleinanlegern zu sprechen, meistens über Nachrichten auf meinen populären Social-Media-Kanälen. Eines habe ich dabei auf jeden Fall gelernt: Investmenteinsteiger haben keine Ahnung davon, wie man Risiken einschätzt. Deswe-

* GameStop ist eine amerikanische Einzelhandelskette für Computerspiele. »GME« ist das Kürzel, unter dem dieses Unternehmen an der New Yorker Börse gelistet ist. Gleiches gilt auch für die Buchstabenkombinationen, die im Zusammenhang mit den anderen in diesem Buch erwähnten Unternehmen genannt werden (Anmerkung des Übersetzers).

gen ist die Einschätzung von Risiken einer der Hauptschwerpunkte dieses Buches.

## Wenig riskante und hochriskante Entscheidungen

Wahrscheinlich hat jeder Leser dieses Buches heute eine Risikobewertung vorgenommen. Nehmen wir zum Beispiel an, Sie sind heute auf einer stark befahrenen Straße während der Hauptverkehrszeit unterwegs gewesen. Sie sind schon etwas verspätet für ein wichtiges Treffen und Sie wollen schnell über die nächste Kreuzung kommen. In dem Moment, in dem Sie sich der belebten Kreuzung nähern, wechselt die Ampel von Grün auf Gelb. Sie wissen, dass sie in ein paar Sekunden auf Rot umschalten wird.

Was würden Sie in dieser Situation tun? Ihre Entscheidung hängt davon ab, wie gut Sie Risiko aushalten können.

Wenn Sie ein risikoscheuer Fahrer sind, dann werden Sie bremsen und an der Ampel, die von Gelb auf Rot wechselt, anhalten. Auf diese Weise können Sie sicher sein, dass Sie keinen Strafzettel für das Überfahren einer roten Ampel bekommen, aber Sie werden zu spät zu Ihrem Treffen kommen.

Nicht alle Fahrer werden so reagieren. Nehmen wir an, der Fahrer vor Ihnen entscheidet sich, bei Gelb über die Ampel zu fahren. In diesem Moment beschließen Sie, Gas zu geben. Sie wissen, dass die Gefahr besteht, von einer Verkehrsüberwachungskamera fotografiert zu werden, aber Sie schätzen das Risiko und den Nutzen so ein, dass Sie das Risiko in Kauf nehmen, um rechtzeitig zu dem Treffen zu kommen.

Investoren stellen jeden Tag solche Risiko-Nutzen-Berechnungen an, obwohl meistens die möglichen Alternativen weniger klar sind als in dem Ampelbeispiel. Nehmen wir an, unser Autofahrer sitzt später am Tag an seinem Schreibtisch. Er hat gerade sein Gehalt für diesen Monat bekommen und wie immer nimmt er davon 500 Dollar und zahlt sie auf sein Investmentkonto ein.

Anders als in dem Ampelbeispiel, in dem es nur zwei Alternativen gab – Anhalten oder Gas geben –, hat unser Fahrer nun fast unendlich viele Möglichkeiten, die er berücksichtigen muss. Die risikoscheuesten Anleger würden diese 500 Dollar nehmen und etwas Todsicheres kaufen, wie zum Beispiel US-Staatsanleihen, die zwischen 1 und 2 Prozent Rendite pro Jahr bringen. Ein etwas weniger risikoscheuer Anleger würde etwas mit einem substanziellen Wert kaufen, wie zum Beispiel Gold oder, wenn er mutig ist, eine erstklassige Dividendenaktie wie zum Beispiel IBM, die vielleicht eine Rendite von 8 Prozent im Jahr hat.

Diese risikoscheuen Anleger sind der Typ von Mensch, der an der gelben Ampel anhalten würde. Sie wollen nicht das Risiko tragen, vielleicht mit ihren Investments Geld zu verlieren, und deswegen bekommen sie auch nur niedrige Renditen. Es ist dieselbe Überlegung, die hinter der Entscheidung des Fahrers steckt, eher zu spät zum Treffen zu kommen, als das Risiko eines Strafzettels einzugehen.

Aber nicht jeder ist so risikoscheu. Ein Anleger, der ein höheres Risiko tolerieren kann, sieht vielleicht die 500 Dollar auf seinem Investmentkonto und möchte unbedingt den Ertrag daraus maximieren. Er hat gehört, dass Boeing (BA) Probleme mit seinen Flugzeugen gehabt hat, weswegen der Aktienpreis in den Keller gegangen ist. Es ist zwar möglich, dass sich die Aktie in nächster Zeit nicht erholt, aber es ist auch möglich, dass dieser Substanzwert um 50 Prozent zulegt, wenn es Boeing gelingt, seinen ramponierten Ruf zu retten.

Vielleicht hat dieser weniger risikoscheue Anleger auch ein Video in den sozialen Medien gesehen, in dem es um ein Hightech-Satellitenunternehmen geht, das vor Kurzem mit seiner Aktienerstemission an die Börse gegangen ist. Diese Aktien sind zwar sehr riskant, aber sie können eine Rendite von bis zu 100 Prozent pro Jahr bringen. Deshalb nimmt der Anleger dieses Risiko gern in Kauf. Er erinnert sich vielleicht auch daran, dass ihm ein Arbeitskollege von einer Kryptowährung namens Ethereum erzählt hat, die möglicherweise im nächsten Jahr eine Rendite von 200 Prozent abwerfen könnte.

Dieser Anleger ist der Typ Mensch, der bei Gelb über die Ampel fährt und es riskiert, einen Strafzettel zu bekommen. Er ist bereit, heute vielleicht Geld zu verlieren, um in der Zukunft vielleicht *mehr Geld* zu verdienen. Ihn interessieren hochriskante und hochprofitable Investments.

Das Risiko von Geldanlagen läuft auf Folgendes hinaus: Je höher die Wahrscheinlichkeit ist, dass man Geld verliert, desto größer ist der Gewinn, den man möglicherweise machen kann.

## Die Höhe des Risikos wirkt sich auf die Höhe der Rendite aus

Beim Investieren ist es von entscheidender Bedeutung, dass man die Risiken seiner Geldanlagen versteht. In der Regel ist es so, dass ein Investment eine umso höhere Rendite hat, je höher das Risiko ist. Umgekehrt gilt, dass ein Investment eine umso niedrigere Rendite hat, je geringer das Risiko ist. Wenn Sie zum Beispiel Aktien erstklassiger Unternehmen wie McDonald's (MCD) oder Johnson & Johnson (JNJ) kaufen, dürfen Sie nicht damit rechnen, innerhalb kurzer Zeit Ihr Geld zu verdoppeln oder zu verdreifachen.

Sie haben zwar mit einer Strategie des Haltens und Kaufens eine gute Chance, dass Sie Ihr Geld langfristig – sagen wir, in zehn oder mehr Jahren – verdoppeln oder verdreifachen können, aber Aktien erstklassiger Unternehmen haben, eben weil sie erstklassig sind, ein geringes Risiko und bringen deshalb auch geringe Renditen. Jeder weiß, dass es Johnson & Johnson noch sehr lange geben wird, sodass es wenig riskant ist, diese Aktien zu kaufen.

Auf der anderen Seite gibt es hochriskante Anlagewerte wie Bitcoin. Bitcoin ist die weltweit erste Kryptowährung, eine Anlageart, die es erst seit zehn Jahren gibt. Es ist nicht sicher, dass es Bitcoin (oder Kryptowährungen im Allgemeinen) in weiteren zehn Jahren noch geben wird. Das bedeutet, dass Bitcoin-Anleger mit höheren Renditen dafür entschädigt werden, dass sie ein höheres Risiko tragen. Aber dieser Zusammenhang gilt natürlich auch in der anderen Richtung: Wenn man in hochriskante Anlagen investiert, gibt es ein höheres Risiko großer Verluste.

KAPITEL 1

# Wie man ein hochriskantes und hochprofitables Portfolio mit weniger riskanten Werten ins Gleichgewicht bringt

Viele von Ihnen kennen mich wahrscheinlich durch meine beliebten @tikstocks-Social-Media-Kanäle. Damit habe ich von Anfang an zwei Ziele verfolgt:

1. die Geheimnisse des Aktienmarktes zu lüften und so die Geldanlage für Kleinanleger einfacher zu machen,
2. und anderen dabei zu helfen, die Fehler zu vermeiden, die ich in meiner Investmentkarriere gemacht habe.

Der erste Punkt ist sehr wichtig. Die Wall Street möchte absichtlich das Investieren kompliziert und schwierig erscheinen lassen. Sie will, dass man glaubt, nur Menschen in Anzügen und mit Riesengehältern könnten am Aktienmarkt Geld verdienen. Es stimmt zwar, dass die großen Investmentfirmen mehr Geld und mehr Ressourcen zur Verfügung haben als Sie, aber das bedeutet nicht, dass Sie sie nicht mit ihren eigenen Waffen schlagen können.

Außerdem will ich, dass Sie nicht dieselben Fehler bei der Geldanlage machen, die ich gemacht habe. Durch die Tausenden Gespräche, die ich mit Kleinanlegern geführt habe, zieht sich ein gemeinsames Thema: Viele Leute gehen zu hohe Risiken ein. Sie haben zwar eine ungefähre Idee davon, was es heißt, verantwortungsvoll zu investieren, dennoch streuen sie ihre Anlagen nicht breit genug und setzen zu viel Geld auf eine riskante Strategie.

Um das zu vermeiden, sollten Sie Ihre hochriskanten Investments mithilfe der langfristigen Kaufen-und-Halten-Strategie ins Gleichgewicht bringen, die von den grauhaarigen Wall-Street-Veteranen gelobt wird. Bevor ich mein eigenes Unternehmen gründete, managte ich eine Anlageberatung, die den Leuten zeigte, wie man mit wenig riskanten Dividendentiteln Geld verdienen kann. Wenn ich mir mit dieser Strategie nicht einen guten Namen gemacht hätte, würde ich nicht jetzt ein Buch für Sie schreiben.

Auch Investoren, die intensiv Hochrisikostrategien betreiben wollen, sollten wissen, dass zum Hochrisikoinvestieren das Halten sicherer Positionen unabdingbar dazugehört. Die zahlenmäßigen Vorteile der langfristigen Kaufen-und-Halten-Strategie (»Buy and Hold«) sind einfach zu gut, um vollständig ignoriert zu werden. Beispielsweise stieg der S&P 500 während der letzten 90 Jahre in 74 Prozent dieser Jahre. Das bedeutet, dass Investoren, die einfach den S&P 500 gekauft haben, in fast drei Viertel der Jahre seit 1940 Gewinne verbuchen konnten!

**Der Aktienmarkt ist stabil**

Obwohl viele Weltuntergangspropheten immer vor einem bevorstehenden Börsencrash warnen, sind diese Zusammenbrüche *extrem* selten. Tatsächlich war es bisher so, dass der S&P 500 im Durchschnitt neun Jahre lang gestiegen ist, bevor es zu einem Kursrutsch von 30 Prozent oder mehr gekommen ist. Und diejenigen, die versuchen, das richtige »Markttiming« zu finden, sollten bedenken, dass mehr Geld bei den Versuchen verloren worden ist, Markteinbrüche vorherzusehen, als bei den Markteinbrüchen selbst.

In diesem Buch geht es zwar um hochriskantes und hochprofitables Investieren, aber Sie sollten sicherstellen, dass Sie eine solide Grundlage haben, um diese Strategien anzuwenden. Ich folge der Regel, 80 Prozent meines Portfolios in Aktien vertrauenswürdiger Unternehmen anzulegen, die ich viele Jahre zu halten plane. Das sind Unternehmen wie Alphabet (GOOGL) und Microsoft (MSFT) und sogar »Müllaktien« wie Waste Management (WM). Diese relativ risikoarmen Positionen bilden die solide Grundlage, die mir ermöglicht, Strategien mit höherem Risiko anzuwenden.

Es ist sehr wichtig, einen Kernbestand von risikoarmen Anlagewerten mit einer geringeren Rendite in Ihrem Portfolio zu halten, denn, ehrlich gesagt: Wenn Sie *nur* die Strategien in diesem Buch anwenden, dann haben Sie eine gute Chance, eine schöne Summe Geld zu verlieren. Wenn Sie aber eine solide Grundlage haben, dann können Sie auch höhere Risiken eingehen, ohne damit Ihr gesamtes Vermögen in Gefahr zu bringen.

## Wie man sichere Raketen baut

Als Elon Musk und Jeff Bezos ihre Raketen bauten, wussten sie, dass die Wahrscheinlichkeit ziemlich hoch war, dass sie explodieren würden. Tatsächlich schätzt die NASA die Wahrscheinlichkeit, dass eine Mission fehlschlägt, auf 1 zu 60 und die Wahrscheinlichkeit, dass eine Mission tödlich endet, auf 1 zu 276.

Musk und Bezos haben sich große Mühe gegeben, um sicher sein zu können, dass ihre Raketen ordnungsgemäß funktionieren. Damit wollen sie das Überleben ihrer Unternehmen gewährleisten und sicherstellen, dass sie das Leben ihrer Mitarbeiter nicht in Gefahr bringen. Sie halten ihr Risiko unter Kontrolle, indem sie die Startprozeduren immer und immer wieder überprüfen, um zu verhindern, dass sie sich selbst in die Luft sprengen.

## Auf zum Mond … wenn Sie bereit sind

Mit diesem Buch verfolge ich das Ziel, Ihnen zu zeigen, wie man auf eine ähnliche Weise das Risiko von hochriskanten und hochprofitablen Investments unter Kontrolle halten kann. Einer der am weitesten verbreiteten Ausdrücke unter der neuen Generation junger Investoren ist »Auf zum Mond!«. Der Ausdruck kam bei den Kryptowährungsanlegern auf und bezeichnet den Anstieg einer Währung innerhalb einer kurzen Zeit um viele Hundert Prozent. Jetzt ist »Auf zum Mond!« ein allgemeines Schlagwort für jeden Anlagewert, dessen Kurs in die Höhe schießt.

Ich will Ihnen zeigen, wie man Raketen baut, die »den Mond« erreichen. Aber genau wie Musk und Bezos müssen Sie vor dem Start sicherstellen, dass Ihre Raketen richtig funktionieren. Deswegen behandeln viele Abschnitte in diesem Buch Investments, deren Wert gefallen ist. Dadurch, dass Sie das analysieren, was nicht funktioniert, werden Sie lernen, was funktioniert.

**Was ist der Durchschnittskosteneffekt?**

Auf dem Durchschnittskosteneffekt beruht eine Anlagemethode, gemäß der man regelmäßig immer denselben Betrag in einen Anlagewert investiert, unabhängig von dessen Kursentwicklung. Dieses Konzept wird uns noch häufig in diesem Buch begegnen. Die Durchschnittskostenmethode stellt einen guten Ausgangspunkt dar, wenn man damit beginnen will, in einen bestimmten Wert zu investieren.

Lassen Sie uns beispielsweise auf den Fall des Anlegers mit 500 Dollar auf seinem Investmentkonto zurückkommen. Ihm ist heute danach, ein Risiko einzugehen. Deshalb kauft er keine erstklassige Aktie wie Apple (AAPL), sondern entscheidet sich dafür, eine Akquisitionszweckgesellschaft (SPAC; siehe Kapitel 3) namens Nikola Motors (NKLA) zu kaufen. Aber sechs Monate später hat unser Anleger 80 Prozent seines Investments verloren, weil sich herausgestellt hat, dass die Unternehmensführung von Nikola Motors angeklagt ist, ihre Investoren getäuscht zu haben.

Oder vielleicht entscheidet sich unser hypothetischer risikogeneigter Investor nicht für eine SPAC, sondern er investiert seine 500 Dollar in eine Kryptowährung (siehe Kapitel 2) namens XRP. Er hat nämlich einen Zeitungsartikel über Ripple, das Unternehmen, welches XRP entwickelt hat, gelesen, gemäß dem dieses Unternehmen den internationalen Zahlungsverkehr revolutionieren würde. Deshalb steckt er 500 Dollar in diesen spekulativen Anlagewert und hofft, sein Investment zu verdreifachen. Leider gehen kurz darauf amerikanische Aufsichtsbehörden hart ins Gericht mit XRP, sodass dessen Wert um 90 Prozent fällt.

Um diesen Verlust wettzumachen, nimmt unser Anleger das bisschen Geld, das ihm übrig geblieben ist, und setzt alles auf eine Aktie mit einer sehr niedrigen Marktkapitalisierung (eine Microcap; siehe Kapitel 6). Ein »Microcap-Millionär« hat auf YouTube prophezeit, dass diese Aktie im nächsten Jahr um 1000 Prozent in die Höhe schießen wird. Der YouTuber hat allerdings nicht erwähnt, wie sich die »Anteilsverwässerung« bei kleinen Unternehmen auswirkt. Obwohl der Kurs der Microcap-Aktie gestiegen ist, hat unser Anleger 50 Prozent seines Einsatzes durch den Verwässerungseffekt verloren.

In diesem Buch werde ich ausführlich darauf eingehen, wie man die Risiken, die nun einmal mit hochriskanten und hochprofitablen Strategien einhergehen, unter Kontrolle halten kann. Das beginnt damit, dass man eine solide Grundlage aus risikoarmen Aktien haben muss. Auf diese Weise ist man breit aufgestellt und vor größeren Kursrückschlägen geschützt.

Schließlich muss man wissen, wie man eine Rakete baut, die einen sicher zum Mond bringt, wenn man dorthin reisen will.

# KAPITEL 2

# KRYPTOWÄHRUNGEN

Kryptowährungen sind digitale Währungen, bei denen die Transaktionen in einer stark verschlüsselten Transaktionsdatenbank überwacht und dokumentiert werden – und nicht von einer zentralen Behörde. Kryptografie oder die Wissenschaft von der Verschlüsselung von Informationen beschäftigt sich mit der sicheren Übertragung von Informationen, wobei nur der Sender und der Empfänger der übertragenen Nachrichten ihren Inhalt erfahren dürfen. Denken Sie einmal an die Währung, mit der Sie vertraut sind: den Euro. Er wird von der EZB herausgegeben und kontrolliert. Bei Kryptowährungen wie Bitcoin oder Ethereum ist das anders.

Kryptowährungen haben ihren Ursprung auf einem Gebiet, das scheinbar gar nichts mit ihnen zu tun hat: den digitalen Musikformaten. In den späten 1990er- und den frühen 2000er-Jahren machte eine neue Software namens Napster Furore. Die Datentauschbörse Napster, die von Shawn Fanning und Sean Parker 1999 gegründet wurde, ermöglichte jedem auf der ganzen Welt, ohne Probleme Musikdateien über das Internet an andere zu schicken. Napster wurde zwar schließlich aufgrund von Urheberrechtsverletzungen geschlossen, aber die Auswirkungen dieser ersten weitverbreiteten Anwendung von Peer-to-Peer-Software sind bis heute spürbar. Dank dieses Dienstes war es zum ersten Mal möglich, Musik außerhalb des stationären Musikhandels und ohne die Mitwirkung eines Intermediärs zu tauschen.

Peer-to-Peer-Software war zwar damals revolutionär, aber Napster ist bei Weitem nicht das einflussreichste Beispiel für eine solche Software. Wenig mehr als ein Jahrzehnt später verwendete eine mysteriöse Person namens Satoshi Nakamoto diese Art von Software für ein ganz anderes Vorhaben: Bitcoin. Satoshis Entwicklung ermöglichte es, Geld außerhalb des traditionellen Bankensystems und ohne die Hilfe eines Mittelsmanns zu transferieren. Diese digitalen Währungen (oder auch Kryptowährungen) bilden heute die Grundlage eines Marktes im Wert von über zwei Billionen Dollar.

Und die weltweit erste Kryptowährung war – wie Sie sich bestimmt gedacht haben – der Bitcoin.

# Der Bitcoin

## Was ist der Bitcoin?

Schauen wir uns zuerst an, wie eine Kryptowährung im Allgemeinen funktioniert. Eine Kryptowährung ist ein digitaler Vermögenswert, der als Transaktions- beziehungsweise Zahlungsmittel dient. Der Begriff besteht aus zwei Bestandteilen: »krypto« (verborgen oder verschlüsselt) und »Währung« (wie zum Beispiel der US-Dollar eine ist). Folglich ist eine »Kryptowährung« ein digitales Zahlungsmittel, das auf einer Verschlüsselungstechnologie basiert.

Eine Kryptowährung ist also, ganz ähnlich wie der Dollar-Schein, den Sie vielleicht gerade in Ihrer Brieftasche haben, ein Zahlungsmittel. Aber im Unterschied zum US-Dollar und anderen Währungen wie dem Euro oder dem Yen, hinter denen Staaten und deren Regierungen stehen, beruhen Kryptowährungen nur auf dem Computercode einer sogenannten *Blockchain*. Eine Blockchain ist ein revolutionäres Verfahren zur Aufzeichnung von Informationen, welches es den Nutzern von Kryptowährungen praktisch unmöglich macht, diese Informationen zu ändern, zu löschen oder deren Sicherheit auf eine andere Weise zu beeinträchtigen.

Deshalb stellen Kryptowährungen Geld dar, welches nicht nur »privat« (im Gegensatz zu »staatlich«) ist, sondern auch ohne Banken auskommt.

## Die Entstehung des Bitcoins

Deshalb dürfte es nicht überraschen, dass der Bitcoin – die weltweit erste Kryptowährung – im Gefolge der Weltfinanzkrise von 2008 entstanden ist. Das ursprüngliche »Whitepaper« zum Bitcoin – der Leitfaden für die Entwicklung von Kryptowährungen – wurde im Oktober 2008 zum ersten Mal veröffentlicht. Dieser bahnbrechende Aufsatz mit dem Titel »Bitcoin: A Peer-to-Peer Electronic Cash System« wurde also nur einen Monat nach dem Zusammenbruch der Investmentbank Lehman Brothers im Zuge der Hypothekenfinanzierungskrise in den USA publiziert.

In dieser krisenhaften Zeit wurde das Vertrauen vieler Menschen in das weltweite Finanz- und Bankensystem erschüttert. Die US-Regierung rettete willkürlich einige Banken (wie zum Beispiel Goldman Sachs), während sie andere untergehen ließ (wie zum Beispiel Lehman Brothers oder Bear Stearns). Es folgte eine noch nie da gewesene Geldschwemme, als die US-Notenbank im Zuge ihrer neuen Politik der »quantitativen Lockerung« (»quantitative easing« oder »QE«) immer mehr neues Geld druckte. Unter »QE« versteht man den Ankauf von Staatsanleihen durch die Zentralbank in großem Umfang, um dadurch die Zinsen zu senken und den Geldumlauf zu erhöhen. Angesichts dessen erschien ein neues Herangehen an die Idee des Geldes nicht nur notwendig, sondern auch als ein natürlicher Schritt in die Zukunft. Denn die Geldpolitik der Zentralbank, die in dieser Form neu und unerprobt war, beunruhigte viele Menschen. Tatsächlich schuf die Zentralbank so viel neues Geld, dass einige Ökonomen fürchteten, es würde zu einer Hyperinflation kommen.

Der Bitcoin wurde angesichts der zur damaligen Zeit auf den traditionellen Finanzmärkten herrschenden außergewöhnlich großen Unsicherheit entwickelt. Durch seine Konstruktion ist es ausgeschlossen, dass jemals mehr als 21 Millionen Bitcoins existieren werden. Durch diese feste Obergrenze unterscheidet er sich von den staatlichen »Fiatwährungen« (wie dem US-Dollar), die keinen »inneren« Wert haben und nicht von Waren wie zum Beispiel Gold gedeckt sind. Dadurch können Zentralbanken jederzeit darüber entscheiden, wie viel Geld sie drucken wollen – ohne jede Obergrenze. Der Schöpfer des Bitcoins lehnte dieses Konzept ab und entschied sich für eine feste Obergrenze für das Bitcoin-Angebot. Dadurch – aber auch, weil weder Regierungen noch Notenbanken beteiligt sind – ist sichergestellt, dass der Wert des Bitcoins nicht durch das »Drucken« von immer mehr Bitcoins verwässert werden kann.

**Der Bitcoin in Krisenzeiten**

Der Bitcoin hat sich für Menschen in Ländern, in denen es Währungsprobleme gibt, als Segen erwiesen. Als es zum Beispiel in Venezuela zu einer Hyperinflation kam, tauschten viele Bürger ihre Bolívar-Guthaben entweder in Dollar oder in Bitcoin um, um deren Kaufkraft zu schützen.

Menschen, die vor autoritären Regierungen flohen, taten dasselbe. Da eine Bitcoin-Adresse nur aus einer Reihe von Zahlen besteht, konnten sie ihre Guthaben und ihr Bargeld in Bitcoin umtauschen, und als sie aus ihrem Heimatland flohen, mussten sie sich nur ihre Bitcoin-Adresse merken.

Vor der Schaffung des Bitcoins mussten Menschen, die sich in einer solchen verzweifelten Lage befanden, ihr Geld in Waren (zum Beispiel Gold) umtauschen, bevor sie flohen, oder aber alles zurücklassen. Der Bitcoin ist eine viel sicherere und wesentlich praktikablere Möglichkeit, Vermögenswerte in Krisenzeiten zu transferieren.

## Ein elektronisches Peer-to-Peer-Geldsystem in Aktion

Der Bitcoin ist eine einfache Methode, um Geldbeträge schnell zu transferieren. Nehmen wir zum Beispiel an, Sie leben in Los Angeles und wollen in das Unternehmen Ihres Freundes Pierre in Frankreich Geld investieren. Es gibt aber ein Problem: Er braucht 50 000 Dollar innerhalb von fünf Tagen von Ihnen, weil er in dieser Zeit ein bestimmtes Geschäft abschließen muss.

Jetzt stehen Sie vor einem großen Problem: Weil Pierre Ihnen erst am Freitagnachmittag von dem Geschäft erzählt hat, hatten Sie keine Zeit mehr, Ihre Bank zu kontaktieren. Wenn man bedenkt, dass es drei bis fünf Tage dauern wird, das Geld zu überweisen, ist klar, dass Sie es nicht schaffen werden, Pierre das Geld rechtzeitig zukommen zu lassen.

Genau in solchen Situationen kommt der Bitcoin ins Spiel. Weil Pierre eine Bitcoin-Adresse hat, können Sie 50 000 Dollar in Bitcoins umtauschen und ihm das Geld ohne die Hilfe einer Bank schicken. Es kann zwar bis zu einer Stunde dauern, Gelder zu transferieren, aber es ist auf jeden Fall viel schneller und viel effizienter, als die drei bis fünf Tage zu warten, die eine normale Banküberweisung dauern würde.

Während dieses private und »bankenlose« Geld theoretisch gut funktioniert, ist die Situation in der Praxis aufgrund der Schwankungsanfälligkeit des Bitcoins komplizierter.

## Beißen Sie die Zähne zusammen!

Einer der häufigsten Ausdrücke, den man von Bitcoin-Verwendern hört, ist »hodl«. Angeblich ist es das englische Wort »hold« mit einem Buchstabendreher; aber es ist auch ein Akronym, welches für »**H**old **O**n for **D**ear **L**ife!« steht, auf Deutsch etwa: »Beißen Sie die Zähne zusammen!«.

Wenn es um die Preisentwicklung des Bitcoins geht, dann muss man sich tatsächlich auf einiges gefasst machen, weil diese Kryptowährung berühmt-berüchtigt für ihre große *Volatilität* ist. Unter »Volatilität« versteht man die Schwankungen des Preises eines Vermögenswertes im Zeitablauf. Bei der Volatilität geht es also im Wesentlichen darum, wie oft der Preis sich ändert und wie groß die Preisänderungen sind.

Es gibt nur wenige Vermögenswerte, die noch volatiler als der Bitcoin sind. Zum Beispiel stieg im Jahr 2017 der Bitcoin-Kurs um 1400 Prozent. Aber dieser Anstieg wurde durch fünf verschiedene Kursrückgänge von jeweils ungefähr 30 Prozent unterbrochen – und 30 Prozent sind ein beträchtlicher Kursrückgang. Zum Vergleich erlebten diejenigen, die am Aktienmarkt während des Covid-19-Kurseinbruchs investiert waren, im

März 2020 einen Rückgang des S&P 500 um 36 Prozent. Und stellen Sie sich jetzt einmal vor, so etwas passiert fünfmal innerhalb eines Jahres!

Mit diesem Wissen wollen wir uns unser Beispiel noch einmal anschauen. Sie sagen Pierre, dass Ihre Bank geschlossen ist und dass Sie ihm deshalb die 50 000 Dollar über das Bitcoin-Netzwerk schicken müssen. Pierre ist damit einverstanden, aber als Sie die Transaktion durchführen, kommt es zu einer Verkaufswelle beim Bitcoin. Als das Geld schließlich in der digitalen Brieftasche (»Wallet«) von Pierre ankommt, ist es nicht mehr 50 000 Dollar, sondern nur noch 40 000 Dollar wert.

Wenn man 20 Prozent seines Kapitals innerhalb von Stunden verlieren kann, ist der Bitcoin offensichtlich kein perfektes Zahlungsmittel. Andererseits ist diese Volatilität einer der Hauptgründe dafür, dass der Bitcoin der Vermögenswert mit dem höchsten Kursanstieg in der Finanzgeschichte geworden ist. Und sie ist auch der Grund dafür, dass Anleger mit dem Bitcoin Unmengen von Geld verdienen können.

## Fallstudie: Eine lehrreiche Lektion über die Risiken des Bitcoins

Ich hörte 2014 zum ersten Mal vom Bitcoin. Ein Unternehmen, für das ich als Junioranalyst arbeitete, beauftragte mich damit, mir die Bitcoin-Technologie genauer anzuschauen und einen Bericht für einen Kunden zu erstellen. Während dieser Arbeit wurde mir klar, dass der Bitcoin eine Art »digitales Gold« war. Aber ich schloss meinen Bericht mit der Feststellung, dass der Bitcoin zu teuer sei, um darin zu investieren, weil er auf einem Allzeithoch von 600 Dollar notierte.

Damals war es außerdem schwierig, Bitcoins zu kaufen. Jeder, der Bitcoins oder eine andere Kryptowährung kaufen wollte, musste eine Verbindung zwischen seinem Bankkonto und irgendeiner suspekten Bitcoin-Börse herstellen. Die größte dieser Börsen war Mt.Gox, ein japanischer Marktplatz, der später 850 000 Bitcoins bei einem Hackerangriff verlieren sollte. Diese 850 000 Bitcoins sind zu der Zeit, in der ich dies schreibe, ungefähr 42 Milliarden Dollar wert.

Weil der Kurs zu hoch schien und weil ein Kauf nicht einfach war, beschloss ich, abzuwarten. Das tat ich bis 2017, als ich eine Börse namens

Coinbase entdeckte, bei der es relativ einfach war, Bitcoins zu kaufen. Also stellte ich eine Verbindung zwischen Coinbase und meinem Bankkonto her und kaufte für 500 Dollar Bitcoins. Damals entsprach dies einem Fünftel eines Bitcoins. Ich ahnte damals nicht, dass ich durch diesen Kauf während der nächsten vier Jahre eine wilde gefühlsmäßige und finanzielle Achterbahnfahrt erleben sollte.

## Vorspiel zu einem Kryptowinter

Der Bitcoin setzte seinen Aufschwung bis zum Ende des Jahres 2017 fort. Seit meinem Kauf im Sommer dieses Jahres war der Bitcoin um über 500 Prozent in die Höhe geschossen. Mein Investment von 500 Dollar war nunmehr über 3000 Dollar wert!

Ich baute meine Bitcoin-Position weiter aus. So wurde ich bis zum Jahresende zu einem »Whole-Coiner«: Das ist der Bitcoin-Ausdruck für jemanden, dem nicht nur ein Bruchteil eines Bitcoins, sondern ein ganzer Bitcoin gehört. Trotz des starken Anstiegs war ich der Meinung, dass ich frühzeitig bei dieser neuen Technologie eingestiegen war und dass der Kurs weiter steigen würde. Und falls ich die Nerven behielt und weiter in den Bitcoin investierte, könnte er mich reich machen.

Ähnlich wie bei vielen anderen Vermögenswerten, deren Preis schnell ansteigt, kam es auch beim Bitcoin zu einer deutlichen »Mittelwertrückkehr«.* Nach einem Kurshoch von 19 650 Dollar im Dezember 2017 verlor der Bitcoin rapide an Wert. Bis zum Ende des Jahres 2018 betrug der Kursverlust 81 Prozent. Da ich zu Kursen von bis zu 15 000 Dollar pro Bitcoin gekauft hatte, war aus meinem anfänglichen 500-Prozent-Gewinn ein massiver Verlust geworden.

Geld zu verlieren entmutigt jeden Anleger. Weil ich aber kein unerfahrener Anleger war und langfristig dachte, beschloss ich trotzdem, die Zähne zusammenzubeißen und durchzuhalten. Außerdem wusste ich, dass der nicht realisierte Nettogewinn beziehungsweise -verlust (»net un-

* Von einer Mittelwertrückkehr (»mean reversion«) spricht man in der Kapitalmarkttheorie, wenn es zur Korrektur von Kursübertreibungen kommt, also wenn auf einen starken Kursanstieg (beziehungsweise Kursrückgang) ein Kursrückgang (Kursanstieg) folgt (Anmerkung des Übersetzers).

realized profit and loss« oder NUPL) und die Dominanzindikatoren des Bitcoins nahe den Tiefpunkten des aktuellen Marktzyklus waren (dazu später mehr in diesem Kapitel). Weil diese Daten darauf hindeuteten, dass jetzt eine gute Gelegenheit zum Kauf sei, entschied ich mich, meine Bitcoin-Position nicht nur zu halten, sondern auszubauen.

## Ein Bitcoin-Investor kennt keinen Schmerz!

Ich hielt meinen »ganzen« Bitcoin während des gesamten Jahres 2018. Während die Berichterstattung in den Medien über den Bitcoin und das allgemeine Interesse daran abnahmen, beließ ich meinen Bitcoin in meiner Coinbase-Wallet.

2019 beschloss ich dann, *noch mehr* Bitcoins zu kaufen. Ich glaubte an die Zukunft der Idee, Geld außerhalb des Finanz- und Bankensystems zu halten. Bis zum Januar 2020 hatte ich einen weiteren ganzen Bitcoin erworben. Ich besaß nunmehr zwei Bitcoins zu einem Durchschnittskaufpreis von jeweils 8000 Dollar. Mit 16 000 Dollar war der Bitcoin die größte Position in meinem Portfolio.

Mir war klar, dass der Bitcoin ein risikoreicher Vermögenswert war. Das bedeutete, dass Anleger Bitcoins kaufen würden, wenn sie mit ihren Portfolios höhere Risiken eingehen wollten. Angesichts der seit den 1950er-Jahren längsten Wachstumsphase in der Geschichte der USA und angesichts eines Aktienmarkts auf seinem Allzeithoch schien mir die Gelegenheit perfekt für einen Ausbau meiner Bitcoin-Position.

Dann schlug die Covid-19-Pandemie zu. Im März 2020 fiel der S&P 500 um 36 Prozent, während sich die Weltwirtschaft auf einen Lockdown gefasst machte. Die Anleger wollten nichts mehr von risikoreichen Vermögenswerten wissen und der Bitcoin-Kurs fiel innerhalb von Tagen um mehr als 50 Prozent.

Ich musste zusehen, wie sich der Wert meiner größten Portfolioposition halbierte, aber ich sagte mir, dass sich an der Gültigkeit meiner Überlegungen nichts geändert habe und dass ich deswegen meine Position weiter halten sollte. Diese Strategie sollte sich auszahlen: Bis zum Jahresende hatte der Bitcoin ein neues Allzeithoch von 42 000 Dollar erreicht. Und am Anfang des Jahres 2021 waren meine zwei Bitcoins 120 000 Dollar wert.

## Anlagestrategie: Bitcoin

Unter den hochriskanten und hochprofitablen Anlagen gibt es wenige mit besseren Gewinnchancen als das Kaufen und Halten von Bitcoins. Es gibt inzwischen schnellere Blockchains mit einer besseren Technologie, aber der Bitcoin ist die bekannteste Kryptowährung und genießt die Vorteile des Pioniers des Kryptowährungsmarktes.

Der Bekanntheitsgrad des Bitcoins und die damit verbundenen »Netzwerkeffekte« machen den Bitcoin zu einem interessanten langfristigen Investment. Das gilt vor allem wegen der Obergrenze von 21 Millionen Bitcoins, die nicht überschritten werden kann.

**Kryptowährungen als gesetzliche Zahlungsmittel**

Ich bin nicht der Einzige, der an die langfristigen Aussichten des Bitcoins glaubt. 2021 war El Salvador das erste Land, das den Bitcoin als gesetzliches Zahlungsmittel einführte. Das bedeutet, dass alle Anbieter von Waren oder Dienstleistungen in diesem Land Bitcoins zur Zahlung akzeptieren müssen. Möglicherweise werden andere Länder dem Beispiel El Salvadors in der Zukunft folgen.

## Wie erkennt man, wann man Bitcoins kaufen sollte?

Genau wie alle anderen Kryptowährungen ist der Bitcoin ein sehr schwankungsanfälliger Anlagewert. Aber wenn man die starken Kursrückgänge aushalten kann, kann man als Entschädigung auch hohe Gewinne erzielen. Es mag zwar oft so aussehen, als seien die Kursschwankungen des Bitcoins rein zufällig. Aber seien Sie versichert, dass es große Marktteilnehmer gibt, die sogenannten »Wale«, die den Markt in ihrem Sinne beeinflussen. Obwohl der Bitcoin-Markt für Anleger ein schwieriger Markt ist, gibt es doch ein paar wichtige technische Indikatoren, die man im Auge behalten sollte, weil sie einem dabei helfen können, die Kursentwicklung des Bitcoins vorherzusagen. Wenn man lernt, diese Indikatoren zu bestimmen und zu interpretieren, kann man Unmengen von Geld machen. Und das sind die wichtigsten von diesen Indikatoren:

## 1. Nicht realisierter Nettogewinn beziehungsweise -verlust (»net unrealized profit and loss« oder »NUPL«)

Der nicht realisierte Nettogewinn beziehungsweise -verlust (NUPL) ist die Differenz zwischen den relativen nicht realisierten Gewinnen und den relativen nicht realisierten Verlusten aller Bitcoins, die es gibt. Wenn die nicht realisierten Gewinne hoch sind, bedeutet das, dass die Anleger gierig sind, weil sie noch höhere Gewinne anstreben. Andererseits steigt mit der Höhe der nicht realisierten Gewinne auch die Wahrscheinlichkeit, dass die Anleger Gewinne mitnehmen und ihre Bestände verkaufen.

Dieser Indikator hat sich als sehr aussagekräftig erwiesen. Ein NUPL-Wert von 75 Prozent und mehr – was man auch als den »Euphoriebereich« bezeichnet – fiel mit den letzten fünf Kursspitzen des Bitcoins zusammen.

Glücklicherweise funktioniert dieser Indikator auch in der Gegenrichtung: Wenn der NUPL niedrig ist, dann heißt das, dass wenige Anleger Bitcoin-Bestände halten, mit denen sie in der Gewinnzone sind. Man spricht von niedrigen NUPL-Werten auch als »Kapitulationsbereich«. Dieser fiel mit den Tiefpunkten des Bitcoin-Kurses in den letzten fünf Marktzyklen zusammen.

Anleger, die eine Bitcoin-Position aufbauen wollen, tun gut daran, zu warten, bis der Bitcoin die Kapitulationszone erreicht oder der NUPL negativ wird. Andererseits sollten Investoren Kursgewinne beim Bitcoin mitnehmen, wenn der NUPL-Wert bei 75 Prozent und mehr liegt. Die Daten zum NUPL-Wert lassen sich auf *LookIntoBitcoin.com* und *Glassnode.com* finden.

## 2. Bitcoin-Dominanz

Der Wert für die Bitcoin-Dominanz gibt an, welchen Anteil der Bitcoin am gesamten Kryptowährungsmarkt hat. Zu einem Abwärtstrend der Bitcoin-Dominanz kommt es in den Bullenphasen des Kryptowährungsmarktes, in denen die Kurse für »Altcoins« (die wir im nächsten Abschnitt besprechen werden) schneller als der Bitcoin-Kurs steigen.

Andererseits kommt es zu einem Aufwärtstrend der Bitcoin-Dominanz in den Bärenphasen des Kryptowährungsmarktes. In diesen Zeiten empfiehlt es sich, entweder die gesamten Kryptowährungsbestände zu verkaufen oder die Bestände anderer Kryptowährungen (Altcoins) in Bitcoins umzutauschen.

Allgemein kann man sagen, dass man Bitcoins kaufen sollte, wenn die Bitcoin-Dominanz niedrig ist, und dass man Bitcoins verkaufen sollte, wenn die Bitcoin-Dominanz hoch ist (das Umgekehrte gilt für Altcoins). Es hat sich in der Vergangenheit gezeigt, dass ein guter Zeitpunkt für den Kauf von Bitcoins dann ist, wenn die Bitcoin-Dominanz bei weniger als 40 Prozent des Kryptowährungsmarktes liegt. Und wenn dieser Wert über 65 Prozent steigt, sollte man Gewinne mitnehmen und verkaufen. Informationen über den Wert der Bitcoin-Dominanz lassen sich auf *TradingView.com* finden.

## 3. Anzahl der verschiedenen Bitcoin-Adressen

Wenn Sie sich dazu entschließen, sich eine digitale Bitcoin-Wallet zuzulegen, müssen Sie als Erstes eine Bitcoin-Adresse einrichten. Das ist die Adresse, mit der man Kryptowährungen empfangen und versenden kann.

Daraus folgt, dass einer der besten Indikatoren für die Anzahl der Menschen, die Kryptowährungen benutzen und die Blockchain-Technologie anwenden, in der Anzahl der neu eingerichteten Bitcoin-Adressen besteht.

Wenn man die Anzahl der neu eingerichteten Adressen (und die Anzahl der Adressen, die aktiv sind) verfolgt, kann man sich einen guten Eindruck von der Stimmung am Kryptowährungsmarkt verschaffen. Diese Daten sagen einem, wie viele neue Anleger in den Kryptowährungsmarkt eintreten und wie viele Konten schon aktiv sind. Diese Informationen können Sie unter *Blockchain.com* finden.

## Wie investiert man in den Bitcoin?

Wenn man sich erst einmal dazu entschlossen hat, Bitcoins zu kaufen, sollte man den Durchschnittskosteneffekt beim Aufbau seiner Position nutzen. Wie ich in Kapitel 1 erklärt habe, liegt der Durchschnittskosteneffekt einer Anlagemethode zugrunde, bei der man regelmäßig immer denselben Betrag in einen Anlagewert investiert, unabhängig von dessen Kursentwicklung. Wenn Sie also 1000 Dollar für ein Investment in den Bitcoin zur Verfügung haben und Ihre Käufe über ein paar Monate verteilen wollen, können Sie zum Beispiel festlegen, jeden Montag um 17 Uhr für 100 Dollar Bitcoins zu kaufen. Für Neuanleger ist es von Vorteil, einen festen Betrag zu haben, den man jeden Monat investiert, und seinen Broker mit den Käufen zu beauftragen. Dadurch vermindert sich die Volatilität des Einstandskurses.

Man muss zwar keinen Broker haben, der die Käufe für einen abwickelt, aber am Anfang kann es nicht schaden, ein wenig Hilfe zu haben. Am Ende ist es aber eine persönliche Entscheidung.

Je nach Ihrer Risikoneigung und Ihrer Risikotoleranz ist es ratsam, zwischen 5 und 8 Prozent Ihres Portfolios in den Bitcoin zu investieren, am Anfang vielleicht noch weniger.

Wenn Sie Ihre Position eröffnen, sollten Sie darauf achten, dass sich der NUPL-Wert nicht in der Nähe der »Euphoriezone« bewegt. Wenn das der Fall sein sollte, ist es besser, abzuwarten, bis der Kurs wieder gesunken ist. Wenn es überhaupt etwas gibt, dessen man sich beim Bitcoin sicher sein kann, dann, dass es immer zu einer größeren Kurskorrektur kommen wird.

In gleicher Weise sollte man dann in den Bitcoin investieren, wenn die Bitcoin-Dominanz niedrig ist. Das stellt sicher, dass man nicht während der letzten Ausschläge eines Bullenmarktes kauft.

Wenn sowohl die Bitcoin-Dominanz als auch der NUPL-Wert bei ihren Höchstständen im aktuellen Marktzyklus sind, dann ist es Zeit, zu verkaufen und Gewinne in Sicherheit zu bringen.

# Altcoins

## Was sind Altcoins?

Der Kryptowährungsmarkt besteht zum größten Teil aus dem Bitcoin, der Rest besteht aus den sogenannten Altcoins.

Der Ausdruck »Altcoin« ist eine Abkürzung von »alternative Coin«. Ein Altcoin ist also einfach jede Kryptowährung außer dem Bitcoin. Und es gibt *Massen* von Altcoins auf dem Markt. Im Februar 2021 konnte man mit fast 9000 Altcoins handeln.

Altcoins lassen sich in vier Gruppen einteilen:

- **»Geschürfte« Altcoins:** Bei diesen Altcoins kommen komplexe Systeme zum Einsatz, auf deren Grundlage neue Coins durch die Lösung bestimmter Rechenaufgaben (»Proof of Work« oder »Arbeitsnachweis«) geschaffen werden, wobei über die Transaktionen Buch geführt wird.
- **Stablecoins (»Stabile« Altcoins):** Diese Altcoins sind an den Wert bestimmter Waren, wie beispielsweise Edelmetalle, oder anderer Währungen gebunden. Sie zeichnen sich durch eine geringe Kursvolatilität aus, da ihr Wert von dem Wert von Fiatwährungen wie dem US-Dollar, von Waren oder auch von anderen Kryptowährungen abhängt. Zum Beispiel ist der Wert des wichtigsten Stablecoins, der den Namen »Tether« trägt, auf 1 US-Dollar fixiert.
- **Utility Tokens:** Diese Altcoins sind digitale Werteinheiten (»tokens«), die einen konkreten Nutzen (»utility«) in kryptografischen Netzwerken haben. Sie dienen typischerweise nicht zu Anlagezwecken, sondern werden dazu genutzt, Güter auf einer bestimmten Plattform zu kaufen.
- **Security Tokens:** Diese Altcoins sind digitale Werteinheiten (»tokens«), die als Wertpapiere (»securities«) zu Anlagezwecken dienen. Sie stellen Anteile am Eigentum eines Kryptowährungsprojekts oder eines Unternehmens dar und ähneln damit Aktien, die Besitzanteile

an einem Unternehmen sind. Die Besitzer von Security Tokens haben ein Stimmrecht, bekommen Dividenden und sind Teileigentümer des betreffenden Unternehmens.

Der Bitcoin gehört zu den »geschürften« Kryptowährungen und ist damit ein Proof-of-Work-Token (PoW-Token). Das bedeutet, dass neue Bitcoins nur geschaffen werden können, wenn sie »geschürft« werden, indem durch ein dezentrales Computernetzwerk immer schwierigere mathematische Aufgaben gelöst werden. Da man zur Lösung dieser Aufgaben immer leistungsfähigere Computer benötigt, wird dadurch sehr viel Energie verbraucht.

Viele Altcoins beruhen nicht auf diesem Arbeitsnachweisverfahren, sondern auf dem sogenannten Anteilsnachweisverfahren (»proof of stake« oder »PoS«). Genau wie PoW ist auch PoS ein »Konsensfindungsmechanismus«, mit dessen Hilfe neue Transaktionen verifiziert und der Blockchain jedes Altcoins hinzugefügt werden und neue Coins geschaffen werden. Ein »Konsensfindungsmechanismus« ist im Wesentlichen ein Verfahren, um sicherzustellen, dass dieselbe Einheit einer Kryptowährung nicht zweimal ausgegeben wird (Problem der doppelten Ausgabe) und die Währung dadurch entwertet wird.

Sowohl PoS als auch PoW lösen dieses Doppelausgabenproblem der Kryptowährungen. Beide Verfahren lassen sich am besten anhand eines Beispiels erklären. Nehmen wir an, Sie wollen ein Paar Nike Air Jordan 7 für 200 Dollar kaufen. In der traditionellen Welt des Einzelhandels legen Sie einfach Ihre Kreditkarte vor, um den Kauf zu tätigen. In diesem Fall tritt zum Beispiel Visa als zentrale Abwicklungsstelle auf und dient als Vermittler zwischen Ihnen, Ihrer Bank und dem Schuhgeschäft. Dadurch wird sichergestellt, dass Sie nicht mit denselben 200 Dollar in ein Restaurant um die Ecke gehen und diese dort für ein Essen ausgeben.

In der Welt der Altcoins und der Kryptowährungen gibt es verschiedene Ansätze, wie dieses Doppelausgabenproblem zu lösen ist. Später in diesem Kapitel werde ich in einer Fallstudie zeigen, dass man vor Gericht landen kann, wenn man auf diese Einzelheiten nicht richtig achtgibt.

# Spart am Werk nicht Fleiß noch Mühe!

Kryptowährungen haben das Ziel, bei finanziellen Transaktionen die Mittelsmänner überflüssig zu machen. Arbeitsnachweis- und Anteilsnachweisverfahren (PoW und PoS) sind zwei verschiedene Methoden, um dieses Ziel zu erreichen.

## Arbeitsnachweis (PoW)

Lassen Sie uns auf das Beispiel mit den Basketballschuhen zurückkommen. Statt Ihre Visa-Karte zur Bezahlung des Paars Air Jordan 7 einzusetzen, beschließen Sie, mit Bitcoins zu bezahlen. Der Bitcoin beruht auf einer Art »verteiltem Kassenbuch« (»distributed ledger«), das als »Blockchain« bekannt geworden ist. Jedes Mal, wenn jemand eine Transaktion innerhalb des Bitcoin-Netzwerks tätigt, wird diese Transaktion in der Blockchain registriert wie in einem Kassenbuch.

Um sicherzustellen, dass niemand seine Bitcoin-Bestände zweimal ausgibt, wird das Kassenbuch zwischen Millionen von Computern verteilt (oder geteilt). Diese Computer lösen ungefähr alle zehn Minuten immer schwieriger werdende mathematische Aufgaben, um zu verifizieren, dass niemand im Netzwerk seine Bitcoins doppelt ausgegeben hat. Und wenn ein »Schürfer« diese Aufgaben löst, dann erhält er Bitcoins als Entlohnung.

Das Problem mit PoW liegt darin, dass es sehr viel Energie verbraucht. Tatsächlich gibt es Schätzungen, wonach das Bitcoin-Netzwerk 54 Terawattstunden Energie pro Jahr verbraucht. Das entspricht dem Jahresverbrauch von fünf Millionen US-Haushalten oder dem gesamten Jahresverbrauch eines Landes wie Neuseeland.

Wenn Sie also Ihre Air-Jordan-7-Schuhe mit Bitcoins bezahlen, wird diese Transaktion von einer Reihe dezentraler Computer verifiziert, die dafür *richtig viel* Energie benötigen. Es gibt kein Unternehmen wie Visa oder Mastercard, das die Transaktion verifiziert, sondern nur das Bitcoin-Netzwerk und die Schürftätigkeit.

## Anteilsnachweis (PoS)

Das Anteilsnachweisverfahren funktioniert auf eine andere Art und Weise. Während PoW-Systeme auf dezentralen Schürfaktivitäten beruhen, werden beim PoS-Verfahren eine Reihe von »Validatoren« eingesetzt, um sicherzustellen, dass niemand Ausgaben doppelt tätigt. Dabei wird ein Netzwerkknoten ausgewählt – also ein Computer, der mit dem Computernetzwerk der betreffenden Kryptowährung verbunden ist –, um jede Transaktion zu validieren, also zu überprüfen und zu genehmigen. Dadurch wird der verschwenderische Energieverbrauch von PoW-Systemen vermieden.

## Fallstudie: Ripple Labs und XRP

Im September 2017 erzählte mir ein Freund, der ein erfolgreicher Softwareentwickler war, voller Aufregung von einem neuen Kryptowährungsprojekt. Es ging um eine Firma mit dem Namen »Ripple Labs«. Ihr Ziel war es, Banken und anderen großen Institutionen zu ermöglichen, Geld schnell und problemlos weltweit zu transferieren. Um Geld von einem Land in ein anderes zu überweisen, müssen sich Banken seit den 1970er-Jahren einer Einrichtung bedienen, welche den Namen »Society for Worldwide Interbank Financial Telecommunication« (»SWIFT«) trägt. Dieses System erlaubt es 11 000 Finanzinstitutionen aus 200 Ländern, Geld über ein Kommunikationsnetz zu transferieren.

Leider ist das SWIFT-System *sehr* langsam. Es dauert drei bis fünf Arbeitstage, bis das Geld überwiesen ist. Außerdem muss man ausländische Bankgebühren bezahlen. Bis schließlich eine Summe von 100 000 Dollar von einer Bank in den USA an eine Bank in Kanada überwiesen ist, ist sie vielleicht wegen der Gebühren und möglicher Wechselkursprobleme nur noch 98 000 Dollar wert.

Ripple Labs hatte vor, diese Prozedur mithilfe ihrer Kryptowährung XRP zu vereinfachen. Diese digitale Werteinheit sollte es Privatpersonen und Banken ermöglichen, auch große Finanztransaktionen sofort abzuwickeln. Es sollte keine Wartezeiten (wie beim SWIFT-System) geben und die Gebühren sollten minimal sein. Damit wäre XRP – nach Meinung von Ripple Labs – ein Utility Token.

Ich hörte auf das Loblied meines Freundes. Nachdem er mir gezeigt hatte, wie man diese Token bei einer chinesischen Kryptowährungsbörse namens Binance kaufen konnte, investierte ich 500 Dollar in XRP zu einem Kurs von 18 Cent pro Token.

## Ripple auf dem Weg zum Mond

Damals kannte kaum jemand XRP. Ripple Labs wurde zwar schon 2012 gegründet, aber der Handel mit den XRP-Token begann erst 2014. Weil Kryptowährungen bei den meisten Leuten außerhalb der Finanz- und Tech-Szene noch relativ unbekannt waren, beachtete so gut wie niemand XRP.

Das änderte sich in den Wochen, nachdem ich meine XRP-Position gekauft hatte. Das Interesse an Kryptowährungen nahm stark zu, als der Bitcoin-Kurs immer mehr anstieg. Sobald die Anleger merkten, dass es auch eine ganze Menge anderer digitaler Vermögenswerte, die sogenannten Altcoins, gab, ergoss sich eine wahre Geldflut in diese neu entdeckten digitalen Vermögenswerte.

Zwischen Dezember 2017 und Januar 2018 schoss XRP um 1135 Prozent in die Höhe – bis zu einem Kurs von 3,84 Dollar. Ripple hatte 38,7 Milliarden XRP-Token im Voraus »geprägt«, wodurch sich ein Gesamtmarktwert des Unternehmens von fast 150 Milliarden Dollar ergab. Dies machte Chris Larsen, einen der Gründer von Ripple Labs, dem 37 Prozent des Unternehmens gehörten, für eine kurze Zeit zu einem der reichsten Menschen auf der Welt.

Die Betonung liegt auf »kurze«. Während Ripple Labs und XRP am Beginn des Jahres 2018 ihre Blütezeit erlebten, sollten die nächsten drei Jahre für das Unternehmen sehr stürmisch verlaufen.

KAPITEL 2

# Wie gewonnen, so zerronnen

Die 500-Dollar-Position XRP, die ich im September 2017 geöffnet hatte, war bis Anfang Januar 2018 auf über 10 000 Dollar gestiegen.

Aber genau wie Chris Larsens Zeit als einer der reichsten Männer der Welt war auch mein Gewinn nur von kurzer Dauer. Bis zum September 2018 war der Wert meines XRP-Bestandes auf nur 1000 Dollar geschrumpft. Wenn man all die Zukäufe berücksichtigte, die ich getätigt hatte, als der Kurs von XRP fiel, dann befand ich mich ganz klar in der Verlustzone.

Aber für Ripple Labs und ihre Gründer sollte es noch schlimmer kommen. Anders als der Bitcoin und die meisten Altcoins, die entweder das Arbeitsnachweis- oder das Anteilsnachweisverfahren (PoW oder PoS) verwenden, nutzt Ripple einen anderen Konsensfindungsmechanismus, das sogenannte »Aktivitätsnachweisverfahren« (»proof of activity«). Bei diesem Verfahren sucht Ripple sich selbst »Validatoren« aus, die Transaktionen validieren, um doppelte Ausgaben in seinem Netzwerk zu verhindern.

Ripple Labs hatte XRP-Token in der Größenordnung von 13 Milliarden Dollar geschaffen und verkauft. Sein Problem bestand darin, dass es nicht nur als zentrale Börse für XRP fungierte, sondern auch Token verkaufte, um seinen Geschäftsbetrieb zu finanzieren. Dadurch wurde die US-Börsenaufsicht SEC (Securities and Exchange Commission) aufmerksam, die der Meinung war, XRP-Token seien »Wertpapiere«.

Im Dezember 2020 wurde XRP vom Handel bei Coinbase, der weltweit zweitgrößten Kryptowährungsbörse, ausgeschlossen. Während Bitcoin und andere Kryptowährungen seitdem zu immer neuen Höhenflügen ansetzten, hat XRP bis jetzt das Allzeithoch vom Januar 2018 noch nicht wieder erreicht.

## Anlagestrategie: Altcoins

Der Altcoin-Markt ist sehr vielfältig und entwickelt sich schnell weiter. Wahrscheinlich wird es neue Arten von Altcoins am Markt geben, bis dieses Buch veröffentlicht ist.

### Woran erkennt man ein gutes Altcoin-Investment?

Bei den sich schnell ändernden Marktbedingungen ist es besonders wichtig, dass man genau weiß, in was man investiert. Informieren Sie sich gründlich, bevor Sie etwas kaufen, denn am Altcoin-Markt gibt es mehr als genug Betrüger. Daran sollten Anleger denken, die sich auf diesen hochriskanten und hochprofitablen Markt wagen wollen – bevor sie in irgendeinen Altcoin investieren.

Altcoin-Marktbewegungen zu erkennen und sich zunutze zu machen ist das Paradebeispiel für hochriskante und hochprofitable Transaktionen. Wie man an dem XRP-Beispiel gesehen hat, kann man sehr schnell Tausende gewinnen – sie aber auch sehr schnell verlieren. Bei den Altcoins sind die Zahlen nicht auf Ihrer Seite: Eine Studie von Messari, einem Unternehmen, das Kryptowährungen beobachtet, hat gezeigt, dass 83 Prozent der Altcoins, die im Januar 2018 ein Allzeithoch erreicht hatten, während des nächsten Bullenmarktes, der 2020 begann, um mehr als 90 Prozent unter ihrem Allzeithoch notierten.

Das ist nachvollziehbar, weil in spekulativen Übertreibungen die Anleger typischerweise Unmengen Geld in Vermögenswerte investieren, die sie gar nicht verstehen – nur weil sie Angst haben, etwas zu versäumen. Die Anleger können dadurch in eine Art Rausch geraten und die Kurse vieler Token in Höhen treiben, die nicht dauerhaft gehalten werden können (wie wir am Beispiel von XRP gesehen haben).

Aber wenn Sie die folgenden drei Regeln beachten, können Sie die Wahrscheinlichkeit, dass Sie tatsächlich einen Gewinn machen, erhöhen.

## 1. Machen Sie sich klar, welchen Nutzen ein Token hat

Bevor Sie Hals über Kopf einen Altcoin kaufen, sollten Sie wissen, warum er einen Wert hat. Zum Beispiel besteht der Wert des Bitcoins darin, dass er seinen Nutzern ermöglicht, Geld zu halten und Peer-to-Peer zu transferieren, ohne sich dabei traditioneller Finanzinstitutionen zu bedienen. Ein anderes Beispiel ist XRP; dieser Token kann dazu genutzt werden, weltweit Geld schneller als mit dem traditionellen SWIFT-System zu überweisen.

Bitte beachten Sie, dass der Nutzen eines Token (»token utility«) nicht mit »utility token« verwechselt werden darf. Der zweite Begriff bezeichnet eine bestimmte Art von Kryptowährung (siehe oben), während der erste sich auf den inneren Wert jeglicher Art von Kryptowährung bezieht.

**Was Ihnen klar sein muss**

Es ist wichtig, immer daran zu denken, *dass die meisten Kryptowährungen keinerlei inneren Wert haben*. Es gibt zwar Tausende von Kryptowährungen, aber nur eine Handvoll von ihnen erfüllt eine Funktion, für die es notwendig ist, dass die Token benutzt werden und einen Wert haben.

Wenn die Kryptowährung Ihrer Wahl nur ein »Meme-Coin« ist, wie ShibaCoin oder Dogecoin, dann ist die Wahrscheinlichkeit hoch, dass sie irgendwann nur einen sehr niedrigen oder gar keinen Wert mehr haben wird. Ich würde Ihnen empfehlen, die Finger von diesen Altcoins zu lassen. Konzentrieren Sie sich lieber auf Kryptoprojekte mit einem inneren Wert und einem realen Nutzen für die Anwender.

## 2. Analysieren Sie die technischen Spezifikationen

Nachdem Sie wissen, dass Ihr Altcoin einen realen Nutzen hat (das heißt wirklich etwas wert ist), sollten Sie sich die technischen Spezifikationen genauer anschauen.

Erstens ist es wichtig, festzustellen, ob es sich bei Ihrem Altcoin-Projekt um ein Arbeitsnachweis- oder Anteilsnachweissystem (PoW oder PoS) handelt. Dadurch können Sie erkennen, ob das System dezentral oder zentral funktioniert und so dessen Stabilität einschätzen (die dezentralen PoW-Systeme sind immer vorzuziehen).

Zweitens müssen Sie die Angebots- und Nachfragebedingungen der Sie interessierenden Kryptowährung analysieren (»tokenomics« in Anlehnung an »economics«), die entscheidend dafür sind, wie eine Kryptowährung im gesamten Kryptowährungs-Ökosystem funktioniert. Das ist von größter Bedeutung, weil Sie so unter anderem erkennen können, ob das Token-Angebot inflationär oder deflationär ist. Zum Beispiel ist der Bitcoin eine *deflationäre* (das heißt endliche) Kryptowährung, weil niemals mehr als insgesamt 21 Millionen Bitcoins existieren werden. Andererseits gibt es *inflationäre* (das heißt unendliche) Kryptowährungen wie den Dogecoin, von dem jede Minute 10 000 neue Token geschaffen werden. Es ist immer besser, deflationäre Vermögenswerte zu halten. Nur so wirkt sich das Verhältnis von Angebot zu Nachfrage zu Ihren Gunsten aus.

## 3. Informieren Sie sich über das Team des Kryptoprojekts

Ob Sie nun in neu gegründete Unternehmen, Aktien oder Kryptowährungen investieren wollen – Sie sollten *immer* sicherstellen, dass die Leute, die hinter Ihrer Geldanlage stehen, zur Spitzenklasse gehören.

Selbst wenn Sie eine Kryptowährung gefunden haben, die wirklich einen Nutzen hat und bei der das Verhältnis von Angebot und Nachfrage toll ist, bringt Ihnen das nichts, wenn es kein Team gibt, das fähig ist, diese Geschäftschance zu nutzen. Zum Beispiel wurden viele »Shitcoins« nur geschaffen, um Anleger zu betrügen und hereinzulegen. Wenn man eine

Kryptowährung nur deswegen kauft, weil ihr Preis steigt, läuft man Gefahr, sich der Illusion hinzugeben, dass es sich um ein solides Projekt handelt.

Wenn Sie sich mit einem Kryptowährungsprojekt beschäftigen, dann sollten Sie herausfinden, wo die Geschäftsleitung früher gearbeitet hat. Leute, die erfolgreiche Kryptowährungsprojekte gestartet haben, hatten früher oft Führungspositionen bei großen Technologieunternehmen (Google, Microsoft und ähnliche) inne oder kamen von Spitzenuniversitäten (MIT, Harvard oder ähnliche). Ein Projekt auszuwählen, dessen Management-Team einen exzellenten Ruf hat, vergrößert die Chancen, gute Gewinne mit Altcoins zu machen.

## Wie man in Altcoins investiert

Wenn Sie ein Kryptowährungsprojekt gefunden haben, das all diese Bedingungen erfüllt, dann ist es sinnvoll, bei Ihrem Investment den Durchschnittskosteneffekt zu nutzen. Altcoins sind für ihre hohe Volatilität berüchtigt; mittels des Durchschnittskosteneffekts können Sie langfristig das Risiko senken und die Verluste minimieren, die durch größere Kursrückgänge verursacht werden können.

Nach dem Kauf Ihrer Token müssen Sie Ihre Position genau beobachten. Abgesehen von einigen wenigen Altcoins, die ich aus Überzeugung langfristig halte, sichere ich meine Altcoin-Positionen immer mit einer 35-Prozent-Stop-Loss-Order ab. Das bedeutet, dass ich im Voraus einen Verkaufsauftrag für den Fall erteile, dass der Kursverlust des betreffenden Altcoins 35 Prozent erreicht. Dies hat den Zweck, zu verhindern, dass ein hoher Verlust zu einem nicht wiedergutzumachenden Verlust wird. Wenn man bedenkt, dass die meisten Altcoins nach einem starken Kursanstieg um ungefähr 90 Prozent fallen, wird klar, dass es extrem wichtig ist, sein Kapital abzusichern.

Nehmen wir an, dass der Kurs Ihres Altcoins »aufgepumpt« wird. Das ist ein Ausdruck dafür, dass der Kurs in die Höhe getrieben wird. Wenn das passiert, sollten Sie nicht zu gierig sein und sich vor dem Ende des »Aufpumpens« in Acht nehmen. Sie sollten genau auf das Handelsvolumen der betreffenden Kryptowährung achten, denn sobald dieses beginnt, abzunehmen, könnte es Zeit werden, mit dem Verkauf zu beginnen und zumindest einen Teil Ihrer Position aufzulösen.

# Ethereum

## Was ist Ethereum?

Ethereum ist die zweitwichtigste Kryptowährung weltweit und der bedeutendste Altcoin. Die Marktkapitalisierung von Ethereum ist zwar nur ungefähr halb so groß wie die von Bitcoin, aber sie ist sechsmal größer als die der drittwichtigsten Kryptowährung. Während ich dies schreibe, ist die Marktkapitalisierung von Ethereum größer als diejenige von großen Unternehmen wie Coca-Cola (KO), International Business Machines (IBM) oder McDonald's (MCD).

Ethereum-Mitbegründer Gavin Wood bezeichnete die Anteilsnachweis-Plattform (PoS) als »den einen Computer für den gesamten Planeten«. Das wird verständlich, wenn man sich überlegt, dass die Nutzer von Ethereum

- ein großes Spektrum von Finanzdienstleistungen (Broker, Börsen, Banken und so weiter) nutzen können;
- NFTs, also Non-fungible Token, schaffen und transferieren können;
- Kryptowährungs-Token, die in der realen Welt von Nutzen sind, über ERC-20 (das »Smart Contract«-System von Ethereum, auf das wir in diesem Kapitel noch eingehen werden) erstellen können.

Man könnte Ethereum auch als ein »dezentrales Betriebssystem für den Kryptowährungsmarkt« bezeichnen. Ein Betriebssystem ist eine Software, die die Computer-Hardware kontrolliert und kritische Funktionen für andere Computerprogramme erfüllt. Zum Beispiel verwendet ein Microsoft-Laptop Microsoft Windows als Betriebssystem. Sie sind dadurch in den Besitz dieses Betriebssystems gelangt, dass Sie in ein Geschäft gegangen sind und dort einen Computer gekauft haben, auf dem Microsoft Windows vorinstalliert war. Mit diesem Betriebssystem können Sie alles tun – vom Schreiben von Programmen über das Surfen im Internet bis zum Anlegen einer Excel-Tabelle.

Mit dem Betriebssystem Ihres Smartphones verhält es sich genauso. Wenn Sie zum Beispiel ein iPhone nutzen, dann haben Sie es mit dem vorinstallierten Betriebssystem iOS erhalten. Das Betriebssystem des Smartphones ermöglicht Ihnen, Textnachrichten zu senden, Videos zu schauen und Apps herunterzuladen.

Der Hauptunterschied zwischen Ethereum und Windows oder iOS liegt darin, dass im Fall von Ethereum die Anwendungen (ähnlich den Programmen zum Surfen im Internet oder zum Senden von Textnachrichten) nicht auf einem Computer installiert sind. Tatsächlich ist Ethereum über Tausende von Computern verteilt, auf denen zusammen das Betriebssystem von Ethereum läuft. Das bedeutet, dass die Infrastruktur von Ethereum ohne das Vertrauen in bestimmte zentrale Instanzen funktioniert; es gibt keine dritten Parteien, die die Anwendungen betreiben. Stattdessen werden alle Transaktionen über sogenannte »Smart Contracts« (»intelligente Verträge«) ausgeführt und registriert. Alle diese Smart Contracts werden in der sehr sicheren Ethereum-Blockchain gespeichert.

Damit wurde die Nutzung von Computern revolutioniert. Die Nutzer von Anwendungen müssen sich nicht länger Sorgen machen über Ausfallzeiten, Betrug oder die Einmischung dritter Parteien. Weil die Anwendungen über viele Computer verteilt sind, sind sie weniger anfällig für Störungen.

## Wie Verträge zu »Smart Contracts« werden

Die Smart Contracts von Ethereum sind Vereinbarungen, die zwischen einem Käufer und einem Verkäufer abgeschlossen werden und selbst-ausführbar oder selbst-durchsetzbar sind. Die Vertragsbedingungen sind in digitaler Form als Computercode festgelegt. Sie funktionieren wie Verträge in der realen Welt; der einzige Unterschied besteht darin, dass sie vollkommen digitalisiert und in der Ethereum-Blockchain gespeichert sind.

Man kann sich einen Smart Contract wie folgt vorstellen: Es handelt sich um ein kurzes Computerprogramm, das eine bestimmte Funktion ausführt, wenn eine bestimmte Aufgabe erfüllt ist. Schauen wir uns ein Beispiel an: Sie wollen ein Taxi von Ihrem Hotel in Manhattan zum Flughafen LaGuardia nehmen. Sie öffnen Ihre Uber App, bestellen ein Auto und werden am Hotel vom Fahrer abgeholt. Wenn Sie am Flughafen ankommen, bezahlen Sie den Fahrer mittels Ihrer Uber App.

Uber fungiert als Vermittler zwischen Ihnen und dem Fahrer und berechnet eine Gebühr für diese Tätigkeit. Das bedeutet, dass sowohl Sie selbst als auch der Fahrer darauf vertrauen müssen, dass Uber dafür sorgen wird, dass beide Vertragsparteien das bekommen, was zwischen ihnen vereinbart wurde.

Nehmen wir nun an, dass es eine neue Taxi-App oder eine Taxi-»Dapp« (»Dapp« steht für »dezentrale App«) gibt, die auf dem Ethereum-Netzwerk beruht und den Namen »Super« trägt. Wie zuvor brauchen Sie ein Taxi zum Flughafen. Also öffnen Sie Ihre Super-Dapp und bestellen ein Auto. Wenn ein Super-Fahrer Ihren Auftrag sieht, akzeptiert er ihn – wodurch zugleich ein Smart Contract zustande kommt.

Beachten Sie, dass Super kein Unternehmen ist. Es ist nichts weiter als eine dezentrale App, welche Sie mit Ihrem Fahrer verbindet. Es gibt niemanden, der eine Gebühr für diese Transaktion berechnet, und es gibt niemanden, der dafür sorgt, dass der Vertrag zustande kommt und erfüllt wird. Stattdessen haben Sie und Ihr Fahrer einen Vertrag abgeschlossen, der bindend ist, bis die Vertragsbedingungen erfüllt sind. Er kann von keiner der beiden Vertragsparteien geändert werden und er ist im Ethereum-Netzwerk gespeichert. Wenn Sie am Flughafen LaGuardia ankommen, erkennt das Programm, dass der Fahrer seine Verpflichtung erfüllt hat, und transferiert den Betrag, der vereinbart wurde, von Ihrem Konto auf das des Fahrers.

Smart Contracts sind eine revolutionäre Idee für die Vereinbarung und Erfüllung von Verträgen. Aber das Ethereum-Netzwerk, das hinter diesen Smart Contracts steht, funktioniert nicht von alleine reibungslos.

## Man braucht »Gas«, um Dapps zum Laufen zu bringen

Das Ethereum-Netzwerk läuft nicht von selbst. Es läuft auf einer Reihe von Computern, die »Knoten« genannt werden. Unter diesen gibt es eine besondere Gruppe, die sogenannten »Schürfer« (»miners«), welche dafür sorgen, dass das Ethereum-Netzwerk sicher ist und richtig funktioniert.

Aber die Schürfer erfüllen diese Aufgabe nicht, weil sie so herzensgut und selbstlos sind, sondern weil sie mit etwas bezahlt werden, das »Gas« genannt wird. Dabei handelt es sich um einen bestimmten Prozentsatz von »Ether«, der Kryptowährung, die dem Ethereum-Netzwerk zugrunde liegt.

Die Schürfer sind die Torhüter des Ethereum-Netzwerks. Sie haben die Aufgabe, zu entscheiden, welche Prozesse im Netzwerk Priorität genießen und zuerst ausgeführt werden. Um mit vorne dabei zu sein, zahlen diejenigen, die auf dem Ethereum-Netzwerk Dapps betreiben, den Schürfern »Gas«.

Mit diesem Gas läuft Ethereum effizient und reibungslos. Weil Ethereum sowohl das Betriebssystem für die Kryptowährungsgemeinde als auch der Speicherplatz für Smart Contracts ist, ist es wichtig, dafür zu sorgen, dass das System so gut wie möglich funktioniert. Nur weil das gelungen ist, ist Ethereum so wertvoll.

## Fallstudie: Kaufen Sie Ether, wenn es ein Blutbad an den Märkten gibt

Ich bin der Geldanlagespezialist in meiner Familie. Deshalb hat mich jeder nach Kryptowährungen gefragt, als ich im Dezember 2017 auf unserer alljährlichen Weihnachtsfeier war.

Bitcoin hatte ein paar Wochen zuvor ein neues Allzeithoch von 19 650 Dollar erreicht. Der Kurs war nach einem unglaublichen Anstieg um 900 Prozent innerhalb der letzten sechs Monate wieder um 30 Prozent zurückgegangen. Deshalb fragten mich viele aus meiner Familie, ob sie diese »Kursdelle« zum Kauf nutzen sollten. Trotz meiner Warnungen vor den Gefahren und der Schwankungsanfälligkeit der Kryptowährungen entschieden sich viele von ihnen dafür, das Wagnis einzugehen.

Es folgten ein paar Wochen eitel Sonnenschein und Freude, vor allem für jene, die Ethereum gekauft hatten. Zwischen dem 22. Dezember 2017 und dem 12. Januar 2018 kam es fast zu einer Verdoppelung des Preises von Ether, dem Kryptowährungs-Token, der im Ethereum-Netzwerk genutzt wird. Ich erhielt Nachrichten von meiner Familie, in denen sie mir ihre Coinbase-Konten zeigten und mir erzählten, wie viel Gewinn sie gemacht hatten.

Wenig später kamen überhaupt keine Nachrichten mehr an. Der Kurs von Ether – und der Rest des Kryptowährungsmarktes – war am Zusammenbrechen. Es wurde so schlimm, dass der Ether-Kurs während des nächsten Jahres um 91 Prozent fiel.

Sie werden sich denken können, dass niemand von meinen Verwandten bei der nächsten Weihnachtsfamilienfeier mit mir über Kryptowährungen reden wollte. Aber wenn Sie über Marktstimmungen Bescheid wissen, dann werden Sie verstehen, dass das genau die richtige Zeit zum Kaufen war.

## Geben Sie im richtigen Moment Gas

Einer meiner Mentoren im Investmentgeschäft, Jared Dillian, ist ein Meister darin, Marktstimmungen richtig einzuschätzen. In den vielen Jahren, in denen ich für ihn als Analyst gearbeitet habe, habe ich gesehen, wie er oft das genaue Gegenteil von dem tat, was der Marktkonsens war.

Zu Beispiel hatte die mexikanische Restaurantkette Chipotle (CMG) 2016 ein größeres Problem mit einem Ausbruch von Escherichia coli. Das führte dazu, dass die Aktie im folgenden Jahr um 64 Prozent abstürzte. Nicht lange nach diesem Riesenabsturz ließ mich Jared einen Report über das Unternehmen erstellen.

In meinem Report legte ich dar, dass diese mexikanische Burrito-Kette eine starke Marke besaß, ein solides Umsatzwachstum aufwies und hohe Umsätze pro Quadratmeter Restaurantfläche erzielte. Auch waren Chipotle und Escherichia coli in den sozialen Medien kaum ein Thema, was bedeutete, dass der Auslöser für den Aktienkursrutsch keine Rolle mehr spielte. Nachdem Jared meinen Report gelesen hatte, war er überzeugt davon, dass die Berichte vom Ableben Chipotles maßlos übertrieben waren. Er empfahl wenig später die Aktie seinen Abonnenten zum Kauf, womit er ein gutes Händchen bewies, weil Chipotle in den nächsten vier Jahren um 500 Prozent nach oben schoss.

Ich folgte dieser »Kaufe, wenn es ein Blutbad gibt«-Strategie im Fall des Kryptowährungsmarkts Anfang 2019. Zu dieser Zeit hatten die meisten

Experten den Kryptowährungsboom von 2018 als eine spekulative Blase abgehakt – ähnlich der holländischen Tulpenmanie im 17. Jahrhundert. Auf Google Trends (das zeigt, wie viele Menschen nach bestimmten Themen suchen) war die Zahl der Suchen nach »Krypto« oder »Bitcoin« wieder auf das Niveau von vor 2018 gefallen.

Ich dachte, dass dies ein Indikator dafür sein könnte, dass sich die Stimmung am Kryptowährungsmarkt verbessert, und begann, massiv zu investieren.

## Die Rückkehr der Bullen an den Kryptowährungsmarkt

Zwischen Februar 2019 und Januar 2020 begann ich, unter Ausnutzung des Durchschnittskosteneffekts in die zwei Kryptowährungsprojekte zu investieren, von denen ich am meisten überzeugt war: Bitcoin und Ethereum. Ether hatte mehr als 90 Prozent seines Wertes während der Bärenphase des Marktes verloren. Weil ich wusste, dass Ether ein »Betriebssystem« für Kryptowährungen war, war für mich eine Wette auf Ether gleichbedeutend mit einer Wette auf das langfristige Wachstum des Kryptowährungsmarktes. Nach einem Jahr der Käufe unter Ausnutzung des Durchschnittskosteneffekts hatte Ether einen Anteil von 8 Prozent an meinem Investmentportfolio.

Allerdings wurde ich vom Kryptowährungsmarkt noch einmal auf die Probe gestellt – als Bitcoin und Ethereum fast auf Vier-Jahres-Tiefststände während der Covid-19-Krise abstürzten. Trotz der großen Unsicherheit habe ich meine Durchschnittskosten-Käufe fortgesetzt und nichts von meinen Beständen verkauft.

Das erwies sich als eine der besten Anlageentscheidungen, die ich je getroffen hatte, weil wir uns Ende 2020 in einer neuen Bullenphase des Kryptowährungsmarktes befanden. Und bis Anfang 2021 hatte meine Ethereum-Position einen Wertzuwachs von über 800 Prozent zu verzeichnen.

## Anlagestrategie: Ethereum

Sie haben im Laufe dieses Kapitels bestimmt festgestellt, dass die beste Zeit für den Kauf von Kryptowährungen – und überhaupt von allen hochriskanten und hochprofitablen Anlagewerten – genau dann ist, wenn sie niemand sonst haben will und wenn die negative Marktstimmung ihren Höhepunkt erreicht hat. Im Nachhinein betrachtet hätte ich die Tatsache, dass meine Familie unaufhörlich über Kryptowährungen sprach, als sicheres Zeichen dafür ansehen müssen, dass wir damals den Höhepunkt des Bullenmarktes erreicht hatten.

## Woran erkennt man ein gutes Ethereum-Investment?

»Stimmungsindikatoren« können sehr nützlich sein, wenn man weiß, wie man sie interpretieren muss. Es ist doch so: Wenn jeder schlecht über einen bestimmten Anlagewert denkt, wer wird dann übrig bleiben, um diesen Wert zu kaufen und den Kurs in die Höhe zu treiben? Damit Sie die Marktstimmung (und andere Indikatoren) verfolgen können, habe ich weiter unten ein paar Instrumente beschrieben, mit deren Hilfe Sie Ihre Chancen, die richtige Entscheidung zu treffen, erhöhen können.

Glücklicherweise ist es viel einfacher, Ether zu kaufen oder zu verkaufen, als Bitcoin oder andere Altcoins. In den Abschnitten über Altcoins weiter oben haben wir drei Faktoren diskutiert, auf die man sich konzentrieren sollte, wenn man Altcoins analysieren will:

- den Wert beziehungsweise Nutzen,
- die technischen Spezifikationen,
- das Projektteam.

Diese Faktoren sind auch relevant, wenn es darum geht, ein Ethereum-Investment zu bewerten. Was Ether betrifft, so hat der Token einen inneren Wert, weil er das »Betriebssystem« darstellt, auf dem viele Kryptowährungsprojekte beruhen. Auch das Verhältnis von Angebot und Nachfrage ist vorteilhaft, seit mit dem Update EIP-1559 das Netzwerk »deflationiert« wurde.* Das wurde durch die Einführung einer Grundgebühr für die Nutzung des Netzwerks erreicht, welche »verbrannt« und nicht ausgezahlt wird. Auf diese Weise wird sichergestellt, dass mehr Ethereum in Basisgebühren »verbrannt« als an Belohnungen für Miner generiert wird, sodass also das Gesamtangebot an Ethereum gesenkt wird. Außerdem hat das Netzwerk ein gutes Management-Team, welches von dem Kryptopionier und Gründer Vitalik Buterin geführt wird.

## 1. Achten Sie genau auf Google Trends

Google Trends ermöglicht es, zu verfolgen, wie viele Menschen nach einem bestimmten Thema suchen. Beispielsweise werden Sie jeden Januar am Monatsende sehen, dass die Zahl der Suchanfragen zu »Super Bowl« erst in die Höhe schießt und dann nach dem Spiel wieder abfällt.

Dieses Prinzip können Sie sich auch zunutze machen, wenn Sie in Ethereum investieren. Zum Beispiel habe ich angefangen, Ethereum zu kaufen, als die betreffenden Aktivitäten auf Google Trends wieder auf das Niveau vor der Bullenphase zurückgefallen waren. Typischerweise ist das ein guter Zeitpunkt, um Kryptowährungen zu kaufen – wenn das Interesse und damit auch der Preis niedrig ist.

## 2. Nutzen Sie die Technische Analyse

Die Technische Analyse ist eine Analysemethode, mit welcher Aktien und andere Anlagewerte auf der Grundlage von Kurstrends und Kursmustern in Charts bewertet werden. Man könnte ein ganzes Buch über die Technische Analyse schreiben und diese Methode ist auch für Ethereum und alle anderen Kryptowährungen wichtig.

Eine Möglichkeit, festzustellen, ob ein Anlagewert aus technischer Sicht »gesund« ist, besteht darin, sich seinen gleitenden Kursdurchschnitt anzuschauen. Dabei handelt es sich um die Entwicklung des Durch-

* »EIP« steht für »Ethereum Improvement Proposal« (Anmerkung des Übersetzers).

schnittspreises über eine bestimmte Periode. Ich kaufe für gewöhnlich Ethereum dann, wenn es einen Aufwärtstrend hat, das heißt, wenn zum Beispiel sein gleitender 15-Tage-Durchschnittskurs über seinem gleitenden 50-Tage-Durchschnittskurs liegt (und beide über dem gleitenden 200-Tage-Durchschnittskurs liegen). Sie können diese Informationen auf *TradingView.com* finden.

## 3. Informieren Sie sich über die Nutzung durch Unternehmen

Da das Ethereum-Netzwerk der Goldstandard unter den dezentralisierten Blockchains ist, wird die Plattform von vielen Großunternehmen genutzt. Seit Kurzem gehören zu den Unternehmen, die Ethereum nutzen, um damit Produkte zu kreieren, auch JPMorgan Chase, Amazon und Microsoft.

Wenn ein Unternehmen ankündigt, dass es das Ethereum-Netzwerk nutzen wird, dann geht es fast immer mit dem Kurs nach oben. Deshalb ist es sinnvoll, sich über die Pressemitteilungen von Unternehmen auf dem Laufenden zu halten, welche eine Zusammenarbeit mit Ethereum ankündigen.

**Ether ist am besten für langfristige Investments geeignet**

Denken Sie immer daran, dass ein Investment in Ethereum und dessen Kryptowährung Ether eine Wette auf das langfristige Wachstum des Kryptowährungsmarktes ist. Da es sehr wahrscheinlich ist, dass dieser Markt über viele Jahre wachsen und reifen wird, sollte man die kurzfristigen Schwankungen des Ether-Kurses ignorieren und – wie die Kryptoanleger sagen – die Zähne zusammenbeißen.

KAPITEL 2

# Wie kauft und verkauft man Ethereum?

Genau wie bei anderen Altcoins sollten Sie beim Aufbau Ihrer Ethereum-Position den Durchschnittskosteneffekt nutzen. Ich würde empfehlen, dass man erst festlegt, wie viel man in Ether investieren will, und dann diesen Betrag über zwei bis drei Monate verteilt, in denen man die Käufe tätigt. Dadurch werden etwaige Schwankungen des Ether-Kurses in diesem Zeitraum geglättet.

Wenn man davon ausgeht, dass man kaufen will, wenn das Interesse an Kryptowährungen gering ist, dann sollte man einen Idealkurs für den Einstieg haben. Das bedeutet, dass man nicht mit Ether »handeln« muss. Stattdessen kauft man einfach, hält seine Anlage für viele Jahre und sieht dabei zu, wie die Gewinne wachsen.

**Kurzanleitung für Investoren: Bitcoin, Altcoins und Ethereum**

Diese Schritt-für-Schritt-Anleitung wird Ihnen beim Handel mit allen Kryptowährungen nützlich sein, einschließlich Ethereum und anderer Altcoins.

- Richten Sie ein Konto bei einer Kryptobörse ein (zum Beispiel Coinbase, Binance oder anderen).
- Nachdem Ihr Konto eröffnet ist (was bis zu einer Woche dauern kann), zahlen Sie Geld darauf ein.
- Nehmen Sie sich Zeit, um die Modalitäten des Kaufens und des Verkaufens von Kryptowährungen kennenzulernen. Fangen Sie klein an. Man kann Kryptowährungen auch im Wert von nur wenigen Dollar kaufen.
- Greifen Sie auf Ihre Bitcoin-Adresse zu und wählen Sie ein Passwort.
- Machen Sie Ihre Hausaufgaben und meiden Sie unbekannte Kryptowährungen. Halten Sie sich für den Anfang an die in diesem Buch erwähnten Kryptowährungen wie etwa Bitcoin oder Ethereum.
- Halten Sie Ihre Coins nach dem Kauf einer Kryptowährung in einer digitalen Brieftasche (»Wallet«) der Kryptobörse. Wenn Sie Angst davor haben, gehackt zu werden, können Sie Ihr Guthaben jederzeit von der Kryptobörse zu einer persönlichen Wallet, die nicht mit dem Internet verbunden ist, transferieren (»Cold Wallet«). Aber glücklicherweise haben Kryptowährungsbörsen inzwischen Schritte ergriffen, um die Sicherheit zu erhöhen, sodass das Risiko, gehackt zu werden, minimal ist.

# KAPITEL 3

# VOLATILE AKTIEN

Aktien sind Wertpapiere, die einen Eigentumsanteil an einem Unternehmen verbriefen. Man kann sich eine Aktie als einen kleinen Teil eines Unternehmens vorstellen, der im Wert schwankt. Dieses Kapitel behandelt sehr volatile Anlageformen wie Wachstumsaktien, Börsengänge (IPOs, Initial Public Offerings), Akquisitionszweckgesellschaften (SPACs, Special Purpose Acquisition Companies) und stark unterbewertete Aktien (»deep value stocks«). Wenn Sie nicht genau wissen, was das ist, machen Sie sich keine Sorgen. Ich werde jede dieser Anlageformen im Detail erklären.

Eine der schönsten Seiten meines Jobs besteht darin, dass ich durch die ganze Welt reisen kann. Ich hatte das Glück, mich mit Zentralbankern in Brüssel, mit Vermögensverwaltern in Buenos Aires und mit Astrophysikern in Wien treffen zu können. Aber meine Allzeit-Lieblingsdienstreise war die, bei der ich drei Stunden mit dem Schweizer Milliardär Felix Zulauf verbracht habe.

Felix begann seine Investmentkarriere als Händler für die Schweizerische Bankgesellschaft, welche heute Teil der UBS (früher Union Bank of Switzerland) ist. Nachdem er unter Beweis gestellt hatte, dass er ein Portfolio mit vielen Positionen managen konnte, wurde er Chef des Firmenkundenportfoliomanagements bei der größten Schweizer Bank. Als ich Felix traf, stand er kurz vor dem Ruhestand und führte sein Familienunternehmen in Zug in der Schweiz. Obwohl er ein Mann war, der ein eigenes Vermögen in Höhe von 1,3 Milliarden Dollar verwaltete, nahm er sich gerne ein paar Stunden Zeit, um mit mir zu sprechen, als ich in der Schweiz auf Dienstreise war.

Er war zwar selbst ein traditioneller, wertorientierter Anleger, aber er sagte mir, dass diejenigen, die Wachstumsaktien mit langfristigem Potenzial ausfindig machen können, so viel Geld verdienen könnten, dass sich ihr Leben vollständig verändern würde. Diese einzigartigen Unternehmen zu kaufen und zu halten würde etwaige kurzfristige Verluste ausgleichen, da sich die Gewinne über viele Jahre anhäufen würden.

Das Problem wäre nur, die richtigen von den falschen Unternehmen zu unterscheiden. Damals beschloss ich, mich der Analyse von und dem Investment in Wachstumsaktien und anderen volatilen Aktien zu widmen.

# Wachstumsaktien

## Was sind Wachstumsaktien?

Das Spektrum der Aktienanlage hat zwei Endpunkte: Substanzwert und Wachstum.

## Wertorientierte Geldanlage

Wertorientierte Investoren versuchen, Unternehmen zu finden, die unter ihrem »inneren Wert« gehandelt werden. Diese Strategie wurde von Warren Buffett und seinem Mentor Benjamin Graham popularisiert und verwendet die Fundamentalanalyse, um herauszufinden, ob die Aktien eines Unternehmens relativ zu dessen Marktwert billig sind. Die Fundamentalanalyse bedient sich Methoden wie der Berechnung des Cashflow-Barwerts, des Dividendendiskontierungsmodells und der vergleichenden Unternehmensanalyse. »Wertaktien« (oder »value stocks«) weisen meistens auch niedrige oder »billige« Bewertungen bei Kennzahlen wie dem Kurs-Gewinn-Verhältnis, dem Kurs-Umsatz-Verhältnis oder dem Kurs-Buchwert-Verhältnis auf.

Die Sache hat aber einen Haken. Bei Aktien, die einen hohen Wert relativ zu ihrem Kurs haben, handelt es sich meistens um Aktien von langsam wachsenden Unternehmen, die in ausgereiften Märkten tätig sind. Es gibt bei ihnen auch ein relativ geringes Risiko verglichen mit Wachstumsaktien und zumindest in der Theorie verlieren sie in Marktabschwüngen weniger an Wert.

Zum Beispiel ist Procter & Gamble (PG) eine klassische Wertaktie. Das Unternehmen verkauft Produkte wie Charmin-Toilettenpapier, Pampers-Windeln und andere Dinge, die die Konsumenten immer kaufen werden, gleichgültig, wie es der Wirtschaft im Allgemeinen ergeht. Schließlich brauchen die Leute immer Toilettenpapier und Windeln, sodass Anleger beruhigt in Procter & Gamble investieren und die Aktien sogar während Marktabschwüngen halten können.

Das bedeutet aber auch, dass die Kurschancen von Procter & Gamble geringer sind als diejenigen von Wachstumsaktien. Das Unternehmen steigert zwar seine Gewinne zuverlässig und ohne große Schwankungen jedes Jahr um 4 bis 5 Prozent, aber sein Aktienkurs wird sich in den meisten Jahren nur genauso gut wie oder sogar schlechter als der S&P 500 entwickeln.

## Wachstumsorientierte Geldanlage

Am anderen Ende des Spektrums befindet sich die wachstumsorientierte Geldanlage. Diese Strategie versucht, Unternehmen ausfindig zu machen, die das Potenzial für hohe Gewinn- und Kurssteigerungen haben und – idealerweise – den S&P 500 langfristig schlagen können.

Wachstumsaktien findet man typischerweise in schnell wachsenden Branchen, die dem Einfluss von *säkularen Trends* unterliegen. Ein säkularer Trend ist eine Marktbewegung, die viele Jahre lang anhält. Das kann Unternehmen betreffen, die von so grundsätzlichen Trends profitieren wie der Alterung der Gesellschaft, der weltweiten Verbreitung des Internets oder dem Übergang zur Elektromobilität. Dabei handelt es sich unbestreitbar um langfristige Entwicklungen, und die besten Wachstumsaktien haben meist gute Aussichten, von diesen Entwicklungen auf Dauer zu profitieren.

Alphabet (GOOGL), das Mutterunternehmen der Suchmaschine Google, ist eine Wachstumsaktie, die ich viele Jahre lang gehalten habe. Das Unternehmen ist der größte Anbieter digitaler Werbung weltweit und steigerte den Gewinn zwischen 2012 und 2021 um durchschnittlich 17 Prozent pro Jahr. Der Umsatz mit digitaler Werbung wird immer weiter steigen, da immer mehr Menschen das Internet nutzen. Deshalb wirkt sich dieser Trend auf das Geschäft von Alphabet aus, was auch in Zukunft sehr hohe Gewinne bedeutet. Wegen des hohen Gewinnwachstums haben sich die Aktien von Alphabet besser als der S&P 500 entwickelt. Aber sie werden auch mit einem »Aufpreis« im Verhältnis zu anderen Aktien im S&P 500 gehandelt. Das bedeutet, dass die Aktien relativ teuer sind nach Maßgabe von Kennzahlen wie dem Verhältnis zwischen Kurs und erwartetem Gewinn, dem Kurs-Umsatz-Verhältnis und dem Verhältnis von Kurs und frei verfügbarem Cashflow.

Anders als Procter & Gamble – ein Unternehmen, das sich auch in Bärenmärkten gut schlagen wird – würde sich Alphabet in solchen Situationen sehr schwertun, weil die Umsätze mit digitaler Werbung in Rezessionen typischerweise einbrechen (anders als die Nachfrage nach Toilettenpapier). Alphabet-Aktien werden deshalb zwar den S&P 500 in Bullenmärkten schlagen, aber man kann erwarten, dass sie in Bärenmärkten schlechter als der Index abschneiden werden.

## Wenn Sie höhere Gewinne wollen, müssen Sie höhere Risiken akzeptieren

Das wert- und das wachstumsorientierte Investieren sind die beiden Säulen der Aktienanlage. Für beide gilt, dass man umso mehr hochriskante und hochprofitable Anlagemöglichkeiten findet, je höher man die »Risikopyramide« hinaufklettert. Wenn ich von der »Risikopyramide« spreche, dann beziehe ich mich im Allgemeinen darauf, wie riskant bestimmte Anlagewerte im Vergleich zu anderen sind. Die Hierarchie, die ich für die Risikopyramide benutze, sieht wie folgt aus (von den risikoärmsten zu den risikoreichsten Anlagewerten):

- Bargeld und Giroguthaben,
- Spareinlagen,
- US-Staatsanleihen,
- anlagewürdige (»investment grade«) Unternehmensanleihen,
- Gold und Silber,
- Schrottanleihen (»junk bonds«),
- Wertaktien,
- alternative Anlagewerte (börsennotierte Immobiliengesellschaften oder Beteiligungsgesellschaften),
- Wachstumsaktien,
- stark unterbewertete Aktien (»deep value stocks«),
- Superwachstumsaktien (»high-growth stocks«),
- Nebenwerte mit geringer Marktkapitalisierung (»small-cap stocks«),
- Nebenwerte mit sehr geringer Marktkapitalisierung (»micro-cap stocks«),
- außergewöhnliche Anlagewerte (Meme-Aktien, Aktien insolventer Unternehmen),
- Kryptowährungen,
- Non-fungible Token (NFTs).

»Superwachstumsaktien« gehören zur hochriskanten Spitze der Risikopyramide oder zu dem, was ich gerne den »interessanten Teil der Risikokurve« nenne. Anders als »normale« Wachstumsaktien wie Alphabet, deren Gewinne stetig zunehmen, machen viele Unternehmen, die *sehr stark* wachsen, keine Gewinne. Tatsächlich geben viele dieser Unternehmen bereitwillig zu, dass sie viele Jahre lang Geld verlieren werden, bevor sie Gewinne erzielen können!

Die berühmteste dieser Wachstumsaktien des letzten Jahrzehnts ist sicherlich Tesla (TSLA). Die Entwicklung des von Elon Musk geleiteten Elektroautoherstellers hat jahrelang bei vielen Anlegern – vor allem wertorientierten Anlegern – große Verwunderung hervorgerufen.

Für wertorientierte Investoren ist vor allem das Gewinnwachstum wichtig. Das ist sinnvoll, weil der Kauf der Aktie eines Unternehmens mit dem Kauf eines Anteils am Gewinn dieses Unternehmens zu vergleichen ist. Aus dieser Überlegung folgt, dass ein Unternehmen, das keine Gewinne erzielt, unmöglich einen hohen Wert haben kann.

Tesla stellte diese Logik auf den Kopf; zwischen 2011 und 2015 verkaufte das Unternehmen Elektroautos für 10 Milliarden Dollar und hatte ein Umsatzwachstum von mehr als 100 Prozent pro Jahr. Aber trotz dieses eindrucksvollen Umsatzwachstums blieb unter dem Strich nichts übrig; es wurden keine Gewinne gemacht. Im Gegenteil, in diesem Zeitraum machte Tesla Verluste in Höhe von fast 2 Milliarden Dollar! Und obwohl Tesla andauernd Verluste machte, stieg der Kurs der Aktien immer weiter. Tatsächlich stieg die Tesla-Aktie zwischen 2011 und 2015 um 900 Prozent, mehr als das Siebenfache des Wachstums des S&P 500 in diesem Zeitraum.

In diesem Fall belohnte der Markt die wachstumsorientierten Anleger. Diese sahen darüber hinweg, dass Tesla kurzfristig Geld verlor, weil sie darauf zählten, dass das Unternehmen langfristig wahrscheinlich der weltweite Marktführer bei Elektroautos werden würde.

Das soll nicht heißen, dass alle Unternehmen mit vielversprechenden Zukunftsaussichten vom Markt belohnt werden. Auf ein Tesla kommen Hunderte anderer Wachstumsunternehmen, die Probleme haben oder scheitern. Aber wenn Sie sich die weltbesten wachstumsorientierten Investoren zum Vorbild nehmen, dann können auch Sie das nächste Tesla ausfindig machen.

## Fallstudie: Cathie Wood und der ARK-Innovation-Fonds

2018 bereitete ich mich auf eine Präsentation für eine Investorenkonferenz vor. Damals war ich ein 29-jähriger Aktienanalyst, der verständlicherweise nervös war, weil er seine Ideen einem Publikum voller erfahrener Hedgefonds-Manager und sehr vermögender Anleger vorstellen sollte.

Meine Präsentation war für den Nachmittag angesetzt. Um eine Vorstellung davon zu bekommen, wie das Publikum sein würde, begab ich mich schon vorher in den Konferenzraum. Bei dieser Gelegenheit hörte ich einer Frau namens Cathie Wood dabei zu, wie sie in aller Ruhe ihre Ansichten über, wie sie es nannte, »disruptive Unternehmen« vortrug.

Diese Präsentation fesselte meine Aufmerksamkeit, weil die Diskussion recht hitzig wurde. Einer der Panelteilnehmer – ein bekannter wertorientierter Investor – nannte die Portfoliopositionen von Cathie Wood »Seifenblasen-Aktien«. Denn es handelte sich um Wachstumsunternehmen, die noch keinen Gewinn erzielt hatten, aber vom Markt *extrem hoch* bewertet wurden.

Dieser wertorientierte Investor hatte kurz vorher eine ganze Präsentation darüber gehalten, dass Tesla ein Schneeballsystem sei und die nächste große Chance für Leerverkäufe bieten würde. Aber Tesla war die größte Position in Cathie Woods Flaggschiff-Fonds, dem ARK-Innovation-Fonds.

Ich wusste damals noch nicht, dass ich einer der weltbesten Anlegerinnen dabei zuhörte, wie sie ihre Portfolioauswahl verteidigte. Ein paar Jahre später sollte sie ihre Rechtfertigung erfahren.

## Cathie Wood und ihre mutige Vision

Woods Investmentgesellschaft, Ark Invest, hatte sich darauf konzentriert, sehr schnell wachsende, disruptive Unternehmen zu finden, bei denen der Gewinn im Verhältnis zum Risiko am höchsten war. Beispielsweise sagte sie oft, dass sie einer der frühesten Unterstützer des Streamingdienstes Netflix (NFLX) gewesen sei.

2014 dachte sich Wood, dass Netflix eines der weltweit führenden Medienunternehmen werden würde. Das lag daran, dass Netflix seinen Kunden eine revolutionäre – oder *disruptive* – Dienstleistung bot. Zur damaligen Zeit wirkte die Vorhersage von Wood zwar reichlich bizarr, aber es zeigte sich, dass sie recht hatte, als der Kurs der Netflix-Aktie zwischen 2014 und 2021 um mehr als 700 Prozent stieg – mehr als das Vierfache des Wachstums des S&P 500.

Aber Netflix war bei Weitem nicht ihre mutigste Vorhersage. Im Februar 2018 machte sie Schlagzeilen, als sie auf CNBC behauptete, dass die Tesla-Aktie innerhalb von fünf Jahren einen Kurs von 4000 Dollar erreichen würde. Das wäre nicht nur ein Gewinn von 1100 Prozent gewesen, sondern es handelte sich außerdem um ein Unternehmen, das noch nie Gewinn gemacht hatte. Tatsächlich war es eine der am meisten leer verkauften Aktien im Markt; das heißt, dass sehr viele Investoren auf einen Kursrückgang setzten.

## Woods Glaube an Tesla zahlt sich aus

Wood wurde in den Finanzmedien wegen ihrer Kaufempfehlung für Tesla verspottet – genau wie bei der Investmentkonferenz, als sie ihre Meinung auf dem Podium vertrat.

Bis zum März 2019 – 18 Monate nach ihrem Auftritt bei CNBC – war die Tesla-Aktie um 29 Prozent gefallen. Aber Wood und ihr Team ließen sich nicht beirren. Im Gegenteil, sie trat wieder bei CNBC auf und bekräftigte ihre positiven Erwartungen für Tesla. Nach Meinung ihrer Kritiker war Tesla ein Autohersteller und sollte deshalb ähnlich wie andere Autohersteller, also etwa General Motors (GM) oder Ford (F), bewertet werden.

Aber nach Meinung von Wood stimmte dieser Vergleich nicht. Sie betonte immer und immer wieder, dass GM und Ford Überbleibsel aus der Ära des Verbrennungsmotors seien und dass andererseits Tesla der Marktführer bei Elektroautos sei und deshalb ein sehr großes Marktpotenzial habe. Das heißt, dass der Marktanteil, den Tesla theoretisch gewinnen konnte, sehr groß sei. Sie wies auch darauf hin, dass Tesla hohe Umsätze mit margenstarker Servicesoftware erzielen könnte, wie zum Beispiel der Software für autonomes Fahren – Produkte, die GM oder Ford nicht anbieten konnten.

Ihre Interviewpartner bei CNBC verstanden zwar ihre Argumente nicht, aber das spielte keine Rolle. Drei Jahre später (und zwei Jahre früher, als Wood vorhergesagt hatte) übertraf der Aktienkurs von Tesla die von ihr prophezeite Zielmarke von 4000 Dollar.

Ganz abgesehen davon war im Jahr 2020 der ARK-Innovation-Fonds von Cathie Wood der erfolgreichste aktiv gemanagte börsengehandelte Fonds weltweit.

## Anlagestrategie: Wachstumsaktien

Bei vielen Wachstumsaktien gibt es möglicherweise jahrelang keine Gewinne. Cathie Wood ist zwar eine der erfolgreichsten Wachstumsinvestorinnen der Finanzgeschichte. 2020 erzielte ihr Fonds eine Rendite von unglaublichen 152 Prozent, was der Gesamtrendite des S&P 500 von 2013 bis 2020 entspricht. Aber nur Investoren, die von ihr überzeugt waren und durchhielten, wurden belohnt. Von 2015 bis 2019 machte der Fonds keine so enormen Gewinne, sondern schnitt entweder genauso gut wie der S&P 500 ab oder hinkte diesem sogar hinterher. Aber die geduldigen Investoren wurden schließlich 2020 belohnt.

## Wie man eine gute Wachstumsaktie erkennt

Wenn Sie Geduld haben und außerdem die folgenden drei Ratschläge bei Ihren Kaufentscheidungen berücksichtigen, können auch Sie Riesengewinne mit Wachstumsaktien machen.

### 1. Achten Sie auf hohes Umsatzwachstum

Wachstumsstarke Unternehmen werden wahrscheinlich zum Zeitpunkt Ihrer Investmententscheidung keine Gewinne und keinen positiven Cashflow vorzuweisen haben. Das ist kein Zufall, sondern Ergebnis einer bewusst gewählten Unternehmensstrategie. Diese Unternehmen sind aktuell absichtlich unprofitabel, weil sie ihren Cashflow reinvestieren, um einen möglichst großen Marktanteil zu erreichen. Auf diese Weise kann das Unternehmen so schnell wie möglich wachsen. Wenn schließlich das Unternehmen groß genug ist, werden sich Gewinne einstellen und das Unternehmen wird in seine hohe Bewertung »hineinwachsen«.

Das ist alles nur möglich, wenn man die Umsätze sehr schnell steigert. Wenn ich mich nach Wachstumsaktien umsehe, dann suche ich typischerweise nach Unternehmen mit einem Umsatzwachstum von mindestens 15 Prozent pro Jahr. Man sollte auch darauf achten, wie hoch das Umsatzwachstum relativ zum Kurs-Umsatz-Verhältnis ist. Das Kurs-Umsatz-Verhältnis gibt an, wie der Markt den Umsatz eines Unternehmens bewertet. Und durch den Vergleich von Umsatzwachstum mit Kurs-Umsatz-Verhältnis erfährt man, in welchem Ausmaß sich die künftigen Umsatzsteigerungen schon im aktuellen Kurs niedergeschlagen haben.

## 2. Analysieren Sie das Marktpotenzial

Wachstumsstarke Unternehmen versuchen typischerweise, eine profitable Marktchance auszunutzen. Ob es nun Tesla mit seinen Elektroautos oder Netflix mit seinem Videostreamingdienst ist, diese Unternehmen wollen alle ein großes Stück von einem großen Kuchen.

Dieser »Kuchen« ist das Marktpotenzial. Man sollte immer in die Aktien von Wachstumsunternehmen investieren, die ein großes (und wachsendes!) Marktpotenzial haben.

Ein großes Marktpotenzial geht einher mit hohem Umsatzwachstum. Wenn ein Unternehmen die Marktchance (also das Marktpotenzial) schnell nutzt (also ein hohes Umsatzwachstum erzielt), dann bedeutet das, dass dieses Unternehmen wahrscheinlich schnell groß werden und in seine hohe Bewertung »hineinwachsen« wird.

## 3. Wählen Sie Unternehmen, die von ihren Gründern geführt werden

Wenn Sie ein Unternehmen gefunden haben, dessen Umsätze wachsen und das ein großes Marktpotenzial hat, dann sollten Sie darauf achten, dass das Unternehmen auch über das geeignete Management-Team verfügt, um diese Chancen auszunutzen.

Deshalb ist es wichtig, sich die Unternehmensführung genau anzusehen. Nach einer Studie der *Harvard Business Review* von 2016 schnitten die Unternehmen aus dem S&P 500, die von ihren Gründern geführt wurden, während der vergangenen 15 Jahre dreimal so gut ab wie ihre Konkurrenten, die von Nichtgründern geführt wurden.

Die Gründe, die die Studie dafür anführt, sind eher qualitativer als quantitativer Natur. Zum Beispiel wird in der Studie behauptet, dass die Gründer meistens eine konkrete Vision für die weitere Entwicklung ihres Unternehmens hätten. Der feste Wille, eine bestimmte Branche zu erobern, sei am höchsten bei denjenigen ausgeprägt, die die Anfangsidee gehabt hatten. Diese Hartnäckigkeit ist ein typisches Merkmal von Gründern. Zwei gute Beispiele dafür sind Jeff Bezos (Amazon) und Reed Hastings (Netflix). Wenn ein wachstumsstarkes Unternehmen erst am Anfang steht, ist es ein Riesenvorteil, wenn man einen Gründer mit einer konkreten Zukunftsvision an Bord hat.

## Wie kauft und verkauft man Wachstumsaktien?

Sie müssen bei der Entscheidung, welche Wachstumsaktien Sie kaufen wollen, sehr wählerisch sein. Die große Mehrheit der wachstumsstarken Unternehmen – auch wenn sie von ihren Gründern geführt werden – wird ihre Marktchance *nicht* ausnutzen können.

Aber sobald Sie ein Unternehmen gefunden haben, das die Anforderungen erfüllt, welche ich gerade genannt habe, beginnen Sie mit dem Aufbau Ihrer Position unter Ausnutzung des Durchschnittskosteneffekts. Wachstumsaktien sind häufig sehr volatil, sodass Sie darauf achten sollten, zum bestmöglichen Kurs einzusteigen.

Wenn Sie die Aktien gekauft haben, halten Sie diese. Das gilt vor allem, wenn die Marktumgebung durch niedrige Inflation (also 2 Prozent und weniger) und durch niedrige Zinsen gekennzeichnet ist. Die meisten wachstumsstarken Unternehmen werden viele Jahre lang keine Gewinne erzielen. Die in der Zukunft erwarteten Gewinne werden aber real weniger wert, wenn die Inflation steigt. Deshalb sollten Sie genau auf die Entwicklung der Rendite von zehnjährigen US-Staatsanleihen achten. Warum? Wenn Anleger eine deutliche Zunahme der Inflationserwartungen – und damit der Anleiherenditen – sehen, werden Wachstumsaktien unterdurchschnittlich abschneiden. Wenn das der Fall sein sollte, ist es an der Zeit, seine Bestände an Wachstumsaktien abzubauen.

**Kurzanleitung für Investoren: Wachstumsaktien**

- Machen Sie einen säkularen Wachstumstrend ausfindig, von dem wachstumsstarke Unternehmen langfristig profitieren können.
- Wenn Sie ein geeignetes Unternehmen gefunden haben, investieren Sie 3 bis 5 Prozent Ihres Anlagekapitals in diese Position.
- Um den Einstiegspreis zu glätten, empfehle ich Ihnen, den Durchschnittskosteneffekt auszunutzen und Ihre Position über mehrere Wochen aufzubauen.
- Analysieren Sie vor dem Kauf die technischen Indikatoren, um herauszufinden, welche Aktien zu welcher Zeit gekauft werden sollten.
- Ich gehe immer wie folgt vor: Der Kurs einer Aktie muss unter den gleitenden 50-Tage- oder 200-Tage-Durchschnittskurs fallen, bevor ich eine Position eröffne. Wenn der Kurs unter diese wichtigen technischen Niveaus fällt, beginne ich mit dem Aufbau meiner Position, indem ich zunächst ein Drittel des dafür vorgesehenen Kapitals investiere. Danach setze ich die Käufe fort, bis meine Position 100 Prozent erreicht hat.
- Halten Sie die Aktie auch in turbulenten Marktphasen.
- Für diese Aktien ist meine Stop-Loss-Grenze 30 Prozent. Das bedeutet, dass ich sie verkaufe, wenn meine Verluste 30 Prozent und mehr erreichen. Ich will nämlich nicht zulassen, dass ein relativ kleiner Verlust zu einem großen Verlust (50 Prozent und mehr) wird.

# Börsengänge

## Was sind Börsengänge?

Bei einem Börsengang (»Initial Public Offering«, »IPO«) bietet ein Privatunternehmen dem Publikum Aktien über die Börse an. Das bedeutet, dass jeder mit einem Wertpapierkonto diese Aktien kaufen kann. Vor dem Börsengang konnten nur Privatanleger direkt in das Unternehmen investieren.

Die meisten Unternehmen gehen an die Börse, um Geld für Investitionen in ihr Geschäft aufzutreiben. Das könnte zum Beispiel so aussehen: Nehmen wir an, Sie sind der Gründer und Vorstandsvorsitzende eines Softwareunternehmens namens Big Data. Ihr Unternehmen hilft kleinen Unternehmen auf der ganzen Welt, Daten über ihre Kunden zu sammeln und auszuwerten. Und weil Ihre Software auf einem patentgeschützten Algorithmus basiert, den Sie entwickelt hatten, als Sie noch im Keller bei Ihren Eltern wohnten, tun sich Konkurrenten schwer, Ihr Produkt nachzuahmen.

Da Sie der Einzige in dieser Nische des Datenanalysemarkts sind, wachsen Ihre Umsätze stark. Und das bedeutet, Sie brauchen Geld, damit Big Data den Sprung in eine höhere Unternehmensklasse schafft. Bevor Sie sich um Investoren von außen bemühen, fragen Sie Ihre Freunde und Familienangehörigen, ob sie gerne in Ihr Unternehmen investieren würden. Diese stimmen zu und Sie können auf diese Weise 200 000 Dollar für einen Anteil von 5 Prozent am Unternehmen beschaffen. Nach dieser Geldspritze ist Ihr Unternehmen 4 Millionen Dollar wert.

## Für Big Data wird es richtig ernst

Sagen wir, es sei jetzt ein Jahr später, Ihr Geschäft würde boomen und Big Data würde Umsätze in Höhe von 10 Millionen Dollar erwarten. Das sind tolle Nachrichten! Andererseits haben Sie aber auch ein Problem: Wenn

Sie die 10 Millionen Dollar Umsatz erzielen wollen, müssen Sie 20 neue Datenanalysten einstellen und zusätzliche Computerserver kaufen.

Zu diesem Zeitpunkt klopfen Manager von Redwood Capital – einer der angesehensten Risikokapitalgesellschaften – bei Ihnen an die Tür. Das ist ein großer Vertrauensbeweis, weil Redwood Capital schon in andere Technologieunternehmen wie Apple, Google und PayPal investiert hat, als diese noch am Anfang standen. Redwood Capital bietet Ihnen 10 Millionen Dollar für einen Anteil von 10 Prozent an Ihrem Unternehmen. Das haut Sie um, weil das bedeutet, dass Ihr Unternehmen wahnsinnige 100 Millionen Dollar wert ist!

Sie akzeptieren die 10 Millionen Dollar von Redwood Capital, stellen die notwendigen Mitarbeiter ein und tätigen die notwendigen Investitionen. Ein Jahr später braucht Big Data wieder eine Geldspritze. Da sich die Umsatzprognosen auf 30 Millionen Dollar verdreifacht haben, ist Redwood Capital gerne bereit, für 50 Millionen Dollar die Beteiligung an Ihrem Unternehmen um weitere 5 Prozent zu erhöhen. Damit erreicht die Bewertung Ihres Unternehmens 1 Milliarde Dollar! Big Data ist jetzt ganz offiziell ein »Einhorn«: ein Start-up-Unternehmen, das 1 Milliarde Dollar oder mehr wert ist.

Bis zu diesem Zeitpunkt haben Sie insgesamt 20 Prozent des Eigentums an Ihrem Unternehmen an Familienangehörige, Freunde und Risikokapitalgeber verkauft. Bei der nächsten Finanzierungsrunde entscheiden Sie sich aber, mittels eines Börsengangs Aktien an das Publikum zu verkaufen.

## Big Data geht an die Börse

Als der Gründer und Vorstandsvorsitzende von Big Data arbeiten Sie jetzt mit der Investmentbank Goldman Sachs zusammen, welche die Börseneinführung durchführen soll. Die Bank hilft Ihnen dabei, die von der Börsenaufsicht verlangte Erklärung S-1 abzugeben, sie richtet für Sie einen Aufsichtsrat ein und sie übernimmt die Führung der sogenannten »Road-Show«, bei der um institutionelle Investoren geworben wird.

Nach diesem langwierigen Prozess sind alle notwendigen Schritte für den Börsengang abgeschlossen. Weil Ihr Unternehmen so stark wächst, gibt es einen großen Rummel um den Börsengang. Gastkommentatoren auf CNBC sagen andauernd, dass Big Data die nächste »heiße Aktie« sei. Deshalb können es die Kleinanleger kaum erwarten, Ihre Aktien zu kaufen. Sie gehen nach New York zur Börse und läuten die Glocke für den Handelsbeginn, so wie das viele Unternehmensgründer am Tag ihres Börsengangs tun. Dann beginnt der Handel mit Ihren Aktien an der Börse. Die Marktkapitalisierung Ihres Unternehmens erreicht den Wert von 10 Milliarden Dollar.

Da Ihnen immer noch 60 Prozent des Unternehmens gehören, sind Sie nun ein Milliardär mit einem Nettovermögen von 6 Milliarden Dollar.

Ihre Freunde und Ihre Familienangehörigen haben auch einen spektakulären Gewinn von 249 900 Prozent gemacht, da ihr ursprüngliches Investment von 200 000 Dollar bei einem damaligen Unternehmenswert von 4 Millionen Dollar jetzt 500 Millionen Dollar wert ist. Der Gewinn von Redwood Capital ist zwar nicht genauso atemberaubend, aber er beträgt immerhin 9900 Prozent auf die anfänglich investierten 10 Millionen Dollar. Um diese Gewinne mitzunehmen, verkaufen Ihre Freunde, Ihre Familienangehörigen und Redwood Capital einen guten Teil ihres ursprünglichen Investments am Tag des Börsengangs.

Das ist zwar toll für diese ersten Investoren, aber nicht so toll für diejenigen, die am Tag des Börsengangs kaufen. Denn sobald die neuen Anleger merken, dass Redwood Capital und andere Insider ihre Aktien verkaufen, beginnen sie auch zu verkaufen. Und ein paar Monate nach dem Börsengang ist der Marktwert von Big Data wieder auf 1 Milliarde Dollar gefallen.

So etwas passiert sehr häufig bei Börsengängen. Während Insider am Tag des Börsengangs meist sehr reich werden, verbrennen sich die Kleinanleger, die dann erst kaufen, oft die Finger. Die Begeisterung flaut schnell ab und wenn Kleinanleger sehen, dass Insider verkaufen, kann sich die Stimmung an den Märkten eintrüben und der Aktienkurs kann abstürzen.

Deshalb ist es sehr wichtig, bei neu an der Börse gelisteten Unternehmen die Ruhe zu bewahren. Oft werden geduldige Investoren mit *Riesengewinnen* belohnt – selbst wenn der Börsengang zunächst als Fehlschlag angesehen wird.

## Fallstudie: Ferrari und was man aus einem fehlgeschlagenen Börsengang lernen kann

1939 gründete Enzo Ferrari die Autofirma, die seinen Namen trägt. Enzo war italienischer Veteran des Ersten Weltkriegs und träumte davon, das perfekte Rennauto zu bauen. In den späten 1940er-Jahren wandte sich Luigi Chinetti mit dem Vorschlag an Ferrari, Autos für den Straßenverkehr zu bauen. Ein paar Jahre später eröffnete Chinetti den ersten Ferrari-Showroom in den USA.

Siege gehören zur Firmengeschichte von Ferrari. Das Formel-1-Team gewann die Rekordzahl von 238 Grand-Prix-Rennen. Ferrari ist nicht nur für seine Rennsiege bekannt, sondern auch für seinen Stil und seine Klasse. Man kann nicht anders, als sich umzudrehen und genau hinzuschauen, wenn einem ein Ferrari auf der Straße begegnet. Diese Mischung von Spitzenklassehandwerk und Höchstleistung ist einer der Gründe, warum Ferrari eine einzigartige Luxusmarke ist. All das spielte eine große Rolle für die extrem hohe Bewertung von Ferrari, als das Unternehmen am 20. Oktober 2015 an die Börse ging und Kleinanleger zum ersten Mal einen Anteil an der berühmten Firma erwerben konnten.

Zum Unglück für Ferrari wurde die Firma aber bald zum Verlierer an den Börsen.

## Ferrari kommt auf der Startlinie ins Stottern

Die Ferrari-Aktie wurde vor dem Börsengang über alle Maßen angepriesen. CNBC berichtete von diesem Börsengang von früh bis spät und meldete, dass es sowohl institutionelle Investoren als auch Privatanleger gar nicht erwarten könnten, die Aktie zu kaufen. Die Aktie stieg zwar im Kurs am Tag des Börsengangs, aber die Party war bald vorbei. Nach der ersten Woche fiel die Ferrari-Aktie um 6 Prozent und am Ende des Jahres hatte sie 40 Prozent ihres Wertes verloren!

Dieses Debakel konnte man vorhersehen, wenn man wusste, worauf man achten musste. Ferrari ging mit einer Bewertung von fast 10 Milliarden Dollar an die Börse, was ein Kurs-Gewinn-Verhältnis von 30 bedeutete. Dies war nur bei einem sehr starken Unternehmenswachstum zu rechtfertigen. Aber bei Ferrari – wie bei allen anderen Luxusmarken – steht die Exklusivität im Vordergrund. Ferraris können für hohe Preise verkauft werden, weil sie selten sind. (Das Unternehmen hatte die Produktion auf 7000 Autos pro Jahr begrenzt, aber 2020 überstiegen die Verkäufe zum ersten Mal die Marke von 10 000.) Die Idee, dass das Unternehmen die Produktion hochfahren würde, um die optimistischen Erwartungen zu erfüllen, die in der hohen Bewertung zum Ausdruck kamen, war vollkommen unrealistisch.

Bis Anfang 2016 hatte die Ferrari-Aktie fast die Hälfte ihres Wertes verloren. Die Begeisterung war abgeflaut und Ferrari war – zumindest in der Welt des Investments – zu einem Witz geworden.

Aber genau dann war die beste Zeit, um zu kaufen.

## Die Ferrari-Aktie kommt in Gang

Das Ferrari-Management bemühte sich nach allen Kräften, den Trubel um seine Aktie zu ignorieren. Es musste dafür sorgen, dass die Exklusivität der Marke, die Enzo Ferrari und sein Team geschaffen hatten, erhalten blieb. Andernfalls würde die Marke an Wert verlieren.

Das Management tat auch sein Möglichstes, die eigenen Wachstumsprognosen zu erfüllen. 2016 produzierte das Unternehmen 9200 Autos – ein Wachstum von 31 Prozent. Verglichen mit den Millionen von Autos, die General Motors verkaufte, war das zwar nicht der Rede wert, aber Ferrari hatte gezeigt, dass es auch den Umsatz steigern konnte.

Und weil der Aktienkurs seit dem hochgejubelten Börsengang abgestürzt war, war die Aktie relativ zum Gewinnwachstum des Unternehmens billig. Die Wall Street begann sich bald wieder für die Aktie zu interessieren; bis Ende 2016 hatte der Kurs von Ferrari um 50 Prozent zugelegt und den Wert beim Börsengang wieder erreicht.

Wie ein Ferrari hatte die Aktie einen Gang höher geschaltet und bis 2021 war die Aktie des Luxusautoherstellers seit dem »gescheiterten« Börsengang um 350 Prozent gestiegen.

# Investmentstrategie: Börsengänge

Dieser Abschnitt wird Ihnen dabei helfen, Börsengänge zu finden, die die Hauptanforderungen an eine gute Geldanlage erfüllen.

## Wie man einen guten Börsengang erkennt

Für ein Unternehmen, das klein angefangen hat, ist der Gang an die Börse ein wichtiger Meilenstein. Selbstverständlich nutzt ein solches Unternehmen jede Gelegenheit, um die Tatsache bekannt zu machen, dass seine Aktien bald an den großen Börsen gehandelt werden.

Zeitpläne für Börsengänge kann man kostenlos auf den Websites der Nasdaq, von *Forbes* und von *MarketWatch* abrufen. Die Investmentbanken, die die »Road-Shows« veranstalten, *wollen*, dass die Leute wissen, dass Unternehmen an die Börse gehen. Deshalb sollte es kein Problem sein, diese Informationen zu finden.

Aber Sie sollten nicht einfach irgendeinen Börsengang auswählen, um Ihr Geld anzulegen. Wenn Sie die folgenden drei Kriterien bei Ihrer Wahl beachten, werden Sie die Wahrscheinlichkeit erhöhen, dass Sie große Gewinne mit Börsengängen machen.

### 1. Achten Sie darauf, dass der Börsengang von einer soliden Investmentbank durchgeführt wird

Die Investmentbank, die den Börsengang durchführt (der »Underwriter«), bewertet das Risiko, das mit einem Börsengang verbunden ist, und haftet dafür. Die Underwriter sind diejenigen, die einschätzen, wie riskant ein Unternehmen ist und wie die Aktie bewertet werden sollte, und die sich auch sonst um alles, was mit einem Börsengang in Zusammenhang steht, kümmern.

In dem Beispiel mit Big Data weiter oben war der Underwriter für dieses Unternehmen Goldman Sachs, einer der angesehensten Underwriter für Börsengänge. Wenn Goldman Sachs den Börsengang durchführt, dann ist das ein großer Vertrauensbeweis, da diese Bank bei der Wahl der Unternehmen, die sie an die Börse bringen will, sehr wählerisch ist. Die meisten Unternehmen hätten es sehr gerne, dass Goldman Sachs ihren Börsengang durchführt. Und weil Goldman Sachs sich die Unternehmen aussuchen kann, von denen es glaubt, dass die Börsengänge am erfolgreichsten sein werden, folgt daraus, dass jedes Unternehmen, das Goldman Sachs an die Börse bringt, von guter Qualität ist.

Neben Goldman Sachs sind auch die Bank of America, Morgan Stanley und JPMorgan Chase Spitzen-Underwriter. Wenn eine dieser Banken das Unternehmen, in dessen Börsengang Sie investieren wollen, an die Börse bringt, sind Sie in guten Händen.

## 2. Informieren Sie sich über die Sperrfrist

Über eines muss jeder, der in einen Börsengang investieren will, Bescheid wissen: die Sperrfrist. Wenn ein Unternehmen an die Börse geht, müssen Insider – wie Redwood Capital in unserem Beispiel – eine vorgeschriebene Frist warten, bevor sie Aktien verkaufen dürfen (die sogenannte »Sperrfrist«). Das können zwischen 90 und 180 Tage nach dem Börsengang sein oder sogar bis zu 12 oder 18 Monate.

Sperrfristen sollen verhindern, dass Insider auf einmal große Mengen von Aktien auf den Markt werfen. Die meisten Unternehmen bringen ungefähr 20 Prozent ihres Eigenkapitals in Form von Aktien bei einem Börsengang an die Börse. Wenn also ein einzelner Großaktionär – wie Redwood Capital – seinen 15-Prozent-Anteil am Tag des Börsengangs auf den Markt werfen würde, könnte das den Kurs zum Absturz bringen. Eine Studie der New York University hat gezeigt, dass Aktien am ersten Tag nach dem Ende der Sperrfrist in der Regel um 1 bis 3 Prozent fallen.

Außerdem würden viele Insider-Verkäufe bei einem Börsengang ein negatives Signal an die Investoren senden, die an dem Börsengang interessiert sind. Wenn Sie als Kleinanleger also in einen Börsengang investieren wollen, sollten Sie auf die Länge der Sperrfrist achten und bis nach deren Ende mit dem Aufbau einer Position warten.

### 3. Finden Sie heraus, welchen Anteil Fonds halten

Manager von großen Investmentfonds (wie zum Beispiel Hedgefonds und Pensionskassen mit einem Vermögen von mehr als 100 Millionen Dollar) müssen jedes Vierteljahr bei der US-amerikanischen Börsenaufsicht das Formular 13F einreichen. Darin müssen sie alle Aktien auflisten, die sie besitzen.

Am wichtigsten ist, dass man anhand dieser Formulare erkennen kann, wie sich ihre Aktienbestände im Lauf der Zeit ändern. Da diese Informationen alle drei Monate veröffentlicht werden, können Sie erkennen, ob einer der Top-Hedgefonds bei dem Börsengang eingestiegen ist, den sie beobachten. Wenn die Top-Hedgefonds in Ihren Kandidaten investiert haben, dann ist das ein gutes Zeichen. Denn ich bin ein großer Anhänger der Strategie, den weltbesten Investoren zu folgen. Zu den besten Hedgefonds, denen ich folge, gehören Bridgewater Associates, Duquesne Family Office und Elliott Investment Management.

Sie können sich auf Websites wie *WhaleWisdom.com* über die Veröffentlichungen der 13-F-Formulare auf dem Laufenden halten.

## Welche Kaufstrategie sollte man bei Börsengängen verfolgen?

Einer der Punkte, auf die ich in diesem Abschnitt immer wieder zurückkomme, ist *Geduld*. Wie wir anhand des Fallbeispiels von Ferrari gesehen haben, war dessen Börsengang nur zunächst ein Fehlschlag.

Dieses Muster kann man oft bei Börsengängen beobachten. Zum Beispiel war auch der Börsengang von Facebook im Mai 2012 ein Flop. Das Unternehmen ging mit einer Bewertung von 100 Milliarden Dollar an die Börse, aber diese Marktkapitalisierung halbierte sich innerhalb von sechs Monaten.

Wie sich herausstellte, schaffte Facebook, genau wie Ferrari, in den nächsten paar Jahren eine Aufholjagd und ist heute ungefähr 1 Billion Dollar wert. Wenn Sie sich für einen Börsengang entschieden haben, in den Sie investieren wollen, ist das Beste, was Sie tun können, *nicht* am

Tag des Börsengangs zu kaufen. Das gilt vor allem für hochgejubelte Börsengänge wie die von Ferrari oder Facebook. Denn wenn sich die erste Euphorie wieder legt, kommt es oft zu sehr starken Kursrückgängen.

Deshalb warte ich immer drei bis sechs Monate nach einem Börsengang, bevor ich investiere. Ich warte auch bis nach dem Ende der Sperrfrist, weil die Insider, die ihre Anteile jahrelang gehalten haben, wahrscheinlich Aktien abstoßen werden. Nachdem man geduldig das Ende der Sperrfrist abgewartet hat, ist es am besten, seine Position über ein paar Wochen unter Ausnutzung des Durchschnittskosteneffekts aufzubauen. Wenn es sich um ein Unternehmen handelt, von dem man sehr überzeugt ist, kann man so weit gehen, bis zu fünf Prozent seines Portfolios zu investieren.

Aber weil es sich bei Börsengängen fast immer um Wachstumsaktien handelt, muss man bereit sein, große Kursschwankungen auszuhalten.

**Kurzanleitung für Investoren: Börsengänge**

- Investieren Sie nie mehr als 3 bis 5 Prozent Ihres Portfolios in einen Börsengang, auch wenn Sie sehr optimistisch hinsichtlich der Kursentwicklung sind.
- Am wichtigsten ist es, die Anfangseuphorie bei Börsengängen abzuwarten. Nachdem sich die anfängliche Begeisterung gelegt hat, kommt es meistens zu einem Kursrückgang; das ist dann die Zeit, zu der Sie kaufen sollten. Tipp: Warten Sie, bis die Sperrfrist abgelaufen ist (für gewöhnlich drei bis sechs Monate). Dann können Sie Ihre Position bei diesem Börsengang während der nächsten paar Wochen allmählich aufbauen, wobei Sie sich am besten an technischen Indikatoren orientieren sollten. Zum Beispiel sollten Sie zukaufen, wenn der Aktienkurs über den gleitenden 50-Tage-Durchschnittskurs steigt.
- Setzen Sie sich eine Stop-Loss-Grenze von 30 Prozent und verkaufen Sie, wenn Ihre Verluste diese Grenze erreichen. Vergessen Sie nie, dass der Markt immer recht hat.
- Wenn die Aktie Ihr Kursziel erreicht hat, denken Sie darüber nach, Ihre Position zum Teil oder ganz zu verkaufen.

# Akquisitionszweckgesellschaften (SPACs)

## Was sind »SPACs« oder »Special Purpose Acquisition Companies«?

Ich habe während des Großteils meiner Karriere über Finanzen und Geldanlage geschrieben. Ich bilde mir ein, dass ich ganz gut weiß, was Kleinanleger lesen wollen und worüber sie sich informieren wollen. Und oft erfahre ich auch, auf was sie neugierig sind, wenn ich mir die Kommentare meiner Fans zu meinen Videos anschaue.

Dabei kann es sich um alles Mögliche handeln – von einer bestimmten Aktie, die die Leute interessiert, bis zu einem Trend, den meine Leser und Zuschauer verfolgen. Aber im April 2020, während des Covid-Lockdowns, wollten alle nur über ein Thema reden: die sogenannten SPACs.

»SPAC« ist ein Akronym für »Special Purpose Acquisition Company« (auf Deutsch: »Akquisitionszweckgesellschaft«). SPACs, die auch als »Blankoscheck-Gesellschaften« bekannt sind, sind für private Unternehmen eine Alternative zu den herkömmlichen Börsengängen. Sie werden »Blankoscheck-Gesellschaften« genannt, weil es noch gar kein richtiges Unternehmen gibt, wenn so eine Gesellschaft gegründet wird. Die SPAC ist bemüht, ein existierendes Unternehmen zu übernehmen und an die Börse zu bringen. Mit anderen Worten, sie wartet mit einem »Blankoscheck« in der Hand. Anders als beim normalen Börsengang, bei dem es viel Bürokratie und viele Regularien gibt, die eingehalten werden müssen, kann man mittels einer SPAC sein Unternehmen schnell und billig an die Börse bringen.

## Willkommen, IPO 2.0

Eine SPAC wird von einem Management-Team, das oft auch »Sponsor« genannt wird, gegründet. Wenn ein Sponsor eine SPAC gegründet hat, wird diese Blankoscheck-Gesellschaft wie eine normale Aktie an den Börsen notiert. Genau wie man Aktien von Tesla kaufen kann, kann man auch Aktien von einer SPAC kaufen.

Das Ziel einer SPAC ist es, ein privates Unternehmen zu finden, um mit diesem zu verschmelzen und es auf diesem Weg an die Börse zu bringen. Die Sponsoren einer SPAC haben nach deren Gründung normalerweise 18 bis 24 Monate Zeit, um ein solches Unternehmen zu finden, bevor die Blankoscheck-Gesellschaft wieder aufgelöst wird. Wenn eine SPAC gebildet wird, dann notiert sie typischerweise mit einem Nettovermögenswert von 10 Dollar pro Aktie. Das ist der »Kursboden« der SPAC. Wenn eine SPAC zu diesem Kurs gehandelt wird, dann bedeutet das höchstwahrscheinlich, dass das Management-Team noch kein privates Unternehmen gefunden hat, das es übernehmen kann, und die SPAC ist nur der »Platzhalter« für das Geld der Investoren.

## Wie eine SPAC funktioniert

Um besser zu verstehen, wie SPACs funktionieren, wollen wir uns ein Beispiel anschauen. Stellen Sie sich vor, ein Unternehmer namens Brian Cohen hat die Absicht, sein Unternehmen an die Börse zu bringen. Cohens Firma heißt »Flight« und ist so etwas wie das Uber für Privatjets. Das Geschäft der Firma ist sehr riskant, was einer der Gründe dafür ist, dass die Firma bei ihrem Versuch, einen normalen Börsengang durchzuführen, Schwierigkeiten gehabt hat. Die meisten Investmentbanken schreckten vor dem hohen Risiko des Geschäfts zurück, sodass Cohen jetzt versucht, sein Unternehmen mithilfe einer SPAC an die Börse zu bringen.

Cohen nimmt mit einer SPAC Kontakt auf, die den Namen »Venture Acquisition Corporation« (VTIC) trägt. Die Gesellschaft wird von Stan Lackman geführt, einem der weltweit erfolgreichsten Hedgefonds-Manager. Da die SPAC von Lackman noch kein geeignetes Unternehmen gefunden hat, notiert sie nahe ihrem Nettovermögenswert von 10 Dollar pro Aktie.

Lackman teilt die Vision Cohens von einer Welt, in der Privatjets leichter zugänglich sind. Und da beide hinsichtlich der Geschäftserwartungen übereinstimmen, entscheiden sie, Flight und die Venture Acquisition Corporation zu verschmelzen. Sie geben eine Pressemitteilung heraus, woraufhin der Preis der SPAC auf 20 Dollar pro »Einheit« in die Höhe schießt. Wie bei SPACs üblich, gibt es bei der Venture Acquisition Corporation ein »Bezugsrecht«, das es Investoren erlaubt, innerhalb eines Jahres nach der Verschmelzung eine Stammaktie des neu geformten Unternehmens zu kaufen.*

Die SPAC – mit dem Börsenkürzel »VTIC« – wird jetzt so gehandelt, als ob sie Flight sei. Die SPAC stellt zwar genau genommen keine Beteiligung an Flight dar, aber die Anleger gehen davon aus, dass die Verschmelzung stattfinden wird.

Nach sechs Monaten hat VTIC sein Börsenkürzel offiziell in »FLY« geändert. Die VTIC-Einheiten werden in FLY-Aktien umgewandelt und die Anleger haben jetzt einen Anteil an Cohens Privatjetunternehmen.

Das SPAC-Verfahren wird zwar oft »IPO 2.0« genannt, ist aber viel weniger aufwendig als ein traditioneller Börsengang und vermeidet viele der strengen Berichts- und Offenlegungspflichten. Natürlich bedeutet das, dass es einige Unternehmen, die eigentlich nicht an die Börse gehören, trotzdem an die Börse schaffen.

Und das kann zu schweren Fällen von Betrug Anlass geben.

## Fallstudie: Nikola Motors und der Motor, den es nicht gab

Eine der heißesten Aktien im letzten Jahrzehnt war der Elektroautobauer Tesla. Die Aktie des Unternehmens, welches von dem exzentrischen Milliardär Elon Musk geführt wird, erzielte zwischen 2011 und 2021 eine durchschnittliche Rendite von 65 Prozent pro Jahr.

Natürlich gab es eine Menge Nachahmer. Keiner von ihnen war so berüchtigt wie Trevor Milton und seine Elektrolastwagenfirma Nikola Motors (NKLA). Milton hatte sich zum Ziel gesetzt, einen Neunachser-Lastwagen zu bauen, der mit Strom und Wasserstoff statt mit Diesel angetrieben werden sollte. Milton stellte einen Prototyp dieses Lastwagens im Dezember 2016 vor, der auf großes Interesse der Investoren stieß.

---

* Eine »Einheit« (»unit«) ist die Kombination aus SPAC-Aktie und Bezugsrecht (Anmerkung des Übersetzers).

Kein Unternehmen, nicht einmal Tesla, war in der Lage, einen Sattelschlepper zu bauen, der nur mit Strom läuft. Weil Logistikunternehmen wie Amazon oder United Parcel Service sich dazu verpflichtet hatten, ihren »Kohlendioxid-Fußabdruck« zu reduzieren, hatte Nikola Motors möglicherweise eine Goldmine entdeckt.

Milton behauptete, dass der vorgestellte Lastwagen voll funktionsfähig sei und dass sein Unternehmen in seinem ersten Monat Vorverkäufe in Höhe von 2,3 Milliarden Dollar abgeschlossen habe. Während der nächsten zwölf Monate kündigte Nikola an, bald einen Null-Emissions-Sattelschlepper zu produzieren. Darüber hinaus behauptete das Management auch, dass bis 2021 die Infrastruktur, die diese Lastwagen benötigten, in den europäischen Märkten bereitstehen würde. Anfang 2018 veröffentlichte Nikola ein Video, das einen seiner Sattelschlepper zeigte, der durch eine Wüstenlandschaft fuhr – scheinbar aus eigener Kraft.

## Die Aktie von Nikola Motors ist im Rennen

Nikola Motors erweckte die Aufmerksamkeit von Steve Girsky, dem früheren Vizepräsidenten von General Motors, der ein Unternehmen namens VectoIQ gegründet hatte. Zu dem Unternehmen gehörte eine SPAC, die VectoIQ Acquisition Corporation (VTIQ), die auf der Suche nach einem Unternehmen war, mit dem sie verschmelzen konnte. Der Vorstandsvorsitzende von Nikola, Trevor Milton, war der Meinung, dass die neue Technologie von Nikola Motors und die Erfahrung von Girsky in der Autoindustrie sich gut ergänzen würden, und stimmte der Verschmelzung mit der SPAC zu.

Der Markt war von dieser Partnerschaft begeistert. Als die Verschmelzung am 6. Mai 2020 angekündigt wurde, schossen die Einheiten von VTIQ um mehr als 150 Prozent in die Höhe. Wenig später notierte Nikola Motors unter dem Kürzel »NKLA« an der New Yorker Börse.

Elektrofahrzeuge und SPACs erwiesen sich im Sommer 2020 als eine himmlische Kombination. Die Umsätze mit Kleinanlegern boomten und jeder Investor wollte einen Anteil von Nikola oder – wie manche Blogger das Unternehmen anpriesen – dem »nächsten Tesla«. Und der Boom der SPACs ermöglichte es den Investoren, bei diesen neuen Technologien mitzumischen, ohne dass es die Umstände und den Aufwand eines traditionellen Börsengangs gab.

Es gab zwar von einigen für die Leichtigkeit Applaus, mit der diese Unternehmen nun an die Börse gehen konnten, aber die Berichtspflichten für Börsengänge sind nicht ohne Grund so streng: Ohne diese Pflichten würde es Unternehmen, die an der Börse nichts zu suchen haben, leichtfallen, Kleinanleger um ihr hart verdientes Geld zu betrügen.

## Wenn die Ebbe kommt …

Nicht lange nach der Verschmelzung mit der SPAC kündigte Nikola an, dass es bis zum Jahr 2021 für den europäischen Markt einen schweren Lastwagen mit einem zulässigen Gesamtgewicht zwischen 15 und 36 Tonnen produzieren würde, der mit Batterien und Wasserstoff angetrieben werden würde. Investoren waren von dieser Nachricht begeistert und trieben die Marktkapitalisierung von Nikola auf über 30 Milliarden Dollar. Zu dieser Zeit war das mehr als der Wert von Ford (F).

Auf diese Ankündigung folgten die Vereinbarungen zweier wichtiger Partnerschaften – mit dem Abfallentsorgungsriesen Republic Services und mit General Motors. Das letztgenannte Unternehmen beteiligte sich mit 11 Prozent am Eigenkapital von Nikola.

Nicht lange danach begannen die ersten Zweifel an Nikolas großartigen Plänen aufzukommen.

Der erste Paukenschlag war ein Bericht der Leerverkaufsfirma Hindenburg Research vom September 2020. Der 67-Seiten-Bericht legte im Detail dar, dass Nikola »ein kriminelles Unternehmen« sei, »aufgebaut auf Dutzenden von Falschangaben und angeführt von Trevor Milton«.

Eine der Anschuldigungen bestand darin, dass das Video von 2018 mit dem Sattelschlepper des Unternehmens eine Fälschung war. Der Bericht von Hindenburg Research behauptete, dass Nikola technische Tricks angewandt habe, um es so aussehen zu lassen, als ob der Sattelschlepper aus eigener Kraft auf der Straße fuhr, während er in Wirklichkeit nur »rollte«. Kurz darauf veröffentlichte Nikola eine Mitteilung, in der es hieß, dass man nie behauptet habe, der Sattelschlepper würde mithilfe seines eigenen Antriebs fahren.

Jetzt wurde das Justizministerium aufmerksam und begann zu untersuchen, ob Nikola und sein Gründer Trevor Milton die Anleger getäuscht hatten. In der Woche darauf trat Milton zurück, was einen Kursrutsch von 20 Prozent auslöste. Bis Ende 2020 war diese Lieblings-SPAC der Anleger, die für kurze Zeit einen höheren Marktwert als Ford gehabt hatte, von ihrem Höchstkurs um 80 Prozent abgestürzt.

Warren Buffett sagte bekanntlich einmal: »Erst wenn die Ebbe kommt, sieht man, wer nackt geschwommen ist.« Im grellen Licht der Realität zeigte es sich, dass Nikola nackt geschwommen war. Es war offensichtlich, dass es die hochfliegenden Erwartungen, die es bei den Anlegern geweckt hatte, nicht erfüllen konnte.

## Anlagestrategie: Akquisitionszweckgesellschaften (SPACs: Special Purpose Acquisition Companies)

SPACs ermöglichen oft Unternehmen, die hochriskant sind, den Zugang an die Börse. Auf folgende Weise können Sie das Beste aus dieser Möglichkeit machen.

## Wie man eine gute SPAC erkennt

Geld in Unternehmen zu stecken, die über eine SPAC an die Börse gehen, ist ähnlich, wie Geld in Start-ups zu stecken. Beide Arten von Unternehmen haben ein hohes Risiko, zu scheitern. Viele Anleger haben für diese Erkenntnis ein hohes Lehrgeld bezahlt. Beispielsweise verlor der SPAC-ETF Defiance Next Generation (SPAK) bis zur Jahresmitte 2021 35 Prozent seines Wertes, nachdem er 2020 geboomt hatte.

Wenn Sie den folgenden Ratschlägen Folge leisten, werden Sie Ihre Chancen verbessern, im SPAC-Markt Gewinne zu erzielen.

## 1. Schauen Sie sich das Management-Team genau an

Bevor eine SPAC ein Übernahmeobjekt gefunden hat, gibt es keine Fundamentaldaten, die man analysieren könnte. Man kann kein Umsatzwachstum, keine Gewinnspannen und nichts sonst von dem, was zur Aktienanalyse üblicherweise gehört, untersuchen. In diesem Stadium sind SPACs wirklich »Blankoscheck«-Rechtspersonen, hinter denen nichts steckt.

Vor der Verschmelzung ist ein Investment in eine SPAC nichts anderes als ein Investment in deren Management-Team. Deswegen ist es wichtig, sich genau anzuschauen, wer die SPAC managt. Das kann man machen, indem man die Lebensläufe der Mitglieder der SPAC-Führung liest und sich darüber informiert, was sie bisher geleistet haben. Sie sollten Wert auf Management-Teams legen, die viel Erfahrungen in der Leitung von Aktiengesellschaften haben und an den Aktienmärkten seit Langem bekannt sind.

Man kann den Namen jedes Mitglieds des Management-Teams einer SPAC in dem S-1-Formular finden, das bei der US-Börsenaufsicht eingereicht werden muss. Auf dieser Grundlage kann man dann im Internet nach den Namen der Schlüsselpersonen im Management der SPAC suchen. Hinweis: Man kann die eingereichten S-1-Formulare in der Datenbank EDGAR der US-Börsenaufsicht (US Securities and Exchange Commission) oder auf der Website der Unternehmen unter der Rubrik »Berichterstattung« finden.

## 2. Warten Sie, bis eine Verschmelzung angekündigt wird

Sie können sich viele Kopfschmerzen ersparen, indem Sie einfach warten, bis der SPAC-Sponsor eine Verschmelzung ankündigt. Außerdem gibt es Belege dafür, dass die Rendite von Investitionen, die nach der Verschmelzung getätigt werden, tatsächlich höher ist, als wenn man darauf spekuliert, dass das Management-Team ein gutes Unternehmen finden wird. Zum Beispiel übertrafen im Jahr 2021 nur 15 Prozent der SPACs, die noch keine Verschmelzung angekündigt hatten, den S&P 500 – verglichen mit 46 Prozent der SPACs, die eine Verschmelzung bekannt gegeben hatten.

### 3. Beobachten Sie den SPAC-Kurs genau

Anfänger sind immer auf den Kurs einer Aktie fixiert. Sie denken, dass eine Aktie über- oder unterbewertet ist, nur weil der Kurs hoch oder niedrig ist. Aber die Anleger sollten den Aktienkurs ignorieren und sich auf Bewertungskennzahlen konzentrieren, wie etwa das Kurs-Umsatz-Verhältnis, das Verhältnis von Kurs zu Gewinnwachstum oder andere Indikatoren.

Aber im Fall von SPACs ist das anders. Alle »Blankoscheck-Gesellschaften« gehen mit einem Kurs von 10 Dollar pro Anteil an die Börse. Bei diesem Kurs und einer genügend hohen Zahl ausgegebener Anteile hat die SPAC genug Geld eingesammelt, um ein privates Unternehmen aufkaufen zu können. Aber sobald eine SPAC einen Deal ankündigt – und manchmal sogar davor, wenn sie ein bekanntes Management-Team hat –, wird es einen »Aufschlag« auf die zehn Dollar geben, der im Lauf der Zeit zunehmen kann. Denn dann repräsentieren die SPAC-Anteile nicht mehr nur eine Blankoscheck-Gesellschaft, sondern den Wert des Unternehmens, das die SPAC aufgekauft hat beziehungsweise aufkaufen wird.

Je höher der Anteilspreis ist, desto höher ist der Aufschlag, den man für die SPAC zahlen muss. Dadurch vermindert sich natürlich das Potenzial für weitere Kurssteigerungen. Aus diesem Grund sollte man die Finger von SPACs lassen, deren Kurs hoch ist, weil der Großteil der möglichen Gewinne bereits im Kurs eingepreist ist.

## Wie man SPACs kauft und verkauft

Wenn Sie ein Management-Team gefunden haben, dem Sie Ihr Geld glauben anvertrauen zu können, oder wenn Sie eine SPAC gefunden haben, die eine Verschmelzung angekündigt hat, ist es an der Zeit, eine Position zu eröffnen. Diese Position sollte klein sein, denn man muss immer daran denken, dass SPACs – wie alle Anlagewerte, die in diesem Buch diskutiert werden – hochriskant sind. Deswegen investiere ich nicht mehr als ungefähr 1 Prozent meines Anlageportfolios in SPACs.

Für gewöhnlich baue ich meine Position im Lauf von zwei bis drei Wochen und unter Ausnutzung des Durchschnittskosteneffekts auf. Dadurch wird der Einstandskurs geglättet und die Auswirkungen möglicher kurzfristiger Schwankungen werden reduziert. Das ist bei SPACs sehr wichtig, da die Kurse dieser neuartigen Unternehmen meist sehr stark schwanken.

Nachdem eine SPAC-Verschmelzung angekündigt wurde und die SPAC unter ihrem neuen Börsenkürzel notiert, sollten Sie dieselben Analysemethoden anwenden, die weiter oben in diesem Kapitel bei der Diskussion der Wachstumsaktien vorgestellt wurden. Dazu gehören die Einschätzung des Marktpotenzials, des Umsatzwachstums und der Qualität der Unternehmensführung. Danach sollten Sie Ihre Position einfach halten, es sei denn, die Voraussetzungen, auf denen Ihre Anlageentscheidung basiert, ändern sich. Im Regelfall verkaufe ich eine Position, wenn deren Wert um 35 Prozent oder mehr fällt. Bei der Geldanlage kann man schon einmal einen Fehler machen, aber man darf nicht bei einem Fehler verharren. Und wenn eine Position erst einmal 35 Prozent im Minus ist, dann ist die Wahrscheinlichkeit, dass es zu einer Wende zum Besseren kommt, meist ziemlich niedrig.

**Kurzanleitung für Investoren: Akquisitionszweckgesellschaften (SPACs: Special Purpose Acquisition Companies)**

- Warten Sie, bis die Verschmelzung zwischen der SPAC und dem Zielunternehmen angekündigt wird.
- Im Vergleich zu traditionellen Börsengängen und Wachstumsaktien sind SPACs riskanter. Investieren Sie nie mehr als 1 bis 2 Prozent Ihres Anlageportfolios in eine einzelne SPAC. Denken Sie immer daran: Unternehmen gehen mithilfe von SPACs an die Börse, weil sie nicht genug Geld mit den üblichen Methoden, wie etwa der Einwerbung von Wagniskapital, auftreiben können. Das macht SPACs zu einer riskanten Anlageform.
- Bauen Sie Ihre Position allmählich auf, sobald die SPAC-Verschmelzung angekündigt ist.
- Wenn das neue Unternehmen entstanden ist, erhalten Sie automatisch Anteile daran.
- Beobachten Sie das Unternehmen und dessen Entwicklung. Wie bei anderen hochriskanten Anlagen sollten Sie sich eine Stop-Loss-Grenze von 30 Prozent setzen – und auch verkaufen, wenn Ihre Verluste diesen Prozentsatz erreichen.
- Wenn alles gut geht, können sich SPACs im Kurs verdoppeln oder verdreifachen. Wenn etwas schiefgeht, dann sorgt der Stop-Loss dafür, dass Sie höchstens 30 Prozent verlieren werden. Das heißt, dass Sie einen Verlust von 30 Prozent dafür riskieren, eine Gewinnchance von 200 Prozent und mehr zu erhalten. Solange Sie nicht zu viel investieren, ist das Verhältnis zwischen Risiko und möglichem Gewinn akzeptabel. Aber das ist eine Entscheidung, die nur Sie selbst treffen können, da jeder andere Vorstellungen davon hat, welches Verhältnis zwischen Risiko und möglichem Gewinn akzeptabel ist. Wichtig ist aber in jedem Fall, dass man seine Position richtig bemisst und nicht zu viel investiert.

# Stark unterbewertete Aktien (»deep value stocks«)

## Was sind stark unterbewertete Aktien?

Wie ich in dem Abschnitt über Wachstumsaktien schon erwähnt habe, sind die zwei Endpunkte des Investmentspektrums Wachstum und Wert.

Im Allgemeinen konzentrieren sich wachstumsorientierte Anleger auf Unternehmen, deren Umsätze und Gewinne schnell wachsen. Auf der anderen Seite haben wertorientierte Anleger Unternehmen im Fokus, deren Aktien unter ihrem inneren Wert notieren (was das ist, werden wir in Kürze ausführlich diskutieren). Genau wie bei wachstumsorientierten Anlegern Superwachstumsaktien am äußersten Ende ihres Investmentspektrums stehen, stehen bei den wertorientierten Anlegern die stark unterbewerteten Aktien ganz am Ende von deren Spektrum.

Die Anlage in stark unterbewertete Aktien funktioniert genau wie die wertorientierte Anlage im Allgemeinen – nur dass diese Aktien *weit* unter ihrem inneren Wert notieren. Das Konzept der wertorientierten Anlage wurde von dem berühmten Investor Benjamin Graham propagiert. Der Dreh- und Angelpunkt dabei ist, herauszufinden, wie viel ein Unternehmen wirklich wert ist. Graham, der der Mentor von Warren Buffett war, stellte fest, dass Aktien, die bei niedrigen »Bewertungsmultiplikatoren« notierten, auf lange Sicht regelmäßig besser als der Gesamtmarkt abschnitten.

Damit meinte Graham Aktien, deren Kurs-Buchwert-Verhältnis geringer als 1,0 und deren Kurs-Gewinn-Verhältnis geringer als 10 war. Nach Meinung von Graham würden Anleger, die diese Aktien kauften, einen hohen Gegenwert für ihr Geld erhalten. Schließlich ist der Kauf einer Aktie nichts anderes als der Kauf eines Anteils an den künftigen Gewinnen des betreffenden Unternehmens. Und je höher das Kurs-Gewinn-Verhältnis ist, desto mehr muss man für diesen Anteil an den Unternehmensgewinnen bezahlen.

Das Problem bei diesem Ansatz liegt darin, dass der innere Wert auf bestimmten Annahmen basiert. Tatsächlich basiert jedes Finanzmarktmodell vollständig auf Annahmen und stellt keine exakte Wissenschaft dar. Zum Beispiel müssen Aktienanalysten prognostizieren, wie hoch das Gewinnwachstum eines Unternehmens und die Bewertungsmultiplikatoren seiner Aktie in der Zukunft sein werden, um ein Finanzmarktmodell zu konstruieren. Da diese Prognosen sich auf die Zukunft, die grundsätzlich nicht vorhersehbar ist, beziehen, kann man sich auf die Modelle nicht vollständig verlassen.

Ich sage immer gerne, dass ein Finanzmarktmodell nur ein Werkzeug in der Werkzeugkiste des Aktienanalysten ist und nicht das A und O der gesamten Analyse. Aber wenn man sie richtig anwendet, können Modelle dabei helfen, Investmentchancen bei stark unterbewerteten Unternehmen zu erkennen, die viele andere übersehen haben.

## Wie berechnet man den inneren Wert?

Es gibt ein paar Methoden, um den inneren Wert eines Unternehmens herauszufinden. Die am weitesten verbreitete Bewertungsmethode ist als Cashflow-Barwert-Analyse bekannt. Bei dieser Methode wird geschätzt, wie viel Geld ein Unternehmen in der Zukunft verdienen wird. Dann wird der Barwert des Cashflows von jeder der zukünftigen Perioden berechnet; schließlich werden all diese Barwerte aufaddiert und so der innere Wert eines Unternehmens und damit auch der innere Wert der betreffenden Aktie ermittelt.

Eine andere populäre Methode besteht darin, sich die Finanzkennzahlen eines Unternehmens anzuschauen, wie etwa das Kurs-Gewinn-Verhältnis. Um den zukünftigen inneren Wert einer Aktie zu ermitteln, würde man den aktuellen Gewinn pro Aktie mit (1 + Gewinnwachstumsrate) multiplizieren und das Ergebnis dann mit dem Kurs-Gewinn-Verhältnis multiplizieren.

Lassen Sie uns diese Methode anhand eines Beispiels näher anschauen. Nehmen wir an, Coca-Cola würde aktuell einen Gewinn von 1,87 Dollar pro Aktie erzielen; das Gewinnwachstum würde 4 Prozent betragen und das Kurs-Gewinn-Verhältnis wäre 25. Sowohl der Gewinn pro

Aktie als auch das Kurs-Gewinn-Verhältnis werden den aktuellen Finanzberichten von Coca-Cola entnommen, während das Gewinnwachstum eine Annahme darstellt, die man trifft, um vorherzusagen, wie sich die Gewinne des Unternehmens entwickeln werden. Wenn wir diese Zahlen in die oben beschriebene Gleichung einsetzen, dann erhalten wir 48,62 als Ergebnis (1,87 × (1 + 0,04) × 25). Das bedeutet, dass Coca-Cola einen inneren Wert von 48,62 Dollar pro Aktie hat.

Jetzt kommt der Unterschied zwischen wertorientierter Geldanlage und dem Investment in stark unterbewertete Aktien ins Spiel. Falls Coca-Cola in der oben geschilderten Situation bei 45 Dollar notiert, dann würde die Aktie ein wertorientiertes Investment darstellen, weil die Aktien mit einem Abschlag von (nur) 7,4 Prozent auf ihren inneren Wert notieren.

Nehmen wir an, es hätte einen Streik im Coca-Cola-Werk nahe Cleveland, Ohio (meiner Heimatstadt), gegeben. Die Nachricht davon lässt die Coca-Cola-Aktien von 45 Dollar auf 25 Dollar abstürzen. Die Gewinne können zwar kurzfristig einbrechen, aber ein Investor in stark unterbewertete Aktien würde wissen, dass sich das Unternehmen wahrscheinlich bald erholen und sich das alte Gewinnwachstum wieder einstellen würde. Tatsächlich würde ein solcher Investor dieselben Finanzkennzahlen, die wir oben beschrieben haben, benutzen, um den zukünftigen Wert von Coca-Cola zu ermitteln, und er käme auch zu demselben Ergebnis von 48,62 Dollar.

Und das bedeutet, dass die Coca-Cola-Aktien theoretisch ein Aufwärtspotenzial von über 90 Prozent, bezogen auf den aktuellen Preis, hätten!

**Billige Aktien sind meistens nicht ohne Grund billig**

Warren Buffett sagt immer gerne: »Es ist viel besser, ein wunderbares Unternehmen zu einem akzeptablen Preis zu kaufen, als ein akzeptables Unternehmen zu einem wunderbaren Preis.« Alle Anleger, die in stark unterbewertete Aktien investieren wollen, sollten dieses Zitat im Kopf behalten und sich nicht Hals über Kopf auf solche Aktien stürzen.

## Nach Schnäppchen zu jagen ist nicht dasselbe, wie den Müll zu durchwühlen

Einer meiner frühen Mentoren im Investmentgeschäft war Tony Sagami. Ich hatte meinen ersten Job als Junioranalyst bei einer Investmentanalysegesellschaft namens Mauldin Economics und Tony war bei dieser Firma der Herausgeber des Dividendenaktien-Börsenbriefs. Mir als seinem Analysten hat er schnell und gründlich beigebracht, wie man unterbewertete Aktien, die Dividenden zahlen, ausfindig macht – und, Sie werden es sich gedacht haben, stark unterbewertete Aktien. Tony hat die Suche nach stark unterbewerteten Aktien oft mit dem Durchwühlen von Müll verglichen, womit er sagen wollte, dass die meisten dieser Aktien nichts wert waren.

Und er hatte nicht unrecht: Viele der Unternehmen, die Investoren anlocken, die auf der Suche nach stark unterbewerteten Aktien sind, sind in sterbenden Branchen tätig. Einige der heute populärsten stark unterbewerteten Aktien sind die von Unternehmen aus Industrien, die langfristig auf dem absteigenden Ast sind, wie etwa die Tabakindustrie, die Festnetztelefongesellschaften oder die Betreiber von Einkaufszentren. Es steht zwar außer Frage, dass es in diesen Sektoren »billige« Aktien gibt, aber die Aufgabe des Investors, der an stark unterbewerteten Aktien interessiert ist, besteht darin, herauszufinden, ob diese Aktien unterhalb ihres inneren Wertes notieren. Und selbst wenn eine Aktie nahe dem von Benjamin Graham empfohlenen niedrigen Kurs-Gewinn- beziehungsweise Kurs-Buchwert-Verhältnis (siehe weiter oben in diesem Kapitel) notiert, muss man sich vergewissern, dass diese Aktie nicht nur deswegen billig ist, weil die betreffende Branche dabei ist, unterzugehen.

Denken Sie immer daran, dass es einen Unterschied zwischen der »Jagd nach Schnäppchen« und dem »Wühlen im Müll« gibt. Deswegen müssen Anleger, die in stark unterbewertete Aktien investieren wollen, auf jeden Fall ihre Hausaufgaben machen, das heißt sorgfältig die infrage kommenden Unternehmen analysieren.

Und wenn man diese Strategie richtig durchführt, dann kann man riesige Gewinne erzielen, wie ich gleich zeigen werde.

## Fallstudie: David Tepper und die Großbanken

David Tepper ist einer der weltweit bekanntesten Hedgefonds-Manager. Er managt einen Fonds, Appaloosa Management, der ein Vermögen von mehr als 13 Milliarden Dollar verwaltet. In den frühen 2000er-Jahren machte sich Tepper in der Finanzwelt als Investor in notleidende Kredite einen Namen. Aber berühmt wurde er durch die klugen Geschäfte, die er in der Weltfinanzkrise machte.

Im Jahr 2008 erlebte die Weltwirtschaft eine der schlimmsten Finanzmarktpaniken der Geschichte. Jahrelang hatten US-Banken Kredite an Menschen vergeben, die diese auf keinen Fall zurückzahlen konnten. Diese aggressive Kreditvergabe konzentrierte sich vor allem auf Eigenheimkäufer mit geringen Einkommen, und als die Immobilienblase 2007 platzte, waren die Hypothekenschulden vieler Menschen höher als der Wert ihrer Eigenheime.

Genau diese Hypothekenkredite waren gebündelt und als sogenannte hypothekenbesicherte Wertpapiere von vielen Großbanken verkauft worden. Weil Hypothekenkredite einen Großteil der Vermögenswerte in den Bilanzen der US-Banken ausmachten, gerieten viele Banken in dieser Zeit in Schwierigkeiten. Tatsächlich brachen zwei der größten US-Investmentbanken in dieser Krise zusammen – Lehman Brothers und Bear Stearns. Lehman machte Pleite und Bear Stearns wurde zu einem Bruchteil des Vorkrisenwertes an JPMorgan Chase verkauft.

### Ein Kenner stark unterbewerteter Unternehmen

Die Weltfinanzkrise ließ den S&P 500 zusammenbrechen. Der Index fiel zwischen Oktober 2007 und Februar 2009 um 52 Prozent. Die Großbanken stürzten am weitesten ab. Einige Bankaktien fielen um bis zu 70 Prozent. Viele notierten sogar unterhalb ihres Buchwertes.

Obwohl die Bankaktien billig waren, wollten die meisten Anleger nichts von ihnen wissen. David Tepper ist aber keiner der »meisten Anleger«. Er hatte den Großteil seiner Karriere damit verbracht, die Aktien und die Anleihen von Unternehmen zu analysieren, die sich in Zahlungsschwierigkeiten befanden. Die meisten Hedgefonds hatten während der Krise sehr zu kämpfen (16 Prozent von ihnen machten dicht), aber Tepper sah das Chaos als eine gute Gelegenheit an.

Er hatte Milliarden mit dem Kauf von Anlagewerten verdient, die keiner haben wollte. Zum Beispiel hatte er 1997, während der Finanzkrise in Asien, Unmengen koreanischer Aktien gekauft. Ein paar Jahre später, als sich diese Aktien wieder erholten, konnte er ein paar Millionen Gewinn einstreichen. In den frühen 2000er-Jahren hatte er dasselbe mit Schrottanleihen, Stahl und anderen Rohstoffen gemacht.

Tepper hat offensichtlich ein Händchen für stark unterbewertete Anlagen. Und 2009 erkannte er, welch großer Wert in den US-Bankaktien steckte.

## David »durchstöbert den Müll« der Großbanken

Teppers Fonds hatte ein schwieriges Jahr 2008 hinter sich. Eine große Wette auf den Autozulieferer Delphi war schiefgegangen und hatte dazu beigetragen, dass sein Fonds im Jahr 2008 25 Prozent verloren hatte.

Er war zwar am Anfang des Jahres 2009 sehr vorsichtig, wurde aber bald optimistisch, was die Großbanken anging. Allgemein wurde die Auffassung vertreten, dass die großen US-Banken nach der Immobilienkrise nicht mehr zu retten wären und wahrscheinlich von der Regierung übernommen oder verstaatlicht werden müssten. In diesem Fall würden die Aktionäre alles verlieren.

Nachdem Tepper den Bankenstabilisierungsplan des Finanzministeriums gelesen hatte, wurde er optimistisch hinsichtlich der Großbanken. Zu dieser Zeit notierten die Aktien der Bank of America (BAC) bei 2,50 Dollar und von Citigroup (C) bei nur 97 Cent. Er sah eine gute Chance und beauftragte seine Börsenhändler, wie verrückt Bankaktien und Bankanleihen zu kaufen. Er investierte mehr als 1 Milliarde Dollar des Kapitels seines Fonds in den am Boden liegenden Banksektor.

Es dauerte nicht lange, bis sich zeigte, dass Tepper recht gehabt hatte. Drei Monate später hatte sich der Kurs der Aktien von Bank of America und Citigroup verdreifacht. Als alles vorbei war, hatte Tepper einen Gewinn von insgesamt 7 Milliarden Dollar gemacht.

## Anlagestrategie: Stark unterbewertete Aktien

Die Suche nach stark unterbewerteten Aktien ist eine der schwierigsten Anlagemethoden, die in diesem Buch vorgestellt werden. Das liegt nicht daran, dass die nötigen Informationen nicht vorhanden wären. Denn alle finanziellen Daten, die man braucht, sind kostenlos und ohne Probleme im Internet verfügbar. Aber man muss auch ein gewisses Geschick haben – so wie es Tepper hat.

## Wie man einen Anlagewert erkennt, der nicht nur stark unterbewertet, sondern auch vielversprechend ist

Nicht jeder hat das Gespür für stark unterbewertete Anlagen, das Tepper hat. Er hat seine ganze Karriere damit verbracht, Anlagewerte zu finden, die am Boden waren, und links abzubiegen, wenn alle anderen rechts abbogen. Im Fall der Großbanken war er der Erste, der die gute Gelegenheit erkannte – und er setzte diese Erkenntnis in die Tat um, indem er sehr viel investierte.

Dieses Geschäft hätte für ihn leicht schiefgehen können. In Interviews gab Tepper später zu, dass er die Wahrscheinlichkeit, dass die Regierung die Banken verstaatlichen würde, auf 20 Prozent geschätzt hatte. Wenn das passiert wäre, hätte er mehr als eine Milliarde Dollar an Kundengeldern aus dem Fenster geworfen und vielleicht seinen Fonds schließen müssen.

Der Kniff beim Investieren in stark unterbewertete Aktien besteht darin, Aktien zu finden, die *nur zeitweise* am Boden sind. Tepper hatte erwartet, dass sich die Aktien der Großbanken erholen würden, sobald der Bankenstabilisierungsplan Wirkung gezeigt hätte. In ihm sah er einen Weg für die Banken, sich aus einer unglaublich schweren Krise zu befreien. Deshalb investierte er sehr viel Geld.

Aber es läuft natürlich nicht immer so. Manchmal sind diese stark unterbewerteten Aktien in Wirklichkeit Fallgruben. Das bedeutet, dass eine Aktie aufgrund ihres Kurs-Gewinn-Verhältnisses und ihres Kurs-Buchwert-Verhältnisses scheinbar billig ist, sich aber nie erholt. Investoren auf der Suche nach stark unterbewerteten Aktien werden häufig mit solchen Fällen konfrontiert und diese können zu hohen Verlusten führen.

Aber wenn Sie die folgenden drei Ratschläge beherzigen, können Sie diese Fallgruben umgehen.

## 1. Hände weg von Branchen auf dem absteigenden Ast!

Viele der Unternehmen mit Aktien, die sich schließlich als Fallgruben erweisen, sind in Branchen tätig, die sich dauerhaft im Niedergang befinden. Das bedeutet, dass es strukturelle Faktoren in der betreffenden Branche gibt, die auf Dauer gegen ein Unternehmen und seine Aktien sprechen.

Wenn Sie in ein stark unterbewertetes Unternehmen investieren wollen, dann müssen Sie sich ein Unternehmen aussuchen, das nur kurzfristig in Problemen steckt. Im Fall von David Tepper war das kurzfristige Problem der Zusammenbruch des Immobilienmarktes und die Gefahr der Verstaatlichung.

Auf der anderen Seite handelt es sich bei Fallgruben häufig um Unternehmen aus Branchen, deren Hauptprodukt oder deren Hauptdienstleistung langfristig immer weniger nachgefragt wird. Die Tabakindustrie ist dafür ein Paradebeispiel. Diese Aktien sind hinsichtlich ihres Kurs-Gewinn-Verhältnisses und ihres Kurs-Buchwert-Verhältnisses billig. Aber sie sind deswegen billig, weil es in dieser Branche kaum noch Wachstum gibt. Das ist die Art von Unternehmen, um die man einen großen Bogen machen sollte, wenn man auf der Suche nach stark unterbewerteten Aktien ist.

## 2. Achten Sie auf die Bewertungsmultiplikatoren

Wie ich schon mehrmals erwähnt habe, gelten Aktien nur dann als stark unterbewertet, wenn sie mit einer niedrigen Bewertung notieren. Das kann man am besten herausfinden, wenn man sich eine Liste der wichtigsten Bewertungsmultiplikatoren einer Aktie zusammenstellt und sich deren Entwicklung im Lauf vieler Jahre anschaut.

Ich achte auf die folgenden vier Bewertungsmultiplikatoren:

- das Verhältnis zwischen Kurs und erwartetem Gewinn,
- das Verhältnis zwischen Kurs und erwartetem Buchwert,
- das Verhältnis zwischen Kurs und erwartetem Umsatz und
- das Verhältnis zwischen Kurs und erwartetem freien Cashflow.

Sie sollten eine solche Liste zusammenstellen, um herauszufinden, ob eine Aktie verglichen mit der Kursentwicklung in der Vergangenheit billig ist. Wenn das der Fall sein sollte, könnten Sie eine stark unterbewertete Aktie entdeckt haben, die wirklich interessant ist.

## 3. Halten Sie sich von Fallgruben fern

Es gibt ein paar Anzeichen, auf die Sie achten müssen, wenn Sie wissen wollen, ob eine Aktie eine Fallgrube ist. Das erste besteht darin, ob es verschiedene Aktienklassen gibt. Sie können das herausfinden, indem Sie nach dem Börsenkürzel suchen. Dieses gibt Auskunft darüber, ob es »Klasse-A-«, »Klasse-B-« und manchmal vielleicht sogar »Klasse-C-Aktien« gibt. Man kann zwar nicht alle Unternehmen über einen Kamm scheren, aber wenn es verschiedene Klassen von Aktien gibt, dann kann man meist davon ausgehen, dass für das betreffende Unternehmen eine Klasse wichtiger ist als andere. Das kann sich in unterschiedlichen Stimmrechten und anderen Sonderrechten äußern. Wenn aber ein Unternehmen schon in Schwierigkeiten steckt, sollten Sie sich vergewissern, dass das Management vor allem die Verbesserung der Aktienrendite im Auge hat.

Das nächste Anzeichen ist die Höhe der Marktkapitalisierung. Eine der Hauptantriebskräfte für Kurssteigerungen sind die Käufe institutioneller Anleger. Viele dieser Käufe werden von Pensionsfonds, Investmentfonds und anderen stark regulierten Unternehmen getätigt. Vielen dieser Fonds ist es untersagt, Aktien von Unternehmen zu kaufen, deren Kurs unter 10 Dollar notiert und deren Marktkapitalisierung unter 1 Milliarde Dollar liegt. Damit Sie diese Anleger auf Ihrer Seite haben, sollten Sie sich auf Aktien konzentrieren, die über 10 Dollar notieren und eine Marktkapitalisierung von über 1 Milliarde Dollar haben.

Schließlich ist es bei Unternehmen mit einem hohen Anteil von »Insider-Aktionären« wesentlich weniger wahrscheinlich, dass es sich um Fallgruben handelt. Wenn Manager an dem Unternehmen beteiligt sind, haben sie einen Anreiz, den Aktienkurs höher zu treiben. Das bedeutet, dass die Interessen von Aktionären und Management auf einer Linie liegen. Wenn aber Insider ihre Aktien wie verrückt verkaufen, dann ist das Unternehmen wahrscheinlich eine Fallgrube und man sollte sich von ihm fernhalten.

## Wie kauft und verkauft man stark unterbewertete Aktien?

Ich habe sehr viel Wert auf die Unterscheidung gelegt zwischen einer stark unterbewerteten Aktie, die eine Anlagechance darstellt, und einer stark unterbewerteten Aktie, die eine Fallgrube ist. Wenn es um den Kauf und Verkauf von stark unterbewerteten Aktien geht, müssen Sie viel Geduld haben. Es kann viele Monate oder Jahre dauern, bis eine solche Position in die Gewinnzone kommt. Deshalb müssen Sie genau darauf achten, dass Sie sich beim Kauf billiger Aktien nicht selbst schaden. Schließlich sind viele Aktien nicht ohne Grund billig!

Sobald Sie eine Aktie gefunden haben, die die Anforderungen erfüllt, die ich in diesem Abschnitt vorgestellt habe, sollten Sie eine Position unter Ausnutzung des Durchschnittskosteneffekts aufbauen. Da es immer die Möglichkeit gibt, dass es sich bei dieser Aktie um eine Fallgrube handelt, sollten Sie nicht zu viel Geld einsetzen. Ich würde nie mehr als 3 bis 5 Prozent meines Portfolios in eine solche Position investieren.

Nachdem Sie Ihre Position aufgebaut haben, warten Sie einfach ab. Bei unserer Fallstudie hatte David Tepper mit seiner großen Wette auf US-Banken ziemlich schnell Erfolg. Bei vielen stark unterbewerteten Aktien muss es aber irgendeinen Auslöser geben, damit der Aktienkurs wieder steigen kann. Es kann lange dauern, bis das passiert. Jeder Anleger, der in stark unterbewertete Aktien investieren will, muss deshalb bereit sein, Monate oder Jahre zu warten, bis sich sein Investment auszahlt.

**Kurzanleitung für Investoren: Stark unterbewertete Aktien**

- Sobald Sie eine stark unterbewertete Aktie entdeckt haben und herausgefunden haben, warum zeitweise eine dunkle Wolke über ihr hängt, kommt es darauf an, zu kaufen, bevor diese Wolke wieder abzieht.
- Investieren Sie nie mehr als 3 bis 5 Prozent Ihres Portfolios in stark unterbewertete Positionen. Wie erwähnt, könnte es einen guten Grund dafür geben, dass die Aktie billig ist (es könnte sich also um eine Fallgrube handeln).
- Sobald Sie eine Aktie gefunden haben, die alle Ihre Anforderungen erfüllt, sollten Sie im Lauf von ein paar Wochen Ihre Position aufbauen (warten Sie nicht zu lange mit dem Kaufen, weil Sie ja schließlich zu einem niedrigen Kurs kaufen wollen).
- Sobald Sie Ihre Position aufgebaut haben, müssen Sie die Aktie genau beobachten. Setzen Sie eine Stop-Loss-Grenze bei 30 Prozent (das heißt, verkaufen Sie, wenn der Aktienkurs um 30 Prozent oder mehr fällt).
- Wenn der Aktienkurs Ihr Kursziel erreicht hat, denken Sie darüber nach, ob Sie Ihre Position langsam abbauen sollten.

# KAPITEL 4

# ETFS – BÖRSENGEHANDELTE INVESTMENTFONDS

Ein börsengehandelter Investmentfonds (ETF oder »Exchange-traded Fund«) ist eine Anlageform, die alles Mögliche nachbilden kann: von Aktienindizes bis zu Preisen von Rohstoffen und anderen Gütern. Diese einzigartigen Vermögenswerte können genau wie Aktien an allen größeren Börsen gehandelt werden.

Die meisten Leute nutzen zwar nur gewöhnliche ETFs, die den S&P 500 oder den Nasdaq-Index nachbilden, aber es gibt auch viele exotische ETFs, wie Themen-ETFs, hebelbasierte ETFs oder Volatilitäts-ETFs, die hochriskante und hochprofitable Anlagemöglichkeiten darstellen können.

Wie jeder ambitionierte Investor habe ich seit Langem ein Faible für Warren Buffett, einen Investor, der in einer Holdinggesellschaft Anteile an vielen verschiedenen Unternehmen zusammengestellt und damit während der letzten 40 Jahre über dem Marktdurchschnitt liegende Renditen erzielt hat. In der Finanzwelt gilt die folgende Erkenntnis zwar meist als trivial, aber sie ist der Grund, warum Buffett oft als bester Investor aller Zeiten angesehen wird: Buffett hat nämlich gesagt, dass Kleinanleger nicht versuchen sollten, den Markt zu schlagen, indem sie sich einzelne Aktien aussuchen und in diese investieren. Stattdessen sollten Investmentlaien sich darauf beschränken, »einen Durchschnitt von Unternehmen zu halten, der sich insgesamt wahrscheinlich gut entwickeln wird«.

Genau das hat Buffett mit seiner Holdinggesellschaft Berkshire Hathaway (BRK) versucht zu tun. Die Gesellschaft besitzt Anteile von allen möglichen Unternehmen – von Technologieunternehmen wie Apple (AAPL) bis zu US-Banken wie der Bank of America (BAC). Dazu kommen Positionen von Aktien von Zahlungsdienstleistern, Getränkeherstellern, Telekommunikationsunternehmen und Unternehmen aus einer Reihe anderer Branchen.

Diese Methode funktioniert. Tatsächlich warfen die Aktien von Berkshire Hathaway zwischen 1965 und 2020 einen durchschnittlichen Jahresertrag von 20 Prozent ab. Das ist fast das Doppelte dessen, was der S&P 500 während dieses Zeitraums gebracht hat. Durch den Kauf von Anteilen von Unternehmen aus einer Reihe verschiedener Wachstumsbranchen, die von ihm und seinem Team ausgewählt werden, ermöglicht es Buffett seinen Aktionären, sich auf einmal an diesen verschiedenen Wachstumsbranchen zu beteiligen. Wenn eine Branche Wachstumsschwächen zeigt, kann er sein Portfolio anpassen, bis es wieder die optimale Struktur hat.

Berkshire Hathaway ist als Holdinggesellschaft organisiert. Aber dasselbe Konzept, nämlich die Beteiligung an vielen Unternehmen aus ganz verschiedenen Branchen, ist von einer ständig wachsenden Klasse von Anlageformen übernommen worden, die als »börsengehandelte Investmentfonds (ETFs)« bekannt geworden sind. Die ersten ETFs haben die stark diversifizierten Holdinggesellschaften (wie etwa Berkshire Hathaway) nachgeahmt. Inzwischen gibt es aber auch neue Arten von ETFs, die den Anlegern hochriskante und hochprofitable Investments bieten.

# Themen-ETFs

## Was sind ETFs (Exchange Traded Funds)?

ETFs sind heute eine der populärsten Anlageformen. Das Grundprinzip ist einfach: Ein ETF sammelt Anlegergelder und investiert diese in Aktien, Anleihen oder andere Vermögenswerte. Die Anleger erhalten einen Anteil am Portfolio des ETFs. Dadurch ist es für Kleinanleger sehr viel einfacher geworden, eine breit gestreute Auswahl von Aktien zu kaufen. Die beliebtesten ETFs bilden die Indizes der großen Börsen nach, wie etwa den S&P 500, aber es gibt daneben Hunderte anderer ETFs zur Auswahl.

Der weltweit größte ETF ist der S&P-500-ETF-Trust (SPY) von SPDR.* Dieser ETF bildet den S&P 500 nach, der aus den 500 größten börsennotierten amerikanischen Unternehmen besteht. Obwohl es die Anlageform der ETFs vor dem Jahr 1993 nicht gab, ist sie in den letzten 30 Jahren zu einem 5-Billionen-Dollar-Markt herangewachsen.

Bevor es ETFs gab, waren Anleger auf weniger liquide Investmentfonds angewiesen, wie etwa den S&P-500-Indexfonds von Vanguard. Das Problem dabei war, dass man seine Anteile nur einmal am Tag bei Börsenschluss kaufen oder verkaufen konnte. Dies war vor allem für aktive Anleger und Broker ein großer Nachteil. Seit der Einführung der ETFs können Investoren Anteile jederzeit an der Börse kaufen oder verkaufen. Dennoch schwören viele Anleger weiterhin darauf, Indexfonds zu kaufen und viele Jahre lang zu halten. Zu ihnen gehörte auch der verstorbene Jack Bogle, der als der »Vater der Indexfonds« gilt.

Wie ich schon erwähnt habe, sollten auch Investoren, welche die Hochrisiko-Hochrendite-Strategien dieses Buches anwenden, einen Gutteil ihres Kapitals in risikoarmen Indexfonds (und Qualitätsaktien) halten. Diese Indexfonds passen ihre Anlagestruktur nicht nur automatisch an sich ändernde Marktbedingungen an, sondern sie tun dies auch zu sehr niedrigen Gebühren. Tatsächlich betrug die durchschnittliche Ausgabenquote – also die jährliche Gebühr für Strukturanpassungen bei passiven ETFs – 2019 nur 0,13 Prozent. Im Vergleich dazu betrug die Durchschnittsgebühr bei aktiv gemanagten Investmentfonds 0,66 Prozent. Das bedeutet, dass Anleger von passiven Fonds nur 1,30 Dollar für jede 1000 Dollar zahlen müssen, die sie investiert haben, während dieser Betrag bei aktiv gemanagten Fonds 6,60 Dollar beträgt. Und da passive ETFs im Vergleich zu Investmentfonds steuerliche Vorteile genießen, kann man mit ihrer Hilfe seine Steuerzahlungen reduzieren. (Hinweis:

* SPDR ist die ETF-Marke der amerikanischen Investmentgesellschaft State Street Global Advisors (Anmerkung des Übersetzers).

Sprechen Sie mit einem Steuerberater oder einem Anlageberater, der ihnen sagen kann, was in Ihrer speziellen Situation von Vorteil ist.)*

Die meisten ETFs werden zwar im Rahmen von risikoarmen Investmentstrategien eingesetzt, aber es gibt auch viele ETFs, die für unseren Hochrisiko-Hochrendite-Ansatz infrage kommen.

## Themen-ETFs

Zu den populären ETFs, die die wichtigen Börsenindizes, wie den S&P 500 oder den Nasdaq-Index, nachbilden, gehören zum Beispiel der S&P-500-ETF-Trust (SPY) von SPDR und der QQQ-Trust (QQQ) von Invesco, die zusammen ein Vermögen von 600 Milliarden Dollar verwalten. Solche Index-ETFs sollten bei jedem Investor einen Großteil des Portfolios ausmachen, weil man auf diese Weise am langfristigen Wachstum der weltbesten Unternehmen teilhaben kann. Aber obwohl sie der Kernbestandteil eines gut strukturierten Portfolios sein sollten, sind diese Fonds bei Weitem keine hochriskanten und hochprofitablen Anlagen.

Investoren, die nach hochriskanten und hochprofitablen Anlagegelegenheiten Ausschau halten, sollten die sogenannten »Themen-ETFs« in Erwägung ziehen.

Anders als SPY und QQQ, die Beteiligungen in vielen verschiedenen Branchen halten, konzentrieren sich Themen-ETFs auf Marktnischen, um Investoren zu ermöglichen, in einen bestimmten Trend, eine bestimmte Weltregion oder eine bestimmte Branche zu investieren. Zu diesen Themen-ETFs gehören zwar auch risikoarme Fonds, die auf Massenkonsumgüter oder sogar auf den Lebensmitteleinzelhandel spezialisiert sind, doch bieten viele Themen-ETFs ihren Anlegern Zugang zu wachstumsstarken und potenziell hochriskanten Branchen wie elektronischem Handel (E-Commerce), Cloud-Computing oder Raumfahrt.

* In Deutschland gibt es keine speziellen steuerlichen Vorteile für ETFs (Anmerkung des Übersetzers).

## Der langfristige Trend ist auf Ihrer Seite

Eine meiner Lieblingsmethoden, Anlageentscheidungen zu treffen, besteht darin, langfristige Trends ausfindig zu machen. Diese kennzeichnen Märkte oder Branchen, die sich über viele Jahre entwickeln werden, unabhängig von kurzfristigen Einflüssen.

Zum Beispiel ist einer meiner Lieblingstrends bei der Geldanlage der E-Commerce. Ich als Millennial tätige weit über 90 Prozent meiner Einkäufe online. Ob es sich nun um Lebensmittel von einem Händler aus der Nähe meiner Wohnung in Los Angeles, um losen Tee aus New Orleans oder Geburtstagsgeschenke für meine Familie handelt – ich kaufe meistens online ein.

Jüngere Generationen sind daran gewöhnt, E-Commerce-Plattformen wie Amazon (AMZN), Alibaba Group Holding (BABA) oder Mercado-Libre (MELI) zu nutzen. Aber das ist noch nicht die Regel. Studien der Vereinten Nationen zeigen, dass 2020 weltweit weniger als eine von fünf Personen E-Commerce-Plattformen genutzt hat. Der Anteil des E-Commerce an den weltweiten Einzelhandelsumsätzen ist zwar von 2019 bis 2020 von 16 Prozent auf 19 Prozent gestiegen, dennoch nutzt der Großteil der Weltbevölkerung *keine* E-Commerce-Plattformen.

Aus Anlegersicht bedeutet das, dass E-Commerce-Plattformen noch sehr viel Wachstum vor sich haben, dass es also hier einen säkularen oder langfristigen Trend gibt. Ich könnte zwar eine Auswahl von E-Commerce-Aktien kaufen, um von dem langfristigen Trend in Richtung E-Commerce zu profitieren, doch ich könnte auch einen entsprechend spezialisierten Themen-ETF nutzen, wie etwa den Online Retail ETF (ONLN) von ProShares.

Wenn Sie Anteile von ONLN kaufen, dann kaufen Sie damit kleine Teile von E-Commerce-Unternehmen wie Amazon, Alibaba und Ebay. So wie Berkshire Hathaway von Buffett den Anlegern Zugang zu einer Auswahl von Wachstumsbranchen bietet, ermöglicht ONLN Anlegern die Beteiligung an einem Querschnitt der E-Commerce-Branche.

Ein E-Commerce-ETF ist ein Investment mit einem soliden Verhältnis von Verlustrisiko zu Gewinnchance. Aber ich werde Ihnen gleich von einer anderen Branche berichten, die sehr gut zu unserem Hochrisiko-Hochrendite-Ansatz passt.

## Fallstudie: Von der Lower East Side zum Mond

Im Sommer 2019 war ich in New York City, um ein Werbevideo für die Investmentanalysegesellschaft zu drehen, für die ich arbeitete. Als ich in der Stadt war, gab einer meiner Kollegen eine Party im Hotel Chantelle in der Lower East Side in Manhatten.

Mein Kollege ist in der Finanzwelt sehr bekannt, weil er vor ein paar Jahren einen Investmentratgeber geschrieben hat, der ein Bestseller geworden ist. Deshalb war diese Party eine tolle Gelegenheit zum Netzwerken. Als ich mir an der Bar einen Drink bestellte, kam ich mit einem etwa 30-jährigen Mann namens Andrew Chanin ins Gespräch.

Chanin war einer der Gründer eines Unternehmens, welches den Namen »Procure ETFs« trug.

Er hatte seine Karriere damit begonnen, ETF-Produkte für eine Reihe großer Institutionen in der Edelmetallbranche zu kreieren. Er gab Gold und Silber auf, nachdem er gesehen hatte, wie hoch das langfristige Wachstum des ETF-Marktes war. Damals hatte sein Unternehmen nur einen einzigen ETF: den Procure Space ETF (UFO).

## Auf in den Weltraum!

Der UFO-ETF ist genau das, wonach es sich anhört: Der Fonds wurde aufgelegt, um 80 Prozent seiner Mittel in Unternehmen zu investieren, die mehr als 50 Prozent ihrer Umsätze mit Geschäften erzielen, die mit dem Weltraum zu tun haben. Dazu gehören die Hersteller von Satelliten und Trägerraketen sowie eine Vielzahl anderer Unternehmen mit Bezug zur Raumfahrt – mit anderen Worten: die gesamte Luft- und Raumfahrtindustrie.

Chanin erklärte mir, dass die Weltraummissionen der USA vom russischen Raumfahrtprogramm abhängig geworden waren, als das Budget der

NASA 2013 zusammengestrichen wurde. So zahlten die USA pro Sitzplatz bis zu 80 Millionen Dollar, um Astronauten ins Weltall zu schicken.

Aber dieser Trend hat begonnen, sich umzukehren. Die Abkühlung der geopolitischen Beziehungen zwischen den USA und Russland schuf Marktchancen für private Weltraumunternehmen wie zum Beispiel SpaceX von Elon Musk. Tatsächlich hatte Musk 2,6 Milliarden Dollar von der NASA erhalten, um mit seinem Unternehmen US-Astronauten ins All zu befördern.

Die Weltraumindustrie bekam aber nicht nur kurzfristig Rückenwind, sondern würde auch von langfristigen Trends profitieren können. Gemäß einer Studie von Morgan Stanley war von 2019 bis 2035 ein Wachstum der weltweiten Umsätze der Raumfahrtindustrie von 350 Millionen Dollar auf über eine Billion Dollar zu erwarten. Die Bank of America war sogar noch optimistischer und prognostizierte bis 2040 ein Marktvolumen von 2,7 Billionen Dollar für die Raumfahrtindustrie.

Nachdem Chanin seinen Procure-Space-ETF (UFO) im April 2019 aufgelegt hatte, bewegte sich dessen Kurs zunächst seitwärts – bis ihn die Covid-19-Pandemie ins Schlingern brachte.

## Dieser Weltall-ETF hat Startfreigabe

Zehn Monate nachdem der UFO-ETF an den Weltmärkten debütiert hatte, suchte die Covid-19-Pandemie die Weltwirtschaft heim. Die Aktienkurse stürzten über alle Branchen hinweg ab, doch die Raumfahrtindustrie wurde besonders stark getroffen. Das war nachvollziehbar, weil die US-Regierung Billionen von Dollar für Konjunkturprogramme ausgegeben hatte. Dies bedeutete wiederum, dass wahrscheinlich weniger Geld für Rüstungs- und Raumfahrtunternehmen zur Verfügung stehen würde. Das brachte unter anderem den UFO-ETF zum Absturz, dessen Anteile innerhalb von weniger als einem Monat um 45 Prozent an Wert verloren.

Aber Chanin verlor nicht den Mut. In verschiedenen Interviews, die er in dieser Zeit gab, machte er klar, dass viele der Unternehmen in seinem ETF von der Beschleunigung verschiedener Trends profitieren würden, die wir während der Covid-Pandemie erlebt hatten. Dazu gehörten die Verbreitung von Breitband-Internetanschlüssen, das Cloud-Computing und das Internet der Dinge. In allen diesen Fällen hatte die Nachfrage während der Lockdowns stark zugenommen.

Anleger, die den Argumenten von Chanin Gehör schenkten, sollten stattliche Gewinne einfahren. Es handelte sich zwar damals um ein hochriskantes Investment, aber diejenigen, die an die dem Wachstum der Raumfahrtindustrie zugrunde liegenden Trends glaubten und dem Fonds die Treue hielten, erzielten zwischen März 2020 und September 2021 einen Gewinn von 110 Prozent und übertrafen damit deutlich das Wachstum des S&P 500 von 80 Prozent in diesem Zeitraum.

### Anlagestrategie: Themen-ETFs

Wenn man es richtig macht, hat man gute Chancen, mit Themen-ETFs Gewinne zu erzielen. Aber das soll nicht heißen, dass alle Themen-ETFs gleich gut und alle langfristigen Trends gleich wichtig sind. Anleger müssen genau darauf achten, wie sich eine Branche entwickelt, um sicher zu sein, dass der Trend, auf den sie setzen, auch langfristig Bestand hat.

## Wie man einen guten Themen-ETF erkennt

Als ich meine Karriere begann, war der 3-D-Druck eine der heißesten Branchen. Genau wie bei der Kryptowährungsmanie, die folgen sollte, schoss jede Aktie, die mit 3-D-Druck zu tun hatte, innerhalb kurzer Zeit steil nach oben. Es bestand die Vorstellung, dass der 3-D-Druck unser ganzes Leben revolutionieren würde. Brauchen Sie einen Hammer? Sie können sich einen drucken. Brauchen Sie einen Chip? Drucken Sie sich einfach einen daheim!

Aber leider stellte sich dieser Trend als nicht nachhaltig heraus. Nachdem 3-D-Druck-Aktien wie 3D Systems (DDD) 2013 in die Höhe geschossen waren, stürzten sie bald darauf ab und kamen einem neuen Allzeithoch niemals wieder auch nur nahe. Wenn Sie nach einem Themen-ETF suchen, müssen Sie darauf achten, dass der zugrunde liegende Trend nicht nur, wie beim 3-D-Druck, ein Strohfeuer ist. Außerdem müssen Sie auch die im Folgenden genannten Faktoren berücksichtigen.

## 1. Finden Sie einen langfristigen Trend

In diesem Abschnitt geht es zwar um Themen-ETFs, aber diese sind nur ein Instrument, um von langfristigen Wachstumstrends zu profitieren. Wie ich weiter oben schon erwähnt habe, schlagen sich solche langfristigen Wachstumstrends in Märkten nieder, die höchstwahrscheinlich auf lange Sicht gesehen immer weiter wachsen werden. Man sagt, dass diese Märkte einen »Rückenwind« haben, der zu immer höheren Umsätzen für die Unternehmen führen wird, die diese Branchen dominieren.

Eine der besten Möglichkeiten, auf solche Trends zu setzen, besteht darin, in aktiv gemanagte Themen-ETFs zu investieren. Einige der säkularen Trends, auf die ich im Moment setze, betreffen die folgenden Branchen:

- E-Commerce,
- Cloud-Computing,
- Elektronische Spiele,
- Elektroautos,
- Streaming.

Anleger, die Themen-ETFs in ihr Portfolio aufnehmen wollen, tun gut daran, sich auf diese Sektoren zu konzentrieren.

## 2. Schauen Sie sich die Beteiligungen der ETFs an

Sobald Sie einen langfristigen Trend ausfindig gemacht haben, sollten Sie herausfinden, an welchen Unternehmen die verschiedenen ETFs beteiligt sind.

Zum Beispiel sind für diejenigen, die vom langfristigen Wachstum des E-Commerce profitieren wollen, zwei der größten ETFs in diesem Sektor von besonderem Interesse: der Online Retail ETF (ONLN) von ProShares und der E-commerce ETF (EBIZ) von Global X. Um es zu wiederholen: Genau wie Berkshire Hathaway von Warren Buffett aus Beteiligungen an vielen verschiedenen Unternehmen besteht, sind diese

Themen-ETFs aus kleinen Anteilen verschiedener Unternehmen zusammengesetzt. Zwar konzentrieren sich beide auf den E-Commerce-Markt, doch unterscheiden sich die Gewichte, die die einzelnen Unternehmen in den beiden Fonds haben, sehr stark. Abgesehen davon gibt es auch Unterschiede hinsichtlich der Auswahl der verschiedenen Unternehmen.

Um zu sehen, welche Aktien jeder ETF hält, können Sie die Websites der Fonds besuchen, auf denen ihre Beteiligungen zu finden sind. Zum Beispiel konzentrieren sich einige Themen-ETFs im Bereich E-Commerce auf größere, etablierte Unternehmen.

So hält ONLN nur Anteile an großen E-Commerce-Unternehmen wie etwa Amazon (AMZN), Alibaba (BABA) und MercadoLibre (MELI). Es gibt aber auch ETFs, die sich an kleineren, spekulativeren E-Commerce-Unternehmen beteiligen. Ein gutes Beispiel dafür ist EBIZ, der Anteile an Nischenanbietern wie etwa Etsy (ETSY), Williams-Sonoma (WSM) oder Shopify (SHOP) hält.

Sie können sich aussuchen, welcher Ansatz Ihnen besser liegt. Diejenigen, die nach risikoreicheren Themen-ETFs suchen, sollten sich für solche mit kleineren Unternehmen entscheiden, während diejenigen, die risikoärmere Themen-ETFs präferieren, in solche investieren sollten, die schwerpunktmäßig Aktien mit einer höheren Marktkapitalisierung halten.

## 3. Wählen Sie ETFs mit niedrigen Gebührensätzen

Der Gebührensatz gibt an, wie viel ein Anleger jedes Jahr für das Management des Themen-ETFs bezahlen muss. Das kann man sich als den »Eintrittspreis« für die Nutzung dieses Produkts vorstellen. Wenn Sie zum Beispiel 1000 Dollar in einen ETF mit einem Gebührensatz von 1 Prozent investieren, dann bedeutet das, dass Sie jedes Jahr, in dem Sie diesen ETF halten, 10 Dollar zahlen müssen. Das hört sich zwar nach wenig an, aber über die Jahre kann eine beträchtliche Summe an diesen Gebühren zusammenkommen. Deswegen sollten sich Anleger, die einen ETF für viele Jahre halten wollen, auf Themen-ETFs mit niedrigen Gebührensätzen konzentrieren.

Um herauszufinden, ob ein Gebührensatz niedrig oder hoch ist, können Sie sich die Gebührensätze der verschiedenen ETFs zu einem bestimmten Thema anschauen. Dadurch können Sie erkennen, welche ETFs die niedrigsten Gebührensätze haben. Diese Informationen können Sie kostenlos auf Websites wie etwa *Yahoo! Finance* und *finviz* finden.

## Wie kauft und verkauft man Themen-ETFs?

Die Schwierigkeit bei der Entscheidung für einen Themen-ETF liegt nicht so sehr darin, wie und wo man ihn kauft, sondern darin, den richtigen langfristigen Trend zu finden und seine Position zu halten, während sich dieser Trend entwickelt.

Sobald Sie den richtigen ETF gefunden haben, bauen Sie Ihre Position über zwei bis drei Wochen unter Ausnutzung des Durchschnittskosteneffekts auf. Dadurch wird Ihr Einstandskurs geglättet und Sie können vermeiden, Ihr ganzes Geld vor einem größeren Kursrückgang zu investieren.

Anlagen in Themen-ETFs können hohe Gewinne erzielen, aber diese Gewinne werden wahrscheinlich nach und nach im Lauf vieler Jahre anfallen. Das bedeutet, dass Themen-ETFs ein langfristiger Kernbestandteil Ihres Portfolios sein sollten. Da sie relativ risikoarm sind, können Sie unbesorgt einen ansehnlichen Teil Ihres Portfolios in Themen-ETFs investieren. Anleger mit einem diversifizierten Portfolio können wenig falsch machen, wenn sie bis zu 10 Prozent ihres Kapitals gemäß dieser hochriskanten und hochprofitablen Strategie investieren.

**Kurzanleitung für Investoren: Themen-ETFs**

- Ihr Broker sollte eine große Auswahl von ETFs im Angebot haben, einschließlich Themen-ETFs, die als eine langfristige Position gehalten werden sollten.
- Sobald Sie den richtigen Trend und den richtigen ETF ausfindig gemacht haben, bauen Sie Ihre Position über einen Zeitraum von einem Monat unter Ausnutzung des Durchschnittskosteneffekts auf.
- Ein Themen-ETF kann bis zu 10 Prozent Ihres Portfolios ausmachen.
- Nach dem Kauf sollten Sie Ihre Position jahrelang halten, damit sich der Trend langfristig entwickeln kann.
- Wenn Sie Erfolg haben, dann werden die steigenden Gewinne der Unternehmen, an denen der ETF beteiligt ist, zu einem höheren Preis des ETFs führen.

# Hebelbasierte ETFs

## Was sind hebelbasierte ETFs?

Die meisten ETFs, von denen Sie lesen, ermöglichen den Anlegern eine Beteiligung an Ausschnitten verschiedener Sektoren des Aktienmarktes. Deshalb kann, wenn ein Sektor schwächelt, ein anderer diese Schwäche ausgleichen. Dieser diversifizierende Investmentansatz ist eine altbewährte Methode, die ich auch in meinem privaten Portfolio anwende.

Aber einige Anleger wollen ein höheres Risiko (und eine Chance auf höhere Gewinne). Sie geben sich nicht damit zufrieden, Positionen zu kaufen und langfristig zu halten, sondern wollen ihre Gewinne mithilfe komplexer Finanzprodukte steigern. Das ist auch das Ziel derjenigen Anleger, die die sogenannten »hebelbasierten ETFs« nutzen.

Diese wurden zuerst von ProShares eingeführt. Ein hebelbasierter ETF ist ein Anlageinstrument, welches Derivate wie Optionen oder Termingeschäfte einsetzt, um die Rendite des Index zu erhöhen, der dem betreffenden ETF zugrunde liegt. Auf diese Weise kann ein Anleger eine Rendite erzielen, die zweimal, dreimal oder sogar ein noch größeres Vielfaches so hoch ist wie die Rendite des zugrunde liegenden Indizes, also zum Beispiel des S&P 500. Schauen wir uns ein Beispiel an, um zu sehen, wie das funktioniert.

## Mein ETF gibt Vollgas

Einer der beliebtesten hebelbasierten ETFs ist der Ultra S&P 500 ETF (SSO) von ProShares. Gewöhnliche ETFs wie der S&P 500 ETF (SPY) von SPDR sind so konstruiert, dass sie einen Index wie den S&P 500 nachbilden. Aber der SSO, ein hebelbasierter ETF, ist so gestaltet, dass er im selben Zeitraum die doppelte Rendite wie der S&P 500 bringt.

Nehmen wir zum Beispiel an, Sie sind ein Anleger, der den S&P 500 in seinem Portfolio halten möchte. Dann können Sie einen ETF wie den

SPY kaufen, der den S&P 500 direkt nachbildet. Wenn der S&P 500 an einem Tag um 2 Prozent steigt, dann wird diese Entwicklung vom SPY perfekt widergespiegelt, dessen Kurs ebenfalls um 1 Prozent steigt. Andererseits ermöglicht Ihnen ein hebelbasierter ETF wie der SSO, an der *gehebelten* Entwicklung des S&P 500 teilzuhaben, indem dieser ETF *das Doppelte* des zugrunde liegenden Indizes an Rendite bringt. So steigt der SSO um 4 Prozent, wenn der S&P 500 um 2 Prozent steigt!

Aber Sie müssen immer bedenken, dass dies für Kursänderungen in beide Richtungen gilt. Wenn zum Beispiel der S&P 500 an einem Tag um 5 Prozent fällt, dann wird Ihre S&P-500-Position auch um 5 Prozent fallen, wenn Sie den SPY halten. Wenn Sie dagegen den SSO halten, dann wird Ihre Position 10 Prozent an Wert verlieren. Das tut ganz schön weh!

## Es gibt immer einen Haken

Eine der Grundannahmen, auf die ich mich bei der Geldanlage verlasse, besteht darin, dass Aktien langfristig die Tendenz haben, zu steigen. Deshalb täte ein Investor, selbst wenn es einen Kursrückgang wie in dem obigen Beispiel gegeben haben sollte, gut daran, an dieser Position festzuhalten, weil sie sich wahrscheinlich langfristig erholen wird.

Wenn das wirklich der Fall ist, wäre es dann nicht sinnvoll, *nur* hebelbasierte ETFs und keine normalen Index-ETFs zu halten? Wie bei den meisten Dingen, die zu schön sind, um wahr zu sein, gibt es einen Haken. Hebelbasierten ETFs liegt ein kompliziertes System von Optionen zugrunde, durch die die Rendite dieser Fonds »verstärkt« wird. Anders als Aktien haben Optionen ein Verfallsdatum und verlieren deshalb mit der Zeit an Wert.

**Hebelbasierte ETFs haben höhere Gebührenquoten**

Hebelbasierte ETFs haben eine überproportionale Rendite. Während es einfach ist, solche ETFs zu kaufen, ist deren Konstruktion sehr aufwendig. Die Optionen müssen sorgfältig gemanagt werden, sodass hebelbasierte ETFs oft Gebührenquoten von 1 Prozent und mehr aufweisen. Das bedeutet, dass man für jede 10 000 Dollar, die man investiert, auf jeden Fall jedes Jahr, während dessen man den Fonds hält, 100 Dollar verliert. Die Gebühren fallen sowohl für das Management des ETFs als auch für die Kosten der Optionen an, die gebraucht werden, damit der Fonds funktioniert.

Hebelbasierte ETFs sind hochriskante und hochprofitable Anlageinstrumente, und Investoren, die den richtigen ETF zur richtigen Zeit kaufen, können ihre Rendite »verstärken«.

## Fallstudie: Ich bin beim Kursrutsch eingestiegen (mit einem hebelbasierten ETF) und es war gut so

Ich habe während meiner Zeit als leitender Aktienanalyst bei einer Investmentanalysegesellschaft einiges an Kursausschlägen erlebt. Aber weder ich noch einer meiner Kollegen hatte je so etwas wie den Covid-19-Crash mitgemacht. Der S&P 500 war wegen der Furcht, dass viele Unternehmen auf unabsehbare Zeit geschlossen werden würden, innerhalb nur weniger Wochen um 36 Prozent gefallen. Die vorherrschende Meinung war, dass die globalisierte Wirtschaft einer großen Belastungsprobe ausgesetzt werden würde – angesichts der vielen Menschen, die wegen der Gefahr, sich mit einem Virus anzustecken, das wir noch nicht verstanden hatten, arbeitslos geworden waren. Während alle in Panik durcheinanderliefen, beschloss ich, mich dem Chaos zu stellen.

## Ein bekanntes Sprichwort bewahrheitet sich

Wenn Sie sich meine Veröffentlichungen aus dieser Zeit ansehen, dann können Sie erkennen, dass ich mein Bestes tat, um meine Leser zu beruhigen. Die Leute waren zu Recht in Panik, weil sich das Virus so schnell verbreitete und eine große Zahl von Toten verursacht hatte.

Das eine waren die sozialen Konsequenzen. Was aber die Wertpapiermärkte anging, so befürchteten viele, dass sie sich nie wieder erholen würden. Aktien, die wir vor gerade einmal einem Monat gekauft hatten, hatten inzwischen Verluste von 30 Prozent angehäuft. Die Anleger waren sowohl ärgerlich als auch ängstlich – eine fürchterliche Kombination, was die Marktstimmung betrifft.

Aber mir war klar, dass ich in meiner gesamten Karriere auf diesen Augenblick hingearbeitet hatte. Deshalb dachte ich immer wieder an den alten Ausspruch von Warren Buffett: »Sei gierig, wenn die anderen ängstlich sind.« Zu dieser Zeit schrieb ich, dass der S&P 500 schon viele Male zuvor abgestürzt war und dass jeder Crash eine Kaufgelegenheit gewesen sei, weil sich der S&P 500 immer erholt und neue Allzeithochs erreicht hatte.

Ich bin niemand, der denkt: »Dieses Mal ist alles anders.« Die USA haben schon schlimmere Zeiten erlebt, sei es der Zweite Weltkrieg, die Weltwirtschaftskrise oder die Anschläge vom 11. September. Jedes Mal hat sich das Land wieder erholt – und mit ihm der Aktienmarkt.

Ich war davon überzeugt, dass die ganze Angst und die ganze Panik nicht anhalten würden, und begann, mir zu überlegen, wie ich am besten auf eine Erholung des US-Aktienmarktes setzen könnte. Ich stieß damals auf den hebelbasierten Ultra S&P 500 ETF (SSO) von ProShares.

## Im Ernst, legen Sie sich nicht mit der Zentralbank an

Nachdem ich festgestellt hatte, dass dieser hebelbasierte ETF wegen seiner Struktur nur ein minimales »Contango« hatte (Näheres dazu im nächsten Abschnitt), begann ich eine Position mit SSO aufzubauen – und zwar obwohl der Markt dramatisch abstürzte.

Dann tauchte Jerome Powell, der Präsident der amerikanischen Zentralbank, wie ein vom Himmel gesandter Bote auf. In einer Rede am 23. März 2020 kündigte Powell an, dass die Zentralbank »unbegrenzte Anleihekäufe« durchführen würde, um die Wirtschaft zu stützen.

Wenig später fragte ich mich bei einem Telefongespräch mit einem Kollegen immer wieder, was »unbegrenzt« bedeuten würde. Wir waren beide Ökonomen und wussten, dass die Politik der Zentralbank einen dramatischen Einfluss auf die Preise der Anlagewerte hat. In der Regel sollten diese Preise umso höher steigen, je mehr Anleihen die Zentralbank kauft.

Wenn die Zentralbank tatsächlich eine *unbegrenzte* Menge von Anleihen kaufen würde, folgte daraus, dass die Preise der Anlagewerte – wie zum Beispiel Aktien – nach oben schießen sollten. Und obwohl der Ausverkauf an den Märkten nach der Ankündigung von Powell weiterging, beschloss ich, meine SSO-Position weiter auszubauen.

Das stellte sich als eine der besten Anlageentscheidungen meiner Karriere heraus. Am 23. März 2020 erreichte der S&P 500 seinen Tiefststand in diesem Marktzyklus. Während des nächsten Jahres stieg der Index um 77 Prozent, aber meine riesige SSO-Position legte im selben Zeitraum um spektakuläre 193 Prozent zu.

## Anlagestrategie: Hebelbasierte ETFs

Bei der Geschichte über SSO geht es – wie bei vielen der Investments in diesem Buch – vor allem um das richtige Timing. Wenn Sie bei Ihren Investments nicht das richtige Timing schaffen, dann spielt es ohnehin keine Rolle, welche Strategie Sie verfolgen. In diesem Abschnitt will ich Ihnen dabei helfen, aus einem guten Timing das Beste zu machen – durch ein Investment in hebelbasierte ETFs.

## Wie man einen guten hebelbasierten ETF erkennt

Wenn Sie die Methoden in diesem Buch mit Erfolg anwenden wollen, müssen Sie sich daran gewöhnen, anders als die anderen zu denken. Wenn Sie immer nur der Menge folgen und dieselben Aktien wie alle anderen kaufen, dann werden Sie auch dieselben Gewinne wie alle anderen erzielen.

Und falls Sie einen hebelbasierten ETF nutzen wollen, um eine Investmentidee umzusetzen, dann sollten Sie sich an die folgenden drei Ratschläge halten.

### 1. Stellen Sie sicher, dass der ETF nicht mit Contango belastet ist

In meinen Jahren als Investor habe ich es immer wieder erlebt, dass die Leute sich – unglücklicherweise – hebelbasierte ETF-Produkte ausgesucht haben, die ein hohes »Contango« aufwiesen. Contango ist einfach die Differenz zwischen Terminkurs und Kassakurs. Das bedeutet, dass der ETF zwar die Rendite des ihm zugrunde liegenden Index innerhalb eines kurzen Zeitraums (das heißt innerhalb von zwei oder drei Tagen) um das Zwei- oder Dreifache »verstärken« wird, dass er aber nach diesen zwei oder drei Tagen beginnen wird, dem Index deutlich hinterherzuhinken, und sich schließlich ganz von ihm abkoppeln wird.

Bei einfachen hebelbasierten ETFs gibt es ein hohes Contango. Das liegt an den Optionen, die bei diesen ETFs für die Verstärkung der Rendite sorgen und die im Zeitablauf an Wert verlieren. Eine Möglichkeit, festzustellen, ob ein hebelbasierter ETF mit Contango belastet ist, besteht darin, sich seinen Drei-Jahres-Kurschart anzusehen. Wenn der ETF in diesem Zeitraum einen Verlust von 99 Prozent aufweist, dann heißt das, dass er unter Contango-Effekten leidet und dass man ihn nicht länger als nur ein paar Tage halten sollte.

## 2. Entscheiden Sie sich für ETFs mit niedrigen Managementkosten

Der Versuch, die Rendite zu verstärken, ist immer mit Kosten verbunden. Ob Sie nun vorhaben, »auf Marge zu handeln« (also Ihre Investments mit Krediten von Ihrem Broker zu finanzieren) oder Leerverkäufe zu tätigen (die wir in Kapitel 10 behandeln werden) – Sie müssen immer dafür eine Gebühr bezahlen. Im Fall von Margenhandel und Leerverkäufen bezahlen Sie den Broker beziehungsweise den Market-Maker, um sich Geld beziehungsweise die Wertpapiere, die Sie leerverkaufen wollen, ausleihen zu können.*

Im Regelfall sollten Sie sich den hebelbasierten ETF mit den geringsten Managementkosten aussuchen.

## 3. Achten Sie auf die Liquidität

Einer der wichtigsten Punkte, auf die man beim Kauf eines hebelbasierten ETFs achten muss, ist die Frage, ob er liquide ist. Im Allgemeinen ist die Liquidität ein Maß dafür, wie leicht man etwas kaufen oder verkaufen kann. Zum Beispiel ist die Microsoft-Aktie (MSFT) sehr liquide, weil sich immer ein Käufer oder ein Verkäufer für Aktien von erstklassigen Unternehmen finden wird. Andererseits ist ein Auto ein weniger liquider Vermögensgegenstand, weil es in diesem Markt weniger Käufer und Verkäufer gibt.

Das Gleiche gilt auch für hebelbasierte ETFs. Man sollte die Finger von hebelbasierten ETFs mit niedrigen Umsätzen lassen, wenn man sicher sein will, dass man jederzeit und ohne Probleme seine ETF-Position schließen kann. Aus diesem Grund sollte man nur in hebelbasierte ETFs investieren, bei denen mehr als 500 000 Anteile pro Tag umgesetzt werden. Man kann dieses »durchschnittliche Tagesumsatzvolumen« kostenlos auf Websites wie *Yahoo! Finance* oder *finviz* finden.

---

* Ein Market-Maker sorgt für die Funktionsfähigkeit eines Marktes, insbesondere einer Börse, indem er anderen Marktteilnehmern permanent als Vertragspartner zur Verfügung steht und diesen so die Abwicklung ihrer Transaktionen ermöglicht (Anmerkung des Übersetzers).

# Wie kauft und verkauft man hebelbasierte ETFs?

Sobald Sie sich vergewissert haben, dass alle drei Anforderungen erfüllt werden, und Sie sicher sind, dass das Timing stimmt, ist es an der Zeit, Ihre Position zu eröffnen.

Ein hebelbasierter ETF, der mit Contango belastet ist, sollte nicht lange gehalten werden. Diese ETFs dienen dazu, den zugrunde liegenden Index nur über einen Zeitraum von zwei bis drei Tagen abzubilden. Wenn Sie einen dieser riskanteren ETFs wählen, sollten Sie darauf achten, ihn nicht länger als eine Woche zu halten.

Einen hebelbasierten ETF, der nicht mit Contango belastet ist, können Sie dagegen wie jeden anderen ETF in Ihrem Portfolio halten. Erteilen Sie einen Stop-Loss-Auftrag, damit Ihre Position automatisch verkauft wird, wenn sie um mehr als 30 Prozent fällt. Damit stellen Sie sicher, dass sich ein Verlust nicht zu einem untragbaren Verlust auswächst. Nach einem Verlust von 30 Prozent sind die Chancen auf eine Erholung nur noch gering und es ist an der Zeit, die Verluste zu begrenzen und sein Kapital anderweitig zu investieren.

**Kurzanleitung für Investoren: Hebelbasierte ETFs**

- Ihr Broker kann Ihnen eine große Auswahl an hebelbasierten ETFs zum Kauf anbieten.
- Anders als bei vielen Anlagemethoden in diesem Buch sollten Sie beim Kauf von hebelbasierten ETFs nicht den Durchschnittskosteneffekt nutzen, weil sich die meisten hebelbasierten ETFs – aber *nicht* zum Beispiel der Ultra-ETF (SSO) von ProShares – nur für kurzfristige Investments eignen.
- Investieren Sie nicht mehr als 1 oder 2 Prozent Ihres Kapitals in diese Anlageform.
- Wenn Ihr Kursziel erreicht ist, sollten Sie Ihre Position abbauen.
- Wenn es bei einem hebelbasierten ETF zu einem extremen Kursausschlag kommt und Sie schon substanzielle Gewinne erzielt haben, sollten Sie Ihre Position ganz oder zum Großteil verkaufen.

# Börsengehandelte Volatilitäts-Schuldverschreibungen (»Volatility ETNs«)

## Was sind börsengehandelte Volatilitäts-Schuldverschreibungen?

Börsengehandelte Volatilitäts-Schuldverschreibungen (Volatilitäts-ETNs oder »Volatility Exchange-traded Notes«) sind Anlageinstrumente, die den CBOE-Volatilitätsindex (VIX) über kurze Zeiträume nachbilden und deren Kurs sich oft gegenläufig zum S&P 500 entwickelt.* Um zu verstehen, wie Volatilitäts-ETNs funktionieren, ist es hilfreich, wenn man sich zunächst überlegt, warum Märkte überhaupt volatil sind. Einer der Gründe dafür ist, dass sich die Menschen bei ihrem Verhalten häufig von Angst leiten lassen.

Angst ist eine der natürlichsten Emotionen, die es gibt. Wenn man etwas Bedrohliches, wie eine Schlange oder einen Bären, sieht, dann führt das zu einer Reaktion im Gehirn, bei der Stresshormone ausgeschüttet werden. Außerdem wird der Körper mit Adrenalin geflutet, was einen beschleunigten Herzschlag, einen schnelleren Atem und »Schmetterlinge im Bauch« zur Folge hat. Wenn Menschen eine Angstreaktion haben, dann handeln sie oft impulsiv. Sie treffen dann Entscheidungen, durch die sie sich vielleicht im Moment besser fühlen, die ihnen aber auf lange Sicht schaden.

Solche Reaktionen sind nicht auf Szenarien aus der Vergangenheit beschränkt, etwa wenn man einen Bären vor seiner Hütte auftauchen sieht. So ist heute die Fähigkeit, seine Gefühle unter Kontrolle zu haben – und zwar sowohl Angst als auch Gier –, einer der Schlüssel zum Erfolg bei der Geldanlage, ganz besonders, wenn es um Volatilitäts-ETNs geht.

---

* »CBOE« steht für »Chicago Board Options Exchange«, eine der weltweit größten Optionsbörsen (Anmerkung des Übersetzers).

Aber das ist leichter gesagt als getan. Nehmen wir zum Beispiel an, dass Sie gerade Aktien der Versicherungsgesellschaft Allstate Corporation (ALL) gekauft haben. Sie haben sich gut über das Unternehmen informiert und wissen, dass das Geschäft wahrscheinlich kurzfristig leiden würde, wenn eine Naturkatastrophe passieren würde. Sie wissen auch, dass das Geschäft von Allstate auf einem soliden Fundament basiert, weil es das Unternehmen schon seit Jahrzehnten gibt und weil es sich immer von solchen kurzfristigen Problemen erholt hat.

Kurz nachdem Sie Ihre Position eröffnet haben, wird Ihr Durchhaltevermögen auf die Probe gestellt. Ein starker Hurrikan sucht den Süden der Vereinigten Staaten heim und verwüstet viele Gebiete, in denen Allstate hohe Umsätze mit Versicherungen erzielt hat. Als das passiert, muss Allstate natürlich den Schaden der Inhaber von Hochwasserversicherungspolicen ersetzen, mit deren Verkauf das Unternehmen einen Großteil seiner Gewinne gemacht hat.

Dieses Geschehen wirkt sich negativ auf den Aktienkurs aus. In den drei Monaten, seitdem Sie Ihre Allstate-Position eröffnet haben, ist der Kurs Ihrer Aktien um 15 Prozent gefallen. Was die Sache noch schlimmer macht: In derselben Zeit ist der S&P 500 um fast 10 Prozent gestiegen.

Aber Ihre Position rutscht auch nach dem anfänglichen Kursrückgang um 15 Prozent immer weiter ab. Der Hurrikan zieht seine Bahn durch die USA und verursacht massive Überschwemmungen an der Ostküste, einem weiteren wichtigen Markt von Allstate. Diese Folgeschäden führen zu einem weiteren Kursverlust von 10 Prozent an einem einzigen Tag! Als das passiert, überwältigen Sie Ihre Angstgefühle. Sie wollen einfach nur Ihre Position verkaufen, damit Sie nicht mehr über Versicherungen und Hurrikans nachdenken müssen.

Aber das ist tatsächlich der schlechteste mögliche Verkaufszeitpunkt. Anstatt Ihre Position panisch zu verkaufen, sollten Sie noch einmal Ihre ursprünglichen Überlegungen, aufgrund derer sie investiert haben, durchgehen und überprüfen, ob sich irgendetwas daran geändert hat. Schließlich hat sich Allstate – wovon Sie sich überzeugt hatten – immer von Naturkatastrophen erholt und neue Allzeithochs erreicht.

Dies ist nur ein Einzelbeispiel für die Auswirkungen von Angst auf den Aktienmarkt. Aber man kann die Angst der Investoren auch auf eine allgemeine Art und Weise messen.

# Ein Blick auf den »Angst-Index«

Man erkennt am besten, wie besorgt die Investoren um den Aktienmarkt sind, wenn man sich den CBOE-Volatilitätsindex anschaut, der auch als »Angst-Index« und unter dem Kürzel »VIX« bekannt ist.

Der VIX ist der beste Maßstab dafür, wie es um die Marktstimmung der Anleger bestellt ist (das heißt, wie ängstlich oder wie gierig sie sind). Wenn der VIX niedrig ist (das heißt, unter 15 liegt), dann machen sich die Anleger nicht sehr viele Sorgen um die Konjunktur im Allgemeinen oder um den Aktienmarkt. Wenn der VIX nach oben schießt (das heißt auf über 40), wie das während der Covid-19-Pandemie oder der weltweiten Finanzmarktkrise passiert ist, haben die Anleger Sorge um die kurzfristige Entwicklung der Konjunktur und des Aktienmarktes. Hinweis: Wenn der VIX auf Werte über 40 ansteigt, dann war das bisher immer eine der besten Zeiten, um Aktien zu kaufen.

**VIX und der Optionsmarkt**

Der VIX spielt auch eine sehr wichtige Rolle für den Optionsmarkt. Wenn der VIX hoch ist, dann sind auch die Prämien für Kauf- oder Verkaufsoptionen hoch. Das Umgekehrte ist der Fall, wenn der VIX niedrig ist; dann können Investoren Optionen billig kaufen, um ihre Positionen abzusichern. Wir werden uns mit diesen Dingen näher in Kapitel 7 beschäftigen.

Den VIX kann man nicht wie eine Aktie direkt kaufen oder verkaufen. Stattdessen können Anleger ETFs oder ETNs (»Exchange-traded *Notes*«) nutzen, um mit Volatilität zu handeln und in diese zu investieren. Der Unterschied zwischen einem ETF und einer ETN besteht darin, dass ein ETF ein Korb von Wertpapieren (im Regelfall Aktien oder Anleihen) ist, die an der Börse gehandelt werden, während eine ETN ein Korb von Vermögenswerten aller möglichen Anlageklassen ist, der vom Anbieter der

ETNs zusammengestellt wird.* Und im Fall von VIX-ETNs handelt es sich bei diesen Wertpapieren um VIX-Terminkontrakte.

Aber genau wie die hebelbasierten ETFs können auch Volatilitäts-ETNs unter Contango leiden.

## Nur für eine kurze Frist geeignet

Der VIX ist gekennzeichnet durch lange Perioden geringer Volatilität, die von sporadischen Volatilitätsausbrüchen unterbrochen werden. Deshalb denken viele Anfänger, die dieses Muster erkannt haben, dass sie einfach beliebte VIX-ETNs wie die iPath S&P 500 VIX Short-Term Futures ETN (VXX) in den Zeiten der Flaute kaufen und bei den Ausbrüchen des VIX verkaufen sollten.

Das ist ein klassischer Anfängerfehler. Denn wenn Sie sich zum Beispiel den langfristigen Kurschart des VXX anschauen, dann werden Sie feststellen, dass die ETNs von einem bereinigten Kurs (also dem Kurs vor der Erneuerung auslaufender Terminkontrakte) von über 120 000 Dollar auf einen Kurs von knapp über 10 Dollar gesunken ist. Das liegt daran, dass der VXX nicht den VIX-Index nachbildet. Ihm liegen vielmehr VIX-Terminkontrakte zugrunde, die regelmäßig erneuert werden müssen. Der VXX verliert andauernd an Wert, weil Terminkontrakte laufend verfallen und durch neue Kontrakte ersetzt werden müssen.

Wie man auf Websites wie *VIXcentral.com* sehen kann, gibt es bei VIX-Terminkontrakten eine sogenannte »Terminstrukturkurve« (diese zeigt die Kursdifferenzen zwischen den Verfallsterminen der in Kürze auslaufenden VIX-Terminkontrakte). Für den Verlauf dieser Kurve spielt es auch eine Rolle, welche Erwartungen die Investoren hinsichtlich der Entwicklung des Index in den nächsten sechs Monaten hegen.

Wenn ein Terminkontrakt in einem bestimmten Monat verfällt, wird er durch einen neuen Terminkontrakt für den folgenden Monat ersetzt.

---

* Auch die einer ETN zugrunde liegenden Wertpapiere können börsengehandelte Wertpapiere sein. Der Hauptunterschied zwischen ETFs und ETNs besteht darin, dass die investierten Mittel nur bei Ersteren, nicht aber bei Letzteren, zum Sondervermögen des Emittenten gehören. Deshalb sind nur die in ETFs investierten Mittel im Fall der Insolvenz des Emittenten geschützt (Anmerkung des Übersetzers).

Dieser Prozess wiederholt sich immer wieder: Immer wenn sich ein Terminkontrakt dem Fälligkeitstermin nähert (und sein Preis sich dem VIX-Index annähert), wird er durch einen neuen Terminkontrakt ersetzt, der dann die größte Position im Portfolio der VIX-ETNs darstellt.

Das mag zwar etwas verwirrend sein, aber es ist wichtig, zu verstehen, wie diese Finanzprodukte funktionieren, bevor man in sie investiert. Denn im Februar 2018 erlebten diejenigen Anleger, die nicht verstanden hatten, wie solche ETNs funktionieren, eine böse Überraschung, als eine VIX-ETN namens VelocityShares Daily Inverse VIX Short-Term ETN (XIV) bis auf 0 Dollar abstürzte. Sie haben richtig gelesen: bis auf 0 Dollar.

Das ist eine der Gefahren, mit denen man zu tun hat, wenn man in diese Produkte investiert. Viele Anleger sind erst aus Schaden klug geworden.

## Fallstudie: Das Vorspiel zur Volatilitätskatastrophe

In Online-Investmentforen liest man häufig den Spruch: »Bei Kursrückschlägen kaufen und den VIX leerverkaufen.« Denn während der letzten zehn Jahre haben wir einen fantastischen Bullenmarkt zusammen mit einem starken Rückgang der Volatilität erlebt.

Zum Beispiel durchlief der S&P 500 zwischen 2009 und 2020 den längsten Bullenmarkt in seiner Geschichte. In dieser Zeit gab es zwar einzelne Volatilitätsausbrüche, zum Beispiel die starken Marktreaktionen, als die US-Zentralbank 2013 eine restriktivere Geldpolitik ankündigte (»Taper tantrum«) oder als die Euro-Schuldenkrise ausbrach. Aber abgesehen davon verharrte der VIX-Index nahe seinen historischen Tiefstständen. Nachdem er ein damaliges Rekordhoch von 62 auf dem Höhepunkt der Weltfinanzkrise erreicht hatte, ging es mit dem VIX stetig bergab. Zu Beginn des Jahres 2018 war der VIX auf einem Allzeittief von 12,4. Das brachte natürlich viele Anleger dazu, auf den Zug der VIX-Leerverkäufer aufzuspringen, unter anderem auch einen Privatanleger namens Seth Golden.

Die Geschichte von Seth Golden war die Privatanleger-Erfolgsgeschichte par excellence. Der ehemalige Manager der Einzelhandelskette

Target hatte mit Wetten darauf, dass die Volatilität abnehmen würde, Millionen verdient. Ob es nun Drohungen Nordkoreas mit einem Atomkrieg oder Terrorangriffe des Islamischen Staats waren, die einen Anstieg des VIX auslösten – Golden hat sich immer dagegen positioniert und den VIX leerverkauft.

Golden war damit nicht allein; nach Angaben des Finanzdatenunternehmens FactSet hatten »VIX-Leerverkauf«-ETNs wie die VelocityShares Daily Inverse VIX Short-Term ETN (XIV) zwischen 2012 und 2018 mehr als 14 Milliarden Dollar an Investorengeldern angezogen. Man konnte aus mehr als 30 verschiedenen Produkten, die den VIX zum Gegenstand hatten, auswählen. Einige von ihnen waren die am meisten gehandelten Produkte im gesamten Markt.

## Alles hat seinen Preis

Anleger wie Golden machten mit ihren Leerverkäufen des VIX Geld wie Heu. Es schien eine Zeit lang, als ob diese Anleger nichts falsch machen könnten.

Typischerweise ist das der schlechteste Zeitpunkt, um viel Geld auf die betreffende Strategie zu wetten. Wenn alle Anleger dasselbe denken – wenn zum Beispiel alle den VIX leerverkaufen wollen –, dann führt das gewöhnlicherweise zu gefährlichen Marktverzerrungen. Denn wenn sich alle diese Anleger über die weitere Entwicklung des VIX – und der Produkte, die den VIX leerverkaufen – täuschen, dann könnte das in einer Katastrophe enden.

Viele Anleger verstehen überhaupt nicht, wie diese komplizierten VIX-Produkte funktionieren. Anfang 2018 erklärte sogar Robert Whaley – der als der »Vater des VIX« bekannt geworden ist – gegenüber der US-Börsenaufsicht, dass Produkte wie die VelocityShares Daily Inverse VIX Short-Term ETN (XIV) nicht für Privatanleger geeignet seien. Aber weil die Strategie, den VIX leerzuverkaufen, so lange erfolgreich war, wurden von ihr immer neue Investoren angezogen, die damit am Markt schnell und einfach Geld verdienen wollten.

Golden mag zwar recht damit haben, dass die Volatilität auch nach 2018 noch für viele Jahre sinken würde. Aber er achtete nicht auf die

Details des Finanzinstruments, die XIV-ETN, das er benutzte, um seine Spekulation umzusetzen.

## Die XIV-ETN wird von einer Verlustwelle überschwemmt

Die Schweizer Großbank Credit Suisse legte die VelocityShares Daily Inverse VIX Short-Term ETN (XIV) 2010 auf. Dieses Produkt war genau das, was Golden und andere Anleger, die gegen den VIX wetteten, brauchten: Sein Kurs stieg, wenn der VIX fiel.

Wie die Bank in ihrem Börsenprospekt betonte, war XIV nicht dazu da, langfristig gehalten zu werden. In ihrer 197-seitigen Publikation machte die Bank klar, dass die ETN so konstruiert war, dass ihr Kurs »auf null fallen« musste und dass diejenigen, die XIV als langfristige Anlage halten würden, »wahrscheinlich ihr gesamtes investiertes Kapitel verlieren würden«. Wie Golden waren sich die meisten Privatanleger dieser Risiken nicht bewusst. Sie wussten nur, dass die ETN stieg, wenn der VIX fiel, und dass sie damit eine Menge Geld verdienen konnten. Leider passierte genau das, vor dem die Credit Suisse in ihrem Börsenprospekt gewarnt hatte.

Anfang 2018 machten sich die Anleger zunehmend Sorgen, dass die US-Notenbank die Zinsen anheben würde. Diese Ängste erreichten ihren Höhepunkt mit dem Kursrutsch des Dow Jones Industrial Average um 6,5 Prozent, bei dem über 1000 Punkte ausradiert wurden. Damals handelte es sich um den bislang größten Kursverlust des Index an einem einzigen Tag – gewaltige 1100 Punkte!

Dieser massive Kursrutsch am Aktienmarkt führte am 5. Februar 2018 zu einem enormen Ausschlag des VIX nach oben. Innerhalb weniger Tage schoss der »Angst-Index« um insgesamt 200 Prozent nach oben. Als der VIX steil anstieg, stürzte sein ETN-Gegenpart, der XIV, um über 95 Prozent ab. Am folgenden Tag kündigte die Credit Suisse an, dass sie ihre hebelbasierten VIX-Produkte liquidieren würde, sodass die Anleger, die XIV gekauft hatten, mit leeren Händen dastanden.

Obwohl Golden die Volatilitätskatastrophe überstand, werden er und viele andere von denen, die den VIX leerverkauft hatten, wahrscheinlich in Zukunft zweimal überlegen, bevor sie wieder diese Strategie anwenden.

## Anlagestrategie: Volatilitäts-ETNs

Sie werden sich vielleicht wundern, warum überhaupt jemand in so eine eigenartige Anlageform investieren sollte. Schließlich scheint eine ETN, die so konstruiert ist, dass sie im Zeitablauf an Wert verliert (wie die iPath S&P 500 VIX Short-Term Futures ETN [VXX]), und die in Zeiten hoher Volatilität komplett wertlos werden kann (wie die VelocityShares Daily Inverse VIX Short-Term ETN [XIV]), kein besonders sinnvolles Geldanlageinstrument zu sein.

Aber der Schein trügt. Denn man muss wissen, dass VXX ein hervorragendes Instrument ist, um sein Portfolio *kurzfristig* abzusichern. Wie hebelbasierte ETFs sind auch diese Produkte nicht dazu gedacht, langfristig, wie erstklassige Aktien, gehalten zu werden. Sie sind stattdessen für kurzfristige Transaktionen gedacht. Ich halte zwar nichts vom Tageshandel, aber ich habe selbst VXX eingesetzt, um mein Portfolio in Zeiten großer Spannungen an den Märkten abzusichern.

## Wie man eine gute Volatilitäts-ETN findet

Der Einsatz der richtigen Volatilitäts-ETN kann dabei helfen, aus Kursstürzen – und den darauffolgenden Volatilitätsausschlägen – Gewinn zu schlagen, und ebenso aus Änderungen der Volatilität im Allgemeinen. Die Volatilität ist mit dem Kursniveau am Aktienmarkt negativ korreliert, was bedeutet, dass die Positionen Ihres Portfolios, mit denen Sie auf Kurssteigerungen setzen (also Ihre »Long«-Positionen), im Wert fallen, wenn Ihre Volatilitätspositionen im Wert steigen.

Das kann in Zeiten der Unsicherheit sehr wichtig für die Stabilität Ihres Portfolios sein. Aber es ist von entscheidender Bedeutung, dass Sie die mit Volatilitäts-ETNs verbundenen Risiken gut verstehen. Wie wir am Beispiel von XIV gesehen haben, waren diejenigen, die nicht verstanden, was sie gekauft hatten, am Ende die Dummen, als der Aktienmarktindex zusammenbrach.

Aber wenn Sie auf die folgenden drei Punkte achten, wenn Sie den Einsatz von ETNs in Betracht ziehen, dann werden Sie viel mehr Glück bei Ihren Spekulationen auf die Entwicklung der Volatilität haben.

## 1. Achten Sie auf hohe Liquidität

Die Liquidität ist ein Maß dafür, wie leicht man etwas kaufen oder verkaufen kann. Zum Beispiel ist die Apple-Aktie (AAPL) sehr liquide, weil man sie jederzeit ohne Probleme kaufen oder verkaufen kann. Andererseits ist eine Sammlung mit seltenen Büchern gar nicht liquide, weil es nur ein paar wenige Menschen gibt, die an einem Kauf interessiert sind.

Dasselbe gilt für Volatilitäts-ETNs. Je größer das Umsatzvolumen einer ETN, desto leichter ist es, seine Position zu kaufen oder zu verkaufen. Es ist auch wichtig, an Folgendes zu denken: Wenn der VIX stark steigt oder stark fällt, kann es schwierig werden, seine Position zu kaufen oder zu verkaufen.

Die liquideste Volatilitäts-ETN ist die iPath S&P 500 VIX Short-Term Futures ETN (VXX), von der pro Tag durchschnittlich mehr als 27 Millionen Stück gehandelt werden. Wenn Sie sich eine Volatilitäts-ETN aussuchen, sollten Sie sich vergewissern, dass das Umsatzvolumen mindestens 1 Million Stück pro Tag beträgt.

## 2. Setzen Sie sich eine feste Frist

Wie ich in diesem Abschnitt schon mehrmals betont habe, sind VIX-ETNs nicht dazu gedacht, länger als nur ein paar Tage gehalten zu werden. In dem Maße, in dem die VIX-Termingeschäfte, die diesen ETNs zugrunde liegen, auslaufen und erneuert werden müssen, wird der Wert der ETNs allmählich bis auf null sinken.

Deshalb ist es wichtig, sich eine feste Frist für seine Transaktion zu setzen – und zwar sogar bevor man sich eine ETN aussucht. Anleger sollten es vermeiden, solche Produkte länger als drei Tage zu halten, weil sich nach dieser Frist die Effekte von Contango bemerkbar machen werden.

Wie stark eine ETN von Contango betroffen ist, kann man erkennen, wenn man sich den Drei-Jahres-Kurschart der ETN anschaut. Wenn der Kurs in diesem Zeitraum um 95 Prozent gefallen ist, dann ist klar, dass diese ETN durch Contango belastet ist und nur sehr kurzfristig gehalten werden sollte.

### 3. Entscheiden Sie sich für ETNs mit niedrigen Gebührenquoten

Die Gebührenquote gibt an, welche Gebühren den Nutzern von ETFs oder ETNs für das Management dieser Anlageinstrumente berechnet werden. Die Quote bezieht sich auf den Zeitraum von einem Jahr. Wenn Sie zum Beispiel eine Gebührenquote von 1 Prozent haben, dann bedeutet das, wenn Sie 1000 Dollar investieren und die Position ein Jahr lang halten, dass Sie 10 Dollar an Gebühren zahlen müssen.

Wir haben schon festgestellt, dass man eine Volatilitäts-ETN nicht länger als ein paar Tage halten sollte. Aber wenn Sie häufig mit Volatilitätsprodukten handeln, dann sollten Sie trotzdem sicherstellen, dass Sie keine zu hohe Gebührenquote zahlen.

Die Regel sollte sein, nach der höchsten Liquidität und nach der geringsten Gebührenquote Ausschau zu halten, wobei die Gebührenquote nie höher als 1 Prozent sein sollte.

## Wie kauft und verkauft man eine Volatilitäts-ETN?

Sobald Sie die für Sie richtige Volatilitäts-ETN gefunden haben, ist es an der Zeit, Ihre Position zu eröffnen. Sie können die Anteile Ihrer Volatilitäts-ETN genauso wie Aktien eines Unternehmens kaufen. Ich würde aber nicht mehr als 1 Prozent meines Portfolios in Volatilitäts-ETNs investieren. Wenn es keine besonderen Umstände gibt – wie etwa einen neuen Covid-19-Crash oder eine Finanzkrise –, ist es am besten, nur geringe Beträge auf kurzfristige Spekulationen zu setzen.

Dafür gibt es einige Gründe. Einer davon besteht darin, dass Anleger kurzfristige Kapitalertragsteuern auf die Gewinne zahlen müssen, die sie beim Handel mit Volatilitäts-ETNs erzielen. Diese können bis zu 40 Prozent ausmachen (erkundigen Sie sich bei einem Steuerberater, wie die steuerlichen Konsequenzen für Sie persönlich aussehen würden).* Außerdem sollten Sie es vermeiden, zu hohe Risiken beim Handel mit diesen Produkten einzugehen.

Hinzu kommt, dass Volatilitätsausschläge, wenn sie passieren, oft passieren, *bevor* man sich so positionieren kann, dass man von ihnen profitiert. Wenn der VIX erst einmal in die Höhe geschossen ist, hat man wahrscheinlich schon seine Gewinnchance verpasst. Dann hat man mehr Glück, wenn man nicht mit einer Volatilitäts-ETN handelt, sondern stattdessen Aktien kauft. Tatsächlich ist die Rendite des S&P 500 um 55 Prozent höher, wenn der VIX zum Kaufzeitpunkt über 40 steht.

Wenn Sie aber mit Ihrer Volatilitäts-ETN so positioniert sind, dass Sie von Volatilitätsausschlägen profitieren können, dann müssen Sie genau darauf achten, wann Sie Ihre Gewinne mitnehmen. Denn erfahrungsgemäß sind die Ausschläge des VIX nur kurzlebig. Zwischen Juni 2020 und Juli 2021 gab es beim VIX acht Ausschläge mit einem Anstieg von 30 Prozent und mehr, wobei der Durchschnittsanstieg 61 Prozent betrug. Das entspricht in etwa dem Durchschnitt der VIX-Ausschläge in der Vergangenheit.

Daraus folgt, dass Anleger, die sich für einen solchen Anstieg positioniert haben, gut daran täten, ihre Position abzubauen, wenn der VIX um mehr als 50 Prozent gestiegen ist. Sobald der VIX wieder zu fallen beginnt, sollte man den Rest seiner Position verkaufen, um die erzielten Gewinne sicherzustellen. Die Entwicklung des VIX kann kostenlos auf Websites wie *Yahoo! Finance* oder *MarketWatch* verfolgt werden.

* Diese Aussage gilt nur für die USA. In Deutschland werden Kapitalerträge prinzipiell gleich besteuert, unabhängig davon, ob sie kurzfristiger oder langfristiger Natur sind (Anmerkung des Übersetzers).

**Kurzanleitung für Investoren: Volatilitäts-ETNs**

- Ihr Broker kann Ihnen eine Auswahl verschiedener Volatilitäts-ETNs anbieten.
- Volatilitäts-ETNs sind dazu gedacht, nicht länger als nur ein paar Tage gehalten zu werden.
- Investieren Sie nicht mehr als 1 oder 2 Prozent Ihres Portfolios in diese schwankungsanfälligen Produkte. Wenn der VIX steigt, steigen auch Ihre Gewinne (das heißt, Sie wetten auf den Anstieg des VIX, haben also eine »Long«-Position).
- Sobald der VIX auf über 30 steigt, sollten Sie Ihre Position abbauen. Wenn der VIX weiter steigt, sollten Sie Ihre Position ganz schließen.
- Wenn der VIX plötzlich abstürzt, sollten Sie sofort Ihre gesamte Position auflösen.

# KAPITEL 5

# BESONDERE SITUATIONEN: SHORT-SQUEEZES, MEME-AKTIEN UND AKTIEN INSOLVENTER UNTERNEHMEN

Im Finanzwesen spricht man von »besonderen Situationen« (»special situations«), wenn es durch ungewöhnliche Faktoren zu Kursbewegungen von Aktien kommt, die nichts mit der Entwicklung des Gesamtmarkts zu tun haben. Der Ausdruck stammt von Benjamin Graham, dem Mentor von Warren Buffett und dem Autor des Investmentklassikers *Security Analysis*.* Graham beschreibt eine besondere Situation wie folgt:

»Eine Situation, in der man sich von einer besonderen Entwicklung einen guten Gewinn verspricht, obwohl der Gesamtmarkt nicht ansteigt.«

Er hat sich damals auf komplizierte Transaktionen im Zusammenhang mit Unternehmensfusionen, Kapitalerhöhungen und Gerichtsverfahren

* *Security Analysis* wurde von Benjamin Graham zusammen mit David L. Dodd geschrieben und ist 1934 zum ersten Mal erschienen. 2008 wurde die nunmehr sechste Auflage veröffentlicht. Auf Deutsch ist dieses Buch 2016 in der fünften Auflage unter dem Titel *Die Geheimnisse der Wertpapieranalyse* im FinanzBuch Verlag erschienen (Anmerkung des Übersetzers).

bezogen, welche fast ausschließlich von Hedgefonds und anderen institutionellen Anlegern getätigt werden können. Eine modernere Definition von besonderen Situationen würde Investmentmöglichkeiten wie Short Squeezes, Meme-Aktien und Aktien insolventer Unternehmen einbeziehen. Alle drei sind einmalige Situationen, in denen man – wenn man weiß, wie es geht – innerhalb kurzer Zeit massive Gewinne machen kann.

Dieses Thema ist kompliziert. Lesen Sie also dieses Kapitel sorgfältig, bevor Sie sich auf eine dieser hochriskanten und hochprofitablen Investmentmöglichkeiten einlassen.

Bei der Geldanlage geht es immer darum, sich einen Vorteil zu verschaffen. Wenn man beim Investieren im Vorteil ist, dann bedeutet das, dass man spezielle Kenntnisse hat, die einem helfen, den Markt zu schlagen. Und das gilt ganz besonders dann, wenn man versucht, Gewinne mit der Geldanlage in besonderen Situationen, wie sie in diesem Kapitel diskutiert werden, zu machen. Wie ich Ihnen gleich zeigen werde, kann es den Unterschied von einem Gewinn in Höhe von 1600 Prozent in zwei Wochen und einem Gewinn von vielleicht gar nichts ausmachen, ob man diese Investmentchancen erkennt, bevor es die gesamte Finanzwelt tut – oder eben nicht.

## Short Squeezes

### Was ist ein Short Squeeze?

Die meisten Investoren setzen auf steigende Kurse, halten also »Long«-Positionen. Das bedeutet, dass sie Aktien kaufen, um Geld zu verdienen, wenn die Kurse steigen. Aber es gibt auch die andere Seite der Medaille: Investoren können auch Geld verdienen, wenn die Kurse fallen. Das wird als »Leerverkaufen« (»short-selling«) bezeichnet. Wenn man eine Aktie leerverkauft, dann verkauft man zunächst diese Aktie (die einem nicht einmal gehört) – in der Absicht, sie zu einem niedrigeren Kurs zurückzukaufen. Denjenigen, die mit dieser Methode nicht vertraut sind, mögen Leerverkäufe widersinnig erscheinen. Tatsächlich kann einem die Absicht,

Geld mit fallenden Kursen zu verdienen, sogar unmoralisch vorkommen. Aber diese Methode ist vollkommen legal und kann für hochriskante und hochprofitable Anlagen genutzt werden.

Das Leerverkaufen ist eine anspruchsvolle Methode, mit der man Geld verdienen kann, wenn Aktien einen schlechten Tag oder ein schlechtes Jahr haben oder einfach überbewertet sind. Investoren wie Jim Chanos haben zwar Milliarden durch den Leerverkauf von Aktien verdient, aber diese Methode ist aus einem einfachen Grund sehr riskant: Die möglichen Verluste sind unbegrenzt.

Mit dem folgenden Beispiel soll veranschaulicht werden, wie das Leerverkaufen funktioniert, wie es gut laufen und wie es schiefgehen kann. Nehmen wir an, Sie leerverkaufen 100 Ford-Aktien zum Kurs von 10 Dollar pro Aktie. Zuerst leihen Sie sich 100 Ford-Aktien (F) von Ihrem Broker zum Kurs von 10 Dollar pro Aktie. Der gesamte Wert dieser Aktien beläuft sich auf 1000 Dollar (100 Aktien × 10 Dollar pro Aktie). Für jeden Dollar, um den die Ford-Aktie *fällt*, machen Sie einen Gewinn von 100 Dollar. Falls Ford auf 5 Dollar pro Aktie fällt, beträgt Ihr *unrealisierter Gewinn* 500 Dollar. Falls die Aktie tatsächlich auf 0 Dollar fallen würde (das ist sehr unwahrscheinlich, aber dann möglich, wenn das Unternehmen Pleite macht), würden Sie den höchstmöglichen Gewinn in Höhe von 10 000 Dollar erzielen. Kurz und gut, mit einem Leerverkauf von 1000 Dollar hätten Sie einen Profit von 10 000 Dollar eingestrichen.

Das Risiko beim Leerverkauf besteht darin, was passieren kann, wenn Sie sich täuschen. In dem Beispiel haben Sie 100 Ford-Aktien für 10 Dollar pro Aktie leerverkauft. Ford ist aber ein sehr gutes Unternehmen, das beliebte Autos im Angebot hat, sodass es eine riskante Wette ist, auf einen Kursrückgang zu setzen. Nehmen wir an, dass Ford nicht fällt, so wie Sie sich das erhofft haben, sondern dass der Kurs stattdessen steigt.

Sagen wir, die Ford-Aktie steigt von 10 Dollar auf 11 Dollar und dann auf 15 Dollar. Für jeden Dollar, um den Ford steigt, verlieren Sie 100 Dollar. Wenn sich die Aktie auf 30 Dollar verdreifachen würde, dann hätten Sie statt der von Ihnen erträumten Gewinne *unrealisierte Verluste* in Höhe von 2000 Dollar gemacht (100 Aktien × 20 Dollar pro Aktie).

Wie weit können die Aktien von Ford noch steigen? Die Antwort ist: unbegrenzt! Je weiter Ford steigt, desto mehr Geld verlieren Sie. Diese Dynamik macht Leerverkäufer nervös. Wenn die anderen Investoren herausfinden, dass Sie eine Aktie leerverkauft haben, und dann versuchen, absichtlich deren Preis in die Höhe zu treiben, sind Sie dazu gezwungen, Ihre Leerverkaufsposition unter Inkaufnahme von Verlusten zu decken.

Und hier kommt die besondere Situation »Short Squeeze« ins Spiel. Aus diesen Situationen kann man mithilfe einer neuen Methode das Beste machen.

## Der große Fidget Spinner Short Squeeze

Hier ist ein Beispiel dafür, wie diese Methode funktioniert: Stellen Sie sich vor, dass ein Freund von Ihnen seltene Fidget Spinner sammelt. Sie sind davon überzeugt, dass Fidget Spinner an Wert verlieren werden, denn wenn man ehrlich ist, will die Dinger keiner mehr. Um Fidget Spinner zu »shorten«, also leerzuverkaufen, würden Sie Ihren Freund anrufen und sagen: »Hallo, ich müsste mir einen von deinen seltenen Fidget Spinnern ausborgen.«

Nehmen wir an, er ist einverstanden und leiht Ihnen seinen teuersten Fidget Spinner, der einen Wert von 100 Dollar hat, gegen eine niedrige Gebühr. Sobald Sie den Fidget Spinner in den Händen haben, verkaufen Sie ihn sofort für 100 Dollar.

Ein paar Tage, nachdem Sie diesen Fidget Spinner verkauft haben, dringt die Nachricht an die Öffentlichkeit, dass dieses spezielle Modell mit einer bleihaltigen Farbe lackiert wurde. Da solche Farben giftig sind, bricht der Markt für diesen Fidget Spinner zusammen. Nunmehr ist der Fidget Spinner, den Sie geliehen und verkauft haben, nur noch 10 Dollar wert.

Sie nutzen diese Gelegenheit und kaufen den Fidget Spinner für 10 Dollar zurück. Den Preisunterschied von 90 Dollar (100 Dollar minus 10 Dollar) streichen Sie als Gewinn ein. Dann geben Sie Ihrem Freund den Fidget Spinner zurück und zahlen ihm die kleine Gebühr dafür, dass er Ihnen sein Spielzeug ausgeliehen hat.

Genau dasselbe wird mit Aktien gemacht. Wenn ein Investor denkt, dass das Geschäftsmodell eines Unternehmens nicht mehr funktioniert, kann er sich Aktien von einem Broker »leihen« und sie verkaufen. Wenn der Kurs fällt, kann er die Aktien zurückkaufen und die Differenz zwischen dem Kurs, zu dem er verkauft hat, und dem Kurs, zu dem er zurückgekauft hat, als Gewinn einstreichen. Allerdings muss er dem Broker eine kleine Gebühr dafür bezahlen, dass er sich die Aktien leihen durfte.

Aber wenn viele Leute auf das Sinken einer Aktie setzen und diese Aktie dann beginnt, stark zu steigen, stecken sie in dem berüchtigten Short Squeeze.

## Die Leerverkäufer unter Druck

Lassen Sie uns auf das Fidget-Spinner-Beispiel zurückkommen. Nehmen wir an, Sie hätten wieder den seltenen Fidget Spinner geliehen und ihn für 100 Dollar verkauft, weil Sie dachten, dass der Preis sinken würde.

Aber dieses Mal ist das Interesse an Fidget Spinnern gestiegen. Denn Elon Musk hat getwittert, dass er seltene Fidget Spinner sammelt. Das führte dazu, dass die Preise seltener Fidget Spinner durch die Decke gingen. Jetzt ist der Fidget Spinner, den Sie für 100 Dollar verkauft haben, 120 Dollar wert.

Jetzt haben Sie 20 Dollar mit Ihrer Spekulation verloren. Und weil Musk immer weiter über Fidget Spinner twittert, befürchten Sie, dass Sie sogar noch mehr verlieren könnten. Deshalb beschließen Sie, diese Transaktion zu beenden und den seltenen Fidget Spinner für 120 Dollar zurückzukaufen.

Aber Sie sind nicht alleine. Viele andere Anleger, die auf sinkende Preise von Fidget Spinnern gesetzt haben, kaufen diese zur selben Zeit zurück. Und außerdem sind da noch die Leute, die Fidget Spinner wegen Elon Musk kaufen.

Das bedeutet, dass sowohl die Anleger, die Fidget Spinner leerverkauft haben, als auch die Menschen, die jetzt ihre Vorliebe für Fidget Spinner entdeckt haben, diese wie verrückt kaufen. Mit anderen Worten, es gibt eine Kaufwelle am Fidget-Spinner-Markt.

Und wenn viele Leute kaufen, aber nur wenige oder gar keine Leute verkaufen wollen, dann sorgt der Mechanismus von Angebot und Nachfrage dafür, dass der Preis hochschießt – »bis zum Mond«, wie man so sagt.

## Fallstudie: GameStop und WallStreetBets

»Ich verdiene einen Haufen Geld mit GameStop.«

Ich werde immer nervös, wenn mir Freunde Nachrichten über Aktien schicken. Wenn Geldanlagelaien mich anschreiben, mir ihre Meinung über die Märkte mitteilen und damit angeben, wie schnell sie Gewinne gemacht haben, dann bedeutet das meistens, dass der Aktienmarkt bald seinen Höhepunkt erreicht haben wird.

**Die Nachteile von Aktieneuphorie**

Joe Kennedy – der Vater von John F. Kennedy – hat bekanntlich alle seine Aktien vor dem Crash von 1929 verkauft, weil Schuhputzjungen damit begonnen hatten, ihm Aktientipps zu geben. Er war der Ansicht, dass, wenn Börsenlaien Aktientipps gaben, am Markt mehr Euphorie herrsche, als gut für ihn sei, und dass deshalb ein Kursrückgang fällig sei.

Aus diesem Grund spitzte ich die Ohren, als mich ein Freund, mit dem ich seit Jahren nicht mehr gesprochen hatte, wegen GameStop (GME) anschrieb – eine dem Untergang nahe Videospiel-Handelskette, bei der es einen massiven Short Squeeze gab.

## Der GME-Leerverkauf

Es war klar, warum die Anleger Aktien von GameStop leerverkauften. Seit man Videospiele auf E-Commerce-Plattformen wie Amazon oder direkt von Anbietern wie Microsoft oder Sony erwerben konnte, gingen nur noch sehr wenige Menschen in Läden, um dort persönlich Spiele zu kaufen.

Aber es gab auch Anleger, die anderer Meinung waren. Von ihnen nutzten viele ein populäres Reddit-Forum namens WallStreetBets.

Keith Gill war ein aktives Mitglied von WallStreetBets, und er lehnte die vorherrschende Meinung ab, dass man GameStop leerverkaufen solle.

Er postete viele Kommentare, in denen er behauptete, GameStop sei ein gutes langfristiges Investment.

Ab Dezember 2020 akzeptierten immer mehr Anleger die Meinung von Keith. Es wurde bekannt, dass ein gewisser Ryan Cohen Mitglied des Vorstands von GameStop geworden war. Keith und andere Anleger dachten, dass Cohen – der ehemalige Vorstandsvorsitzende von Chewy Incorporated, einem Tierfutter-Onlinehändler mit Milliardenumsätzen – genau der Richtige sei, um GameStop neues Leben einzuhauchen. Denn wenn Cohen es hinbekommen hatte, Tierfutter online zu verkaufen, warum sollte er das nicht auch mit Videospielen schaffen?

Das überzeugte viele Kleinanleger auf WallStreetBets, die begannen, Aktien von GameStop zu kaufen und den Kurs nach oben zu treiben. Und das waren schlechte Nachrichten für die Hedgefonds, die GameStop leerverkauft hatten.

## Der GameStop Short Squeeze

Nachdem Keith Gill und andere WallStreetBets-Mitglieder damit begonnen hatten, sich mit GameStop einzudecken (und den Kurs nach oben zu treiben), begannen diejenigen Investoren, die GameStop leerverkauft hatten, Unmengen von Geld zu verlieren. Zu diesen Investoren gehörte ein Hedgefonds namens Melvin Capital, der im Januar 2021 durch seine Leerverkäufe von GameStop mehr als 4 Milliarden Dollar verlor.

Um diesen finanziellen Aderlass zu stoppen und zu verhindern, dass sie weitere Milliarden verloren, mussten Melvin Capital und andere Leerverkäufer Massen von GameStop-Aktien zurückkaufen. Und als sowohl die WallStreetBets-Anleger als auch diese Hedgefonds zur selben Zeit viele Aktien von GameStop kauften, setzte eine Kaufwelle ein.

Diese Welle führte zu einem Short Squeeze wie aus dem Lehrbuch. Und deswegen stieg der Aktienkurs von GameStop innerhalb von zwei Wochen um 1600 Prozent.

## Anlagestrategie: Short Squeezes

Die Ausnutzung von Short Squeezes stellt eine der beliebtesten Hochrisiko-Hochrendite-Methoden dar. In diesem Abschnitt will ich Ihnen dabei helfen, diese Methode mit so wenig Risiko wie möglich anzuwenden.

## Wie man einen aussichtsreichen Short Squeeze erkennt

Der GameStop Short Squeeze machte einer ganzen Generation von Anlegern Appetit auf eine Investmentmethode, die seit über 100 Jahren bekannt war. Die sozialen Medien spielten eine große Rolle bei dem GameStop Short Squeeze, aber das Konzept war lange vor Facebook und Twitter bekannt. Viele Unternehmen – von Lebensmittelhandelsketten wie Piggly Wiggly bis zu Autoherstellern wie Volkswagen – sind schon weit vor Beginn des Zeitalters der sozialen Medien Gegenstand von Short Squeezes gewesen. Diese Unternehmen gehörten unterschiedlichen Branchen an und die betreffenden Short Squeezes lagen Jahrzehnte auseinander. Dennoch hatten sie vieles gemeinsam. Und diese Gemeinsamkeiten können einem dabei helfen, den nächsten Short Squeeze zu finden.

Schlaue Investoren durchsuchen heute das Internet, um Gelegenheiten zur Ausnutzung von Short Squeezes zu finden. Es mag sich vielleicht widersinnig anhören, aber sie kaufen nicht deshalb häufig Aktien, die stark leerverkauft sind, weil es sich um so gute Unternehmen handelt, sondern um über das Internet und zusammen mit anderen Anlegern einen Short Squeeze auszulösen.

Und wenn Sie der Spur dieser Internet-Revolutionäre folgen, können Sie ähnlich hohe Gewinne wie im Fall von GameStop einstreichen. Dabei sollen Ihnen die folgenden Tipps helfen.

## 1. Achten Sie darauf, wie hoch der Anteil der Leerverkäufe an der Gesamtzahl der frei handelbaren Aktien ist

Der erste Schritt, wenn man einen möglichen Short Squeeze finden will, besteht darin, sich über das Ausmaß der Leerverkäufe zu informieren.

Hierüber gibt die Gesamtzahl der leerverkauften Aktien eines Unternehmens Auskunft. Sie zeigt, gegen wie viele Aktien die Investoren eine Wette eingegangen sind. Aber außerdem muss man auch die Zahl der frei handelbaren Aktien des Unternehmens (»free float«) berücksichtigen.

Wer nach Short Squeezes Ausschau hält, sollte auf das Verhältnis der Zahl der leerverkauften Aktien zur Zahl der frei handelbaren Aktien achten. Dieses Verhältnis gibt den Prozentsatz der frei handelbaren Aktien an, der aktuell leerverkauft ist. Es ist sinnvoll, zu Beginn seiner Analysen eine Liste von Unternehmen zusammenzustellen, bei denen der Anteil der leerverkauften Aktien an der Gesamtzahl der frei handelbaren Aktien über 30 Prozent beträgt.

## 2. Achten Sie auf die Marktkapitalisierung

Die Marktkapitalisierung eines Unternehmens ist der gesamte Wert aller ausgegebenen Aktien dieses Unternehmens. Diese Größe ist auch als »market cap« bekannt und gibt Aufschluss darüber, wie groß oder klein ein Unternehmen ist.

Was Short Squeezes betrifft, so ist klein immer besser. Wenn Sie nach Short Squeezes suchen, sollten Sie Ihre Suche auf Unternehmen beschränken, die eine Marktkapitalisierung von weniger als 2 Milliarden Dollar haben. Je niedriger die Marktkapitalisierung ist, desto weniger Anleger wissen über das Unternehmen Bescheid – und das ist das ideale Szenario für kurzfristige Short Squeezes.

### 3. Finden Sie die »Zahl der Tage zum Eindecken« (»Days to Cover Number«) heraus

Die »Zahl der Tage zum Eindecken« (»Days to Cover Number«) ist die Zahl der Handelstage, die unter durchschnittlichen Marktbedingungen notwendig sind, damit sich alle Leerverkäufer mit den von ihnen leerverkauften Aktien eindecken, also diese Aktien zurückkaufen können. Diese Zahl ermittelt man, indem man die Zahl der leerverkauften Aktien durch die Zahl der Aktien dividiert, die durchschnittlich pro Handelstag umgesetzt werden.

Im Regelfall ist es umso wahrscheinlicher, dass ein Short Squeeze bevorsteht, je größer die Zahl der Tage zum Eindecken bei einer Aktie ist. Suchen Sie also nach einer hohen Zahl der Tage zum Eindecken.

## Wie handelt man in einem Short Squeeze?

Nachdem Sie einen möglichen Short Squeeze gefunden haben, sollten Sie innerhalb von zwei Wochen Ihre Position unter Ausnutzung des Durchschnittskosteneffekts aufbauen. Sie sollten nicht allzu viel investieren (weniger als 1 Prozent Ihres Portfolios). Denn es ist immer möglich, dass Ihre Aktie monatelang immer weiter fallen wird und es nie zu einer Klemme kommt.

Verfolgen Sie genau die Berichte über die Zahl der leerverkauften Aktien des Unternehmens, das Sie im Auge haben, und achten Sie darauf, ob diese Zahl steigt oder fällt (ein Anstieg ist besser für die Entstehung eines Short Squeeze). Zweimonatliche Berichte können Sie auf den Websites *FINRA* und *finviz* finden.

Wenn Ihre Spekulation auf einen Short Squeeze funktioniert, dann müssen Sie die Umsätze Ihrer Aktie beobachten. Die Tagesumsätze werden sich am Beginn des Short Squeeze verdoppeln und verdreifachen und der Kurs wird in die Höhe schießen. Sobald die Umsätze ihren Höhepunkt erreicht haben und wieder zu sinken beginnen, ist es an der Zeit, zu verkaufen.

**Kurzanleitung für Investoren: Short Squeezes**

- Besuchen Sie die Website *finviz* und stellen Sie eine Liste von Unternehmen zusammen, bei denen der Anteil der Zahl der leerverkauften Aktien an der Gesamtzahl der frei handelbaren Aktien hoch ist.
- Suchen Sie nach Aktien mit einer Marktkapitalisierung von weniger als 2 Milliarden Dollar. In der Regel werden Sie nicht mehr als 20 Aktien finden, bei denen sowohl der Anteil der Leerverkäufe hoch als auch die Marktkapitalisierung niedrig ist.
- Finden Sie die »Zahl der Tage zum Eindecken« heraus. Ihr Ziel sollten Kleinunternehmen mit einer hohen »Zahl der Tage zum Eindecken« sein. Sie sind die aussichtsreichsten Kandidaten für einen Short Squeeze.
- Eröffnen Sie eine kleine Position (nicht mehr als 1 Prozent Ihres Portfolios) und bauen Sie diese unter Ausnutzung des Durchschnittskosteneffekts auf.
- Halten Sie Ihre Position so lange wie nötig. Wenn die Aktie an Wert verliert, sollten Sie darüber nachdenken, die ganze oder die halbe Position zu verkaufen. Ich begrenze meine Verluste und verkaufe die gesamte Position, wenn die Verluste 30 Prozent erreicht haben. Vergessen Sie nicht, dass Sie immer genau auf das Risiko achten müssen, wenn Sie auf einen Short Squeeze wetten wollen (oder wenn Sie eine der anderen Methoden in diesem Buch nutzen wollen).
- Wenn sich nach sechs Monaten der Kurs nicht bewegt hat, sollten Sie alles verkaufen.
- Andere Verkaufssignale sind: wenn es einen starken Anstieg der Umsätze (eine Verdopplung oder eine Verdreifachung) gibt und wenn der Kurs der Aktie plötzlich nach oben ausschlägt und einen Höchststand erreicht. Seien Sie nicht zu gierig: Verkaufen Sie, wenn Sie einen Riesengewinn gemacht haben – das ist genug.

# Meme-Aktien

## Was sind Meme-Aktien?

Der Psychologe Frank Durgin hat den Ausdruck »Tinkerbell-Effekt« dafür geprägt, dass Dinge nur existieren können, weil die Menschen glauben, dass sie existieren. Der Ausdruck bezieht sich auf das Theaterstück *Peter Pan*, in dem das Publikum aufgefordert wird, zu klatschen, falls es an die Fee Tinkerbell glaubt. Je lauter geklatscht wird, desto schneller zeigt sich Tinkerbell auf der Bühne.

Dasselbe Phänomen kennen wir an der Börse in der Form spekulativer Blasen. Das berühmteste Beispiel dafür ist die Tulpenmanie des 17. Jahrhunderts, als die Preise von Tulpenzwiebeln innerhalb von ein paar Jahren um Tausende von Prozent stiegen. Die Tulpen waren dieselben geblieben, aber der Preis der Zwiebeln stieg immer weiter, weil immer mehr Leute *glaubten*, dass sie wertvoller geworden seien.

Wir erleben heute die moderne Fassung dieses uralten Phänomens: Meme-Aktien. Meme-Aktien sind Aktien, bei denen es zu plötzlichen und dramatischen Kurs- und Umsatzsprüngen durch die sozialen Medien kommt.* Oft haben diese Unternehmen kein überzeugendes Geschäftsmodell und die Kurse ihrer Aktien sind seit Jahren gefallen, bevor sie durch die Kommentare der Mitglieder bestimmter Internetforen in die Höhe getrieben werden. Diese Aktien gehen im Internet »viral« – genau wie ein süßes Katzenvideo oder der Ausschnitt aus einem Sportereignis. Es kann damit beginnen, dass nur ein paar Mitglieder eines bestimmten Forums die Aktie kaufen; aber das Kaufen kann so ansteckend sein, dass der Kurs am Ende himmelhoch steigt.

Das Ganze funktioniert wie in dem folgenden Beispiel: Nehmen wir an, jemand mit dem Usernamen »RoaringDoggy« postet auf dem Wall-

* Der Begriff »meme«, deutsch »Mem«, stammt aus der Evolutionstheorie und wurde von dem Biologen Richard Dawkins geprägt. Heute versteht man unter einem »Meme« vor allem bestimmte, meist kreative Inhalte, die sich im Internet sehr schnell oder »viral« verbreiten (Anmerkung des Übersetzers).

StreetBets-Forum von Reddit einen Kommentar über ein kleines Unternehmen namens Corsair Gaming (CRSR), das Computerhardware vor allem für die Videospielbranche herstellt. RoaringDoggy ist der Meinung, dass die langfristigen Aussichten von Corsair Gaming ausgezeichnet sind, weil es am Wachstum der Videospieleanbieter und der Streamingdienste partizipiert. Aufgrund seiner Analyse des Cashflow-Barwerts von Corsair Gaming glaubt er, dass die Aktie, die aktuell bei ungefähr 30 Dollar notiert, eher 50 Dollar wert ist.

RoaringDoggy schreibt einen detaillierten Bericht über Corsair Gaming und postet ihn auf WallStreetBets. Er erhält zwar 20 positive Bewertungen für seinen Post, aber es scheint nicht so, als ob viele Leute an seiner eingehenden Analyse dieses kleinen Unternehmens interessiert seien. Das sieht man auch am Aktienkurs von Corsair Gaming, der sich seit seinem Post nicht von der Stelle bewegt hat. Niemand schreibt Kommentare zu seinem Post und niemand interessiert sich für Corsair Gaming. Sein Post hatte also keinen Einfluss auf den Aktienkurs des Unternehmens.

Aber was wäre passiert, wenn der Post von RoaringDoggy 100 000 positive Kommentare erhalten und es an die Beliebtheitsspitze von WallStreetBets geschafft hätte? Das würde bedeuten, dass vielleicht Hunderttausende Leser nicht nur etwas über Corsair Gaming erfahren, sondern möglicherweise die Aktie auch kaufen würden. Und da es zehn Millionen registrierte Nutzer von WallStreetBets gibt, könnte der Kurs von Corsair Gaming auf diese Weise unschwer beeinflusst werden. Denn von dieser Aktie werden pro Tag nur eine Million Stück gehandelt.

Wenn das passieren würde, wäre Corsair Gaming nicht mehr einfach nur eine Aktie, sondern es wäre eine Meme-Aktie.

## Wer braucht schon Fundamentaldaten?

Die traditionelle Aktienanalyse konzentriert sich vor allem auf zwei Gebiete: die Fundamentaldaten und die Bewertung. Die Fundamentaldaten eines Unternehmens – wie die Gewinnmarge, das Gewinnwachstum und der Verschuldungsgrad – helfen dabei, zu verstehen, wie gut das Geschäft läuft; die Bewertung gibt darüber Auskunft, wie viel man für diese Fundamentaldaten bezahlen muss.

Zum Beispiel ist ein Unternehmen, dessen Gewinne andauernd mit einer hohen Rate wachsen, immer besser als ein ähnliches Unternehmen mit einem niedrigeren Gewinnwachstum. Und wenn die Aktie des Unternehmens mit dem höheren Gewinnwachstum niedriger notiert als die Aktie des Unternehmens mit dem niedrigeren Gewinnwachstum, dann bedeutet das in der Regel, dass es hier ein Marktversagen gibt, aus dem man Profit schlagen kann. (Denn wenn man für weniger Geld mehr Aktien eines besseren Unternehmens kaufen kann, dann ist das typischerweise ein gutes Geschäft.)

Bei Meme-Aktien bleiben solche Überlegungen auf der Strecke. Diese Aktien steigen in der Regel nur aufgrund der, wie sie der Ökonom John Maynard Keynes genannt hat, »tierischen Instinkte« des Marktes. Wenn Euphorie herrscht – zum Beispiel, wenn die Notenbank die Anleger mit einer Zinssenkung überrascht –, dann neigen Anleger eher dazu, auf riskante Anlagewerte, wie etwa Meme-Aktien, zu setzen. Dieses Phänomen zeigt sich auch auf den Kryptowährungsmärkten.

Gewinnwachstum, Bewertung und andere traditionelle Kriterien spielen bei Meme-Aktien kaum eine Rolle. Wie wir später in diesem Abschnitt sehen werden, hängen die Renditen bei Meme-Aktien eher vom Verhalten der Leerverkäufer, dem Umsatz von Optionen und der allgemeinen Marktrichtung ab. Eine der besten Möglichkeiten, Investments in Meme-Aktien zu bewerten, besteht darin, die Aktivität in den sozialen Medien genau zu beobachten.

## Was ist Thema in den sozialen Medien?

Meme-Aktien sind eine moderne Spielart der Geldanlage gemäß der Marktstimmung. Investoren haben schon immer genau darauf geachtet, welche Stimmung am Markt herrscht. Je mehr Anleger *fühlen*, dass der Markt (oder eine Meme-Aktie) steigen wird, desto öfter wird er (oder sie) auch tatsächlich steigen.

Die Marktstimmung kann deshalb sehr hilfreich sein, wenn man Meme-Aktien finden will. Es gibt sogar einen Aktienindex, den BUZZ NextGen AI US Sentiment Leaders Index, der die Kursentwicklung der 75 US-Aktien mit der höchsten positiven Aktivität in den sozialen Medien abbildet. Außerdem gibt es einen ETF, den MEME ETF (MEME), der speziell entwickelt wurde, damit Anleger von Meme-Aktien profitieren können. Es gibt sogar ganze Websites (wie etwa *YoloStocks*), die sich ausschließlich damit beschäftigen, welche Aktien auf anderen Websites, wie Reddit oder Twitter, diskutiert werden.

Darüber Bescheid zu wissen ist sehr wichtig, denn wenn man genau weiß, welche Aktie auf Reddit oder Twitter zur nächsten Meme-Aktie wird, kann man Unmengen von Geld verdienen. (Man kann auch Geld verlieren, wie wir gleich sehen werden.)

## Fallstudie: AMC Entertainment Holdings (AMC)

Ich habe viele Follower in den sozialen Medien, über alle Foren hinweg ungefähr 500 000. Während des GameStop Short Squeeze gab es Dutzende von Kommentaren zu meinen Videos, in denen behauptet wurde, dass die nächste Aktie, bei der ein Short Squeeze auftreten würde, die des notleidenden Kinobetreibers AMC Entertainment Holdings (AMC) sei.

Die Aktie dieses Unternehmens war während meiner zehn Jahre dauernden Karriere als Aktienanalyst eine der schlechtesten Aktien im Markt. So war der S&P 500 von 2014 bis 2019 um 90 Prozent gestiegen, wohingegen in derselben Zeit AMC um 50 Prozent gefallen war.

Die Probleme von AMC waren auf die sich ändernden Präferenzen der Verbraucher zurückzuführen. Die Kosten für die Heimkinoausstattung waren gefallen und die Streaming-Technologie hatte große Fortschritte gemacht. Das bedeutete, dass man bei Netflix 20 Dollar pro Monat für unbegrenztes Streamen von Filmen zu zahlen hatte – die gleiche Summe, die man zahlen musste, um einen Film im Kino zu sehen.

Aber dann ging mir ein Licht auf: AMC Holdings war tatsächlich genau wie GameStop. Beide hatten veraltete Geschäftsmodelle und beide sprachen die nostalgischen Gefühle der Millennials an, die die Hauptnutzer von WallStreetBets waren. Der Anteil der leerverkauften Aktien an der Gesamtzahl der frei handelbaren Aktien war zwar nicht ganz so groß wie bei GameStop, aber der Hintergrund war derselbe.

Bevor ich mich versah, war die AMC-Aktie im Rennen.

# Die Affen haben den Zoo übernommen

AMC-Aktien schossen zusammen mit GameStop im Januar 2021 in die Höhe, aber sie stürzten schnell wieder ab. Aber das hielt die »Affen« (»Apes«, wie sich diejenigen nannten, die AMC-Aktien kauften) nicht davon ab, jedes Mal, wenn ich ein Video veröffentlichte, Unmengen von Kommentaren zu posten. (Sie nannten sich »Affen« wegen einer Szene im Film *Planet der Affen*, in welcher die Affen sagen, dass sie zusammen stärker sind.) Ihre Kommentare drehten sich in aller Regel um eine der folgenden Behauptungen:

- Die AMC-Aktie sei unterbewertet und wäre ein guter Kauf.
- Der Kurs der AMC-Aktie würde durch Leerverkäufer gedrückt und man solle die Aktie kaufen, um die Leerverkäufer »in den Schwitzkasten zu nehmen«.

Und tatsächlich wurde gekauft – aber nicht nur *Aktien* von AMC. Tatsächlich deckten sich die »Affen« mit Kaufoptionen auf die AMC-Aktie ein. Kaufoptionen sind Kontrakte, die dem Käufer das Recht geben, eine Aktie zu einem bestimmten Preis bis zu einem bestimmten Termin zu kaufen. Die Käufer von Kaufoptionen können Gewinne erzielen, wenn die betreffende Aktie zwischenzeitlich an Wert gewinnt.

Ein Anstieg der Umsätze von Kaufoptionen kann institutionelle Marktteilnehmer dazu zwingen, die betreffende Aktie zu kaufen, wie bei einem Leerverkaufs-Short-Squeeze. Aber im Fall steigender Kaufoptionsumsätze werden nicht die Investoren, die auf fallende Kurse setzen, in die Enge getrieben, sondern die Market-Maker werden dazu gebracht, die Aktie zu kaufen, um ihre Positionen abzusichern. Denn die Verkäufer von Kaufoptionen müssen die Aktien liefern, wenn die Optionen ausgeübt werden.

Ende Mai 2021 wurden 11,6 Milliarden Dollar mit Optionen auf die AMC-Aktie umgesetzt. Das war mehr, als in derselben Zeit mit Optionen auf den S&P 500 und den Nasdaq-Index *zusammen* umgesetzt wurde. Dadurch sollte eine »Gamma-Squeeze« ausgelöst und die AMC-Aktie auf einen der erstaunlichsten Höhenflüge geschickt werden, die ich in meiner Karriere je erlebt habe.

## Eine »Gamma-Squeeze« befördert AMC zum Mond

Im Optionshandel bedeutet »Gamma« die Änderungsrate des »Deltas« einer Option, wenn der Preis des zugrunde liegenden Wertpapiers sich um eine Geldeinheit ändert. (Die Begriffe »Gamma« und »Delta« werden in Kapitel 7 näher erklärt.) Gamma wird oft die »Änderung der Änderung« genannt und ist eine sehr wichtige Größe, wenn es beim Kurs einer Aktie starke Ausschläge gibt.

Zu einer »Gamma-Squeeze« kam es im Fall von AMC. Institutionelle Market-Maker, die Optionen verkauft hatten, mussten die zugrunde liegende Aktie, mit der sie Verluste gemacht hatten, liefern. Um diese Positionen abzusichern, mussten sie auch AMC-Kaufoptionen kaufen. Das bedeutete, dass sowohl die Kleinanleger-»Affen« als auch die institutionellen Market-Maker AMC-Kaufoptionen kauften. Und als dann die AMC-Aktie zu steigen begann, mussten diese Market-Maker sogar noch mehr Optionen kaufen.

Ganz ähnlich wie der Leerverkaufs-Short-Squeeze bei GameStop führte die »Gamma-Squeeze« bei AMC dazu, dass die Aktie innerhalb von Tagen um 700 Prozent stieg.

## Anlagestrategie: Meme-Aktien

Meme-Aktien sind eine Anlageform, die sich sehr schnell entwickelt. Sie sind erst seit Januar 2020 »in«. Das war, als die Aktien von GameStop, AMC Holdings und anderen Unternehmen begannen, in die Höhe zu schießen – und zwar nur aufgrund der Aktivität im Forum WallStreetBets auf Reddit. In diesem Abschnitt zeige ich Ihnen, wie man in diese Aktien sicher und effektiv investiert.

# Wie man eine gute Meme-Aktie erkennt

Es ist nachvollziehbar, dass die GameStop- und AMC-Spekulanten so großen Einfluss hatten. Zum einen waren die Unternehmen, auf die sie es abgesehen hatten, klein, sodass der Kurs ihrer Aktien von den zehn Millionen Nutzern von WallStreetBets beeinflusst werden konnte. Denn selbst wenn jeder dieser Nutzer nur ein Wertpapierkonto in Höhe von 1000 Dollar hat, heißt das, dass sie zusammen über Vermögenswerte von 10 Milliarden Dollar verfügen können.

Wenn Sie darauf achten, in welche Richtung sich diese 10 Milliarden Dollar in Zukunft bewegen, können auch Sie von der Meme-Aktien-Manie profitieren.

## 1. Nutzen Sie Internet-Crawler

Viele Kleinanleger studieren das WallStreetBets-Forum und versuchen, herauszufinden, welche Aktie als nächste in den Fokus geraten wird. Diese Methode kann zwar funktionieren, aber sie ist sehr zeitaufwendig. Wenn Sie Ihre Zeit möglichst effizient nutzen wollen, sollten Sie nach einem WallStreetBets-»Crawler« Ausschau halten.

Crawler sind Programme, die das Internet durchsuchen und die Daten von Websites aggregieren. Beispielsweise gibt es Crawler, die eine Liste der 25 am häufigsten auf WallStreetBets diskutierten Aktien erstellen – abhängig davon, wie oft das Börsenkürzel im Forum erwähnt wird.

Es gibt zwar sehr viele Crawler, aber der beliebteste ist auf *www.yolostocks.live* zu finden. (»Yolo« steht für »you only live once«, also für »man lebt nur einmal«, ein passendes Akronym für eine hochriskante Anlagestrategie.) Diese Website ermöglicht Ihnen, herauszufinden, welche Aktien in den letzten 24 Stunden, 14 Tagen oder 100 Tagen am häufigsten auf WallStreetBets erwähnt wurden. Die Aktien, die am wahrscheinlichsten in die Höhe schießen werden, gehören immer zu den Top Ten innerhalb der letzten 24 Stunden.

## 2. Achten Sie auf ungewöhnliche Aktivitäten im Optionshandel

Sobald Sie herausgefunden haben, welche Aktien auf WallStreetBets im Trend liegen, müssen Sie darauf achten, was sich bei den kurzfristigen Kaufoptionen dieser Aktien (also bei Kontrakten, die innerhalb der nächsten zwei Wochen auslaufen) tut.

Die meisten Kleinanleger stürzen sich auf diese riskanten Kontrakte, um von kurzfristigen Kursbewegungen zu profitieren. Sie können erkennen, ob Kleinanleger diese Kontrakte en masse zu kaufen beginnen, wenn Sie sich die Entwicklung der Zahl dieser kurzfristigen Kaufoptionen anschauen. Diese Informationen finden Sie auf der Website Ihres Brokers oder auf *Nasdaq.com*.

Wenn Sie sehen, dass sich diese Zahl für einen bestimmten kurzfristigen Kontrakt innerhalb von ein paar Tagen vervierfacht oder verfünffacht, dann ist das ein deutliches Zeichen dafür, dass sich die WallStreetBets-Anleger und die Fonds für eine Meme-Aktien-Manie positionieren.

## 3. Berechnen Sie das Verhältnis der Zahl der leerverkauften Aktien zur Gesamtzahl der frei handelbaren Aktien

Die Gemeinschaft der WallStreetBets-Nutzer liebt es, »den Leerverkäufern eins auszuwischen«. Das bedeutet, dass sie institutionelle Anleger in Leerverkaufs-Short-Squeezes zwingen wollen – wie das zum Beispiel bei GameStop (GME) passiert ist.

Bei den meisten Meme-Aktien ist der Anteil von leerverkauften Aktien an der Gesamtzahl der frei handelbaren Aktien relativ hoch. Im Regelfall ist jede Aktie, bei der dieser Anteil über 20 Prozent beträgt, ein aussichtsreicher Kandidat dafür, zur Meme-Aktie zu werden.

KAPITEL 5

# Wie investiert man in Meme-Aktien?

Sobald Sie Ihre Meme-Aktie gefunden haben, sollten Sie Ihre Position über mehrere Tage unter Ausnutzung des Durchschnittskosteneffekts aufbauen. Dadurch können Sie sicher sein, dass Sie zum bestmöglichen Preis kaufen.

Meme-Aktien sind eine sehr riskante Anlageform. Deshalb empfehle ich Ihnen, nicht mehr als 1 Prozent Ihres Anlagekapitals in Meme-Aktien zu investieren. Sie könnten entweder um 1000 Prozent nach oben schießen oder bis auf null abstürzen. Wenn Sie nur einen kleinen Teil Ihres Portfolios einsetzen, dann riskieren Sie 1 Dollar, um vielleicht 10 Dollar zu gewinnen oder 1 Dollar zu verlieren.

Nachdem Sie Ihre Position über ein paar Tage aufgebaut haben, müssen Sie auf eine »Gamma-Squeeze« warten. Die Wahrscheinlichkeit ist hoch, dass es nie zu einem solchen Short Squeeze kommt, aber wenn doch, dann werden Sie sehen, dass der Kurs Ihrer Meme-Aktie in den Himmel schießt.

Deshalb sollten Sie auf zwei Dinge achten: Umsatzvolumen und erwartete Schwankungsbreite.

1. Am Anfang des Short Squeeze wird das Umsatzvolumen der Aktie dramatisch zunehmen, vielleicht um das Vier- oder Fünffache. Denn institutionelle Anleger werden sowohl die Aktie kaufen als auch Optionen verkaufen, um sich gegen die Aktivitäten der Kleinanleger abzusichern. Hinzu kommen die Aktienkäufe dieser Kleinanleger aus Foren wie WallStreetBets. Sobald Sie das Umsatzvolumen stark zunehmen sehen, ist das Kurshoch wahrscheinlich nahe und Sie sollten verkaufen.
2. Der zweite Faktor ist die erwartete Schwankungsbreite (oder implizierte Volatilität). Dies ist ein Maß für die künftige Volatilität der Aktie, welches auf den Aktivitäten am Optionsmarkt basiert. Bei »normalen« Aktien kommt das zwar kaum vor, aber bei Meme-Aktien, die eine »Gamma-Squeeze« durchmachen, nimmt die erwartete Schwankungsbreite typischerweise innerhalb von ein paar Tagen um Hunderte von Prozent zu. Sobald sich die erwartete Schwan-

kungsbreite Ihrer Meme-Aktie um über 250 Prozent erhöht und das Umsatzvolumen sich verdreifacht hat, ist es an der Zeit, zu verkaufen und Gewinne mitzunehmen.

**Kurzanleitung für Investoren: Meme-Aktien**

- Finden Sie eine Meme-Aktie mithilfe von Internet-Crawlern, wie zum Beispiel auf www.yolostocks.live.
- Achten Sie auf ungewöhnliche Aktivitäten am Optionsmarkt, vor allem auf die Zahl kurzfristiger Kaufoptionen.
- Achten Sie auch darauf, ob der Anteil leerverkaufter Aktien an der Gesamtzahl der frei handelbaren Aktien höher als 20 Prozent ist.
- Sobald Sie eine passende Aktie gefunden haben, sollten Sie Ihre Position über mehrere Tage unter Ausnutzung des Durchschnittskosteneffekts aufbauen.
- Warten Sie auf einen »Gamma-Squeeze«, welche die erwartete Schwankungsbreite in den Himmel schießen lassen wird (in manchen Fällen um über 250 Prozent).
- Warten Sie darauf, dass das Umsatzvolumen explodiert.
- Falls die Spekulation Erfolg hat, sollten Sie schnell Gewinne mitnehmen. Sie sollten hier nicht zu gierig sein.

# Aktien insolventer Unternehmen

## Was sind Aktien insolventer Unternehmen?

Investoren scheuen normalerweise vor Aktien zurück, die irgendetwas mit Insolvenz zu tun haben. Das hat seinen guten Grund. Denn die Insolvenz ist ein juristisches Verfahren für Unternehmen, die ihre Zahlungsverpflichtungen nicht erfüllen können. Eine Insolvenzerklärung ist die Bestätigung dafür, dass das eigene Geschäftsmodell nicht funktioniert und die Vermögenswerte liquidiert werden müssen.

Und wenn man Aktionär eines Unternehmens ist, das Pleite gemacht hat, dann wird man wahrscheinlich den Kürzeren ziehen, wenn es um die Liquidierung der Vermögenswerte geht. Wenn ein Unternehmen Insolvenz gemäß Abschnitt 11 des Insolvenzgesetzes beantragt hat, werden die Vermögenswerte dieses Unternehmens in dieser Reihenfolge verteilt:*

- **Vorzugsgläubiger:** in der Regel Banken, die immer zuerst ihr Geld bekommen;
- **Nachrangige Gläubiger:** Banken, Lieferanten und Besitzer von Anleihen;
- **Aktionäre:** die Eigentümer des Unternehmens, die nur dann einen Anspruch auf Vermögenswerte haben, wenn die Gläubiger vollständig befriedigt worden sind.

Das bedeutet, dass die Aktionäre nur das bekommen, was übrig ist, nachdem die Banken, die Anleihebesitzer und die anderen Gläubiger alles Geld erhalten haben, auf das sie einen Anspruch hatten. In den meisten Fällen bekommen die Aktionäre deshalb überhaupt nichts.

Hierzu ein Beispiel: Nehmen wir an, Sie haben 100 Aktien von JCPenney für 10 Dollar pro Aktie gekauft. Die Kaufhauskette hatte vor Kurzem

---

* Die folgenden Ausführungen beziehen sich auf das amerikanische Insolvenzrecht (Anmerkung des Übersetzers).

eine wichtige Führungskraft von einem großen Technologieunternehmen angeheuert, die vorhat, das Unternehmen zu einem E-Commerce-Giganten zu machen. Aber nachdem zuerst Monate und dann Jahre vergangen sind, hat diese Strategie noch zu keinen höheren Umsätzen geführt. Stattdessen haben die zusätzlichen Ausgaben für das Marketing das Unternehmen nur noch tiefer in die Schulden getrieben.

Die hohe Schuldenlast und die schwache Umsatzentwicklung führen dazu, dass die Aktie von JCPenney immer weiter fällt (und damit auch der Wert Ihrer 100 Aktien). Schließlich kann JCPenney seine Schuldendienstverpflichtungen nicht mehr erfüllen und beantragt Gläubigerschutz nach Abschnitt 11 des Insolvenzgesetzes.

JCPenney geht vor das Insolvenzgericht und verkauft die verbleibenden Vermögenswerte in Höhe von ungefähr 100 Millionen Dollar; 75 Millionen Dollar erhalten die Banken, die Kredite gegeben haben, und die restlichen 25 Millionen Dollar gehen an Pensionsfonds, die in Anleihen von JCPenney investiert haben. Sie und die anderen Aktionäre haben leider Pech gehabt. Es ist nach Verkauf dieser Vermögenswerte kein Geld mehr übrig und so verlieren Sie 100 Prozent Ihres Investments von 1000 Dollar.

Für die Aktionäre gehen so 99,9 Prozent aller Insolvenzverfahren aus. Aber es gibt die restlichen 0,1 Prozent der Fälle, in denen Sie beim Kursrutsch eines insolventen Unternehmens zuschlagen können.

Und wenn Ihr Timing richtig ist, können Sie eine Menge Geld verdienen.

## Wetten auf insolvente Unternehmen

Lassen Sie uns auf unser JCPenney-Beispiel zurückkommen. Sagen wir, die Aktien, die Sie für 10 Dollar gekauft haben, sind auf 50 Cent gefallen und Ihr Anwalt sagt Ihnen, dass Sie wahrscheinlich aus der Liquidation der Vermögenswerte nichts bekommen werden, weil Sie nur ein Aktionär sind.

Aber dann passiert etwas Ungewöhnliches: Eine private Beteiligungsgesellschaft, die auf die Sanierung von Einzelhandelsunternehmen spezialisiert ist, hat Interesse daran, die Vermögenswerte von JCPenney zu kaufen. Es wird auch im Internet viel über die Bekleidungsmarke von JCPenney diskutiert. In den sozialen Medien gelten bei Jugendlichen die Kleidungsstücke von JCPenney jetzt als »Klassiker« und die Preise für alles, was diese Marke trägt, sind an den Märkten für Gebrauchtkleidung in die Höhe geschossen.

Sie haben den Rat Ihres Anwalts, Ihre Aktien für 50 Cent zu verkaufen, nicht befolgt. Das hat sich ausgezahlt, weil die Aktie auf 3 Dollar gestiegen ist. Falls die Pläne, die im Insolvenzverfahren erwähnt wurden, realisiert werden sollten, könnten Ihre Aktien sogar 15 Dollar wert sein!

Es mag sich zwar widersinnig anhören, aber es hat sich für Sie ausgezahlt, dass Sie die Aktie eines insolventen Unternehmens gehalten haben.

## Insolvenzen sind nichts Neues

2004 analysierte JPMorgan Chase 100 Unternehmen, die in den vergangenen 15 Jahren Insolvenz angemeldet hatten. Die Studie kam zu dem Ergebnis, dass die Aktien dieser Unternehmen im ersten Jahr nach Abschluss des Insolvenzverfahrens den S&P 500 um 84 Prozent geschlagen hatten. Diese einst insolventen Unternehmen gehörten zu den erfolgreichsten Unternehmen am Aktienmarkt in den betreffenden Jahren. Das ist verständlich, weil sie in vielen Fällen ein tolles Geschäftsmodell hatten. Sie hatten einfach nur zu viele Schulden, um sie bedienen zu können. Zu ihnen gehörten robuste Unternehmen wie Kmart, Six Flags und Charter Communications.

Aber es gibt einen wichtigen Unterschied zwischen diesen Unternehmen und der Anlageform, die wir in diesem Abschnitt besprechen. Als diese drei Unternehmen ihre Insolvenz erklärten, sahen die Entscheidungen der Insolvenzgerichte vor, dass die Eigentümer keine Entschädigung erhalten würden, wenn die Unternehmen das Insolvenzverfahren nach Abschnitt 11 abgeschlossen haben würden. Deshalb haben sich zwar die Aktien von Unternehmen nach dem Insolvenzverfahren überdurchschnittlich entwickelt, aber man hätte mit dem Kauf warten müssen, bis diese Unternehmen wieder an der Börse gelistet worden sind.

Die eigentliche Hochrisiko-Hochrendite-Strategie besteht aber darin, ein Unternehmen zu finden, das Insolvenz beantragt hat und bei dem für diejenigen Aktionäre etwas abfällt, die das Insolvenzverfahren durchhalten.

## Fallstudie: Hertz und die Covid-19-Pandemie

Die Covid-19-Pandemie hat viele Unternehmen hart getroffen. Ob Sie nun ein traditionelles Einzelhandelsgeschäft mit einer geringen Internetpräsenz oder ein Restaurant mit viel Laufkundschaft gewesen sind – Ihre Kundschaft verschwand im Frühjahr 2020 auf einen Schlag. Aber keine Branche ist härter getroffen worden als die Reisebranche. Fluggesellschaften, Hotels und andere Unternehmen der Reisebranche erlebten, wie sich ihre Umsätze über Nacht in Luft auflösten. Und kein Unternehmen ist ein besseres Beispiel für diese Katastrophe als das Mietwagenunternehmen Hertz Global Holdings (HTZ, früher HTZZ).

Hertz ist der älteste Autovermieter in den USA. Aber die Geschäfte liefen schon vor der weltweiten Pandemie nicht rund. Tatsächlich hatte das Unternehmen vier Jahre in Folge Verluste gemacht, einschließlich eines 58-Millionen-Dollar-Verlustes im Jahr 2019.

Covid-19 war der Todesstoß für Hertz. Die ganze Welt war in ihren Wohnungen und Häusern eingeschlossen und niemand ging auf Reisen, oder mietete gar Autos. Die Lockdowns trieben das Unternehmen, dessen Geschäfte ohnehin in Schwierigkeiten steckten, endgültig in den Abgrund. Die Aktie verlor 82 Prozent an Wert. Hertz hatte Schulden in Höhe von 19 Milliarden Dollar und praktisch die gesamte Flotte von 700 000 Autos stand wegen der Pandemie still. Ein Ende war nicht in Sicht und so beantragte das Management von Hertz am 22. Mai 2020 Insolvenz.

Aber das war bei Weitem noch nicht das Ende der Geschichte von Hertz.

## Hertz steht von den Toten auf

Wenn ein Unternehmen Insolvenz nach Abschnitt 11 beantragt, beginnt eine 60-Tage-Frist zu laufen. In diesem Zeitraum können Vorranggläubiger wie Banken oder Pensionsfonds die Vermögenswerte des Unternehmens nicht pfänden (in diesem Fall die 700 000 gebrauchten Autos von Hertz).

Aber in der 60-Tage-Frist von Hertz passierte etwas Ungewöhnliches. Normalerweise lassen traditionelle Anleger die Finger von Aktien eines Unternehmens, das Insolvenz angemeldet hat. Aber es gab eine neue Art von Kleinanlegern, die weniger risikoscheu waren.

Die Zahl der Menschen, die Wertpapierkonten auf Apps wie Robinhood eröffnen, schoss während der Covid-19-Lockdowns in die Höhe. Tatsächlich eröffneten Kleinanleger im Jahr 2020 die Rekordzahl von zehn Millionen Wertpapierkonten. Diese furchtlosen Anleger kannten Amerikas größten Autovermieter. Als sie sahen, dass die Aktie bei nur ein paar Cent notierte, begannen einige zuzugreifen. Da es nur sehr wenige Leute gab, die mit der Aktie handelten, begann die Hertz-Aktie nach oben zu schießen. Tatsächlich stieg die Hertz-Aktie nach der Insolvenz um fast 1000 Prozent!

Das war ein *höchst* ungewöhnliches Ereignis. Die Finanzmedien wurden durch den Anstieg von Aktien insolventer Unternehmen wie Hertz, Whiting Petroleum (WLL) und anderen vollkommen überrascht. Hertz versuchte sogar, diesen Anstieg dadurch auszunutzen, dass es Millionen neuer Aktien ausgab, um die schwache Eigenkapitalbasis zu stärken.

Zur Überraschung vieler hatten die »Robinhood-Investoren« recht damit gehabt, beim Kursrutsch zuzugreifen.

## Die Robinhood-Investoren behalten recht

Die Hertz-Aktie wurde zwar im Oktober 2020 offiziell von der New Yorker Börse genommen (die übliche Prozedur, wenn der Aktienkurs an 30 aufeinanderfolgenden Tagen unter 1 Dollar schließt), aber sie wurde immer noch im Freiverkehr (»over the counter«) gehandelt. Das bedeutete, dass diejenigen, die glaubten, dass es mit dem Unternehmen nach der Insolvenz wieder aufwärtsgehen würde, ihre Aktien behalten und auch weiter welche kaufen konnten.

Ab Anfang 2021 wurden Covid-19-Impfstoffe auf den Markt gebracht und die ganze Welt bereitete sich auf eine lebhafte Sommerreisesaison vor. Außerdem war der Preis gebrauchter Autos – dem Hauptvermögenswert von

Hertz – während des letzten Jahres um 25 Prozent gestiegen. Dadurch kam es zu einem Bieterwettstreit um die Vermögenswerte von Hertz, während das Unternehmen sich noch im Insolvenzverfahren befand.

Das beste Angebot kam von der privaten Beteiligungsgesellschaft Knighthead Capital Management. Wie bei Übernahmen von insolventen Unternehmen üblich, erklärte sich die Gesellschaft dazu bereit, die Vorrangschulden und die sonstigen Schulden von Hertz zu begleichen. Außerdem war aber vorgesehen, dass die Altaktionäre 8 Dollar pro Aktie erhalten sollten. Das bedeutete, dass alle die Robinhood-Investoren, die ihre Aktien für vielleicht nur 30 Cent gekauft hatten, am Ende mindestens 8 Dollar pro Aktie erhalten würden.

Diese ungewöhnliche Übernahme erwies sich für diese Anleger als höchst lukrativ, weil viele von ihnen Gewinne von bis zu 2566 Prozent gemacht hatten.

## Anlagestrategie: Aktien insolventer Unternehmen

Eine Insolvenz ist für kein Unternehmen eine gute Nachricht. Kein Manager will seinen Mitarbeitern sagen, dass das Unternehmen in Schwierigkeiten geraten ist und umstrukturiert – oder im schlimmsten Fall ganz geschlossen – werden muss.

Aber vom Standpunkt des Geldanlegers kann es sich lohnen, insolvente Unternehmen ausfindig zu machen, die nach dem Insolvenzverfahren besser als davor dastehen und – wie Hertz – Aktionäre, die zum Unternehmen gehalten haben, belohnen können.

## Wie man ein insolventes Unternehmen erkennt, in das es sich lohnt, zu investieren

Von all den Hochrisiko-Hochrendite-Strategien bei den in diesem Kapitel diskutierten besonderen Situationen ist der Versuch, mit insolventen Unternehmen Geld zu verdienen, bei Weitem die riskanteste Strategie. Die Chance, dass sich das Unternehmen aus der Insolvenz befreien kann, ist nur winzig und selbst wenn das passiert, profitieren die Aktionäre nur sehr selten davon.

Und anders als bei einigen der anderen in diesem Buch vorgestellten Strategien verliert man 100 Prozent seines Investments, wenn man sich in dem Unternehmen getäuscht hat. Aber wenn Sie sich auf diese Strategie einlassen wollen, dann werden die folgenden drei Regeln Ihnen dabei helfen, das Risiko, das mit Investments in insolvente Unternehmen verbunden ist, unter Kontrolle zu halten.

## 1. Stellen Sie eine Liste der Aktien insolventer Unternehmen zusammen

Der erste Schritt bei dieser Strategie besteht darin, eine Liste von Unternehmen zusammenzustellen, die kürzlich ein Insolvenzverfahren nach Abschnitt 11 eröffnet haben. Am leichtesten finden Sie diese Informationen, wenn Sie auf Wikipedia nach »Unternehmen, die Insolvenz nach Abschnitt 11 beantragt haben« suchen.

Sie werden eine lange Liste von Unternehmen (sowohl börsennotierten als auch privaten), die ein Insolvenzverfahren nach Abschnitt 11 eröffnet haben, erhalten. Sobald Sie sich diejenigen herausgesucht haben, die börsennotiert sind, können Sie mit dem nächsten Schritt weitermachen.

## 2. Bewerten Sie den Markenwert des Unternehmens

Die Unternehmen, die es durch eine Insolvenz nach Abschnitt 11 schaffen, besitzen typischerweise eine sehr starke Marke. Hertz ist dafür ein gutes Beispiel. Folgende Unternehmen haben auch den Übergang von der Pleite zum Geschäftserfolg geschafft:

- General Motors,
- Chrysler,
- Marvel Entertainment,
- Six Flags,
- Sbarro.

All diesen Unternehmen ist gemein, dass sie eine starke Marke besitzen. Um herauszufinden, wie wertvoll die Marke eines Unternehmens ist, müssen Sie sich die Bilanz des Unternehmens heraussuchen. Diese Informationen finden Sie kostenlos auf der Unternehmenswebsite oder auf *Yahoo! Finance*.

Sobald Sie die Bilanz vor sich haben, schauen Sie unter »Nettowert immaterieller Vermögensgegenstände« nach und können dort sehen, wie viel die Markenzeichen und Patente wert sind. Wenn diese Zahl über 1 Milliarde Dollar beträgt, dann kann man mit Gewissheit sagen, dass das Unternehmen eine starke Marke besitzt und ein guter Kandidat für ein Investment ist.

### 3. Finden Sie die Gründe für die Insolvenz heraus

Unternehmen machen aus einer Reihe von Gründen Pleite. Bei einigen Unternehmen wie Blockbuster oder Sam Goody ging es mit ihrem Kerngeschäft infolge technischen Wandels auf Dauer abwärts. Aber andere machen ein Insolvenzverfahren aus Gründen durch, die vorübergehender Natur sind. Im Fall von Hertz brachte eine weltweite Pandemie das globale Reisegeschäft zum Erliegen. Sobald Impfstoffe allgemein verfügbar wurden, kehrte der Markt wieder zur Normalität zurück.

Wenn ein Unternehmen auf Ihrer Liste sowohl eine starke Marke besitzt als auch nur wegen einer zeitweisen Marktschwäche Insolvenz anmelden musste, dann kann es sinnvoll sein, sich einen kleinen Bestand an Aktien dieses Unternehmens zuzulegen.

## Wie kauft und verkauft man Aktien insolventer Unternehmen?

Sobald Sie ein insolventes Unternehmen identifiziert haben, das eine hochriskante Spekulation wert ist, können Sie damit beginnen, Ihre Position allmählich unter Ausnutzung des Durchschnittskosteneffekts aufzubauen. Dadurch können Sie sicher sein, dass Sie zum bestmöglichen Preis einsteigen.

Die Aktien eines insolventen Unternehmens zu kaufen ist eine sehr riskante Strategie. Deshalb sollten Sie Ihre Position sehr klein halten – für den Fall, dass die Aktionäre im Insolvenzerfahren nach Abschnitt 11 unter den Tisch fallen sollten. Ich würde deshalb nicht mehr als 0,5 bis 1 Prozent meines Portfolios in Unternehmen investieren, die ein Insolvenzverfahren nach Abschnitt 11 durchlaufen. Denn Ihre Position könnte zwar um 2500 Prozent steigen (wie bei Hertz), aber sie könnte auch um 100 Prozent fallen und Ihr gesamter Einsatz könnte verloren gehen.

Sobald Sie Ihre Position eröffnet haben, müssen Sie genau auf Nachrichten zum Insolvenzverfahren achten. Dazu gehört, dass Sie den Pressemitteilungen des Unternehmens folgen und auch dem, was Reporter über das Verfahren berichten.

Wenn Sie so viel Glück haben, dass Ihre Aktien das Verfahren nach Abschnitt 11 überstehen, dann sollte der Wert Ihrer Position in den Himmel schießen. Zu diesem Zeitpunkt sollten Sie Gewinne mitnehmen. Denn obwohl sich aus dieser besonderen Situation hohe Gewinne schlagen ließen, wird es mit den Geschäften des Unternehmens wahrscheinlich weiterhin Probleme geben.

**Kurzanleitung für Investoren: Aktien insolventer Unternehmen**

- Finden Sie Aktien insolventer Unternehmen auf Wikipedia (unter »Unternehmen, die Insolvenz nach Abschnitt 11 beantragt haben«).
- Suchen Sie nach Unternehmen mit einer starken Marke (schauen Sie sich dafür in der Bilanz den »Nettowert der immateriellen Vermögensgegenstände« an). Ein Unternehmen mit Markenzeichen und Patenten im Wert von mehr als 1 Milliarde Dollar ist ein guter Kandidat.
- Überprüfen Sie, warum das Unternehmen Pleite gemacht hat. Wenn es nur an einem zeitweiligen Rückschlag liegt, kommt ein Kauf infrage.
- Achtung: Der Kauf von Aktien insolventer Unternehmen ist extrem riskant, deshalb sollten Sie nur eine kleine Position aufbauen (weniger als 1 Prozent Ihres Portfolios) – und zwar allmählich unter Ausnutzung des Durchschnittskosteneffekts.
- Nach dem Kauf sollten Sie die Berichterstattung über das Unternehmen genau verfolgen. Wenn das insolvente Unternehmen das Verfahren nach Abschnitt 11 durchsteht, kann die Aktie in die Höhe schießen. Wie immer sollten Sie Gewinne mitnehmen, wenn Ihre Spekulation Erfolg gehabt hat.

# KAPITEL 6

# FREIVERKEHRSAKTIEN (OTC)

Freiverkehrsaktien sind Aktien mit einem sehr niedrigen Wert (sie notieren im Allgemeinen unter 1 Dollar), die nicht an den großen Börsen gehandelt werden. Stattdessen werden Freiverkehrsaktien von einem »Händlernetzwerk« (in den USA spricht man von Over-the-Counter, kurz OTC) gehandelt, welches alle Transaktionen registriert und Kurse nennt. Das Gewinnpotenzial der Freiverkehrsaktien ist eines der höchsten unter den in diesem Buch diskutierten Vermögenswerten. Aber bei dieser Anlageform gibt es auch jede Menge Betrügereien. Deshalb sollten Sie dieses Kapitel sorgfältig lesen, bevor Sie sich dazu entschließen, solche Aktien zu kaufen.

Es ist im Leben wie an der Börse: Einer der besten Wege, voranzukommen, besteht darin, Dinge zu tun, die andere Menschen nicht tun wollen. Die meisten Menschen wollen, wenn sie damit beginnen, Geld zu investieren, den leichten Weg gehen und nehmen die Dienste von Finanzberatern in Anspruch – oder, bei der jüngeren Generation, von Robo-Advisors.

Die meisten dieser Berater (insbesondere die in Menschengestalt) sind keine Finanzanalysten. Sie nutzen keine finanzmathematischen Modelle und betreiben nicht selbst Studien, um herauszufinden, welches Unternehmen das beste Investment darstellt. Vielmehr sind Finanzberater oft einfach nur Verkäufer, die versuchen, Sie davon zu überzeugen, die Anlageprodukte ihrer Arbeitgeber zu kaufen.

Das bedeutet auch, dass viele von ihnen die Anlageprodukte, die sie verkaufen, gar nicht verstehen. Ihre Arbeitgeber haben große Analyseabteilungen, die die notwendige Arbeit für sie erledigen. Aber auch in Investmentanalysegesellschaften orientieren sich die meisten Analysten im Zweifelsfall an der herrschenden Meinung, wenn sie sich entscheiden, ob sie ein Wertpapier zum Kauf oder zum Verkauf empfehlen sollen.

Die herrschende Meinung ist immer einflussreich. Wenn Dutzende von Analysten ihre finanzmathematischen Modelle berechnen und zu denselben Ergebnissen hinsichtlich der Entwicklung von Aktienkursen, Konsumausgaben oder Trends kommen, dann gibt es einen Konsens. Das klingt erst einmal nicht schlecht – bis man sich erinnert, was passiert, wenn alle auf eine Seite eines Bootes rennen: Das Boot kippt um! Diejenigen, die ihre Anlageentscheidungen nach dem jeweiligen Konsens an den Märkten treffen, müssen sich mit durchschnittlichen Gewinnen zufriedengeben. Sie werden wahrscheinlich den Launen an den Märkten folgen – was immer auch geschieht.

Bei bestimmten Märkten gibt es keinen Konsens. Mit Unternehmen wie Apple, Tesla oder Microsoft und den Aktien dieser Unternehmen beschäftigen sich Tausende von Analysten. Aber es gibt Hunderttausende kleiner Unternehmen, um die sich überhaupt keine Analysten kümmern. Das sind die Unternehmen, deren Aktien im Freiverkehr gehandelt werden. Wenn man es versteht, sich die richtigen auszusuchen, kann man Gewinne jenseits der herrschenden Meinung erzielen.

## Micro-cap-Aktien

### Was sind Micro-cap-Aktien?

Die meisten der bisher in diesem Buch erwähnten Aktien – wie etwa Wachstumsaktien oder Aktien von Börsengängen – fallen in die Kategorien »niedrige Marktkapitalisierung« (»small-cap«) oder »mittlere Marktkapitalisierung« (»mid-cap«). Darunter versteht man im Allgemeinen Unternehmen mit einer Marktkapitalisierung zwischen 300 Millionen und 20 Milliarden Dollar.

Die nach der Marktkapitalisierung geordnete Liste der verschiedenen Aktienklassen sieht wie folgt aus:

- Aktien mit hoher Marktkapitalisierung (»large-cap«): 20 Milliarden Dollar und mehr.
- Aktien mit mittlerer Marktkapitalisierung (»mid-cap«): 2 Milliarden bis 20 Milliarden Dollar.
- Aktien mit niedriger Marktkapitalisierung (»small-cap«): 300 Millionen bis 2 Milliarden Dollar.
- Aktien mit sehr niedriger Marktkapitalisierung (»micro-cap«): 50 Millionen bis 300 Millionen Dollar.
- Aktien mit winziger Marktkapitalisierung (»nano-cap«): 50 Millionen Dollar und weniger.

Sie haben in diesem Buch bis jetzt vor allem etwas über Aktien mit mittlerer und niedriger Marktkapitalisierung gehört. Aber es gibt eine ganze Welt von anderen Aktien: die sogenannten Micro-cap-Aktien, die bei hohem Risiko auch hohe Gewinne bringen können. Micro-cap-Aktien sind Aktien von Unternehmen mit einer Marktkapitalisierung zwischen 50 Millionen und 300 Millionen Dollar. Aufgrund ihrer geringen Größe sind sie typischerweise wesentlich riskanter als Unternehmen mit einer mittleren oder hohen Marktkapitalisierung. Micro-cap-Stocks spielen auch in der Öffentlichkeit kaum eine Rolle, da diese Unternehmen nicht über die notwendigen Mittel verfügen, um Werbung oder Öffentlichkeitsarbeit zu betreiben. Typischerweise notieren diese Aktien bei 5 Dollar oder weniger.

**Viele Micro-cap-Aktien werden »over-the-counter« gehandelt**

Viele Micro-cap-Aktien werden im Freiverkehr gehandelt. Einige der bekannteren unter ihnen werden an der Nasdaq oder der American Stock Exchange gehandelt. Bei Aktien mit mittlerer oder hoher Marktkapitalisierung gibt es bestimmte Anforderungen, die für die Zulassung zum Börsenhandel erfüllt werden müssen, wie zum

Beispiel der Nettowert des Unternehmensvermögens oder die Zahl der Aktionäre.

## Kleiner ist oft besser (am Aktienmarkt)

Micro-cap-Aktien sind zwar sehr viel riskanter, aber sie können oft eine höhere Rendite bringen als Aktien mit einer hohen Marktkapitalisierung. Schauen wir uns zum Beispiel zwei hypothetische Unternehmen an: Large Cap Enterprises und Small Cap Incorporated.

Large Cap Enterprises ist seit 30 Jahren auf dem Markt für Unternehmenssoftware tätig. Dieses Unternehmen mit einer Marktkapitalisierung von 50 Milliarden Dollar ist am Markt gut etabliert und verfügt über viele langfristige Geschäftsbeziehungen. Es hat eine hohe Gewinnmarge, eine grundsolide Bilanz und ein Umsatzwachstum von 10 Prozent pro Jahr. Weil sich viele Analysten intensiv mit diesem Unternehmen beschäftigen, ist es auch bei den institutionellen Anlegern beliebt, die mehr als 80 Prozent der ausgegebenen Aktien halten. Das Management von Large Cap Enterprises, an dessen Spitze einer der angesehensten Vorstandsvorsitzenden der Branche steht, hat im letzten Vierteljahr sogar ein Dividenden- und Aktienrückkaufsprogramm angekündigt, um die Anleger zu belohnen.

Small Cap Incorporated wurde dagegen erst vor sechs Jahren gegründet und hat eine Marktkapitalisierung von 100 Millionen Dollar. In seiner kurzen Zeit als öffentlich gehandeltes Unternehmen hat Small Cap Incorporated schon einige Erfolge erzielt. Aber die Finanzkennzahlen geben ein gemischtes Bild ab: Im vorletzten Jahr sind die Umsätze zwar im hohen zweistelligen Bereich gewachsen, aber im letzten Jahr ist das Umsatzwachstum in die roten Zahlen gerutscht. Das durchschnittliche jährliche Umsatzwachstum während der letzten fünf Jahre betrug 30 Prozent, aber die Geschäftsergebnisse des Unternehmens haben sehr stark geschwankt – und mit ihnen der Kurs der Aktie.

Es gibt nur einen Analysten, der über diese Aktie berichtet, und das Unternehmen hat – weil es so klein ist – keine institutionellen Investoren. Informationen über Small Cap Incorporated sind schwer zu finden, weil das Unternehmen nicht einmal auf der Website der Börsenaufsicht aufgeführt ist. Es gibt zwar ein paar YouTube-Videos mit dem Management von Small Cap Incorporated, aber der Vorstandsvorsitzende ist weitgehend unbekannt.

Ganz offensichtlich ist Large Cap Enterprises ein weniger riskantes Investment als Small Cap Incorporated. Ersteres ist ein etabliertes und solides Unternehmen mit langfristigem Wachstumspotenzial. Und weil über das Unternehmen in der Finanzpresse ausführlich berichtet wird, kann man sich sicher sein, dass es ein echtes Unternehmen mit realen Produkten und kein Betrug ist.

Andererseits bedeutet der hohe Bekanntheitsgrad von Large Cap Enterprises auch, dass die Gesamtrendite wahrscheinlich niedriger sein wird. Da institutionelle Investoren so stark beteiligt sind, ist der größte Teil des Kursgewinnpotenzials schon realisiert worden.

Bei Small Cap Incorporated ist das nicht der Fall, da die meisten Anleger dieses Unternehmen nicht auf dem Schirm haben. Diese Informationssasymmetrie spricht für Small Cap Incorporated, da sich Anleger an diesem Unternehmen beteiligen können, bevor es möglicherweise zu einer Flut von Käufen durch institutionelle Investoren und die Allgemeinheit der Anleger kommt. Das bedeutet, dass das Kurspotenzial von Small Cap Incorporated wesentlich höher ist, falls das Management die Marktchancen nutzen kann.

Large Cap Enterprises ist eine gute Aktie, die man beruhigt halten kann, aber sie hat nicht annähernd so viel Kurspotenzial wie Small Cap Incorporated. Aber das bedeutet auch, dass das Risiko bei Small Cap Incorporated viel höher ist.

## Es kann sich auszahlen, klein zu sein

Wie erwähnt liegt einer der Gründe für das höhere Kurspotenzial von Micro-cap-Aktien darin, dass es wenige institutionelle Anleger gibt. Hedgefonds, Pensionsfonds und andere professionelle Investoren können aus einer Reihe von Gründen nicht in Micro-cap-Aktien investieren.

1. Erstens sind Micro-cap-Aktien sehr riskant. Pensionsfonds wie CalPERS oder der New York State Common Retirement Fund mit

Milliarden an Vermögenswerten können es nicht riskieren, das Geld ihrer Kunden in riskante Micro-cap-Aktien zu investieren. Vielen von ihnen ist vorgeschrieben, nur in Unternehmen zu investieren, die bestimmte Mindestanforderungen erfüllen, wie zum Beispiel ein Anleihe-Rating, das besser als AA ist.

2. Zweitens kaufen institutionelle Anleger typischerweise Millionen von Aktien auf einmal. Das bedeutet, dass sich der Kauf von Micro-cap-Aktien kaum auf ihr Geschäftsergebnis auswirken würde. Selbst wenn sie alle ausgegebenen Aktien kaufen würden, wäre der Einfluss auf das Gesamtportfolio minimal.

Kleininvestoren sind diesen Restriktionen nicht unterworfen. Es ist wenig überraschend, dass es einen großen Unterschied macht, ob man ein 10 000-Dollar-Portfolio oder ein 10-Milliarden-Dollar-Portfolio verwaltet. Aber daraus ergeben sich auch Chancen für Kleinanleger, die frühzeitig bei Micro-cap-Aktien einsteigen können, bevor das Geld der institutionellen Investoren ins Spiel kommt.

## Fallstudie: Genevieve und ein Wasserversorger aus Arizona

In den 2000er-Jahren gab es einen großen Immobilienboom in den USA. Regierungsprogramme zur Förderung des Eigenheimbesitzes ermöglichten es Banken, Kredite auch an Menschen zu vergeben, die eigentlich nicht in der Lage waren, große Schulden zu machen. Als sich die Weltkonjunktur abkühlte und viele Kreditnehmer ihre Schuldenzahlungen nicht mehr leisten konnten, brach eine große Wirtschaftskrise aus, die als »Hypothekenfinanzierungskrise« (»subprime mortgage crisis«) bekannt wurde.

Die Immobilienkrise wuchs sich schnell zu einer Bankenkrise aus. Am Ende des Jahres 2008 waren viele der weltgrößten Investmentbanken (wie Lehman Brothers oder Bear Stearns) pleite oder ins Wanken geraten. Die Anleger hatten das Vertrauen in das Banksystem verloren, sodass die Kreditmärkte austrockneten.

Nur sehr wenige Unternehmen wurden in dieser Zeit nicht in Mitleidenschaft gezogen. Zu ihnen gehörten traditionell als sicher geltende Unternehmen wie die Versorger. Versorger sind Unternehmen, die Haushalten und Unternehmen Strom, Wasser und andere lebenswichtige Güter liefern. Weil die Menschen immer ihr Licht anschalten und ihren Wasserhahn und ihre Dusche aufdrehen müssen, sind Versorgungsunternehmen sehr stabil. Die weltweite Finanzkrise hat an den grundsätzlichen Verhältnissen auf den Märkten der Versorger nichts geändert. Dennoch notierten die Aktien dieser guten Unternehmen nahe ihren Mehrjahrestiefstständen.

Die ehemalige Fondsmanagerin Genevieve Roch-Decter erkannte die Chance in diesem Chaos. Sie führt heute ein beliebtes Finanzmedien- und Finanzschulungsunternehmen namens Grit Capital (dessen Website man im Internet unter *gritcap.io* finden kann). In den frühen 2010er-Jahren verwaltete sie ein Fondsportfolio in Höhe von 100 Millionen Dollar. Sie sah in einem Wasserversorger namens Global Water Resources (GWRS) eine Riesenchance.

## Ein Wasserrausch in der Wüste

Global Water Resources ist ein Unternehmen, das in Phoenix, Arizona, Wasserwerke und Kläranlagen betreibt. Die Wasserbranche ist in den USA seit Langem ein zuverlässiger Renditelieferant gewesen, vor allem dank der günstigen demografischen Entwicklung und der Branchendynamik. Zum Beispiel leben zurzeit 333 Millionen Menschen in den USA. Es wird geschätzt, dass die Bevölkerung der USA bis 2050 auf bis zu 440 Millionen anwachsen wird. Das bedeutet, dass die US-Regierung wahrscheinlich weiterhin große Summen in die Wasserinfrastruktur investieren wird, damit diese die steigende Nachfrage bewältigen kann.

Roch-Decter erkannte, dass allein die demografische Entwicklung zugunsten langfristig positiver Geschäftsaussichten sprach. Hinzu kommen die hohen Eintrittsbarrieren in den Markt für Wasserversorgung, welche sicherstellen, dass nicht plötzlich irgendwelche neuen Wettbewerber auftauchen würden. Beide Faktoren zusammen ergaben ein zwingendes Argument für ein Investment in dieser Branche.

Im Vorfeld der Hypothekenfinanzierungskrise gab es auch einen großen Eigenheimbauboom. Unternehmen wie Global Water Resources hatten ihre Anlagen ausgebaut, um die steigende Nachfrage befriedigen zu können, aber die Krise am Immobilienmarkt führte dazu, dass viele dieser neuen Häuser leer standen.

Als die Nachfrage nach Wohnraum zurückging, gingen auch die Einnahmen von Global Water Resources zurück. Das drückte die Aktien des Unternehmens, die 2014 bei nur 4,45 Dollar notierten.

## Die Gewinne fließen wieder

Roch-Decter erkannte, dass die Immobilienkrise in den USA irgendwann vorbeigehen und die Nachfrage nach Wasser zunehmen würde, wenn diese leeren Häuser wieder bewohnt wären. Da die sehr teure Infrastruktur von Global Water Resources die neuesten Technologien nutzte, konnte das Unternehmen seine Anlagen problemlos in Schuss halten, während es auf die Erholung der Nachfrage wartete.

Roch-Decter erkannte die Zeichen der Zeit und begann, wie verrückt Aktien zu kaufen. Sie ging davon aus, dass die Gewinne – und damit der Aktienkurs – steigen würden, wenn Menschen erst einmal in diese Häuser ziehen und lang laufende Versorgungsverträge mit ständig steigenden Wasserpreisen abschließen würden.

Sie hatte den Nagel auf den Kopf getroffen. Sie eröffnete ihre Position bei einem Kurs von 4,45 Dollar pro Aktie. Seither ist die Aktie um über 600 Prozent gestiegen.

## Anlagestrategie: Micro-cap-Aktien

Wie die Geschichte von Roch-Decter zeigt, kann es sehr profitabel sein, in Micro-cap-Aktien zu investieren. Die Rendite von 600 Prozent, die sie mit ihrem Investment erzielt hat, ist fast viermal so hoch wie die Rendite des S&P 500 im selben Zeitraum. Jeder Micro-cap-Aktien-Anleger wird Ihnen aber sagen, dass nicht jedes Investment einen Gewinn abwerfen wird. Vielmehr ist es mehr als wahrscheinlich, dass man bei den meisten

Anlagen in Micro-cap-Aktien Verluste machen wird. Dieser Abschnitt soll Ihnen dabei helfen, diese Verluste zu minimieren.

## Wie man eine gute Micro-cap-Aktie erkennt

Die Anlage in Micro-cap-Aktien ist eine wirklich hochriskante und hochprofitable Strategie. Aber wenn Sie die folgenden drei Ratschläge beherzigen, können Sie Ihre Chancen auf Gewinne in diesem lukrativen Markt erhöhen.

### 1. Suchen Sie nach verlässlichen Informationen

Wie wir am Beispiel von Large Cap Enterprises gesehen haben, haben die Investoren in Micro-cap-Aktien gegenüber ihren Kollegen, die in Aktien mit einer höheren Marktkapitalisierung investieren, einen Informationsnachteil. Die Vorstandsvorsitzenden von Micro-cap-Unternehmen halten selten Vorträge auf Tagungen, treten selten bei CNBC auf und veranstalten selten Telefonkonferenzen zu den Quartalsergebnissen.

Über Micro-cap-Aktien berichten auch nicht Dutzende von Analysten und über viele von ihnen findet man keine Informationen auf der Website der US-Börsenaufsicht. Das bedeutet, dass Micro-cap-Anleger sich viel mehr Mühe geben müssen als die Investoren in Aktien mit mittlerer oder hoher Marktkapitalisierung.

Es sollte die Regel sein, dass man die Finger von einer Micro-cap-Aktie lässt, wenn man kaum Informationen über sie finden kann. In der Welt der Micro-cap-Aktien gibt es jede Menge Betrügereien und Gaunereien und wenn man keine verlässlichen Informationen über eine Aktie finden kann, ist es am besten, einen Bogen um sie zu machen. Wenn möglich, sollten Sie einen Telefontermin mit der Investor-Relations-Abteilung des Unternehmens vereinbaren und sich möglichst genau informieren lassen.

## 2. Investieren Sie nur in Branchen mit einem langfristigen Wachstumstrend

Viele der Unternehmen in der Micro-cap-Welt sind winzige Pharmazie- oder Bergbauunternehmen (beide Branchen werden wir in diesem Kapitel noch besprechen). Bei diesen Unternehmen gibt es eine Reihe branchenspezifischer Risiken.

Abgesehen davon sollten Sie sich auf Branchen mit hohen Wachstumsraten konzentrieren. Micro-cap-Aktien sind extrem riskant. Deshalb sollten Sie nur in Unternehmen investieren, die Sie mit hohen Gewinnchancen (sagen wir um die 1000 Prozent) dafür entschädigen können, dass Sie bereit sind, ein so hohes Risiko einzugehen.

Zum Beispiel sollten sich Micro-cap-Anleger auf Branchen der »nächsten Generation« konzentrieren. Dazu gehören wachstumsstarke Märkte wie die Blockchain, E-Sport, Cannabis, Sportwetten und Finanztechnologie. Indem Sie Micro-cap-Aktien nur aus diesen Sektoren kaufen, können Sie Ihre Chancen auf überdurchschnittliche Gewinne in diesem herausfordernden Markt deutlich erhöhen.

## 3. Achten Sie auf das Risiko von Kapitalverwässerungen

In allen Abschnitten dieses Kapitels wird das sogenannte »Kapitalverwässerungsrisiko« erwähnt. Dies steht im Zusammenhang damit, dass ein Unternehmen Kapital beschaffen muss, um sein Geschäft zu finanzieren. Das Problem besteht darin, dass viele Unternehmen neue Aktien ausgeben, um sich Kapital zu beschaffen, wodurch die alten Aktien, die den bisherigen Aktionären gehören, »verwässert« werden können. Das kann zu wilden Kursausschlägen führen.

Eine Möglichkeit, zu erkennen, ob ein Unternehmen seine Aktien verwässern muss, besteht darin, sich die Höhe der Bestände an Bargeld und liquiden Mitteln im Verhältnis zur Höhe der jährlichen Betriebskosten anzuschauen. (Man kann die Höhe der Bestände an Bargeld und an liquiden Mitteln in der Bilanz des Unternehmens finden; die Höhe der jährlichen Betriebskosten ist aus der Gewinn- und Verlustrechnung ersichtlich.) Dividieren Sie die Summe von Bargeld und liquiden Mitteln durch die jährlichen Betriebskosten, um zu sehen, welche Mittel dem Unternehmen für die Finanzierung seines Geschäftsbetriebs zur Verfügung stehen.

Falls das Ergebnis dieser Rechnung größer als 1,5 ist, dann bedeutet das, dass das Unternehmen genug Geld hat, um seinen Geschäftsbetrieb für mindestens 18 Monate zu finanzieren. Je größer diese Zahl ist, desto besser. Andererseits bedeutet eine Zahl von unter 1,0, dass das Unternehmen wahrscheinlich in Kürze seine Aktien verwässern muss, um sich Kapital durch die Ausgabe neuer Aktien zu beschaffen. Von solchen Unternehmen sollte man die Finger lassen, weil jede Verwässerung der Aktien zu einer Verminderung der langfristigen Rendite Ihres Investments führen wird.

## Wie kauft und verkauft man Micro-cap-Aktien?

An eines muss man bei Anlagen in Micro-cap-Aktien immer denken: Man wird viel öfter verlieren als gewinnen. Diese Aktien sind extrem riskant und viele dieser Unternehmen haben niedrige Aktienkurse, weil ihr Geschäftsmodell schwach ist. Deshalb ist es wahrscheinlich, dass viele Micro-cap-Unternehmen Pleite machen und Sie 100 Prozent Ihres Investments verlieren werden.

Weil das so ist, sollte man sein Micro-cap-Investment auf 10 bis 15 Positionen aufteilen. Kleinanleger, die bereit sind, eine hohe Volatilität zu akzeptieren, können bis zu 10 Prozent ihres Investmentportfolios für Micro-cap-Aktien einsetzen, aber man sollte darauf achten, dass keine Einzelposition mehr als 1 Prozent des Portfolios ausmacht. Um es noch einmal zu wiederholen: Viele Ihrer Micro-cap-Investments werden fehlschlagen. Aber da man bei diesen Investments auch Gewinne von 5000 Prozent oder mehr einstreichen kann, ist es möglich, die verlustbringenden Positionen durch die hohen Gewinne der anderen Positionen auszugleichen.

Sobald Sie Ihre Micro-cap-Investments getätigt haben, sollten Sie stillhalten und abwarten. Ich würde Anlagen in Micro-cap-Aktien mit einem mittelfristigen Zeithorizont tätigen. Sie müssen auch lernen, das mit diesen Anlagen verbundene Risiko zu managen. Wenn zum Beispiel eines meiner Micro-cap-Investments um 35 Prozent fällt, dann verkaufe ich und schließe die Position. Das mache ich, um zu verhindern, dass aus einem schlimmen Verlust ein nicht tragbarer Verlust wird.

Wenn Sie bei einem Micro-cap-Investment das große Los ziehen, dann sollten Sie das Risiko Ihrer Position begrenzen. Wenn Sie zum Beispiel 1000 Dollar bei einem Kurs von 5 Dollar pro Aktie investiert haben und die Aktie steigt auf 10 Dollar, dann ist Ihre Position nun 2000 Dollar wert. Verkaufen Sie genug Aktien, damit die ursprünglich investierte Summe abgedeckt ist und nur noch ein Risiko für den Gewinn besteht. Wenn sich nichts an den Gründen ändert, deretwegen Sie investiert haben, dann können Sie die verbleibende Position jahrelang halten und dabei zusehen, wie die Gewinne wachsen.

**Kurzanleitung für Investoren: Micro-cap-Aktien**

- Suchen Sie sich einen Broker, bei dem Sie Micro-cap-Aktien, also Freiverkehrsaktien, kaufen können. Das ist nicht bei jedem Broker möglich. Fragen Sie nach, um sicher zu sein.
- Sobald Sie eine Freiverkehrsaktie gefunden haben, die Sie haben wollen, kaufen Sie die gewünschte Anzahl von Aktien. Stellen Sie sicher, dass Sie die Größe dieser Position vor dem Kauf richtig wählen (am besten nicht mehr als 1 Prozent Ihres Portfolios).
- Beobachten Sie diese Position genau und setzen Sie sich eine feste Stop-Loss-Grenze (das heißt, verkaufen Sie Ihre Position, wenn sie um mehr als 35 Prozent fällt).
- Geben Sie sich ein Kursziel für den Verkauf vor. Am wichtigsten aber ist: Halten Sie sich auch an Ihre Regeln!
- Wenn Ihr Kursziel erreicht ist, verkaufen Sie Ihre Position.

# Small-cap-Biotech-Aktien

## Was sind Small-cap-Biotech-Unternehmen?

Die meisten Leser dieses Buches sind vertraut mit Biotechnologieaktien. Das sind Unternehmen wie Gilead Sciences (GILD), Merck & Company (MRK) und Moderna (MRNA), die alles Mögliche herstellen – von Covid-19-Impfstoffen bis zu Erkältungsmitteln.

Das ist die Art von Unternehmen, die die Robo-Advisor zum Kauf empfehlen. Denn die meisten der Biotech-Unternehmen mit einer hohen Marktkapitalisierung (»large-cap«) haben einen verlässlichen Cashflow und bieten ihren Anlegern stabile Gewinne. Diese Unternehmen sind zum Teil deswegen so vertrauenswürdig, weil es sie schon seit vielen Jahren gibt und sie in der Biotechnologiebranche gut etabliert sind.

Schauen wir uns zum Beispiel Pfizer Incorporated (PFE) an. Die wichtigsten Produkte dieses Unternehmens sind onkologische und immunologische Medikamente (also Medikamente gegen Krebs und gegen Autoimmunerkrankungen oder Immundefekterkrankungen). Es ist auch auf dem weltweiten Impfstoffmarkt gut aufgestellt und war – wie Sie sicher gehört haben – das erste Unternehmen, das 2020 einen Covid-19-Impfstoff auf den Markt gebracht hat. Pfizer verkauft seine Produkte in über 125 Ländern und hat so Zugang zu einigen der am schnellsten wachsenden Pharmamärkte des Planeten.

Pfizer hat auch eine Eigenschaft, die als »breiter Burggraben« bekannt geworden ist. Dieses Konzept wurde von Warren Buffett popularisiert und bezieht sich auf die Fähigkeit eines Unternehmens, seinen Vorsprung vor den Konkurrenten zu behalten. Das ist von Vorteil für die langfristigen Wachstumsaussichten und die Verteidigung von Marktanteilen gegen die Konkurrenz. Der »breite Burggraben« von Pfizer ist das große Patentportfolio des Unternehmens. Dadurch hat Pfizer einen großen preispolitischen Spielraum in Schlüsselmärkten wie denen der Onkologie und der Immunologie. Diese ertragsstarken Geschäftsbereiche ermöglichen es Pfizer, viel in Forschung und Entwicklung zu investieren, in der Folge neue Medikamente herzustellen und – idealerweise – weitere Patente anzumelden, um den Burggraben noch zu verbreitern.

Eine Eigenschaft von Unternehmen mit »breiten Burggräben« sind ihre starken Fundamentaldaten. Dazu gehören hohe Bruttogewinnmargen, ein hohes Wachstum des frei verfügbaren Cashflows und eine niedrige Schuldenquote. Da es sich um reife Unternehmen handelt, notieren die Aktien oft zu akzeptablen Kurs-Gewinn- und Kurs-Umsatz-Vielfachen. Viele zahlen sogar hohe Dividenden und kaufen eigene Aktien in großem Umfang zurück. Und weil sie über ein großes Patentportfolio verfügen, können sie sich leicht und problemlos Kapital an den Märkten beschaffen, indem sie Anleihen oder Aktien ausgeben. Wie bei den meisten Riesenunternehmen können ihre Aktien jederzeit an den großen Börsen gekauft und verkauft werden; wahrscheinlich sind Aktien solcher Biotech-Unternehmen mit hoher Marktkapitalisierung Bestandteil Ihres Ruhestandssparkontos.

Fast alle Biotechnologieunternehmen mit einer hohen Marktkapitalisierung ähneln sich sehr stark. Langfristig gesehen ist es weniger wichtig, wie erfolgreich ihre gerade neu auf den Markt kommenden Medikamente sind, sondern wie gut es ihnen gelingt, ihr geistiges Eigentum zu schützen.

Aber alle diese Großunternehmen haben als kleine Biotechnologieunternehmen angefangen.

## Geld regiert die Welt der Small-cap-Biotech-Unternehmen

Am anderen Ende des Spektrums der Biotechnologieunternehmen befinden sich die Unternehmen mit einer niedrigen Marktkapitalisierung (»small-cap«). Anders als die »Large-cap«-Unternehmen bieten »Small-cap«-Biotechnologieunternehmen – also Biotechnologieunternehmen mit einem Marktwert von weniger als ungefähr 300 Millionen Dollar – oft keinen verlässlichen Cashflow und keine stetigen Gewinne. Sie haben keinen Burggraben, um ihren Marktanteil zu schützen, weil sie – in den meisten Fällen – *gar keinen* Marktanteil besitzen. Denn viele von ihnen haben noch keine Medikamente, die zugelassen sind und vermarktet werden können. Deshalb sind auch meistens die traditionellen

Techniken der Finanzanalyse wenig hilfreich, wenn man Small-cap-Biotech-Aktien untersucht.

Aber es gibt ein paar Punkte, auf die man gut achten sollte, wenn man in Small-cap-Biotech-Aktien investieren will. Zum Beispiel müssen alle Biotech-Unternehmen bei der Medikamentenentwicklung sogenannte klinische Studien durchführen. Diese sind die Voraussetzung dafür, dass Aufsichtsbehörden wie die Food and Drug Administration (FDA) die Medikamente zulassen. Typischerweise haben die Resultate der klinischen Studien – ob sie nun positiv oder negativ sind – einen großen Einfluss auf den Aktienkurs von Small-cap-Biotech-Unternehmen.

Um sicher zu sein, dass das Unternehmen genug Kapital hat, um diese klinischen Studien durchzustehen, sollten Investoren auf das Verhältnis der liquiden Mittel zu den jährlichen Betriebsmitteln achten. Nehmen wir zum Beispiel an, dass ein kleines Biotech-Unternehmen namens Small-Cap Sciences ein neues vielversprechendes Medikament entwickelt hat, welches wir »Glaxomectin« nennen wollen. Das Medikament hat die erste klinische Studie erfolgreich durchlaufen. Die Aktionäre waren begeistert und trieben den Kurs um 50 Prozent nach oben.

In den USA müssen Medikamente drei klinische Studien absolvieren, bevor sie eine Marktzulassung bekommen können. Das bedeutet, dass Glaxomectin von Small-Cap Sciences zwar die erste Studie geschafft hat, dass es aber noch zwei weitere Studien durchlaufen muss, bevor das Unternehmen damit Geld verdienen kann. Um diese zwei zusätzlichen Studien durchführen zu können, braucht das Unternehmen ausreichend Kapital. Nur so kann es das Medikament über die Ziellinie bringen.

Eine Möglichkeit, herauszufinden, ob Small-Cap Sciences genug Geld hat, um die anstehenden klinischen Studien durchführen zu können, besteht darin, sich die Höhe seiner liquiden Mittel im Verhältnis zu den durchschnittlichen jährlichen Betriebskosten anzuschauen. Die Höhe der liquiden Mittel ist in der Bilanz unter der Position »Bargeld und liquide Mittel« zu finden.

Bei Small-Cap Sciences stehen zurzeit 10 Millionen Dollar an liquiden Mitteln in der Bilanz. Um festzustellen, ob es genug Geld hat, um die klinischen Studien zu finanzieren, muss man sich die Gewinn- und Verlustrechnung anschauen und die durchschnittlichen jährlichen Betriebskosten berechnen. Im Fall von Small-Cap Sciences betragen die durchschnittlichen Betriebskosten ungefähr 2 Millionen Dollar pro Jahr. Das bedeutet, dass Small-Cap Sciences Finanzmittel für den Geschäftsbetrieb von ungefähr fünf Jahren in der Bilanz stehen hat (10 Millionen Dollar ÷ 2 Millionen Dollar pro Jahr).

Werfen wir einen Blick auf einen der Wettbewerber von Small-Cap Sciences, Bio Pharmaceuticals. Er hat zwar auch 10 Millionen Dollar an liquiden Mitteln in der Bilanz stehen, aber seine durchschnittlichen Betriebskosten betragen 8 Millionen Dollar pro Jahr. Das bedeutet, dass das Unternehmen liquide Mittel für eineinviertel Jahre zur Verfügung hat, um klinische Studien zu finanzieren. Aber solche Studien können viele Jahre dauern …

## Das größte Risiko von Small-cap-Biotech-Aktien

Leider hat Bio Pharmaceuticals nicht genügend liquide Mittel in der Bilanz, um die klinischen Studien durchzustehen. Das bedeutet, dass es Kapital beschaffen muss, um diese Studien finanzieren zu können.

Unternehmen können sich auf zweierlei Art und Weise Kapital beschaffen: Schulden aufnehmen oder Aktien ausgeben. Nur sehr wenige Banken sind bereit, die Emission von Anleihen von Small-cap-Biotech-Unternehmen durchzuführen, da diese keine Sicherheiten aufzuweisen haben. Das bedeutet, dass die meisten Small-cap-Biotech-Unternehmen Aktien ausgeben müssen, um ihren Geschäftsbetrieb zu finanzieren.

Nehmen wir zum Beispiel an, Bio Pharmaceuticals habe in der Bilanz 600 000 ausgegebene Aktien stehen. Um sich Geld für die Finanzierung klinischer Studien zu beschaffen, muss Bio Pharmaceuticals weitere 150 000 Aktien zum Preis von 15 Dollar je Aktie ausgeben. Dadurch erhält das Unternehmen neue Mittel in Höhe von 2,25 Millionen Dollar.

Das ist zwar gut für Bio Pharmaceuticals, weil es jetzt seine klinischen Studien finanzieren kann, aber schlecht für die Anleger, die schon in das Unternehmen investiert haben. Denn durch die Kapitalerhöhung »verwässert« Bio Pharmaceuticals die eigenen Aktien um 25 Prozent. Als das Unternehmen die Aktienemission ankündigte, fiel der Kurs der Aktien als Folge dieser Verwässerung um 25 Prozent.

So etwas kommt sehr häufig bei Small-cap-Biotech-Aktien vor. Das ist einer der Hauptgründe dafür, dass Sie sich vergewissern sollten, dass die Small-cap-Biotech-Unternehmen, in die Sie investieren wollen, genügend liquide Mittel in der Bilanz stehen haben. Denn wenn ein Unternehmen andauernd seine Aktien verwässert, verwässert es auch Ihr Investment.

Investoren in Small-cap-Biotech-Unternehmen können zwar ihre Erfolgschancen dadurch verbessern, dass sie sicherstellen, dass die Unternehmen gut finanziert sind, aber es gibt auch bestimmte Risiken in diesem Sektor, die überhaupt nicht beeinflusst werden können.

## Fallstudie: Die Attacke der Bären

2015 war ich bei einer Investmentanalysegesellschaft als Analyst für Small-cap-Biotech-Unternehmen tätig. Zu dieser Zeit arbeitete ich mit einem Biotechnologieexperten und Ökonomen namens Patrick Cox zusammen. Patrick war selbstständig und hatte 30 Jahre Erfahrung in der Biotechnologiebranche. Den Großteil seiner Karriere hatte er damit verbracht, die aktuellsten Biotechnologieinnovationen zu analysieren und über sie zu berichten. Er hielt Vorträge auf Konferenzen und saß im Direktorium von Small-cap-Biotech-Unternehmen.

Aber Patrick war am Biotech-Markt nicht aus Sicht eines Geldanlegers interessiert. Deshalb beauftragte mich mein Arbeitgeber damit, Anlageempfehlungen zu den Unternehmen auszuarbeiten, die Patrick auf der Grundlage seiner wissenschaftlichen Analysen favorisierte.

Wir hatten sehr viel Erfolg in den Jahren unserer Zusammenarbeit. Sein wissenschaftlicher Sachverstand und mein finanzanalytisches Wissen ergänzten sich hervorragend. Aber dennoch gab es gewisse Dinge, die keiner von uns beeinflussen konnte. Eines dieser Dinge waren die sogenannten »Bärenattacken«.

# Die Bären haben das Irrenhaus in ihre Gewalt gebracht

Patrick und ich waren sehr optimistisch hinsichtlich eines Unternehmens namens Applied DNA Sciences (APDN). Das Unternehmen setzte Molekulartechnologien ein, um die Sicherheit von Lieferketten und von Diebstahlschutzsystemen zu verbessern. Wenn zum Beispiel ein Unternehmen Güter von Punkt A zu Punkt B schickt, dann werden diese mit einem Mikrochip ausgestattet, damit sie auch sicher an ihr Ziel kommen. Das Unternehmen hatte ein großes Marktpotenzial und es gab sogar Verträge mit dem US-Verteidigungsministerium.

Es war eine der Positionen in unserem Portfolio, von der wir am meisten überzeugt waren. Es gab zwar ein Verwässerungsrisiko, aber das Gewinnpotenzial überwog dieses Risiko klar. Das lag vor allem daran, dass zum Management-Team von APDN viele der Mitglieder des Teams gehörten, die die RFID-Technologie (»radio-frequency identification«) entwickelt und auf den Markt gebracht hatten. (Haben Sie jemals gesehen, wie im Supermarkt Waren gescannt werden? Das funktioniert mittels RFID.) Aus diesem Grund schrieben wir sehr ausführlich über APDN und die Aussichten des Unternehmens.

Das Problem mit all diesen kleinen Unternehmen ist, dass es nur eine geringe Zahl frei handelbarer Aktien gibt. Deshalb werden pro Tag auch nur wenige Aktien umgesetzt. Wenn jemand eine Kauf- oder eine Verkaufsempfehlung gibt, dann kann das den Aktienkurs dramatisch beeinflussen. Und wenn jemand schreibt, dass APDN ein betrügerisches Unternehmen ist, dann können die Verkäufe sehr schnell in die Höhe gehen.

## Viele Grüße von »Pump Stopper«

Am Morgen des 29. Oktober 2015 erhielt ich eine Flut von E-Mails – sowohl von Patrick als auch von unseren Abonnenten. APDN-Aktien waren an diesem Morgen um 45 Prozent eingebrochen – scheinbar ohne jeden Grund. Ich führte einige Google-Suchen durch und fand schnell heraus, was geschehen war: eine »Bärenattacke« von jemandem namens Pump Stopper.

> **Was ist eine Bärenattacke?**
>
> Bärenattacken sind illegale Manöver, bei denen ein Investor Aktien eines Unternehmens leerverkauft und dann falsche Informationen über dieses Unternehmen in Umlauf bringt, um den Kurs zu drücken. Die Angreifer haben es typischerweise auf kleine, wenig liquide Unternehmen abgesehen, wie etwa APDN und andere Small-cap-Biotech-Unternehmen. Denn deren Kurs kann wegen der geringen Umsatzvolumina leicht beeinflusst werden.

»Pump Stopper« hatte einen Bericht im Umfang von 10 000 Wörtern auf der Investmentwebsite *Seeking Alpha* gepostet und behauptet, dass APDN ein Schwindel sei. Patrick wurde sogar namentlich erwähnt und es wurde gesagt, dass er von APDN bezahlt werde, um die Aktie anzupreisen.

Nichts davon war wahr, aber der Bericht verbreitete sich wie ein Lauffeuer in der Finanzwelt und versetzte viele Investoren in Panik. Am Ende des Tages waren die Aktien von APDN um mehr als 60 Prozent gefallen. Das Unternehmen gibt es zwar noch heute, aber die Aktien konnten niemals mehr auch nur in die Nähe ihres Allzeithochs kommen.

Alle Investoren in Small-cap-Biotech-Unternehmen sollten das APDN-Beispiel im Kopf behalten. Auch wenn die Technologie gut und das Management-Team solide ist, sind diese hochriskanten Investments für Dinge wie Bärenattacken und andere besondere Einflüsse anfällig.

## Anlagestrategie: Small-cap-Biotech-Aktien

In den Markt der Small-cap-Biotech-Aktien zu investieren ist, wie durch ein Minenfeld zu gehen. Investoren sollten nicht auf die Umsatz- und Cashflow-Prognosen achten, sondern versuchen, herauszufinden, welches Unternehmen die Medikamente der Zukunft entwickeln wird. Wenn man kein naturwissenschaftliches Hintergrundwissen hat, ist es sehr schwierig, sich auf diesem Markt einen Vorteil gegenüber anderen Anlegern zu verschaffen.

## Wie man eine gute Small-cap-Biotech-Aktie erkennt

Auch wenn ein Small-cap-Biotech-Unternehmen ein tolles Produkt hat, ist das noch keine Garantie dafür, dass es die strengen klinischen Studien überstehen wird. Und selbst wenn es das Unternehmen bis in die letzte Runde der Studien schafft, werden die Aktien der Erstinvestoren an diesem Punkt wahrscheinlich so verwässert sein, dass ihre Gewinne nur minimal sein werden. Außerdem kann jederzeit jemand mit einem Computer und einem Internetanschluss Falschinformationen auf Investmentwebsites posten und möglicherweise dafür sorgen, dass der Aktienkurs in den Keller geht.

Das macht den Markt der Small-cap-Biotech-Unternehmen so extrem schwierig für Investoren. Aber wenn Sie die folgenden Ratschläge beherzigen, können Sie Ihre Chancen, in diesem Markt Gewinne zu machen, erhöhen.

### 1. Überprüfen Sie das Management-Team

Ein Dauerthema dieses Buches ist, dass das Management-Team eines Unternehmens von überragender Bedeutung für den Unternehmenserfolg ist. Und im Fall von Small-cap-Biotech-Unternehmen gibt es nichts, was wichtiger wäre als das Management.

Zu einem Management-Team eines Biotech-Unternehmens sollten Führungskräfte mit langjähriger Branchenerfahrung gehören, die schon Biotechnologieprodukte auf den Markt gebracht haben. Diese Manager kennen sich mit den Regularien aus, die man befolgen muss, um ein Medikament aus dem Labor zu den Patienten zu bringen.

Sie wissen auch, wie man Kapital beschaffen und Kooperationen abschließen kann. Informationen über die Manager von Small-cap-Biotech-Unternehmen sind auf der Unternehmenswebsite und den LinkedIn-Seiten der einzelnen Manager zu finden. Achten Sie darauf, ob die Manager andere Produkte auf den Markt gebracht und andere Small-cap-Biotech-Unternehmen erfolgreich geführt haben.

## 2. Achten Sie auf das Verwässerungsrisiko

Wie wir im Beispiel von Bio Pharmaceuticals gesehen haben, kann das Verwässerungsrisiko den Aktienkurs von Small-cap-Biotech-Unternehmen sehr belasten. Da diese Unternehmen keine andere Wahl haben, als ihre Aktien zu verwässern, um sich Kapital zu beschaffen, liegt dieses Risiko in der Natur der Sache.

Sie sollten nicht versuchen, das Risiko der Aktienverwässerung komplett zu vermeiden, weil praktisch jedes Unternehmen in dieser Branche früher oder später seine Aktien verwässern muss. Stattdessen sollten Sie versuchen, Unternehmen zu finden, die ihre Aktien seltener verwässern müssen, damit Ihr Investment weniger stark an Wert verliert.

Das kann man am besten dadurch erreichen, dass man darauf achtet, welche Biotech-Unternehmen die höchsten Bestände an Bargeld und liquiden Mitteln relativ zu den jährlichen Betriebskosten haben. Im Allgemeinen ist bei einem Unternehmen mit Bargeld und liquiden Mitteln, die für weniger als ein Jahr reichen, eine Verwässerung unvermeidbar. Von einem solchen Unternehmen sollte man die Finger lassen. Auf der anderen Seite können Unternehmen mit Finanzreserven für mehr als drei Jahre wahrscheinlich den Geschäftsbetrieb während mehrerer klinischer Studien finanzieren. Sie können sowohl die Bestände an Bargeld und liquiden Mitteln als auch die Höhe der jährlichen Betriebskosten in den Jahresabschlüssen der Unternehmen finden, die auf Websites wie *Yahoo! Finance* oder *finviz* kostenlos zugänglich sind.

## 3. Überprüfen Sie die Marktchancen

Typischerweise wollen die Leute in ein Small-cap-Biotech-Unternehmen wegen eines speziellen Medikaments investieren. Aber in diesen Markt investiert man am besten, wenn man die Dinge von einem umfassenderen

Blickwinkel betrachtet und auf alle neuen Medikamente achtet, die ein Unternehmen in der Pipeline hat.

Die meisten Small-cap-Biotech-Unternehmen haben viele Medikamente in der Pipeline. Jedes ist für die Behandlung einer besonderen Krankheit entwickelt worden. Bei der Entscheidung darüber, in welches Small-cap-Biotech-Unternehmen man investieren soll, müssen Sie das Marktpotenzial jedes dieser Medikamente einschätzen. Im einfachsten Fall müssen Sie dazu lediglich nachschauen, wie viele Menschen die betreffende Krankheit haben und wie viele Behandlungsmethoden es für sie gibt.

Unternehmen, die sich auf Krankheiten konzentrieren, für die es aktuell keine Behandlungsmethode gibt, sind oft die aussichtsreichsten Wetten, weil sie neue Märkte schaffen, auf denen es keine oder wenig Konkurrenz gibt. Auf der anderen Seite sollten Anleger einen Bogen um Small-cap-Biotech-Unternehmen machen, die sich mit Medikamenten für Krankheiten befassen, für die schon ein Markt existiert, auf dem große Konkurrenten aktiv sind.

## Wie kauft und verkauft man Small-cap-Biotech-Aktien?

Sobald Sie eine Small-cap-Biotech-Aktie gefunden haben, die diese Kriterien erfüllt, müssen Sie entscheiden, wie viel Sie investieren wollen. Bei Small-cap-Biotech-Aktien gibt es ein großes Potenzial nach oben (also große Gewinnmöglichkeiten); allerdings handelt es sich um einen extrem riskanten Markt. Ich würde deshalb nicht mehr als 1 Prozent meines Anlageportfolios in ein einzelnes Small-cap-Biotech-Unternehmen investieren.

Small-cap-Biotech-Aktien sind berüchtigt für ihre großen Kursschwankungen. Deshalb sollten Sie Ihre Position allmählich über viele Wochen und Monate aufbauen. Idealerweise sollten Sie warten, bis es eine größere Kurskorrektur gibt, bevor sie Ihre Position eröffnen. Dadurch können Sie kurzfristige Kursschwächen ausnutzen.

Sobald Sie Ihre Position eröffnet haben, müssen Sie auf einen Kursimpuls warten. Dabei wird es sich typischerweise um die Resultate einer klinischen Studie handeln, die sich auf die Kursentwicklung der Aktien stark auswirken werden (zum Besseren oder zum Schlechteren).

Wenn Ihr Small-cap-Biotech-Unternehmen gute Nachrichten veröffentlicht und der Kurs nach oben schießt, ist es an der Zeit, den Kapitaleinsatz zu reduzieren. Sobald eines meiner Small-cap-Biotech-Investments über 100 Prozent in der Gewinnzone ist, verkaufe ich Aktien im Wert meines ursprünglichen Einsatzes. Damit habe ich einen »Freifahrtschein« für weitere Kurssteigerungen, weil ich nur noch meine schon erzielten Gewinne riskiere.

Andererseits kann es auch sein, dass die klinischen Studien enttäuschen und die Aktie fällt. Ich bin ein Anhänger der Strategie, jede Position, die 35 Prozent und mehr im Minus ist, aufzulösen und sich anderweitig umzuschauen. Bei Hochrisiko-Hochrendite-Investments ist es von entscheidender Bedeutung, das Risiko unter Kontrolle zu halten. Wenn eine Aktie um mehr als 50 Prozent fällt, dann muss sich der Kurs mehr als verdoppeln, nur damit die Verluste ausgeglichen werden. Anstatt Aktien immer weiter auf ihrem Sinkflug zu begleiten, ist es besser, Positionen, die Fehlschläge waren, aufzulösen und nach vorne zu blicken.

**Kurzanleitung für Investoren: Small-cap-Biotech-Aktien**

- Wenn Sie eine Freiverkehrs-Biotech-Aktie kaufen wollen, müssen Sie sich einen Broker suchen, der Freiverkehrs-Aktien im Angebot hat. Vergewissern Sie sich, wenn Sie sich nicht sicher sind.
- Machen Sie sorgfältig Ihre Hausaufgaben, bevor Sie in diese Branche investieren. Sie können die Scanning-Software Ihres Brokers nutzen, um sich die Suche nach geeigneten Unternehmen zu erleichtern.
- Sobald Sie eine Small-cap-Biotech-Aktie gefunden haben, in die Sie investieren wollen, kaufen Sie die gewünschte Anzahl von Aktien. Stellen Sie sicher, dass sich Ihre Position in einem vernünftigen Rahmen bewegt (1 Prozent Ihres Portfolios oder weniger).
- Überwachen Sie Ihre Position sorgfältig und setzen Sie auf jeden Fall feste Stop-Loss-Grenzen.
- Geben Sie sich ein Kursziel für den Verkauf vor. Halten Sie sich immer an Ihre eigenen Regeln.
- Wenn Ihr Kursziel erreicht ist, verkaufen Sie Ihre Position.

# Aktien junger Bergbauunternehmen (»junior mining stocks«)

## Was sind junge Bergbauunternehmen?

Eine der besonders riskanten und besonders profitablen Anlageformen in diesem Buch sind die Aktien der sogenannten Small-cap-Bergbauunternehmen. Manchmal werden diese Unternehmen auch »junge Bergbauunternehmen« (»junior miners«) genannt. Sie haben gewöhnlich eine Marktkapitalisierung zwischen 25 Millionen und 300 Millionen Dollar und stehen in der Bergbauindustrie an vorderster Front. Diese Unternehmen fördern so ziemlich alles – von Edelmetallen (also Gold, Silber und so weiter) bis zu radioaktiven Stoffen wie Uran.

Die Bergbauindustrie hat zwei Gesichter: die etablierten und die jungen Unternehmen. Zu Ersteren, den »major miners«, gehören Gesellschaften wie die Barrick Gold Corporation (GOLD) oder die Newmont Corporation (NEM), die zu den größten Goldförderern weltweit zählen. Diese Unternehmen bauen jedes Jahr Millionen von Feinunzen Gold ab und sind auf der ganzen Welt tätig.

Es gibt sie seit Jahrzehnten und sie verfügen über bewährte Explorations- und Produktionsmethoden. Deswegen sind die Abbaumengen und der Cashflow verlässlich, was wiederum zu stabilen (und oft steigenden) Aktienkursen führt. Bei ihnen arbeiten große Teams von Geologen und anderen Bergbauexperten, die dabei helfen, neue Lagerstätten zu finden und diese – wenn alles gut geht – so effizient wie möglich auszubeuten.

Das andere Ende des Spektrums bilden die jungen Bergbauunternehmen. Anders als die etablierten Unternehmen haben die »junior miners« oft noch keine einzige Mine, die in Betrieb ist. Es gibt sie meistens erst seit ein paar Jahren und alles, was ihnen gehört, ist ein Stück Land, unter dessen Oberfläche sich vielleicht wertvolle Edelmetalle oder Öl befinden – oder vielleicht auch nicht. Auch bei ihnen arbeitet wahrscheinlich ein Geologe, aber sie haben keine großen Teams, die rund um die Uhr auf der Suche nach neuen Lagerstätten sind.

Leider kann es sein, dass diese jungen Bergbauunternehmen am Ende überhaupt nichts abbauen! Und das macht diesen Sektor so extrem riskant.

## Man braucht Rückenwind

Es gibt in der Finanzwelt einen bekannten Ausspruch, der wie folgt lautet: »Mit der Flut steigen alle Boote.« Damit ist gemeint, dass alle Aktien (und nicht nur eine Handvoll) davon profitieren werden, wenn der Gesamtmarkt in einer Bullenphase ist.

Das trifft auch auf die Aktien von jungen Bergbauunternehmen zu. Bevor Sie in diesen Sektor investieren, sollten Sie sich vergewissern, dass der Markt für den Rohstoff, an dem Sie interessiert sind, sich in einer Bullenphase befindet. Ob es nun Gold, Öl oder Uran ist: Der Aktienkurs Ihres jungen Bergbauunternehmens wird sich nicht bewegen, wenn der Rohstoff, um den es geht, nicht im Preis steigt.

Nehmen wir zum Beispiel an, es gebe ein Bergbauunternehmen namens Loumont Gold (das ist kein reales Unternehmen). Loumont wird von einem erfahrenen Management-Team geführt, das schon mehrere Bergbauprojekte, die am Anfang nichts als ein Loch im Boden waren, zu voll ausgelasteten und profitablen Minen gemacht hat. Für sie arbeitet auch ein Team von Topgeologen, das eine möglicherweise lukrative Goldlagerstätte entdeckt hat.

Dem Management von Loumont Gold gelingt es, das für die Einrichtung der Mine erforderliche Kapital zu beschaffen. Aber während diese Lagerstätte ausgebeutet wird, wird bekannt, dass die Zentralbanken weltweit angefangen haben, ihre Goldbestände zu verkaufen und stattdessen Bitcoins zu kaufen. Das ist ein Signal für den Markt, dass die Zentralbanken pessimistisch sind und fallende Goldpreise erwarten. Weil Zentralbanken einige der weltweit größten Goldbestände halten, führt das dazu, dass der Goldpreis von 1700 Dollar auf 1000 Dollar pro Feinunze fällt.

Und obwohl Loumont Gold eines der weltweit besten Management-Teams sowie Topgeologen und Topbergbauexperten hat, nützt das dem Unternehmen nichts, wenn der Preis des Rohstoffs, den es fördert, abstürzt.

Aber selbstverständlich gilt das Umgekehrte auch. Nehmen wir an, dass, während die erfahrenen Bergbauleute von Loumont nach Gold graben, China ankündigt, zum Goldstandard überzugehen. Das bedeutet, dass China, eine der größten Volkswirtschaften weltweit, Tonnen von Gold kaufen wird, um es in den Tresor zu legen. Weil dadurch die Nachfrage nach Gold steigen, aber das Angebot gleich bleiben wird, wird der Goldpreis in die Höhe gehen.

Das läutet eine lange Bullenphase am Goldmarkt ein, in der der Goldpreis von 1700 Dollar auf 2500 Dollar pro Feinunze steigt. Weil Loumont Gold ein Goldförderer ist und der Preis dieses Rohstoffs gestiegen ist, sind seine Lagerstätten viel wertvoller geworden.

## Die jungen Bergbauunternehmen warten immer auf den Sonnenaufgang

In den meisten Fällen sind die Bullen- und Bärenphasen an den Rohstoffmärkten nicht so offensichtlich wie in den beiden oben genannten Beispielen. Die Wahrscheinlichkeit, dass China jemals zum Goldstandard übergeht, ist sehr gering und es ist auch wenig wahrscheinlich, dass eine Zentralbank damit anfängt, ihre Goldreserven auf den Markt zu werfen.

Aber es gibt ein paar Möglichkeiten, zu erkennen, ob eine Bullenphase in einem Rohstoffmarkt – und damit ein Anstieg der Aktienkurse der betreffenden jungen Bergbauunternehmen – bevorsteht. Und wie wir schon in den vorherigen Kapiteln gesehen haben, ist einer der besten Zeitpunkte, um einen Vermögenswert zu kaufen, dann, wenn niemand über ihn spricht. Man sollte dann in einen Markt einsteigen, wenn er unbeliebt ist. Und eine Methode, um das herauszufinden, ist, sich Informationsquellen wie Google Trends anzuschauen. Damit kann man sehen, wie viele Leute auf Google nach Begriffen im Zusammenhang mit Gold suchen. Wenn die Suchaktivität mit Bezug auf Gold, Silber oder einen anderen Rohstoff zu steigen beginnt, dann ist das für gewöhnlich ein gutes Zeichen dafür, dass ein Bullenmarkt bevorsteht.

Investoren können auch erkennen, wann in Krisenzeiten der Tiefpunkt für die jungen Bergbauunternehmen erreicht ist. Dieser Tiefpunkt wird in der Finanzwelt auch »Kapitulation« genannt. Im Fall der Bergbauindustrie bedeutet das, dass viele der jungen Unternehmen Pleite machen oder von anderen Unternehmen übernommen werden. Nachdem viele der schwächeren Unternehmen die Segel gestrichen haben oder übernommen wurden, bleiben am Markt nur noch die stärksten Unternehmen übrig. Diese sind in der Lage, auch schwere Zeiten und Einbrüche an den Rohstoffmärkten durchzustehen. Sie sind es, die den nächsten Bullenmarkt anführen werden.

Eine andere Möglichkeit, möglicherweise erfolgreiche Bergbauunternehmen zu identifizieren, besteht darin, herauszufinden, ob das Interesse an den riskantesten jungen Bergbauunternehmen zunimmt. Viele Analysten der Bergbauindustrie haben lange Listen mit den jungen Bergbauunternehmen, die sie beobachten – geordnet vom am wenigsten riskanten bis zum riskantesten Unternehmen. Wenn man feststellt, dass der Aktienkurs des riskantesten jungen Bergbauunternehmens steigt, dann bedeutet das im Regelfall, dass viel Geld in diesen Sektor fließt. Dann wird es auch so sein, dass die »junior miners« stärker im Kurs steigen als die »major miners« (wie etwa Barrick Gold oder Newmont), weil sich die Investoren für den Bullenmarkt in Stellung bringen.

Aber auch wenn Sie den Rückenwind eines Bullenmarktes haben, müssen Sie trotzdem darauf achten, dass das Management-Team erstklassig ist. Denn wenn das Management gleichgültig gegenüber den Zielen der Anleger ist, kann man eine Menge Geld verlieren. Genau das passierte in der folgenden Fallstudie.

## Fallstudie: Eine Reise zu einem Loch im Boden

E.B. Tucker ist ein bekannter Pionier der Geldanlage im Sektor der jungen Bergbauunternehmen. Ich habe E.B. getroffen, als wir beide für eine Investmentanalysegesellschaft namens Casey Research gearbeitet haben. Er hat seitdem einen Bestseller über Investments im Goldmarkt geschrieben, der den Titel »*Why Gold? Why Now? The War Against Your Wealth* *and How to Win It«* trägt.* Außerdem hat er eine Edelmetallbeteiligungsgesellschaft namens Metalla Royalty and Streaming gegründet.**

E.B. ist seit vielen Jahren sehr erfolgreich mit seinen Investments in junge Bergbauunternehmen gewesen. Das heißt, dass er Riesengewinne mit manchen seiner Positionen gemacht hat, aber bei anderen auch große Verluste erlitten hat. Einer seiner Fehlschläge hatte mit einer Reise zu tun, die er und sein Team nach Mexiko gemacht haben.

2012 führte E.B. eine Vermögensverwaltungsgesellschaft. Er und sein Team analysierten eine ganze Reihe von jungen Bergbauunternehmen und wenn diese Analysen ein positives Ergebnis hatten, investierte er Geld für seine Kunden. Zu diesen Analysen gehörte es auch, die Minen ab und zu persönlich zu besuchen. Wenn man in diesen Sektor investiert, ist es oft wichtig, an Ort und Stelle zu sein, da es sehr viele Dinge gibt, die bei jungen Bergbauunternehmen schiefgehen können.

Um sich einen Eindruck von der Mine zu verschaffen und das Management zu treffen, flogen E.B. und sein Team nach Mazatlán, einem mexikanischen Ferienort im Bundesstaat Sinaloa.

## Auf ins Vergnügen!

Im Sektor der jungen Bergbauunternehmen gibt es viele der sogenannten »Promoter«. Ähnlich wie die Konzertpromoter versuchen diese Finanzpromoter, das Interesse der Investoren an kleinen Unternehmen zu wecken, damit so viele Menschen wie möglich davon erfahren, was für tolle Sachen das Bergbauunternehmen vorhat. Die Unternehmen in diesem

* Das Buch ist 2020 bei Midas Capital Partners, Tampa/Florida, erschienen (Anmerkung des Übersetzers).

** Eine »Royalty and Streaming«-Gesellschaft stellt Bergbauunternehmen Kapital zur Verfügung und erhält im Gegenzug einen bestimmten Betrag vom Gewinn. Eine »Royalty«-Gesellschaft investiert eine einmalige Summe, während eine »Streaming«-Gesellschaft neben dem anfänglichen Investment noch weitere Mittel zur Verfügung stellt. In beiden Fällen sind die Erträge dieser Gesellschaften zumindest zum Teil von der Gewinnentwicklung der jeweiligen Bergbauunternehmen unabhängig, weil ein Anspruch auf eine betragsmäßig feste Gewinnbeteiligung besteht (Anmerkung des Übersetzers).

Sektor sind so klein, dass sie tatsächlich Leute brauchen, die Werbung für sie machen.

Nach dem Flug nach Mazatlán und einer sechsstündigen Autofahrt durch die Wüste kamen E.B. und sein Team bei der Mine an. Sie bekamen eine Mine zu sehen, deren Betrieb eingestellt worden war. Das mag sich nicht so anhören, als ob man deswegen um die halbe Welt reisen würde, aber in den 1990er-Jahren produzierte diese Mine 50 000 Feinunzen Gold.

Es hat sich nicht nur nicht vielversprechend angehört, sondern als sie ankamen, sah es auch nicht vielversprechend aus. Als E.B. und sein Team die Mine in Augenschein nahmen, war alles, was sie sahen, ein riesiges, halb mit Wasser gefülltes Loch im Boden. Die Eigentümer der Mine sagten, sie würden das Wasser abpumpen, weil sie glaubten, es würden noch weitere 50 000 Feinunzen Gold im Boden stecken. Bei einem Goldpreis von damals 1700 Dollar pro Feinunze bedeutete das einen Gesamtwert von 85 Millionen Dollar.

## Aber der Goldschürfer hat ja gar nichts an!

Das Bergbauunternehmen hatte sich schon 30 Millionen Dollar beschafft, um die Mine wieder in Betrieb zu nehmen. Das Kapital kam aus verschiedenen Quellen, darunter auch Privatanleger und Vermögensverwaltungsgesellschaften wie die von E.B. Die 30 Millionen Dollar waren dafür gedacht, die Wiederinbetriebnahme der Mine sowie die Exploration und Produktion zu finanzieren. Wenn das Vorhaben erfolgreich war, würden diese Erstinvestoren einen Teil des Cashflows und der Gewinne erhalten, die man mit dem Gold im Wert von 85 Millionen Dollar, das im Boden steckte, erzielen konnte.

Aber E.B. und seinem Team wurde schnell klar, dass die Mine zwar echt war, dass aber das Management-Team, das dahintersteckte, nicht sehr seriös war. Diejenigen, mit denen sich E.B. traf, gaben jeden Cent des Kapitals, das sie aufgetrieben hatten, für Helikopterflüge, gutes Essen und Übersetzer aus. Sie hatten sogar Bohrausrüstungen gekauft und diese dann an andere Bergbauunternehmen vermietet! Das Management schaffte es, auf ganz legale, aber unmoralische Weise das gesamte Geld der Investoren auszugeben.

E.B. und sein Team erkannten zwar, wie skrupellos diese Leute waren, aber die meisten der Anleger hatten davon keine Ahnung. Sie hatten einfach Aktien eines jungen Bergbauunternehmens gekauft, nachdem sie positive Pressemitteilungen, Interviews und Werbevideos gesehen hatten.

Hinter der glänzenden Fassade dieses jungen Bergbauunternehmens steckte am Ende nichts weiter als ein dreckiges Loch in der Mitte einer Wüste in Mexiko.

Es war keine große Überraschung, als das Unternehmen ein paar Jahre später den Betrieb einstellte und die Investoren ihr ganzes Geld verloren.

## Anlagestrategie: Aktien junger Bergbauunternehmen

Um es zu wiederholen: Investoren in diesen Sektor müssen sich vergewissern, dass es mit dem Markt für den betreffenden Rohstoff aufwärtsgeht. Das ist wichtig, weil sich bei den Aktien junger Bergbauunternehmen wenig tun wird, wenn die Märkte für die jeweiligen Rohstoffe nicht in einer Bullenphase sind.

## Wie man ein gutes junges Bergbauunternehmen erkennt

Die Aktien junger Bergbauunternehmen können einige der größten Gewinne einbringen, die man sich nur vorstellen kann. Aber in diesem Sektor gibt es viele Betrügereien und deshalb muss man sorgfältig seine Hausaufgaben machen, bevor man Geld investiert. Kaum jemand wird eine Reise zu einer Mine unternehmen, aber es gibt auch andere Wege, um das Risiko zu vermindern, Opfer eines schlechten Management-Teams zu werden.

Es handelt sich hier wirklich um ein Hochrisiko-Hochrendite-Investment. Wenn Sie aber den folgenden Ratschlägen Beachtung schenken, dann können Sie die Chancen, in diesem lukrativen Markt Geld zu verdienen, deutlich erhöhen.

## 1. Stellen Sie sicher, dass sich der Markt in einer Bullenphase befindet

Sie können zwar ein junges Bergbauunternehmen so lange untersuchen, bis Sie blau anlaufen, aber all das wird Ihnen nichts nützen, wenn das Marktumfeld schwach ist. Oft steigen selbst die Aktien der schlechtesten »junior miners«, wenn der Markt für ihren Rohstoff heiß läuft.

Andererseits müssen sich junge Bergbauunternehmen noch lange Finanzmittel zur Fortführung des Geschäftsbetriebs beschaffen, wenn ein Bullenmarkt noch in weiter Ferne liegt. Das bedeutet, dass sie ihre Aktien verwässern müssen. Wenn man Wasser und Zucker vermischt, dann wird das Wasser immer weniger süß, je mehr Wasser man nimmt. Genauso werden Aktien immer weniger wertvoll, je mehr neue Aktien man ausgibt. Verwässerung kann Sie einen Großteil der Rendite Ihres Investments kosten. Deswegen müssen Sie bei Investments in junge Bergbauunternehmen genau darauf achten, dass das Timing richtig ist.

Auf diese Weise steigt die Wahrscheinlichkeit, dass, wenn dem Unternehmen tatsächlich der Durchbruch gelingt, Sie auch richtig davon profitieren. Andernfalls ist es mit Anlagen in jungen Bergbauunternehmen so, als ob man gegen den Wind Fahrrad fährt.

## 2. Überprüfen Sie das Management-Team

Wie wir gesehen haben, war die Mine, die E.B. und sein Team besucht haben, nichts als heiße Luft. Das Unternehmen hatte zwar Millionen an Kapital von verschiedenen Quellen aufgetrieben, aber die Mine war trotzdem nur ein mit Wasser gefülltes Loch und daran änderte sich auch nichts, bis das Kapital verbraucht war und das Unternehmen Pleite machte.

Viele junge Bergbauunternehmen nehmen die Dienste von Public-Relations-Firmen in Anspruch, die die Unternehmen promoten sollen. Es werden Pressemitteilungen herausgegeben und Werbevideos veröffentlicht, um das Anlegerinteresse an den Unternehmen und ihren Projekten zu wecken. Das ist auch vollkommen in Ordnung, solange dahinter ein erfolgreicher Geschäftsbetrieb steckt.

Es kann zwar nicht jedermann Minen besuchen, aber was man auf jeden Fall tun kann, ist, über die Investor-Relations-Abteilung des jungen Bergbauunternehmens Kontakt mit dem Management aufzunehmen. Sie sollten versuchen, mit einem Mitglied des Management-Teams zu sprechen und es über die Fortschritte der Fördervorhaben zu befragen. Finden Sie heraus, ob man tatsächlich auf dem Weg ist, die Ziele, die in den Pressemitteilungen genannt wurden, zu erreichen. Wenn der Manager Ausflüchte macht und Ihre Fragen nicht direkt beantworten will, kann man davon ausgehen, dass etwas faul ist.

## 3. Analysieren Sie die Bilanz

Wie jedes kleine Unternehmen, das noch keine Einnahmen erzielt, müssen junge Bergbauunternehmen Mittel auf den Kapitalmärkten auftreiben, um ihren Geschäftsbetrieb zu finanzieren. Da es bekanntlich sehr schwer ist, einen Kapitalgeber davon zu überzeugen, einem solchen Unternehmen Kredite zu geben, entscheiden sich die meisten von ihnen dafür, Aktien auszugeben.

In diesem Sektor ist das praktisch unvermeidlich. Aber Sie müssen sich deshalb in Acht nehmen, nicht zu viel von Ihrem Kapital auf einmal zu investieren. Denn wenn Sie gezwungen sind, Ihre Position viele Jahre lang zu halten, ist es möglich, dass Ihre Position so sehr verwässert wird, dass sie nichts mehr wert ist.

Eine Möglichkeit, herauszufinden, ob ein Unternehmen sich Finanzmittel beschaffen muss, besteht darin, sich die Bilanz anzuschauen. Suchen Sie nach der Position »Bargeld und liquide Mittel«. Dann müssen Sie anhand der Gewinn- und Verlustrechnung herausfinden, wie hoch die durchschnittlichen jährlichen Betriebskosten des Unternehmens sind. Dividieren Sie den Betrag von Bargeld und liquiden Mitteln durch die durchschnittlichen jährlichen Betriebskosten. Idealerweise hat ein Unternehmen genug liquide Mittel in der Bilanz, um den Geschäftsbetrieb länger als anderthalb Jahre zu finanzieren. Wenn als Ergebnis weniger als ein Jahr herauskommt, dann ist das Risiko der Verwässerung sehr ernst und Sie sollten von den Aktien dieses jungen Bergbauunternehmens die Finger lassen.

## Wie kauft und verkauft man Aktien junger Bergbauunternehmen?

Die Aktien junger Bergbauunternehmen sind ein Paradebeispiel für den Hochrisiko-Hochrendite-Ansatz, der in diesem Buch vertreten wird. Aber wie bei allen hochriskanten Investments gibt es nicht nur die Möglichkeit hoher Gewinne, sondern es sind auch die Chancen hoch, sein gesamtes Geld zu verlieren.

Als Erstes müssen Sie herausfinden, ob der Markt für den betreffenden Rohstoff in einer Bullenphase ist. Wenn das nicht der Fall ist, dann gibt es keine Flut, die alle Boote steigen lässt, und in der Zeit, in der Sie auf das Einsetzen der Flut warten, wird Ihre Position verwässert.

Zweitens sollten Sie, auch wenn ein Bullenmarkt begonnen hat, nur 1 Prozent Ihres Portfolios in die Aktien junger Bergbauunternehmen investieren. Sie sollten dieses eine Prozent hernehmen und es auf fünf bis zehn hochwertige Aktien verteilen. Die Chance, dass die meisten dieser Investments fehlschlagen werden, ist hoch. Aber wenn Sie auch nur bei einem dieser Unternehmen das große Los ziehen, können Sie einen Gewinn von 500 bis 1000 Prozent machen. Und weil Sie nur einen kleinen Teil Ihres Kapitals riskieren, wird Ihnen Ihr Portfolio auch dann nicht um die Ohren fliegen, wenn Sie mit allen diesen fünf bis zehn Positionen Pech haben.

Wenn es Ihnen schließlich gelingt, bei einem Investment in junge Bergbauunternehmen in die Gewinnzone zu kommen, dann empfehle ich Ihnen, so schnell wie möglich Anteile in der Höhe Ihrer ursprünglichen Anlagesumme zu verkaufen. Wenn Sie zum Beispiel 1000 Dollar für Aktien zum Preis von 5 Dollar in ein junges Bergbauunternehmen investiert haben und diese Aktien steigen auf 10 Dollar, dann ist Ihre Position jetzt 2000 Dollar wert. Ich würde Aktien im Gegenwert des ursprünglichen Investments von 1000 Dollar verkaufen, damit nur noch die schon erzielten Gewinne auf dem Spiel stehen. Sobald Sie auf diese Weise das Risiko Ihres Investments gemindert haben, können Sie auf Ihren Gewinnen sitzen bleiben, bis die Bullenphase im Rohstoffmarkt zu Ende zu gehen beginnt. Dann sollten Sie den Rest Ihrer Position verkaufen und das Geld anderweitig investieren.

**Kurzanleitung für Investoren:**
**Aktien junger Bergbauunternehmen**

- Wenn Sie Aktien von jungen Bergbauunternehmen kaufen wollen, müssen Sie einen guten Broker finden, bei dem Sie solche Aktien kaufen und verkaufen können. Verschiedene Broker gestatten Kleinanlegern nicht, diese hochriskanten und hochprofitablen Wertpapiere zu kaufen. Sie müssen also einen finden, der dies tut.
- Denken Sie immer daran, dass diese Aktien wenig liquide sind. Deshalb kann es leicht sein, sie zu kaufen, aber nicht immer leicht sein, sie zu verkaufen.
- Machen Sie Ihre Hausaufgaben sorgfältig, bevor Sie eine dieser Aktien kaufen.
- Sobald Sie ein junges Bergbauunternehmen gefunden haben, in das Sie investieren wollen, kaufen Sie die von Ihnen gewünschte Anzahl von Aktien. Stellen Sie sicher, dass sich Ihre Position in einem vernünftigen Rahmen bewegt (1 Prozent Ihres Portfolios oder weniger).
- Überwachen Sie Ihre Position sorgfältig und setzen Sie auf jeden Fall Stop-Loss-Grenzen (entweder bei Ihrem Broker oder mental als festen Vorsatz).
- Geben Sie sich ein Kursziel für den Verkauf vor. Halten Sie sich immer an Ihre eigenen Regeln.
- Wenn Ihr Kursziel erreicht ist, verkaufen Sie Ihre Position.

# KAPITEL 7

# HOCHRISKANTE OPTIONEN

Eine Aktienoption ist ein derivatives Finanzinstrument. Der Käufer einer Option hat das Recht – aber nicht die Pflicht –, den zugrunde liegenden Vermögenswert innerhalb einer bestimmten Frist zu einem bestimmten Preis zu kaufen oder zu verkaufen. Optionen sind sehr gut dazu geeignet, die Investmentrendite zu erhöhen.

Aber wenn man sie unbedacht einsetzt, kann man auch sehr schnell viel Geld verlieren (wie wir das in den Fallstudien sehen werden). Sie sollten dieses Kapitel gründlich lesen, bevor Sie sich auf die hochriskanten und hochprofitablen Optionsmärkte begeben.

Vor ein paar Jahren habe ich einen ehemaligen Kollegen getroffen. Während unseres Treffens erwähnte er, dass er ein Unternehmen namens Blue Zone gegründet hatte. Als er meinen fragenden Gesichtsausdruck bemerkte, erklärte er mir, dass der Name von der Bezeichnung bestimmter Weltregionen kommt, den – wie Sie sich bestimmt gedacht haben – sogenannten blauen Zonen.

Die Statistik zeigt, dass Menschen in diesen blauen Zonen deutlich länger als der Durchschnitt leben. Studien haben herausgefunden, dass es gewisse gemeinsame Merkmale der Einwohner der blauen Zonen gibt, die dafür verantwortlich sind, dass diese Menschen länger und gesünder leben.

Zu diesen Merkmalen, die man in allen blauen Zonen findet, gehören vor allem:

- ein Leben außerhalb der Bevölkerungszentren,
- regelmäßige körperliche Aktivität,
- hohes soziales Engagement,
- kein Tabakkonsum,
- eine überwiegend pflanzliche Ernährung.

Blaue Zonen wurden in vier Ländern gefunden: Japan, Costa Rica, Italien und den USA (und zwar Loma Linda in Kalifornien).

Und genau wie es blaue Zonen gibt, in denen die Lebenserwartung höher ist, gibt es auch bei der Geldanlage blaue Zonen, durch die die »Lebenserwartung« (und die Rendite) ihres Portfolios gesteigert werden kann. Schauen wir uns beispielsweise Ed Seykota an, einen der am meisten unterschätzten Börsenprofis aller Zeiten.

Er wird zwar nicht oft in einem Atemzug mit den »Göttern« des Geldanlagehimmels, wie Warren Buffett oder Peter Lynch, genannt, aber er ist genauso einflussreich wie sie. Er war einer der ersten Investoren, der eine systematische Handelsstrategie (»systems trading«) verfolgte. Sei Ziel war es, die Geldanlage zu systematisieren und so menschliche Fehler und Schwächen auszuschalten.

Er wurde auch für das folgende Bonmot bekannt: »Es gibt alte Investoren und es gibt wagemutige Investoren, aber es gibt nur sehr wenige alte und wagemutige Investoren.«

Dieses Zitat ist fast schon die Definition einer blauen Zone beim Geldanlegen, also einer »langlebigen« Investmentstrategie. Was Seykota sagt, ist, dass es ein sicherer Weg ins Unglück ist, wenn man zu hohe Risiken eingeht (also zu wagemutig investiert). Mit anderen Worten, wagemutige Investoren halten meist nicht lange durch; sie haben keine hohe »Lebenserwartung« an der Börse. Ab und zu können sie vielleicht Glück haben, aber auf Dauer werden diejenigen Investoren, die zu hohe Risiken eingehen, nur ihre Wertpapierkonten ausradieren.

Nach meiner Erfahrung sind es in den meisten Fällen die Optionen, bei denen die wagemutigen Investoren (und vor allem die Anfänger) die schwersten Fehler machen und am fahrlässigsten handeln.

# Kaufoptionen

## Was sind Kaufoptionen?

Eine Option ist wie gesagt eine Vereinbarung, durch die der Käufer der Option das Recht – aber nicht die Pflicht – hat, ein bestimmtes Wertpapier zu einem bestimmten Preis oder bis zu einem bestimmten Zeitpunkt zu kaufen oder zu verkaufen. Wie bei jeder Transaktion gehören zu einer Optionsvereinbarung zwei Parteien: der Käufer und der Verkäufer.*

Bei einem Optionskontrakt gibt es grundsätzlich drei Bestandteile:

- Kauf- oder Verkaufsoption: Eine Option ist entweder eine Kaufoption (»call«) oder eine Verkaufsoption (»put«). Eine Kaufoption verleiht ihrem Inhaber das Recht, das der Option zugrunde liegende Wertpapier (den Basiswert) zu einem bestimmten Preis (dem Basispreis oder Ausübungspreis) zu kaufen. Eine Verkaufsoption verleiht ihrem Inhaber das Recht, das der Option zugrunde liegende Wertpapier zu einem bestimmten Preis zu verkaufen.
- Ausübungspreis oder Basispreis: Der Preis, zu dem der Optionsinhaber den Basiswert kaufen oder verkaufen kann.
- Verfallsdatum: Das Datum, an dem der Kontrakt verfällt. Die meisten Aktienoptionen verfallen am dritten Freitag des letzten Monats ihrer Laufzeit.

---

* Die folgenden Ausführungen beziehen sich auf die amerikanischen Optionen. Der wichtigste Unterschied zwischen amerikanischen und europäischen Optionen besteht darin, dass Erstere jederzeit innerhalb der Laufzeit und Letztere nur am Laufzeitende ausgeübt werden können. In Europa sind vor allem unter Kleinanlegern Optionsscheine (die in den USA verboten sind) wesentlich weiter verbreitet als Optionen. Optionsscheine können wie die amerikanischen Optionen während der gesamten Laufzeit ausgeübt werden. Zumeist sind Optionsscheine »cash settled«, das heißt, bei der Ausübung wird nicht der Basiswert erworben, sondern der innere Wert des Optionsscheins wird ausgezahlt. Die Ausführungen des Autors zum Kauf von Optionen lassen sich im Wesentlichen auf den Kauf von Optionsscheinen übertragen (Anmerkung des Übersetzers).

Der Käufer einer Option übt sein Kauf- oder Verkaufsrecht aus, wenn er sich entscheidet, den Basiswert zu kaufen oder zu verkaufen. Der Verkäufer einer Option vereinnahmt das vom Käufer gezahlte Geld, die sogenannte Optionsprämie (auch »Optionspreis« genannt). Als Gegenleistung ist der Verkäufer dazu verpflichtet, den Basiswert zum Basispreis zu kaufen (wenn es sich um eine Verkaufsoption handelt) beziehungsweise zu verkaufen (wenn es sich um eine Kaufoption handelt).

Die meisten Optionskontrakte beziehen sich auf 100 Stück des Basiswerts (also zum Beispiel 100 Stück einer bestimmten Aktie). Dieser Punkt ist sehr wichtig, weil das bedeutet, dass Optionskontrakte einen »Hebeleffekt« (»leverage«) aufweisen. Und das heißt wiederum, dass die Käufer einer Option eine relativ niedrige »Prämie« für den Optionskontrakt bezahlen, aber der Wert der Option während der Laufzeit prozentual sehr stark schwanken kann – und die Käufer so sehr hohe Gewinne erzielen beziehungsweise Verluste erleiden können.

In diesem Abschnitt werden wir uns auf Kaufoptionen (»calls«) konzentrieren. Der Käufer einer Kaufoption spekuliert darauf, dass der Kurs der zugrunde liegenden Aktie vor dem Verfall der Option stark steigen wird. Dem entspricht das Halten einer Aktienposition in der Erwartung von Kurssteigerungen (»Long«-Position).

Das folgende Beispiel wird Ihnen dabei helfen, zu verstehen, wie Optionen funktionieren.

## Kaufoptionen auf Elon Musk

Nehmen wir an, Sie erwarten, dass die Aktie von Tesla kurzfristig steigen wird. Elon Musk veranstaltet am 17. September den jährlichen »Battery Day« (»Batterietag«) des Unternehmens – den Tag, an dem Neuerungen bei der Batterietechnologie angekündigt werden. Sie denken, dass etwas sehr Wichtiges bekannt gegeben wird und dass der Kurs deswegen in die Höhe schießen wird.

Um das auszunutzen, beschließen Sie, eine Kaufoption auf Tesla-Aktien (TSLA) zu erwerben. Die Aktien des Elektroautoherstellers notieren bei 700 Dollar pro Aktie. Sie glauben, dass der Kurs nach dem Battery Day auf bis zu 750 Dollar steigen wird. Um davon zu profitieren, kaufen

Sie eine TSLA-Kaufoption mit Basispreis 700 Dollar und Verfallsdatum 17. September. Wie gerade erwähnt, gehören zu Ihrem Optionskontrakt drei Bestandteile: eine bestimmte Aktie (der Basiswert), ein bestimmtes Datum (das Verfallsdatum) und ein bestimmter Preis (der Basis- oder Ausübungspreis). Außerdem haben Sie eine Optionsprämie beziehungsweise einen Optionspreis in Höhe von 500 Dollar gezahlt, um diese Position zu eröffnen.

Jetzt können verschiedene Dinge passieren. Im ersten Szenario wollen wir davon ausgehen, dass der Vorstandsvorsitzende von Tesla einen Durchbruch in der Batterietechnologie verkündet. Weil Tesla das einzige Unternehmen ist, das über diese Technologie verfügt, ist der Markt begeistert und der Kurs steigt über Ihren Basispreis von 700 Dollar bis auf 750 Dollar. Wenn Sie nur eine Tesla-Aktie gekauft hätten, hätten Sie jetzt einen Gewinn in Höhe von 50 Dollar gemacht (750 Dollar – 700 Dollar = 50 Dollar).

Erinnern Sie sich daran, dass jeder Optionskontrakt 100 Stück des Basiswerts repräsentiert. In diesem Fall bedeutet das, dass Ihr Gewinn deutlich höher ist. Anstelle eines bescheidenen Gewinns von 50 Dollar haben Sie mit Ihrer Kaufoption einen Gewinn in Höhe von brutto 5000 Dollar (50 Dollar × 100) gemacht. Nach Abzug der Optionsprämie verbleibt noch ein Nettogewinn von 4500 Dollar. Das riesige Gewinnpotenzial ist der Hauptgrund, weswegen Optionen bei Spekulanten so beliebt sind.

Wie Sie sich wahrscheinlich denken können, war das das Idealszenario. Aber bei Optionen kann auch sehr viel schiefgehen.

## Was passiert, wenn es am Battery Day eine böse Überraschung gibt?

Schauen wir uns einige andere Szenarien für den Battery Day an. Im Vergleich zum obigen Beispiel soll sich nur eines ändern: Die am Battery Day verkündeten Nachrichten sind *nicht* positiv.

Anstatt eine neue Batterietechnologie anzukündigen, gibt Elon Musk bekannt, dass er an der ersten bemannten Marsmission teilnehmen und als Vorstandsvorsitzender von Tesla zurücktreten wird! Das wirkt wie ein

Erdbeben an den Finanzmärkten und angesichts dieser Nachrichten fällt die Tesla-Aktie um 10 Prozent auf 630 Dollar pro Aktie.

Die Nachrichten sind eine Katastrophe für Ihre Kaufoption. Weil Optionen zu einem bestimmten Termin verfallen – in diesem Fall am 17. September –, besteht die Möglichkeit, dass man sein gesamtes Investment (in diesem Fall 500 Dollar) verliert, wenn man mit Optionen spekuliert. Genau das passiert in diesem Szenario, weil die Tesla-Aktie deutlich unter dem Basispreis von 700 Dollar notiert und Ihr Kontrakt am Verfallsdatum nichts mehr wert ist.

Viele Anfänger wollen sich gleich auf Optionen stürzen, weil sie darauf aus sind, schnell reich zu werden. Sie sehen die Posts in Foren wie WallStreetBets und Twitter, in denen die Leute von den Riesengewinnen berichten, die sie mit Optionen gemacht haben. Dann denken sie, dass das alles ein Kinderspiel ist. Ich habe schon unzählige Anzeigen in den sozialen Medien gesehen, in denen behauptet wird, dass Anleger mit dem Kauf von Optionen ein regelmäßiges Einkommen erzielen können.

Nichts könnte weiter von der Wahrheit entfernt sein. Zum einen hat man als Käufer von Optionen grundsätzlich die schlechteren Karten, denn die meisten Optionen verfallen wertlos. Genau aus diesem Grund ziehe ich es auch vor, Optionen zu verkaufen. Darauf wollen wir im nächsten Abschnitt eingehen.

Aber zunächst will ich Ihnen von den Erfahrungen eines meiner Abonnenten berichten.

## Fallstudie: Ivan und die Covid-19-Impfstoffe

Während meiner Karriere habe ich die meiste Zeit eine kostenpflichtige Finanzberatung betrieben. Dabei haben Optionen eine große Rolle gespielt; ich habe oft Kleinanleger darin beraten, wie sie Optionen verantwortungsbewusst nutzen können. Ich habe dabei eine Menge Horrorgeschichten gehört. Zum Beispiel hat mir im März 2021 ein neuer Abonnent meines Beratungsservices geschrieben, den wir Ivan nennen wollen.

Damals gab es viel Begeisterung um die Covid-19-Impfstoffe. Fünf Monate früher hatten die Biotechnologieunternehmen Pfizer, Moderna und Johnson & Johnson zusammen verkündet, dass sie bei der Herstellung von Covid-19-Impfstoffen erfolgreich gewesen sind. Das war eine ausgezeichnete Nachricht für die Weltwirtschaft, weil die Lockdowns viele Branchen schwer getroffen hatten. Wenig später gab es bei den Aktien gerade dieser Branchen eine wilde Kursrally.

## Ivan hat eine tolle Chance entdeckt

Viele Investoren waren sich vollkommen sicher, dass diese Biotechnologieunternehmen von der Einführung der Covid-19-Impfstoffe stark profitieren würden. Schließlich gibt es ungefähr acht Milliarden Menschen auf der Erde und da jeder von ihnen mindestens zwei Impfungen benötigt, bedeutet das eine Nachfrage von mindestens 16 Milliarden Dosen.

Für den Laien sieht das nach garantierten Riesengewinnen für die Unternehmen aus, die diese Impfstoffe herstellen und vertreiben. Da sie dadurch eine große neue Einnahmenquelle haben, sollten auch die Gewinne deutlich steigen. Und außerdem würden sich viele Anleger auf die Aktien dieser Unternehmen stürzen und so die Kurse nach oben treiben.

Ivan war auch dieser Meinung und investierte deshalb in Kaufoptionen auf Pfizer. Damals notierte die Aktie bei 35 Dollar und er glaubte, dass sie ein großes Kurspotenzial habe. Deshalb wählte er Optionen mit einem Basispreis von 45 Dollar; das Verfallsdatum seiner Optionen lag im Januar 2021, drei Monate nach dem Kaufdatum.

Zunächst schien die Spekulation von Ivan aufzugehen. Das machte ihm Mut und überzeugte ihn noch mehr von seiner Idee. Er verkaufte den größten Teil seiner sichereren Anlagen und investierte sein Kapital in noch mehr Kaufoptionen auf Pfizer.

## Kaufen Sie das Gerücht, verkaufen Sie die Nachricht

Es gibt eine berühmte Investorenweisheit, die lautet: »Kaufen Sie das Gerücht, verkaufen Sie die Nachricht.« Das bedeutet, dass seit Langem erwartete Nachrichten über eine Aktie oder einen anderen Vermögenswert, die eigentlich positiv sind, auf den Kurs den gegenteiligen Effekt haben.

Das liegt daran, dass die Anleger die Nachricht vorwegnehmen und schon vor deren Veröffentlichung Aktien kaufen (also sozusagen »das Gerücht kaufen«). Wenn dann die Nachricht tatsächlich kommt, dann verkaufen viele Anleger, um Gewinne mitzunehmen (gewissermaßen »verkaufen sie die Nachricht«).

Genau das passierte mit Pfizer. In dem Monat vor der Bekanntgabe des Erfolgs bei den Covid-19-Impfstoffen und dem darauffolgenden Monat schossen die Pfizer-Aktien um 26 Prozent nach oben. Dann geschah etwas Unerwartetes: Die Aktien begannen zu fallen. Es sah so aus, als ob die Investoren nach der Impfstoff-Ankündigung die Regel »Verkaufe die Nachricht« befolgt hätten.

Zum Unglück von Ivan hatte er von dieser Regel noch nie etwas gehört. Er wusste auch nicht, dass Optionen – anders als Aktien – verfallen. Als ich ihm die Funktionsweise von Optionen erklärte, war es schon zu spät. Seine Optionskontrakte verloren immer mehr an Wert, je näher der Verfallstermin rückte. Aber Ivan erhöhte trotz dieser Verluste seinen Einsatz immer weiter. Als er sich an mich wandte, hatte er mehr als 90 Prozent seines Wertpapierkontos eingebüßt, ungefähr 30 000 Dollar.

## Anlagestrategie: Kaufoptionen

Es mag zwar leicht sein, Optionen zu kaufen, aber es ist sehr schwer, mit Optionen dauerhaft Geld zu verdienen. Viele Menschen – so wie Ivan – kaufen Optionen, weil sie denken, sie könnten damit schnell große Gewinne machen. Aber dann verlieren sie am Ende nur jede Menge Geld.

Wie die Fallstudie gezeigt hat, ist der Erwerb von Kaufoptionen ein sehr riskantes und kostspieliges Unterfangen, wenn man die möglichen negativen Folgen nicht versteht. Anders als bei Aktien, die man kaufen und jahrzehntelang halten kann, läuft beim Kauf von Optionen immer die Uhr. Es ist der drohende Verfallstermin, wegen dem viele Investoren am Optionsmarkt Geld verlieren, selbst wenn sie sich den richtigen Basiswert ausgesucht haben. Um mit Erwerb von Kaufoptionen Geld zu verdienen, muss man beim Timing und der erwarteten Kursbewegung richtigliegen und darf außerdem keine allzu hohe Optionsprämie zahlen.

## Wie man eine gute Kaufoption erkennt

Ich sage oft, dass der Aktienkauf wie das Schießen mit Pfeil und Bogen auf eine Zielscheibe ist. Das ist schon schwierig genug, aber der Optionshandel ist wie das Bogenschießen auf einem galoppierenden Pferd. Denn der Zeitfaktor macht alles wesentlich komplizierter.

Dennoch habe ich Tausenden von Anlegern beibringen können, wie man verantwortungsbewusst mit Optionen spekuliert. Und wenn Sie die folgenden drei Ratschläge beachten, könnten auch Sie am Optionsmarkt erfolgreich sein.

### 1. Machen Sie einen Kursimpuls ausfindig

Im Tesla-Beispiel weiter oben in diesem Kapitel gab es ein bestimmtes Ereignis, auf das der Anleger setzte. Nach seiner Meinung musste dieses Ereignis erst am Markt eingepreist werden. Um davon zu profitieren, entschloss sich der Anleger, eine Kaufoption auf die Tesla-Aktie zu erwerben. Auf diese Weise würde sich sein Gewinn deutlich erhöhen.

In diesem Fall spricht man von einem unternehmensspezifischen Ereignis. Wenn man sich die Argumente zugunsten eines bestimmten Investments überlegt, sollte man sich vergewissern, dass es irgendeinen Kursimpuls gibt, der zu höheren oder niedrigeren Aktienkursen führen wird. Typische unternehmensspezifische Ereignisse sind Gewinnmitteilungen, Produktneuheiten oder Abspaltungen von Unternehmensteilen.

Neben unternehmensspezifischen Ereignissen gibt es auch Ereignisse, die den Gesamtmarkt betreffen. Während sich die entsprechenden Nachrichten nicht direkt auf eine bestimmte Aktie beziehen, können sie trotzdem den Kurs einer Aktie stark beeinflussen. Beispiele für solche den Gesamtmarkt betreffenden Ereignisse sind die Veröffentlichung von Konjunkturdaten, die Ankündigungen der Zentralbank zur Geldpolitik und die Verlautbarungen der Regierung.

## 2. Wählen Sie den richtigen Ausübungspreis

Sobald Sie einen möglichen Kursimpuls ausfindig gemacht haben, müssen Sie sich überlegen, wie sehr sich der Aktienkurs bei Eintreffen des von Ihnen erwarteten Ereignisses bewegen wird. Das hängt davon ab, wie sicher Sie sich der Gründe für Ihr Investment sind.

Zum Beispiel hängt die Höhe des Risikos, das man eingeht, davon ab, ob man eine Option kauft, die »im Geld« (»in the money« oder »ITM«), eine, die »am Geld« (»at the money« oder »ATM«), oder eine, die »aus dem Geld« (»out of the money« oder »OTM«) ist. Was ist darunter zu verstehen?

- **Im Geld (ITM):** Eine Kaufoption ist im Geld, wenn der Kurs der zugrunde liegenden Aktie (also des Basiswerts) über dem Ausübungspreis liegt.
- **Am Geld (ATM):** Eine Kaufoption ist am Geld, wenn der Kurs des Basiswerts genauso hoch wie der Ausübungspreis ist.
- **Aus dem Geld (OTM):** Eine Kaufoption ist aus dem Geld, wenn der Kurs des Basiswerts unter dem Ausübungspreis liegt.

Die riskanteste Option, die man kaufen kann, ist eine ITM-Kaufoption. Denn diese Optionen haben ein hohes »Delta« (das ist eine Größe, die wir im nächsten Abschnitt besprechen werden). Das bedeutet, dass der Preis der Kaufoption sich bei Änderungen des Kurses der zugrunde liegenden Aktie sehr stark ändern wird. Andererseits hat eine OTM-Kaufoption ein relativ geringes Delta. Das bedeutet, dass der Optionspreis sich bei Änderungen des Basiswertpreises nur wenig bewegen wird.

Wenn der Kurs einer Aktie steigt, wird ein ITM-Optionskontrakt viel stärker im Preis steigen als ein ATM- oder OTM-Kontrakt. Im Allgemeinen gilt, dass diejenigen, die höhere Risiken eingehen wollen, sich für ITM-Kaufoptionen entscheiden sollten, während alle, die weniger risikogeneigt sind, sich auf OTM-Kaufoptionen konzentrieren sollten. Aber Sie müssen daran denken, dass auch OTM-Kaufoptionen sehr riskant sein können, wenn man sie kurz vor dem Verfallstermin kauft.

Hinweis: Diese Richtlinien gelten nur im Allgemeinen; es gibt immer Ausnahmen. Erfahrene Investoren kaufen vielleicht ITM-Kaufoptionen, weil sie diese für weniger risikoreich halten, während andere OTM-Optionen als sehr spekulativ ansehen. Die einzige Möglichkeit, herauszufinden, was für Sie persönlich richtig ist, besteht darin, sich die Zeit zu nehmen und sich genau mit Optionen zu befassen und den Optionshandel mit hypothetischen Geschäften zu üben – bevor man echtes Geld investiert.

## 3. Achten Sie genau auf die erwartete Schwankungsbreite

Ein Konzept, welches alle Käufer von Optionen verstehen müssen, ist das der erwarteten Schwankungsbreite (oder der implizierten Volatilität). Das ist ein Maß, mit welchem Investoren die künftigen Änderungen des Kurses eines Wertpapiers abschätzen. Die implizierte Volatilität ist etwas anderes als der CBOE-Volatilitätsindex (VIX), den wir in Kapitel 4 diskutiert haben. Denn der VIX kann exakt berechnet werden. Die implizierte Volatilität ist dagegen ein Indikator, der sich ständig ändert und der zeigt, wie viel Anleger bereit sind, für einen Optionskontrakt zu bezahlen.

Der Finanzautor und Investor Michael Sincere beschrieb die erwartete Schwankungsbreite in seinem klassischen Buch *Understanding Options* als »Maß dafür, wie beliebt Optionen bei den Investoren sind«.* Wenn die implizierte Volatilität sehr hoch ist, erwarten die Marktteilnehmer starke Kursausschläge bei der betreffenden Aktie. Anleger, die von einer bevorstehenden Gewinnmitteilung oder einem anderen unternehmensspezifischen Ereignis profitieren wollen, sollten Optionen mit einer hohen implizierten Volatilität meiden. Denn viele Anleger haben dieses Ereignis, also zum Beispiel die Bekanntgabe höherer Gewinne, schon eingepreist, was bedeutet, dass die Optionskontrakte teuer sind.

Aber natürlich gilt auch das Umgekehrte: Wenn ein Optionskontrakt eine niedrige erwartete Schwankungsbreite hat, bedeutet das, dass die Marktteilnehmer keine größeren Kursbewegungen bei dem zugrunde lie-

---

* *Understanding Options* ist 2014 in der zweiten Auflage bei McGraw-Hill, New York, erschienen. (Anmerkung des Übersetzers).

genden Wertpapier erwarten. Wenn Sie anderer Meinung sind, dann hat aus Ihrer Sicht der Optionskontrakt einen »falschen« Preis und Sie sollten erwägen, auf die bevorstehende Preiskorrektur zu spekulieren.

## Wie handelt man mit Kaufoptionen?

Wenn Sie eine Anlagestrategie entwickelt und sich dazu entschlossen haben, eine Portfolioposition mit Optionen zu eröffnen, dann sollten Sie nicht mehr als 1 Prozent Ihres Anlagekapitals für eine Kaufoption einsetzen. Denn die Chance, dass Sie den gesamten Einsatz verlieren, ist nicht gering. Und wenn Sie nur 1 Prozent einsetzen, dann wird Ihr Wertpapierkonto auch dann nicht ausradiert, wenn Sie falschliegen sollten.

Um zu veranschaulichen, wie Sie Geschäfte mit Kaufoptionen abwickeln sollten, wollen wir uns ein Beispiel mit verschiedenen Szenarien ansehen. Nehmen wir an, Sie erwerben eine Kaufoption auf Apple Incorporated (AAPL) mit einem Ausübungspreis von 90 Dollar und einer Laufzeit von zwei Monaten (das heißt, die Option verfällt nach zwei Monaten); die Optionsprämie beträgt 300 Dollar. Der aktuelle Kurs liegt bei 90 Dollar und Sie erwarten, dass Apple bei seiner nächsten Produktvorstellung ein neues Produkt auf den Markt bringen wird, welches den Kurs nach oben treiben wird.

In einem Szenario gehen wir davon aus, dass Apple die Produktvorstellung wegen eines weltweiten Mangels an Halbleitern verschiebt. Der Markt reagiert auf diese Nachricht negativ und die Apple-Aktie sinkt auf unter 90 Dollar. Da der Aktienkurs nun unter dem Ausübungspreis liegt, ist der Preis Ihres Optionskontrakts in den Keller gegangen. Er ist um 75 Prozent gefallen. Da der Wert von Optionskontrakten umso mehr abnimmt, je mehr sie sich ihrem Verfallstermin nähern, wachsen Ihre Verluste im Zeitablauf. Sie haben schon das meiste Ihres investierten Kapitals verloren, sodass Sie nur noch wenig mehr zu verlieren haben, wenn Sie Ihre Position noch länger halten. Schließlich besteht immer die Möglichkeit, dass gute Neuigkeiten den Preis des Kontraktes vor dessen Verfall nach oben treiben.

Stellen Sie sich für das zweite Szenario vor, dass Apple ein neues iPhone präsentiert, was auch vom Markt erwartet worden ist. Deshalb ändert sich der Aktienkurs kaum, nachdem Sie Ihren Optionskontrakt gekauft haben. Das ist ein Problem, denn Optionskontrakte verlieren stetig an Wert, wenn der Kurs des Basiswertes konstant bleibt. Weil sich der Kurs der zugrunde liegenden Aktie nicht bewegt, hat Ihre Position schon 25 Prozent an Wert verloren. Da der Kursimpuls, auf den Sie gesetzt hatten, den Kurs doch nicht nach oben getrieben hat, ist es am besten, die Verluste zu begrenzen, die Position aufzulösen und sich nach anderen Anlagemöglichkeiten umzuschauen.

Im dritten und letzten Szenario nehmen wir an, dass Apple die Einführung des Apple-Autos ankündigt. Das versetzt den Markt in Begeisterung und der Kurs der Aktie steigt über Ihren Ausübungspreis von 90 Dollar auf 92 Dollar. Sie freuen sich, weil das bedeutet, dass Ihr Optionskontrakt um 200 Dollar gestiegen ist [(92 Dollar – 90 Dollar) × 100 Aktien = 200 Dollar]. Ihre Überlegung war richtig und jetzt sollten Sie am besten den Gewinn mitnehmen.

**Kurzanleitung für Investoren: Der Erwerb von Kaufoptionen**

- Nehmen Sie Kontakt mit Ihrem Broker auf und teilen Sie ihm mit, dass Sie mit Optionen handeln wollen. Sie müssen sich entscheiden, ob Sie ein Einschusskonto (»margin account«) eröffnen wollen, also ob Sie sich Geld von Ihrem Broker leihen wollen, um Wertpapiere zu kaufen. Wenn Sie nur einfache Transaktionen mit Optionen durchführen wollen, ist ein solches Konto nicht erforderlich. Sie müssen auch eine Vereinbarung zum Abschluss von Optionsgeschäften (»options agreement«) abschließen. Achten Sie darauf, die Informationen über Optionsgeschäfte und ihre Risiken (»Characteristics and Risks of Standardized Options«) herunterzuladen, die auf der Website der Options Clearing Corporation zu finden sind (www.theocc.com/company-information/documents-and-archives/options-disclosure-document).*

* In Deutschland müssen Anleger ebenfalls über die Risiken von Termingeschäften aufgeklärt werden und ausdrücklich zustimmen, dass sie sich dieser Risiken bewusst sind (Anmerkung des Übersetzers).

- Nachdem Sie zum Handel mit Optionen zugelassen worden sind, können Sie sich auf die Suche nach einer Aktie machen, die ein kurzfristiges Kurspotenzial nach oben hat.
- Suchen Sie auf der Website Ihres Brokers nach der »Options-Kette« (»option chain«), um sich über Geldkurs, Briefkurs, Verfallstermin und Ausübungspreis für Kaufoptionen auf die Sie interessierenden Aktien zu informieren.
- Nachdem Sie sich für eine Aktie entschieden haben, erwerben Sie eine Kaufoption auf diese Aktie und eröffnen Ihre Position.
- Wenn es Ihr erstes Geschäft mit Optionen ist, sollten Sie nur eine Kaufoption erwerben. Der Schlüssel zum Erfolg beim Erwerb von Kaufoptionen ist die Beschränkung auf kleine Transaktionen. Erteilen Sie einen limitierten Kaufauftrag (keinen Billigst-Kaufauftrag). Ein limitierter Auftrag garantiert, dass Ihr Kaufauftrag zu dem von Ihnen gewählten Kurslimit oder zu einem niedrigeren Kurs ausgeführt wird. Ein Billigst-Kaufauftrag wird zwar schneller ausgeführt, aber unter Umständen zu einem Kurs, der zu hoch für Sie ist.
- Setzen Sie sich ein Kursziel für Ihre Position. Sie sollten sich auch eine Stop-Loss-Grenze fest vornehmen, wenn es sich herausstellen sollte, dass Sie falschliegen. Beispielsweise könnten Sie sich vornehmen, nach einem Verlust von 20 oder 30 Prozent zu verkaufen.
- Wenn Ihr Kursziel erreicht ist oder Sie einen schönen Gewinn gemacht haben (wie hoch ein »schöner Gewinn« ist, wird jeder Anleger anders sehen), verkaufen Sie ihre gesamte Position.
- Hinweis: Ich warne davor, Kaufoptionen bis zum Verfallstermin zu halten. Optionen sind sehr schwankungsanfällig, sodass es wichtig ist, Gewinne frühzeitig mitzunehmen, vor allem, wenn man mit Kaufoptionen spekuliert. Außerdem empfehle ich, Optionen, mit denen Sie in der Gewinnzone sind, zu verkaufen und nicht auszuüben. Aber das ist Ansichtssache.

# Verkaufsoptionen

## Was sind Verkaufsoptionen?

Wenn die Kaufoption das Yin des Optionshandels ist, dann ist die Verkaufsoption dessen Yang. Eine Verkaufsoption (»put«) gibt dem Käufer das Recht, eine Aktie zu einem bestimmten Preis an oder vor einem bestimmten Datum zu verkaufen. Der Käufer einer Verkaufsoption spekuliert darauf, dass der Kurs der betreffenden Aktie sinken wird, bevor die Option verfällt. Es handelt sich also um eine Short-Position.

Eine Verkaufsoption hat dieselben Bestandteile wie eine Kaufoption. Dazu gehören Ausübungspreis, Verfallsdatum und Optionsprämie. Auch hier bezieht sich ein Kontrakt auf 100 Stück des Basiswerts, also beispielsweise 100 Aktien. Das bedeutet, dass es auch bei Verkaufsoptionen einen großen Hebeleffekt gibt. Der Hauptunterschied liegt in Folgendem: Wenn man eine Kaufoption erwirbt, ist man optimistisch (»bullish«) hinsichtlich der Kursentwicklung der zugrunde liegenden Aktie; kauft man eine Verkaufsoption, ist man pessimistisch (»bearish«). Das Motiv für den Kauf von Verkaufsoptionen ist also dem Motiv für den Erwerb von Kaufoptionen genau entgegengesetzt.

## Verkaufsoptionen auf die Alibaba Group Holding

Nehmen wir an, Sie erwarten, dass es mit der Aktie des chinesischen E-Commerce-Giganten Alibaba (BABA) abwärtsgeht. Sie gehen davon aus, dass der Kurs bald fallen wird, weil die chinesische Regierung damit begonnen hat, gegen den Technologiesektor in China vorzugehen. Weil Sie glauben, dass der Markt die Probleme infolge der zunehmenden Regulierung nicht vollständig eingepreist hat, sind Sie sich sicher, dass die Aktie in den nächsten zwei Monaten fallen wird.

Um von dieser Entwicklung zu profitieren, entschließen Sie sich, eine Verkaufsoption auf Alibaba zu kaufen. Die Aktien des E-Commerce-Unternehmens notieren bei 150 Dollar pro Stück. Aber sobald China weitere Maßnahmen gegen Alibaba ankündigen wird, werden die Aktien eher bei 125 Dollar pro Stück notieren.

Sie wollen sich das zunutze machen und kaufen eine BABA-Verkaufsoption mit Ausübungspreis 150 Dollar und Verfallstermin 17. September. Das sind die Hauptbestandteile eines Optionskontrakts: Basiswert, Basis- oder Ausübungspreis und Verfallstermin. Die Optionsprämie, die Sie zahlen müssen, beträgt 300 Dollar.

Verschiedene Dinge können passieren. In einem Szenario verkündet der chinesische Staatspräsident auf Lebenszeit, Xi Jinping, dass Alibaba zu groß geworden sei und das Unternehmen zerschlagen werden müsse. Das sind schlechte Nachrichten für die Aktionäre von Alibaba und der Aktienkurs fällt unter Ihren Ausübungspreis von 150 Dollar auf 125 Dollar. Da sich jeder Kontrakt auf 100 Aktien des Basiswerts bezieht, sind Ihre Gewinne ein Vielfaches dieser Kursdifferenz. Tatsächlich haben Sie einen Bruttogewinn von 2500 Dollar (25 Dollar × 100 Aktien = 2500 Dollar) durch den Kauf dieses einen Optionskontrakts gemacht. (Vergessen Sie nicht, dass es sich hier um eine Verkaufsoption handelt, was bedeutet, dass man Gewinne macht, wenn die zugrunde liegende Aktie fällt.) Nach Abzug der Optionsprämie von 300 Dollar bleibt ein Nettogewinn von 2200 Dollar übrig.

Schauen wir uns ein anderes mögliches Szenario an. Dieses soll sich von dem vorhergehenden Szenario nur dadurch unterscheiden, dass die Ankündigung von Xi Jinping *positiv* für Alibaba ist.

Anstatt die Zerschlagung des E-Commerce-Giganten zu verkünden, gibt Xi Jinping bekannt, dass er dem Unternehmen das Monopol für den E-Commerce in China verleiht. Das bedeutet, dass Alibaba die Marktanteile aller Konkurrenten wie etwa JD.com übernehmen und für die Aktionäre viel höhere Gewinne erwirtschaften wird.

Die Anleger sind von dieser Neuigkeit begeistert und treiben den Kurs der Alibaba-Aktie von 150 Dollar auf 175 Dollar. Aber da Sie darauf gewettet haben, dass die Aktien fallen würden, hat Ihr Optionskontrakt dramatisch an Wert verloren. Ihre Position ist um 90 Prozent eingebrochen. Weil Optionen zu einem bestimmten Termin verfallen – in diesem Fall am 17. September –, sieht es so aus, als ob Sie Ihren gesamten Einsatz in Höhe von 300 Dollar (die Summe, die Sie als Optionsprämie gezahlt haben) verlieren werden. Dieses Risiko besteht immer beim Handel mit Kauf- und Verkaufsoptionen. Wenn man beim Timing und bei der Richtung der Kursentwicklung falschliegt, kann man gravierende Verluste erleiden.

## Der Einsatz von Verkaufsoptionen zur Kursabsicherung

Verkaufsoptionen werden von Kleinanlegern im Allgemeinen skeptisch gesehen. Weil amerikanische Aktien langfristig meistens gestiegen sind, waren Verkaufsoptionen im Regelfall keine wirklich tollen Investments. Und weil solche Short-Positionen bedeuten, dass man als Investor schlecht über eine Aktie denkt, scheuen viele Anleger vor ihnen zurück.

Aber diese Sicht der Dinge ist zu einfach. Eine der besten Möglichkeiten, diese einzigartigen Wertpapiere zu nutzen, besteht darin, mit ihrer Hilfe sein Portfolio abzusichern. Die Kursabsicherung (»hedging«) ist eine Möglichkeit, sein Portfolio vor Wertverlusten zu schützen. Denn wenn das Portfolio an Wert verliert, nehmen die Verkaufsoptionen zum Ausgleich an Wert zu.

Es gibt verschiedene Arten der Kursabsicherung (wie beispielsweise das Halten von Bargeld, bestimmten Aktien oder Optionskontrakten). Besonders der Einsatz von Verkaufsoptionen ist eine praktische und bequeme Methode, um zumindest einen Teil des Wertverlustes seines Portfolios bei einem Kursrutsch am Aktienmarkt auszugleichen. Mit anderen Worten: Verkaufsoptionen kann man sich als eine Art Versicherungspolice vorstellen. Lassen Sie uns noch einmal auf das Alibaba-Beispiel zurückkommen. Nehmen wir an, Sie besitzen 100 Aktien von Alibaba. Sie glauben langfristig an das Unternehmen und wollen Ihre Aktien nicht verkaufen, obwohl Sie fürchten, dass Xi Jinping bestimmte Maßnahmen gegen Alibaba ergreifen wird.

Anstatt Ihre Position zu verkaufen oder den Kursrückgang hinzunehmen, können Sie Ihre Position absichern, wenn Sie eine niedrige Gebühr (die sogenannte »Prämie«) bezahlen. Wenn die Aktie tatsächlich fällt, wird ein Teil Ihrer Verluste mit den 100 Aktien, bei denen Sie langfristig optimistisch sind, durch den steigenden Wert der Verkaufsoption ausgeglichen. Und wenn die Aktien nicht fallen, sondern weiter steigen, dann werden Ihre Gewinne deutlich höher als Ihre Verluste durch den Kauf der Verkaufsoption sein.

Die Kursabsicherung ist eine äußerst sinnvolle Strategie. Aber Verkaufsoptionen kann man auch zu anderen Zwecken einsetzen und damit Erfolg haben. Das ist mir bei einem meiner besten Geschäfte mit Verkaufsoptionen gelungen.

## Fallstudie: Der Einzige, der bei Tesla mit Erfolg auf fallende Kurse gesetzt hat

Ich unterhielt mich mit einem guten Freund, einem sehr erfolgreichen Technologieunternehmer. Er stellte mir plötzlich eine seltsame Frage: Ist Elon Musk ein Held oder ein Schurke? Musk ist eine der Personen, die sehr stark polarisieren. Es gibt zwei einander entgegengesetzte Lager: Die einen hassen ihn, die anderen lieben ihn.

Das Lager der »Heldenverehrer« rühmt die ideologischen Motive und Ziele des exzentrischen und redseligen Milliardärs. Sie sind fasziniert von Ideen wie den Planeten von fossiler Energie unabhängig zu machen, die Raumfahrt zu privatisieren oder den Mars zu kolonisieren.

Und dann gibt es das Lager der »Schurkenhasser«. Dieses Lager interessiert sich nicht für seine großartigen Ideen. Sie erblicken in ihm jemand, der Leerverkäufer attackiert, Analysten bei Telefonkonferenzen angeht und unbekümmert gegen die Regeln der US-Börsenaufsicht (Securities and Exchange Commission, SEC) verstößt.

Im Februar 2019 war ich mir nicht sicher, zu welchem Lager ich gehörte. Aber ich wusste, dass Tesla große Probleme mit Wandelanleihen bekommen würde.

## Eine Verkaufsoption auf den klügsten Mann der Welt

Eine Wandelanleihe (»convertible bond«) ist eine besondere Art von Anleihe. Je nach den Anleihebedingungen können vor oder bei der Fälligkeit einer Wandelanleihe zwei Dinge passieren. Das Unternehmen kann die Anleihen in eine bestimmte Zahl von Stammaktien »umwandeln« oder es kann den Anlegern den Anleihenennwert nebst fälliger Zinsen auszahlen.

Im Fall von Tesla hing das Ergebnis davon ab, ob die Aktie am 1. März bei einem Durchschnittskurs von 359,87 Dollar notierte. Wenn der Kurs so hoch war, konnte Tesla die Anleihen in Aktien umwandeln. Wenn nicht, dann musste Tesla den Anleihebesitzern die vereinbarte Summe von 920 Millionen Dollar zahlen. Eine Rückzahlung in dieser Höhe würde 30 Prozent der liquiden Mittel des Unternehmens verschlingen. Es würde sich um eine der größten Schuldendienstzahlungen in der Unternehmensgeschichte handeln.

Damals mussten die Aktien noch um 15 Prozent steigen, damit Tesla diese Rückzahlung vermeiden konnte. Da das Unternehmen finanziell auf wackligen Beinen stand, war klar, dass es in große Schwierigkeiten kommen würde, wenn die Zahlung tatsächlich fällig werden sollte.

Als ich diesen Sachverhalt genau analysierte, fiel mir auf, dass Tesla-Verkaufsoptionen das Risiko dieser Schuldendienstzahlung nicht eingepreist hatten. Am 19. Februar 2019 schickte ich eine E-Mail an meine Abonnenten und empfahl ihnen, eine Verkaufsoption auf Tesla mit Ausübungspreis 305 Dollar und Verfallsdatum 29. März für eine Prämie von 1600 Dollar zu kaufen. Dieser Kontrakt verlieh das Recht, 100 Tesla-Aktien bis zum 29. März zum Preis von 305 Dollar pro Aktie zu verkaufen.

# Musk zahlt die Zeche (und den Gewinn meiner Abonnenten)

Die Frist für die Begleichung der Anleiheschulden endete, ohne dass bei Fristablauf die Aktien über dem für eine Umwandlung erforderlichen Kurs notiert hätten. Deshalb musste Musk den Anleihebesitzern gewaltige Schecks ausstellen.

Damit einher ging eine wahre Komödie von Irrungen und Wirrungen. Zunächst wurde bekannt, dass der Chefjurist von Tesla, Dane Butswinkas, das Unternehmen verlassen würde. Normalerweise wäre dies keine große Sache, aber Butswinkas hatte diese Position erst seit zwei Monaten inne. Er war nur einer aus einer ganzen Horde von 40 Führungskräften, die in den zwölf Monaten davor von Bord gegangen waren. Zu ihnen gehörte auch der Chefbuchhalter Dave Morton, der das Unternehmen nach nur einem Monat in seinem Job verließ.

Es wurde alles noch schlimmer, als die US-Börsenaufsicht bei einem Bundesrichter beantragte, Musk der Missachtung des Gerichts schuldig zu sprechen, weil er irreführende Behauptungen auf seinem Twitter-Konto veröffentlicht hatte.

Das waren schlechte Nachrichten für Musk und die Aktionäre von Tesla. Weil die Aktie um mehr als 11 Prozent gefallen war, seit ich meinen Lesern empfohlen hatte, eine Position mit Verkaufsoptionen zu eröffnen, hatten sie einen Gewinn von über 100 Prozent gemacht. Da ich weiß, dass sich der Wind auf dem Optionsmarkt schnell drehen kann, veröffentlichte ich eine Verkaufsempfehlung. Auf diese Weise hatte ich meinen Abonnenten zur Verdoppelung ihrer Position in weniger als einem Monat verholfen.

## Anlagestrategie: Verkaufsoptionen

Die Wahl des richtigen Optionskontrakts ist mehr eine Kunst als eine Wissenschaft. Allein über dieses Thema könnte man ein ganzes Buch schreiben. Ich werde Ihnen im Folgenden die wichtigsten Instrumente an die Hand geben, mit deren Hilfe Sie die richtigen Optionen finden können.

Aber diejenigen Leser, die sich mit dieser Materie näher beschäftigen wollen, sollten den Kauf eines Exemplars von Michael Sinceres Buch *Understanding Options* in Betracht ziehen.

## Wie man eine gute Verkaufsoption erkennt

Die Wahl der richtigen Verkaufsoption ist der Wahl der richtigen Kaufoption, so wie wir sie im vorhergehenden Abschnitt diskutiert haben, sehr ähnlich. Man muss zwar sorgfältige und gründliche Recherchen anstellen, um sich die richtige Strategie zu überlegen, aber wie wir in der Fallstudie gesehen haben, kann man dafür auch innerhalb kurzer Zeit gewaltige Gewinne machen.

### 1. Machen Sie einen Kursimpuls ausfindig

In der Tesla-Fallstudie begann alles mit einem bestimmten Ereignis, das bevorstand. Ich war zwar durchaus nicht pessimistisch bezüglich der langfristigen Aussichten von Tesla, aber ich war davon überzeugt, dass der Markt die möglicherweise notwendige Rückzahlung dieser großen Wandelanleihe noch nicht eingepreist hatte. Als es schließlich dazu kam – und es eine ganze Flut weiterer schlechter Nachrichten gab –, brach der Aktienkurs schnell ein und meine Verkaufsoptionen stiegen um über 100 Prozent.

So etwas wird ein »unternehmensspezifisches Ereignis« genannt. Ich hatte nicht auf einen allgemeinen Einbruch des Marktes gewettet, sondern auf etwas spekuliert, das in engem Zusammenhang mit der finanziellen Situation eines bestimmten Unternehmens stand. Aber es gibt auch viele Ereignisse, die den Gesamtmarkt betreffen und von denen die Anleger profitieren können. Das gilt vor allem für die Kursabsicherungsstrategie, die wir diskutiert hatten. Da die meisten Anleger auf ihren Ruhestandssparkonten langfristige Positionen halten, kann es ratsam sein, diese langfristigen Positionen in Zeiten von Marktturbulenzen mit Verkaufsoptionen abzusichern. Solche Turbulenzen traten in letzter Zeit im Zusammenhang mit der Covid-19-Pandemie, dem SPAC-Crash und der

Ankündigung einer restriktiveren Geldpolitik (»Taper tantrum«) auf. (Zu jedem dieser Ereignisse finden Sie nähere Informationen im Internet.)

## 2. Seien Sie sich Ihrer Stärken und Schwächen bewusst

Wer neu am Optionsmarkt ist, sollte sich vor allem bemühen, seine Fähigkeit, Vorhersagen zu treffen, realistisch einzuschätzen. Einige Anleger haben ein Händchen dafür, mithilfe der Technischen Analyse kurzfristige Marktbewegungen vorherzusagen. Die Gewinne, die man damit machen kann, können durch kurzfristige Verkaufsoptionen erhöht werden. Andererseits gibt es vielleicht auch Investoren, die geschickt in der Finanzforensik sind, also darin, Fehler in der Finanzberichterstattung zu finden. Für diese kann der Kauf von langfristigen Verkaufsoptionen, die »aus dem Geld« sind, erfolgversprechender sein.

Sobald Sie sich ein realistisches Bild von Ihren Fähigkeiten gemacht haben, besteht Ihre nächste Aufgabe darin, die jeweiligen Optionsgeschäfte so gut wie möglich durchzuführen.

## 3. Wählen Sie den richtigen Verfallstermin

Nachdem Sie wissen, wie Ihre Stärken und Ihre Schwächen als Teilnehmer am Optionsmarkt aussehen, müssen Sie sich überlegen, was der richtige Zeithorizont für Ihre Geschäfte ist. Wenn Sie zum Beispiel ein geschickter Technischer Analyst und gut darin sind, kurzfristige Marktbewegungen zu prognostizieren, sollten Sie Laufzeiten von einem Monat oder weniger wählen. Diese kurzfristigen Optionen sind zwar volatiler und verfallen nach nur wenigen Wochen, aber dafür sind sie auch billiger. Wenn Sie bisher bei der Vorhersage kurzfristiger Marktbewegungen erfolgreich gewesen sind, dann könnte die Wahl solcher Optionen für Sie die richtige Strategie darstellen.

Andererseits werden Finanzforensiker, die nach langfristigen Impulsen für Kursbewegungen suchen, mit langfristigen Optionen besser bedient sein. Das heißt, dass der Verfallstermin mindestens ein paar Wochen nach dem erwarteten Kursimpuls liegen sollte. Diese Optionen sind zwar teurer als ihre kurzfristigen Pendants, aber dieser Mehrpreis wird sich lohnen, wenn sich Ihre Analyse als richtig erweist.

## Wie handelt man mit Verkaufsoptionen?

Sobald Sie Ihre Strategie festgelegt und einen bevorstehenden Kursimpuls identifiziert haben, können Sie in Ihre Verkaufsoption investieren. Allerdings sollten Sie nicht mehr als 1 Prozent Ihres Anlagekapitals einsetzen. Sie haben vor, bei diesem Geschäft zum Beispiel 10 Dollar zu investieren und damit, wenn möglich, 40 Dollar zu verdienen. Aber es besteht immer das Risiko, dass Sie dabei die gesamte Optionsprämie in Höhe von 10 Dollar verlieren. In der Tat ist die Wahrscheinlichkeit dafür ziemlich hoch. Deswegen sollten Sie nicht zu viel in ein spekulatives Optionsgeschäft investieren. Schließlich könnten Sie sich mit Ihren Überlegungen auch täuschen.

Um die Durchführung eines Verkaufsoptionsgeschäfts zu veranschaulichen, wollen wir uns ein Beispiel mit verschiedenen Szenarien ansehen. Nehmen wir an, Sie kaufen eine Verkaufsoption auf Pinterest (PINS) mit einem Ausübungspreis von 50 Dollar und einer Optionsprämie von 300 Dollar (3 Dollar pro Aktie). Der Kontrakt hat eine Laufzeit von zwei Monaten und die Aktie notiert gegenwärtig bei 55 Dollar. Sie vermuten, dass der US-Kongress in den kommenden Wochen Gesetze verabschieden wird, die den Zugang von Minderjährigen zu den sozialen Medien einschränken. Dies würde den Kurs der Aktie drücken.

Hinweis: Die Gewinnschwelle liegt bei 47 Dollar pro Aktie. Das ist die Differenz zwischen dem Ausübungspreis von 50 Dollar und der Optionsprämie von 3 Dollar, die Sie beim Erwerb der Verkaufsoption gezahlt haben.

Im ersten Szenario verschiebt der Kongress das Gesetzgebungsverfahren, weil es dringende Haushaltsprobleme gibt, mit denen er sich beschäftigen muss. Dem Markt gefällt diese Neuigkeit und die Aktien von Pinterest steigen auf 65 Dollar. Da der Kurs deutlich über dem Ausübungspreis liegt, ist der Preis Ihrer Option um 75 Prozent gesunken. Da Optionskontrakte umso mehr an Wert verlieren, je näher das Verfallsdatum rückt, verlieren Sie jeden Tag immer mehr und immer schneller Geld. Dieser Vorgang, also der tägliche Wertverlust einer Option, wird als »Theta-Zerfall« bezeichnet.

Da Sie schon den Großteil Ihres Einsatzes verloren haben, haben Sie nicht mehr viel zu verlieren, wenn Sie Ihre Position weiter halten (und schließlich kann das von Ihnen erwartete Gesetz trotzdem noch vor dem Verfallsdatum verabschiedet werden). Dennoch ist es ratsam, Ihre Position zu verkaufen und so das, was von der Optionsprämie übrig geblieben ist, zu retten.

In einem zweiten Szenario verabschiedet der Kongress zwar das Gesetz, aber es ist bei Weitem nicht so streng, wie Sie erwartet haben. Deshalb ändert sich der Aktienkurs im Vergleich zum Aktienkurs zum Zeitpunkt des Kaufes Ihrer Option nur wenig. Das ist ebenfalls ein Problem für Sie, da Optionskontrakte stetig an Wert verlieren, selbst wenn der Kurs des zugrunde liegenden Wertpapiers (in diesem Fall der Kurs der Pinterest-Aktie) konstant bleibt. Dadurch, dass die Pinterest-Aktie bei 55 Dollar verharrt, hat Ihr Optionskontrakt schon 25 Prozent an Wert eingebüßt. Da sich der von Ihnen erwartete Impuls nicht so stark wie gedacht auf den Kurs ausgewirkt hat, ist es für Sie jetzt am besten, den Verlust zu begrenzen, Ihre Position zu verkaufen und nach anderen Anlagechancen Ausschau zu halten.

Im dritten und letzten Szenario verkündet der Kongress ein umfassendes und weitreichendes Gesetz gegen die Branche der sozialen Medien. Das Gesetz nennt Pinterest sogar beim Namen als ein Unternehmen, dessen Geschäfte den Interessen der Regierung zuwiderlaufen. Das drückt den Aktienkurs auf 45 Dollar (also 5 Dollar unterhalb Ihres Ausübungspreises). Das sind gute Nachrichten für Sie, weil Sie dadurch einen Bruttogewinn von 500 Dollar gemacht haben [(50 Dollar – 45 Dollar) × 100 Aktien = 500 Dollar]. Nach Abzug der Optionsprämie von 300 Dollar verbleibt ein Nettogewinn von 200 Dollar. Sie haben mit Ihrer Vermutung recht gehabt und es ist nun an der Zeit, Gewinne mitzunehmen und Ihre Position zu verkaufen.

**Kurzanleitung für Investoren: Der Erwerb von Verkaufsoptionen**

Der Erwerb von Verkaufsoptionen funktioniert genauso wie der von Kaufoptionen. Um kurz zu wiederholen:

- Nachdem Sie von Ihrem Broker zum Handel mit Optionen zugelassen worden sind, suchen Sie auf der Website Ihres Brokers nach der »Options-Kette« (»option chain«), um sich über Geldkurs, Briefkurs, Verfallstermin und Ausübungspreis von Verkaufsoptionen auf die Sie interessierenden Aktien zu informieren.
- Nachdem Sie sich für eine Aktie entschieden haben, von der Sie glauben, dass sie im Kurs fallen wird, erwerben Sie eine Verkaufsoption auf diese Aktie und eröffnen Ihre Position.
- Um das Risiko zu begrenzen, sollten Sie nur eine Verkaufsoption erwerben. Der Schlüssel zum Erfolg beim Erwerb von Verkaufsoptionen ist die Beschränkung auf kleine Transaktionen. Erteilen Sie einen limitierten Kaufauftrag (keinen Billigst-Kaufauftrag).
- Setzen Sie sich ein Kursziel für Ihre Position. Sie sollten sich auch eine Stop-Loss-Grenze für den Fall fest vornehmen, dass sich der Kurs anders als gedacht entwickelt, und erwägen, bei einem Verlust von 20 oder 30 Prozent zu verkaufen.
- Wenn Ihr Kursziel erreicht ist oder Sie einen schönen Gewinn gemacht haben (wie hoch ein »schöner Gewinn« ist, wird jeder Anleger anders sehen), verkaufen Sie ihre gesamte Position.
- Hinweis: Ich warne davor, Verkaufsoptionen bis zum Verfallstermin zu halten. Außerdem empfehle ich, Optionen, mit denen Sie in der Gewinnzone sind, zu verkaufen und nicht auszuüben. Das gilt besonders für Verkaufsoptionen. Wenn Sie die Option ausüben würden, dann würde das bedeuten, dass Sie Ihre profitable Verkaufsoption dadurch in eine Short-Position umwandeln, dass Sie den Basiswert leerverkaufen. Das ist nicht ratsam.

# Abgesicherte Verkaufsoptionen

## Was sind abgesicherte Verkaufsoptionen?

Bis jetzt ging es in diesem Kapitel vor allem um Strategien im Zusammenhang mit dem *Kauf* von Optionen. Die meisten Investoren wissen nicht, dass man auch Geld mit dem *Verkauf* von Optionen verdienen kann.* Man kann sowohl Kaufoptionen (in diesem Fall sogenannte »gedeckte Kaufoptionen«) als auch Verkaufsoptionen verkaufen, aber nach meiner Meinung ist die letztgenannte Strategie die wesentlich interessantere.

Der Verkauf von Verkaufsoptionen ist ein Beispiel für »Stillhaltergeschäfte« (»writing options«); dabei handelt es sich meistens um sogenannte »abgesicherte Verkaufsoptionen« (»cash-secured puts«). Dieses Vorgehen hat im Wesentlichen zwei Vorteile:

- Man kann Aktien mit »Rabatt« kaufen.
- Man kann Geld verdienen, während man darauf wartet, dass die betreffende Aktie unter den Höchstkurs fällt, zu dem man sie kaufen möchte.

Beim Verkauf abgesicherter Verkaufsoptionen muss man genug Kapital aufbringen, um 100 Stück des Basiswerts zum Ausübungspreis kaufen zu können. Man kann diese Strategie zwar auch ohne eine solche Absicherung durchführen. Dann spricht man vom Verkauf von »nackten« Verkaufsoptionen. Aber ich würde das nicht empfehlen. Ohnehin verlangen die meisten Broker, dass der Verkäufer von Verkaufsoptionen genug liquide Mittel auf seinem Wertpapierkonto hat, um die Aktien kaufen zu können, wenn sie ihm vom Käufer der Verkaufsoption »angedient« werden

---

* Auch in Europa ist der Verkauf von Optionen an den Terminbörsen jedem Marktteilnehmer möglich. Die Verkäufer nehmen dabei die sogenannte Stillhalterposition ein. Optionsscheine werden dagegen nur von Banken emittiert (also verkauft) und nicht an Terminbörsen, sondern im Freiverkehr gehandelt (Anmerkung des Übersetzers).

sollten. Diese Verkaufsoptionen heißen deswegen »abgesichert«, weil die liquiden Mittel zum Kauf der Aktien »sicher« sein (also jederzeit zur Verfügung stehen) müssen. Denn die Aktien können während der Laufzeit jederzeit dem Verkäufer der Verkaufsoption angedient werden.

Hinweis: Wenn Ihnen eine Aktie »angedient« wird, dann bedeutet das, dass Ihnen die Ausübung des Verkaufsrechts mitgeteilt wird und Sie dazu verpflichtet sind, die Aktien zum vereinbarten Preis zu kaufen. Das ist dann kein Problem für Sie, wenn Sie ohnehin vorhaben, sie zu kaufen. Wenn Sie aber nicht die Absicht hatten, der Besitzer dieser Aktien zu werden, die ja im Kurs gefallen sind, dann ist es eine unliebsame Überraschung, wenn sie in Ihrem Portfolio auftauchen.

## Der Kauf von Meta-Aktien mit Rabatt

Nehmen wir an, Sie wollen Aktionär von Meta Platforms (META, früher MRVS), der Muttergesellschaft von Facebook, werden. Die Aktien notieren aktuell bei 300 Dollar. Sie sind sehr optimistisch bezüglich der langfristigen Aussichten des Unternehmens, aber Sie wollen Ihre Position zu einem möglichst niedrigen Einstandspreis eröffnen. Sie erwarten, dass sich der Kurs der Meta-Aktie innerhalb der nächsten drei Monate entweder seitwärts bewegt oder steigt. Also beschließen Sie, eine abgesicherte Verkaufsoption zu verkaufen.

Sie haben außerdem festgestellt, dass es bei 280 Dollar eine ausgeprägte »Unterstützung« für den Kurs der Aktie gibt. Das bedeutet, dass es viele Investoren gibt, die bereit sind, die Aktie bei diesem Kurs zu kaufen. Ihnen ist aufgefallen, dass die Meta-Aktie, sobald sie zu diesem Kurs oder wenig darunter notiert, meistens schnell »dreht«, also wieder zu steigen beginnt. Wenn man eine Linie bei 280 Dollar in den Kurschart der letzten sechs Monate einzeichnet, dann sieht es so aus, als ob die Meta-Aktie von dieser Linie jedes Mal, wenn sie sie erreicht hat, nach oben »zurückprallt«.

Sie schauen sich die für Meta möglichen Optionen an und entscheiden sich, eine Verkaufsoption mit Ausübungspreis 280 Dollar zum Preis von 8 Dollar pro Aktie zu verkaufen. Da jeder Kontrakt sich auf 100 Aktien bezieht, können Sie sofort eine Optionsprämie von 800 Dollar einstreichen. Diese Prämie können Sie auf jeden Fall behalten, gleichgültig, was passiert. Sie dürfen aber nicht vergessen, dass der Preis der Option höchstwahrscheinlich vor dem Fälligkeitstermin stark schwanken wird.

Hinweis: Ihre Gewinnschwelle liegt bei 272 Dollar pro Aktie, was der Differenz entspricht zwischen dem Ausübungspreis von 280 Dollar und der Optionsprämie von 8 Dollar, die Sie beim Verkauf der Verkaufsoption vereinnahmt haben.

Außerdem müssen Sie auf Ihrem Wertpapierkonto 28 000 Dollar haben – für den Fall, dass Ihnen die 100 Meta-Aktien angedient werden. Da der Kontrakt eine »Optionsrendite« von 2,86 Prozent hat (8 Dollar ÷ 280 Dollar = 0,02857 Prozent), können Sie mit der Bindung Ihres Kapitals akzeptable Einnahmen erzielen (das Konzept der Optionsrendite wird weiter unten in diesem Kapitel noch ausführlicher erörtert).

Es sind nun zwei Szenarien vorstellbar. Lassen Sie uns zunächst annehmen, dass die Meta-Aktie am Verfallstag Ihrer Option bei einem Kurs von über 280 Dollar schließt. In diesem Fall passiert weiter nichts. Ihre Verpflichtung zum Kauf der 100 Meta-Aktien läuft aus; sie haben die Optionsprämie von 800 Dollar schon eingestrichen; und das Geschäft ist abgeschlossen. Ein tolles Ende für eine tolle Transaktion!

Im zweiten Szenario notiert die Meta-Aktie am Verfallstag unterhalb des Ausübungspreises von 280 Dollar. In diesem Fall werden Ihnen die Meta-Aktien angedient werden. Das bedeutet, dass Sie dazu verpflichtet sind, 100 Meta-Aktien zum Preis von 280 Dollar zu kaufen. Auch wenn die Aktie unterhalb von 280 Dollar notiert, müssen Sie dennoch die 100 Stück zum vereinbarten Preis kaufen. Aber da Sie sehr optimistisch mit Bezug auf die langfristigen Aussichten von Meta sind, kaufen Sie die Aktien gerne.

## Eine Win-win-Strategie

Der Verkauf abgesicherter Verkaufsoptionen ist eine der ganz wenigen Win-win-Strategien in der Welt des Optionshandels. Man erwirbt nicht nur die zugrunde liegenden Aktien, sondern erzielt auch solide Einnahmen – in der Regel zwischen 2 und 3 Prozent der Kontraktsumme. Und weil diese Einnahmen die Durchschnittskosten des Erwerbs der Aktien senken, kann man seine langfristige Position zu einem günstigeren Einstandspreis eröffnen.

Es gibt unterschiedliche Schätzungen, aber die meisten Studien zeigen, dass ein großer Anteil – gewöhnlich zwischen 30 und 50 Prozent – der Verkaufsoptionen wertlos verfällt. Viele von ihnen werden außerdem vor dem Verfallstermin vom Käufer weiterverkauft. Das heißt, dass am Markt für Verkaufsoptionen der Verkäufer im Vorteil ist. Das ist einer der Gründe dafür, dass ich regelmäßig Verkaufsoptionen auf Positionen in meinem Portfolio verkaufe und damit Einnahmen erziele.

Optionsverkäufer sollten den CBOE-Volatilitätsindex (VIX) genau im Auge behalten. Wie in Kapitel 4 erläutert, ist der VIX der beste Maßstab für die Stimmung der Investoren an den Märkten. Wenn der VIX niedrig ist, dann machen sich die Investoren keine Sorgen über die Konjunktur oder die Entwicklung des Aktienmarkts. Aber wenn der VIX nach oben ausschlägt (wie er es beispielsweise während der Covid-19-Pandemie und der globalen Finanzkrise getan hat), dann haben die Anleger Bedenken hinsichtlich der weiteren Entwicklung des Aktienmarktes und der Gesamtwirtschaft.

Der VIX ist auch sehr wichtig für den Optionsmarkt. Wenn der VIX hoch ist, dann sind die Prämien für Kauf- oder Verkaufsoptionen ebenfalls hoch. Und das bedeutet, dass diejenigen Anleger, die diese Optionen verkaufen, höhere Einnahmen erzielen können.

Beim Crash während der Covid-19-Pandemie im März 2020 habe ich genau diese Strategie verfolgt, um Riesengewinne zu machen.

## Fallstudie: Boeing und der Covid-19-Crash

Ich bin schon immer ein Fan von Unternehmen mit einem breiten Burggraben gewesen (dieses Konzept haben wir in Kapitel 6 besprochen). Der Ausdruck stammt von Warren Buffett und beschreibt Unternehmen mit dauerhaften Wettbewerbsvorteilen. Im Prinzip sagt man, dass ein Unternehmen dann einen »breiten Burggraben« hat, wenn es über einen Wettbewerbsvorteil verfügt, den andere Unternehmen nicht einholen können. Ein solches Unternehmen hat oft langfristig eine höhere Gewinnmarge und ein stärkeres Wachstum des frei verfügbaren Cashflows.

Ein Unternehmen, das schon immer dieses Konzept verkörpert hat, ist Boeing Incorporated. Es ist eines von zwei Unternehmen weltweit, die große Verkehrsflugzeuge herstellen (das andere ist Airbus). Boeing hat auch sehr enge Geschäftsbeziehungen zur US-Regierung, denn in Kriegszeiten braucht die Regierung Fertigungskapazitäten für die Produktion von Panzern, Lastwagen und – Sie ahnen es – Flugzeugen. Deshalb ist es extrem unwahrscheinlich, dass die Regierung dieses Unternehmen pleitegehen lassen wird. Und deshalb sind die Eintrittsbarrieren in den Flugzeugmarkt sehr hoch.

Aber obwohl Boeing schon immer das Paradebeispiel für ein Unternehmen mit einem breiten Burggraben gewesen ist, sah es so aus, als ob seine Existenz im März 2020 in Gefahr wäre.

## Die Aktie von Boeing stürzt ins Bodenlose

Beim Beginn der Covid-19-Pandemie gingen Schockwellen durch die Finanzmärkte. Lockdowns auf der ganzen Welt zogen alle nur denkbaren Branchen in Mitleidenschaft. Eine der am schlimmsten betroffenen Branchen waren die Fluggesellschaften.

Zwar brach der weltweite Flugverkehr während der Lockdowns nie ganz zusammen, aber die Zahl der Flugpassagiere sank in einem nie zuvor da gewesenen Ausmaß. So fiel das Passagieraufkommen im US-Flugverkehr von 2,3 Millionen im Januar 2020 auf 100 000 im April 2020.

Keine Branche ist auf einen derartigen Nachfrageeinbruch vorbereitet. Alle Fluggesellschaften hatten zu kämpfen, aber Boeing wurde am schwersten getroffen. Die langfristige Nachfrage nach neuen Flugzeugen kam schnell zum Erliegen, weil Fluggesellschaften gezwungen waren, ihre Aufträge zu stornieren. Boeing hatte zwar anscheinend immer noch einen breiten Burggraben, aber der nützte nichts, weil keine Flugzeuge mehr nachgefragt wurden.

Diese Entwicklung ließ die Boeing-Aktie von 340 Dollar im Februar 2020 auf 89 Dollar im März 2020 abstürzen. Das bedeutete einen Ein-Monats-Kursverlust von 74 Prozent. Der CBOE-Volatilitätsindex schoss nach oben und erreichte ein Allzeithoch. Aber als erfahrener Optionshändler sah ich, dass sich hier eine gute Kaufgelegenheit bot.

## Vom Chaos profitieren

Obwohl die Lage unsicher und mit nichts zu vergleichen war, das ich von früher kannte, war ich mir sicher, dass die Regierung Boeing nicht pleitegehen lassen würde. Schließlich würde die US-Regierung wohl kaum mit dem europäischen Unternehmen Airbus bei der Entwicklung von Militärtechnologie zusammenarbeiten.

Als ich sah, dass der Höhepunkt der Verkaufswelle wahrscheinlich überschritten war, beschloss ich, eine einwöchige abgesicherte Verkaufsoption auf Boeing zu verkaufen, als die Aktie bei 100 Dollar notierte. Der Kontrakt hatte einen Ausübungspreis von 90 Dollar und ich erhielt eine wahnwitzig hohe Optionsprämie von 1350 Dollar (1350 Dollar pro Kontrakt). Das entsprach einer Optionsrendite von 15 Prozent – bei einer Haltedauer von fünf Tagen. Falls die Boeing-Aktie am Freitag der betreffenden Woche unter 90 Dollar notiert hätte, wäre ich dazu verpflichtet gewesen, 100 Boeing-Aktien zum Preis von 90 Dollar pro Stück zu kaufen. Wenn aber die Aktie über 90 Dollar notiert hätte, hätte ich die 100 Aktien nicht kaufen müssen. Die Prämie von 1350 Dollar konnte ich in jedem Fall behalten.

Ich hatte angenommen, dass die Verkaufswelle beendet sei, aber ich hatte mich getäuscht. An jenem Freitag schloss die Boeing-Aktie bei 87 Dollar. Das bedeutete, dass ich 100 Boeing-Aktien kaufen musste. Aber weil ich ein Fan dieses Unternehmens mit seinem breiten Burggraben war, hatte ich mit dem Kauf der Aktien überhaupt kein Problem. Wegen der Optionsprämie von 1350 Dollar (oder 13,50 Dollar pro Aktie) betrug mein Einstandspreis nur 76,50 Dollar (90 Dollar – 13,50 Dollar).

Ich war zwar etwas nervös, weil ich eine beträchtliche Position von Aktien eines Unternehmens hielt, das in Schwierigkeiten steckte, aber das Geschäft erwies sich als sehr erfolgreich. Bis zum März 2021 hatte sich der weltweite Flugverkehr normalisiert und die Boeing-Aktie hatte sich mit einem Kursplus von 209 Prozent mehr als deutlich erholt. Es war eines meiner besten Investments in dieser Zeit.

## Anlagestrategie: Abgesicherte Verkaufsoptionen

Der Verkauf abgesicherter Verkaufsoptionen ist eine Methode, eine Aktie, die Sie haben wollen, mit Rabatt zu erwerben. Für das Recht, abzuwarten, ob die betreffende Aktie bis zum Verfallsdatum unter den gewählten Ausübungspreis sinken wird, muss man nicht nur nichts bezahlen, sondern bekommt sogar eine Prämie. Wenn die Aktie am Verfallstermin unter dem Ausübungspreis notiert, ist man verpflichtet, 100 Stück dieser Aktie zum Ausübungspreis zu kaufen (man spricht in diesem Fall davon, dass einem die Aktie »angedient« oder »zugeteilt« wird).

Aber da Sie diese Aktie ohnehin haben wollten, sind Sie froh, sie zu dem niedrigeren Kurs kaufen zu können. Und wenn Sie ein solches Geschäft in Zeiten hoher Volatilität abschließen (so wie ich das im Fall von Boeing getan habe), können Sie eine sehr hohe Prämie verdienen.

## Wie man eine gute abgesicherte Verkaufsoption erkennt

Selbstverständlich gibt es auch Risiken beim Verkauf abgesicherter Verkaufsoptionen. Zum Beispiel hatte im Fall von Boeing die Möglichkeit bestanden, dass das Unternehmen Pleite gemacht hätte. Wenn das in dem Zeitraum zwischen der Eröffnung meines Optionskontrakts und dem Verfallstermin passiert und die Aktie auf 0 Dollar gefallen wäre, dann hätte ich trotzdem 100 Boeing-Aktien zum Preis von 90 Dollar pro Stück (also insgesamt für 9000 Dollar) kaufen müssen. Das hätte bedeutet, dass ich diese 9000 Dollar praktisch zum Fenster hätte hinauswerfen müssen.

Aber wenn Sie die folgenden vier Ratschläge beachten, können Sie die Wahrscheinlichkeit, dass Sie einen Fehlgriff beim Handel mit abgesicherten Verkaufsoptionen tun, drastisch reduzieren.

## 1. Suchen Sie sich eine Aktie, die Sie haben wollen

Einer der Hauptfehler, den Anfänger beim Optionshandel machen, ist, abgesicherte Verkaufsoptionen auf Aktien zu verkaufen, die sie gar nicht haben wollen. Das ist ein typischer Fehler und er kann zu unabsehbaren Verlusten führen.

Zum Beispiel erkennt ein Spekulant, dass ein Unternehmen in Schwierigkeiten steckt. Die erwartete Schwankungsbreite (beziehungsweise die implizierte Volatilität) der betreffenden Aktie steigt, sodass man eine hohe Prämie mit dem Verkauf einer abgesicherten Verkaufsoption verdienen kann. Der Spekulant denkt, er könne einen schnellen Gewinn machen, und verkauft eine abgesicherte Verkaufsoption. Dem unerfahrenen Spekulanten war aber nicht klar, dass die erwartete Schwankungsbreite nicht ohne Grund so hoch war, und die Aktie fällt immer weiter. Am Verfallstermin ist er gezwungen, 100 Stück einer Aktie zu kaufen, die er gar nicht haben wollte.

Anstatt sich irgendeine x-beliebige Aktie herauszusuchen, sollte man sich beim Verkauf von abgesicherten Verkaufsoptionen auf die Aktien konzentrieren, die man wirklich haben möchte.

Herauszufinden, für welche Aktie man abgesicherte Verkaufsoptionen verkaufen sollte, ist der Suche nach Aktien ähnlich, die man kaufen will. Immer wenn ich Aktien analysiere, beginne ich damit, nach Unternehmen zu suchen, die von langfristigen Wachstumstrends profitieren. Dabei handelt es sich um Märkte oder Branchen, die sich über viele Jahre hin positiv entwickeln werden und deshalb kaum von kurzfristigen Faktoren beeinflusst werden. Außerdem suche ich nach Unternehmen mit einem breiten Burggraben (so wie Boeing im obigen Beispiel).

## 2. Finden Sie die technische Unterstützungslinie der Aktie heraus

Die Technische Analyse dreht sich um die Identifizierung von Anlagechancen auf der Grundlage von Kursmustern und Preistrends. Es sind ganze Bücher über die Technische Analyse geschrieben worden. Ich möchte hier nur einen Überblick über eines der für den Verkauf abgesicherter Verkaufsoptionen wichtigsten Kursmerkmale geben: die Unterstützungslinie.

Eine *Unterstützungslinie* bezieht sich auf einen Kursverlauf, bei dem der Kurs einer Aktie innerhalb einer bestimmten Zeit nicht unter einen bestimmten Kurs fällt. Eine solche Unterstützungslinie entsteht dann, wenn es zu einer Kaufwelle kommt und die Nachfrage das Angebot übersteigt, sobald der Kurs auf ein bestimmtes Niveau fällt. Technische Analysten zeichnen Linien in Kurscharts, um herauszufinden, wo dieses Kursniveau liegt.

Da Unterstützungslinien zeigen, bei welchem Kurs eine Aktie wahrscheinlich aufhört, zu fallen, und sich möglicherweise wieder erholt, sollten Anleger, die abgesicherte Verkaufsoptionen verkaufen wollen, einen Ausübungspreis bei oder unter einer solchen Unterstützungslinie wählen. Dadurch steigt die Wahrscheinlichkeit, dass dem Optionsverkäufer die Aktien nicht zugeteilt werden, weil es unwahrscheinlich ist, dass die Aktie unter dieses Kursniveau fallen und dort verharren wird. Für diejenigen, die Einnahmen in Form von Optionsprämien erzielen und nicht die betreffende Aktie erwerben wollen, ist die Wahl eines Ausübungspreises unterhalb der Unterstützungslinie eine ideale Strategie.

## 3. Finden Sie eine Aktie mit einer hohen »Optionsrendite«

Sie wollen natürlich beim Verkauf abgesicherter Verkaufsoptionen möglichst viel Geld verdienen. Meine bevorzugte Methode, die möglichen Gewinne bei Optionsgeschäften zu bestimmen, besteht darin, dass ich mir die sogenannte »Optionsrendite« ansehe.

Lassen Sie uns zum Beispiel annehmen, dass wir uns im September befinden und dass Ihre Analyse der Apple-Aktie ergeben hat, dass diese eine technische Unterstützungslinie bei 140 Dollar hat. Die Aktie notiert gegenwärtig bei 145 Dollar und Sie glauben nicht, dass sie innerhalb der nächsten zwei Monate unter 140 Dollar schließen wird. Deshalb entscheiden Sie sich, eine Verkaufsoption auf Apple mit einem Ausübungspreis von 140 Dollar und dem Verfallstermin 19. November zu verkaufen.

Sie erhalten eine Optionsprämie von 4 Dollar pro Aktie (also insgesamt 400 Dollar, da sich der Optionskontrakt auf 100 Aktien bezieht). Um die Optionsrendite zu berechnen, dividieren Sie die Prämie durch den Ausübungspreis. In diesem Beispiel beträgt die Optionsrendite 2,86 Prozent (4 Dollar ÷ 140 Dollar = 0,02857).

Hinweis: Ihre Gewinnschwelle liegt bei 136 Dollar pro Aktie, was der Differenz entspricht zwischen dem Ausübungspreis von 140 Dollar und der Optionsprämie von 4 Dollar, die Sie beim Verkauf der Option eingenommen haben.

Nehmen wir einmal an, dass Sie einen Optionskontrakt, der »am Geld« ist, verkaufen wollen. In diesem Szenario wählen Sie einen Ausübungspreis von 145 Dollar, weil der aktuelle Kurs der Aktie ebenfalls 145 Dollar beträgt. Da die Wahrscheinlichkeit, dass Ihnen die Aktien zugeteilt werden, jetzt höher ist, bekommen Sie auch eine höhere Prämie, sagen wir 6 Dollar pro Aktie (also insgesamt 600 Dollar). Dieser riskantere Optionskontrakt hat eine Optionsrendite von 4,14 Prozent (6 Dollar ÷ 145 Dollar = 0,04138). Sie verdienen mit diesem Optionskontrakt mehr, weil das Risiko, dass Ihnen die Aktien zugeteilt werden, höher ist.

## 4. Machen Sie sich den »Theta-Zerfall« zunutze

Alle Anleger, die mit dem Verkauf abgesicherter Verkaufsoptionen Geschäfte machen wollen, müssen eine Regel beachten: Verkaufen Sie nur Kontrakte mit einer Laufzeit zwischen 30 und 60 Tagen. Wie erwähnt verlieren Optionskontrakte umso mehr an Wert, je näher der Verfallstermin rückt. Tatsächlich *beschleunigt* sich der Wertverlust sogar, je kürzer die Restlaufzeit wird.

Wenn man abgesicherte Verkaufsoptionen verkauft, sollte man sich diesen beschleunigten Wertverlust, den »Theta-Zerfall«, zunutze machen. Wir werden im nächsten Abschnitt die »Griechen« des Optionsgeschäfts besprechen. An dieser Stelle möchte ich nur darauf hinweisen, dass man ausschließlich abgesicherte Verkaufsoptionen verkaufen sollte, die innerhalb von 30 bis 60 Tagen verfallen, da der Theta-Zerfall in dieser Zeit am stärksten ist.

KAPITEL 7

# Wie handelt man mit abgesicherten Verkaufsoptionen?

Sobald Sie eine Aktie gefunden haben, die Sie haben wollen, bei der es eine verlässliche Unterstützungslinie gibt und bei der die Optionsrendite angemessen ist, sollten Sie Ihre Position eröffnen (also eine Option verkaufen, um die Position zu eröffnen). Ich würde Ihnen raten, nicht mehr als 10 Prozent Ihres Portfolios dafür einzusetzen. Das heißt, der Kaufpreis der Aktien, die Ihnen möglicherweise angedient werden, sollte nicht mehr als 10 Prozent Ihres Portfolios betragen. Die Regeln, die ich genannt habe, mindern zwar das mit diesen Geschäften verbundene Risiko, aber man sollte nie mehr als 10 Prozent bei einem Optionskontrakt riskieren – auch dann nicht, wenn man die Aktie wirklich haben will.

Nachdem Sie die Verkaufsoption verkauft und damit Ihre Position eröffnet haben, müssen Sie Geduld haben. Wenn die zugrunde liegende Aktie steigt oder sich seitwärts bewegt, wird der Wert Ihres Optionskontrakts wahrscheinlich fallen. Das ist eine gute Nachricht, da Sie bezüglich des Verkaufsoptionskontrakts die Short-Position innehaben.

Wenn das Geschäft nach Ihren Wünschen verläuft, gibt es verschiedene Dinge, die Sie tun können. Als Erstes können Sie Gewinne mitnehmen, indem Sie kaufen, um Ihre Position zu schließen. Ich mache das manchmal, wenn ich innerhalb kurzer Zeit einen Gewinn von 40 oder 50 Prozent gemacht habe und davon ausgehe, dass die Aktien nach einer Kaufwelle wieder zu fallen beginnen. Sie werden mit dem Zurückkauf Ihrer Verkaufsoption zwar einen Teil der Optionsprämie verlieren, aber das ist es oft wert, um zu verhindern, dass Ihnen die Aktien zugeteilt werden.

Sie können Ihre Position aber auch bis zum Verfallstermin halten. Damit setzen Sie sich zwar dem Risiko aus, dass Ihnen die Aktien zugeteilt werden; aber Sie werden dadurch entschädigt, dass Ihnen die gesamte Optionsprämie verbleibt.

Wenn aber die Aktie immer weiter fällt, nachdem Sie eine abgesicherte Verkaufsoption verkauft haben, und der Verfallstermin immer näher rückt, werden Sie wahrscheinlich die 100 Stück der Aktie kaufen müssen. Wenn Sie aber meinem Rat gefolgt sind und nur abgesicherte Verkaufsoptionen auf solche Aktien verkauft haben, die Sie auch wirklich haben wollen, dann ist das auch ein gutes Ergebnis, weil Sie auf diese Weise 100 Aktien eines soliden Unternehmens erwerben werden.

**Kurzanleitung für Investoren: Der Verkauf von abgesicherten Verkaufsoptionen**

- Stellen Sie sicher, dass Sie Ihr Broker abgesicherte Verkaufsoptionen verkaufen lässt. Zu diesem Zweck müssen Sie ein Einschusskonto (»margin account«) eröffnen.
- Suchen Sie eine Aktie, die Sie mit Rabatt kaufen wollen.
- Überprüfen Sie, ob Sie genug Geld auf Ihrem Konto haben, um die Aktien für den Fall zu kaufen, dass sie Ihnen »angedient« werden.
- Eröffnen Sie Ihre Position, indem Sie die abgesicherte Verkaufsoption verkaufen. Ihr Broker wird die notwendige Summe als Sicherheit auf Ihrem Konto für den Fall festlegen, dass die Aktien Ihnen zugeteilt beziehungsweise angedient werden.
- Beim Verkauf der abgesicherten Verkaufsoption erhalten Sie die Optionsprämie – einer der Vorteile dieser Art von Optionsgeschäften.
- Wenn die zugrunde liegende Aktie steigt oder sich ihr Kurs nicht ändert, verfällt die Verkaufsoption wertlos. Sie behalten die Optionsprämie und müssen die Aktien nicht kaufen.
- Wenn die zugrunde liegende Aktie am Verfallstermin unter den Ausübungspreis fällt, wird Ihnen die Ausübung des Verkaufsrechts mitgeteilt und Sie müssen die Aktien kaufen. Da Sie aber diese Aktien ohnehin kaufen wollten, ist auch das ein gutes Ergebnis. Ihnen gehören jetzt die Aktien und Sie haben sie zu einem verbilligten Preis bekommen.

# Lang laufende Optionen (LEAPS)

## Was sind lang laufende Optionen (»LEAPS« oder »Long-term Equity Anticipation Securities«)?

Die meisten Anfänger spekulieren am liebsten mit kurzfristigen Optionen. Ihnen fällt bei einem bestimmten Wertpapier ein Kursmuster auf. Sie denken, dieses Kursmuster werde Bestand haben, und beschließen deshalb, eine Kauf- oder eine Verkaufsoption zu erwerben, um ihre Gewinne zu steigern.

Die bisher in diesem Kapitel vorgestellten drei Strategien – der Kauf von Kaufoptionen, der Kauf von Verkaufsoptionen und der Verkauf von abgesicherten Verkaufsoptionen – sind kurzfristiger Natur. Aber es gibt auch hochriskante und hochprofitable Optionsstrategien, bei denen langfristig spekuliert wird. Eine der beliebtesten ist der Einsatz von langfristigen Optionen (»Long-term Equity Anticipation Securities« oder »LEAPS«).*

LEAPS sind Optionskontrakte mit Laufzeiten zwischen neun Monaten und drei Jahren. Abgesehen von ihrem deutlich längeren Zeithorizont sind sie identisch mit den traditionellen Kauf- oder Verkaufsoptionen. Erfahrene Optionshändler nutzen manchmal LEAPS bei ihren langfristigen Positionen, um die Effizienz ihres Kapitaleinsatzes zu verbessern.

* Lange Laufzeiten gibt es ebenfalls bei europäischen Optionen und bei Optionsscheinen (Anmerkung des Übersetzers).

## Der Kauf von LEAPS und der Kauf von Aktien

Viele Finanzautoren schreiben, dass der Kauf von LEAPS nur eine Methode ist, um mit geringerem Kapitaleinsatz das langfristige Aufwärtspotenzial einer Aktie zu nutzen. Das mag zwar richtig sein, aber man darf nicht vergessen, dass LEAPS dennoch Optionen sind und dass Anleger deshalb eine Prämie für ihre Nutzung bezahlen müssen.

Die Optionsprämie kann man sich als den Preis für die Nutzung eines Optionskontrakts vorstellen. Und weil LEAPS langfristige Optionen sind, muss man für ihre Nutzung einen höheren Preis zahlen. Denn je weiter der Verfallstag in der Zukunft liegt, desto mehr Zeit hat der Aktienkurs, um sich deutlich zu bewegen. Dies ist ein Beispiel für die Zeitabhängigkeit des Wertes von Geld: Eine bestimmte Geldsumme ist nämlich heute mehr wert als dieselbe Summe in der Zukunft.

Eine der beliebtesten Aktien, auf die LEAPS gekauft werden, ist Etsy (ETSY). Dieses Unternehmen ist in einer Marktnische der lukrativen E-Commerce-Branche in den USA tätig.

Nehmen wir an, wir haben zwei Anleger: Jane und Andy. Beide sind hinsichtlich der Etsy-Aktie für das nächste Jahr sehr optimistisch und jeder von ihnen hat 25 000 Dollar für Investments zur Verfügung. Jane entscheidet sich, 100 Etsy-Aktien zum Preis von 250 Dollar pro Aktie zu kaufen. Sie ist in Bezug auf die weitere Geschäftsentwicklung von Etsy sehr optimistisch und möchte ihre Position mindestens zwölf Monate lang halten. Ihr Kursziel bei diesem Investment liegt bei 370 Dollar, was einem Gewinn von 48 Prozent entspricht.

Dagegen hat Andy vor Kurzem von LEAPS gehört und möchte diese einmal ausprobieren. Er glaubt, dass die Aktie innerhalb der nächsten zwölf Monate ein Kursziel von über 370 Dollar erreichen wird. Aber er will eigentlich nicht seine 25 000 Dollar in eine einzige Aktie investieren, weil diese Summe 10 Prozent seines gesamten Portfolios ausmachen würde.

Anstatt wie Jane 100 Aktien zu kaufen, macht Andy einen LEAPS-Kontrakt ausfindig, der bei einem Ausübungspreis von 370 Dollar weit »aus dem Geld« ist und in zwölf Monaten verfällt. Er wählt diesen Kontrakt, weil er denkt, dass der Kurs von Etsy in einem Jahr über 370 Dollar liegen wird. Andy bezahlt 1235 Dollar für seinen LEAPS-Kontrakt (12,35 Dollar pro Aktie × 100 Aktien). Dadurch kann er von der Entwicklung des Aktienkurses profitieren, wenn dieser über den Ausübungspreis steigt.

## Es gibt einige Dinge, die schiefgehen können

Schauen wir uns an, was als Nächstes passieren kann. Nehmen wir zunächst an, dass in den zwölf Monaten, nachdem beide Anleger ihre Positionen eröffnet haben, die US-Regierung entscheidet, hart gegen Etsy vorzugehen und das Unternehmen wegen des Verkaufs gefälschter Produkte aufzulösen (das ist keine wahre Geschichte, sondern nur ein hypothetisches Beispiel). Dadurch stürzt die Etsy-Aktie auf 150 Dollar ab. Für Jane bedeutet das, dass ihre 100 Etsy-Aktien 40 Prozent ihres Wertes verloren haben, was einem Gesamtverlust von 10 000 Dollar entspricht. Ihre Position ist jetzt nur noch 15 000 Dollar wert.

Andy hat mehr Pech. Da es so aussieht, als ob sein LEAPS bei einem Aktienkurs deutlich unterhalb des Ausübungspreises von 370 Dollar verfallen wird, hat seine Option 99 Prozent an Wert verloren.

Aber es sind auch andere Szenarien vorstellbar. Nehmen wir zum Beispiel an, dass sich die Etsy-Aktie während der zwölf Monate seitwärts bewegt. Jane ist enttäuscht, dass sich ihre Erwartung nicht erfüllt hat, aber ihr Investment ist immer noch die vollen 25 000 Dollar wert. Beim LEAPS von Andy ist dagegen der Ausübungspreis noch in weiter Ferne. Ein Jahr nach der Eröffnung seiner Position verfällt die Option wertlos und er muss einen Verlust in Höhe von 1235 Dollar hinnehmen.

Gehen wir für das letzte Beispiel davon aus, dass es mit dem Geschäft von Etsy aufwärtsgeht. Die Nachfrage nach handgemachten Produkten steigt und dies wirkt sich positiv auf den Kurs der Etsy-Aktie aus. Während der zwölf Monate, seitdem Jane und Andy ihre Positionen eröffnet haben, ist der Kurs auf 400 Dollar gestiegen. Jane ist begeistert, weil ihre Aktien um 60 Prozent gestiegen und nunmehr 40 000 Dollar wert sind. Aber die Begeisterung von Andy ist noch viel größer. Da der Ausübungspreis seines LEAPS in Höhe von 370 Dollar überschritten wurde, ist der Wert des Optionskontrakts um über 278 Prozent in die Höhe geschossen! Er ist jetzt insgesamt 4657 Dollar wert.

Wie man sehen kann, hat Andy mit seinem LEAPS mehr Geld verdient, als er verdient hätte, wenn er für dieselbe Summe die Aktie direkt gekauft hätte. Durch den Einsatz des LEAPS konnte er sein Kapital wesentlich effizienter investieren.

Im Juni 2020 tat ich etwas Ähnliches, als ich LEAPS auf ein Unternehmen kaufte, das ich gerne als »das beste Unternehmen der Wirtschaftsgeschichte« bezeichne.

## Fallstudie: Das beste Unternehmen der Wirtschaftsgeschichte

Bei der Geldanlage gibt es, genau wie im Leben überhaupt, zwei Denkrichtungen: die Optimisten und die Pessimisten. In der Finanzwelt nennt man die Vertreter dieser beiden Richtungen »Bullen« und »Bären«. Ein »Bär« ist eine Person, die immer denkt, dass die Kurse fallen werden. Typischerweise investiert eine solche Person vor allem in Dinge wie Gold und andere Edelmetalle, weil sie der Meinung ist, es würde bald einen wirtschaftlichen Kollaps geben.

In der Folge des Covid-19-Crashs waren die Bären los. Zu dieser Zeit arbeitete ich für eine Investmentanalysegesellschaft, in der es eine Menge Bären gab. Ich selbst war im März 2020 zu einem Aktien-Bullen geworden, als die amerikanische Notenbank ihre massiven Geldspritzen ankündigte. Ich hatte nach dem Crash nicht nur Aktien von hochwertigen Unternehmen wie Apple, Facebook (heute Meta) und Alphabet gekauft, sondern diese Aktien auch den Abonnenten meiner Börsenbriefe zum Kauf empfohlen.

Wie Sie sich vorstellen können, kam das bei den Bären in meiner Firma nicht gut an. Meine Leser und ich hatten zwar zwischen Ende März und Juni gute Gewinne gemacht, aber mir wurde geraten, ich solle meine Leser dazu auffordern, diese Gewinne mitzunehmen, weil ein neuer Crash wahrscheinlich bald kommen würde.

## Auf zur Bärenjagd!

In der Regel bin ich für die Ideen anderer Menschen empfänglich. Auch wenn ich diese nicht teile, respektiere ich sie doch. Aber in dieser Situation war das anders. Die Bären stauchten mich bei Telefonkonferenzen vor dem Management zusammen und sagten, ich würde meine Leser ins Unglück stürzen. Aber je furchtsamer meine Kollegen wurden, desto mehr war ich vom langfristigen Wachstum des Aktienmarkts überzeugt.

Damals war ich mit meiner Meinung in der Minderheit. Es gab viele, die den Aufschwung des S&P 500 nach dem Covid-Crash als die letzte Zuckung einer sterbenden Katze ansahen oder, etwas prosaischer, als eine nur technisch bedingte, kurzfristige Erholung, die keine Trendwende darstellte. Ich hatte nie ein Problem damit gehabt, gegen den Strom zu schwimmen. Schließlich wurden einige der besten Geschäfte aller Zeiten von Menschen gemacht, die sich gegen die Mehrheitsmeinung gestellt hatten.

Anstatt meine Positionen zu verkaufen, erhöhte ich den Einsatz, indem ich meinen Lesern empfahl, LEAPS auf eines meiner Lieblingsunternehmen zu kaufen: Microsoft. Das Unternehmen hatte ein überzeugendes Geschäftsmodell, mit dem es in der Post-Covid-19-Welt prosperieren würde. Schließlich ist Microsoft mit einem Marktanteil von 16 Prozent der weltweit zweitgrößte Anbieter von Cloud-Computing-Diensten. Und Microsoft beherrschte auch den wachsenden Telearbeitsmarkt mit seinen Plattformen Microsoft Office, Skype und Teams.

## Wo sind die Bären geblieben?

Als meine Bären-Kollegen von der Idee Wind bekamen, langfristige Optionen auf ein Technologieunternehmen zu kaufen, welches sie für »überbewertet« hielten, verschlug es ihnen die Sprache. Nach ihrer Ansicht stand diesem Unternehmen mit seiner Marktkapitalisierung von 1,6 Billionen Dollar ein Crash bevor – und nicht etwa ein Kursaufschwung. Sie machten sich Sorgen, dass ich durch die Kaufempfehlung für Microsoft den Ruf unserer Firma in Mitleidenschaft ziehen würde.

Aber ich ließ mich nicht abschrecken. Ich war davon überzeugt, dass die Geschäfte von Microsoft weiter boomen würden und das Unternehmen weiterhin überdurchschnittliche Ergebnisse erzielen würde. Die Weltwirtschaft hatte sich während der Covid-19-Lockdowns grundlegend geändert und Microsoft mit seinen Aktionären würde einer der Hauptprofiteure dieser Entwicklung sein.

Das LEAPS, das ich empfahl, war ein Zwölfmonatskontrakt mit einem Ausübungspreis von 250 Dollar. Falls die Microsoft-Aktie am Verfallstermin über 250 Dollar notieren würde, würde ich einen stattlichen Gewinn machen. Dafür müsste der Kurs gegenüber dem Niveau im Juli 2020, als ich meine Position eröffnete, um 25 Prozent steigen.

Es dauerte ein paar Monate, bis sich etwas tat. Während der verbleibenden Monate des Jahres 2020 bewegte sich die Microsoft-Aktie kaum. Aber in den letzten sechs Monaten der Laufzeit des Optionskontrakts stieg der Kurs bis auf 275 Dollar. Als der Kurs den Ausübungspreis überstiegen hatte, empfahl ich meinen Lesern, ihre Positionen zu schließen und den massiven Gewinn mitzunehmen.

## Anlagestrategie: LEAPS

Mit LEAPS kann man sich den Optionsmarkt zunutze machen, um sein Kapital möglichst effizient einzusetzen. Statt sehr viel Kapitel durch den Kauf von Aktien zu binden, kann man durch Anlagen am Optionsmarkt seine Gewinne steigern.

## Wie man ein gutes LEAPS erkennt

Der große Vorteil von LEAPS besteht darin, dass die Aktien mehr Zeit haben, dem Trend zu folgen, von dem man als Bulle überzeugt ist. Im Gegensatz dazu muss bei kurzfristigen Optionen eine Spekulation wesentlich schneller Erfolg haben. Der Nachteil von LEAPS besteht darin, dass die Prämien viel höher als bei normalen Optionen sind.

Aber wenn Sie die folgenden Ratschläge beachten, dann werden Sie gute Chancen haben, einen LEAPS-Kontrakt zu einem attraktiven Preis zu finden.

## 1. Finden Sie eine Aktie, von deren Kurspotenzial Sie überzeugt sind

Die meisten Anleger verwenden LEAPS für Aktien, von denen sie erwarten, dass sie während des nächsten Jahres steigen. Wenn Sie ein Unternehmen suchen, dessen Aktie für den Kauf eines LEAPS infrage kommt, müssen Sie sich vergewissern, dass das Unternehmen ein großes Potenzial auch weit jenseits des Zeitraums hat, in welchem Sie Ihren Kontrakt halten werden.

Wenn Sie aber glauben, eine Aktie werde nur kurzfristig wegen einer Gewinnmitteilung oder eines technischen Kursmusters nach oben springen, dann sollten Sie eher kurzfristige Optionskontrakte nutzen. LEAPS sind Geschäfte, für deren Durchführung man sich mindestens sechs Monate Zeit lassen muss. Deswegen sollten Sie sicher sein, dass die Aktie, die Sie sich aussuchen, auch ein längerfristiges Potenzial hat.

Eine Methode, herauszufinden, ob eine Aktie sich überdurchschnittlich entwickeln wird, besteht darin, sich die Einschätzungen der Aktienanalysten anzuschauen. Wenn eine Aktie deutlich unterhalb des Zwölfmonats-Kursziels der Mehrheit der Analysten notiert, dann ist die Chance hoch, dass diese Aktie unterbewertet ist und ihr ein Kursanstieg bevorsteht.

Außerdem gehören die Aktien von Unternehmen, die von langfristigen Wachstumstrends profitieren können, zu den Aktien, für die man vorzugsweise LEAPS-Kontrakte kaufen sollte (diese Unternehmen haben wir in Kapitel 3 besprochen).

## 2. Seien Sie sich über den Inhalt Ihres Optionskontrakts im Klaren

Man sagt, dass eine Kaufoption »im Geld« ist, wenn die zugrunde liegende Aktie über dem Ausübungspreis notiert. Für Verkaufsoptionen muss der Ausübungspreis über dem Aktienkurs liegen.

Risikoscheue Anleger, die LEAPS kaufen wollen, sollten sich auf Kontrakte beschränken, die »im Geld« sind. Diese gelten als sicherer und bei ihnen ist es wahrscheinlicher, dass sie ihren Wert behalten. Aber weil das Risiko geringer ist, ist auch der mögliche Gewinn geringer.

Im Unterschied dazu sind LEAPS-Kontrakte, die »aus dem Geld« sind, riskanter. Die Wahrscheinlichkeit, dass sie wertlos werden, ist viel höher als bei Kontrakten, die »im Geld« sind. Aber wenn man richtigliegt, dann sind auch die Gewinne in der Regel viel höher.

## 3. Achten Sie auf das »Delta« der Option

Bei jedem Optionskontrakt gibt es wichtige Kennzahlen, die als »Griechen« bekannt geworden sind. Dabei handelt es sich um verschiedene, mit den Buchstaben des griechischen Alphabets bezeichnete, Größen, mit denen gemessen wird, wie empfindlich der Preis einer Option auf bestimmte Einflussfaktoren reagiert.

Der wichtigste dieser Griechen ist das »Delta«. Das Delta misst den Anstieg des Preises einer Option im Verhältnis zum Anstieg des Preises des zugrunde liegenden Wertpapiers. Wenn also eine Option ein Delta von 1,0 hat, dann ändert sich ihr Preis im gleichen Verhältnis wie der Preis des Basiswerts. Mit anderen Worten, der Optionspreis steigt um 1 Dollar, wenn der Kurs des zugrunde liegenden Wertpapiers um 1 Dollar steigt. Wenn das Delta 2,0 beträgt, dann heißt das, dass sich der Preis des Optionskontrakts doppelt so stark ändert wie der des Basiswerts. Der Optionspreis steigt also um 2 Dollar, wenn der Kurs des zugrunde liegenden Wertpapiers um 1 Dollar steigt.

Man kann sich das Delta auch als Maßstab für die Wahrscheinlichkeit vorstellen, dass der Aktienkurs bis zum Verfallsdatum den Ausübungspreis übersteigen wird. Bei LEAPS sollte man im Normalfall auf ein Delta zwischen 0,8 und 0,85 achten. Denn unter dieser Bedingung beträgt die Wahrscheinlichkeit, dass die Option am Ende ihrer Laufzeit »im Geld« sein wird, ungefähr zwischen 80 und 85 Prozent.

## Wie handelt man mit LEAPS?

Sobald Sie einen LEAPS-Kontrakt gefunden haben, der dieses Kriterium erfüllt, können Sie Ihre Position eröffnen. Eine wichtige Zahl, die Anleger bei einem LEAPS-Kontrakt im Auge behalten sollten, ist die Differenz zwischen Geld- und Briefkurs. Diese Differenz ist der Unterschied zwischen dem Preis, zu dem Investoren den Kontrakt kaufen wollen (Geldkurs), und dem Preis, zu dem Investoren den Kontrakt verkaufen wollen (Briefkurs). Wenn diese Differenz groß ist, dann bedeutet das, dass der Markt illiquide ist. Daraus folgt wiederum, dass es schwierig sein kann, Ihren Optionskontrakt zu einem bestimmten Preis und zu einem bestimmten Termin zu kaufen oder zu verkaufen.

Bei LEAPS ist das häufig der Fall. Da es nicht viele Leute gibt, die mit diesen weit in die Zukunft reichenden Kontrakten handeln, ist der Unterschied zwischen dem, was Anleger bereit sind, beim Kauf zu zahlen, und dem, was sie beim Verkauf fordern, groß. Das kann dann ein Problem werden, wenn man schnell eine Position schließen will und es wenige Interessenten für das betreffende LEAPS gibt. Deswegen sollten Anleger nur LEAPS auf solche Aktien kaufen, die sie auch in ihrem Portfolio halten würden.

LEAPS-Investoren sollten nicht mehr als 3 Prozent ihres Kapitals in diese Anlageform investieren. LEAPS sind zwar eine relativ risikoarme Optionsklasse, aber sie sind und bleiben immer noch Optionen. Und das bedeutet, dass die Chance, sein gesamtes investiertes Kapital zu verlieren, nicht gering ist. Deshalb ist es am besten, nur einen kleinen Teil des Portfolios einzusetzen – denn es könnte sein, dass Ihr LEAPS-Kontrakt wertlos verfällt.

Wenn ich LEAPS kaufe, dann setze ich bei meinen Positionen eine Stop-Loss-Grenze von 35 Prozent. Damit stelle ich sicher, dass das investierte Kapital im Fall eines schnellen Kursrutsches der zugrunde liegenden Aktie nicht ganz verloren geht. Wenn Ihr Geschäft wunschgemäß verläuft und Sie mit Ihrem LEAPS in der Gewinnzone sind, dann empfehle ich Ihnen dringend, die Stop-Loss-Grenze regelmäßig anzupassen, um die schon erzielten Gewinne nicht wieder zu verlieren. Wenn sich der Verfallstermin nähert und Ihr Kontrakt »im Geld« ist, sollten Sie Ihre Position schließen und den Gewinn mitnehmen.

**Kurzanleitung für Investoren: Lang laufende Optionen (»Long-term Equity Anticipation Securities« oder »LEAPS«)**

- Der Kauf von LEAPS ähnelt dem Erwerb von Kaufoptionen. Der Unterschied besteht in der Laufzeit. Im Fall von LEAPS geht es um Kaufoptionen mit einer Laufzeit von mehr als sechs Monaten.
- Zum Beispiel könnten Sie eine LEAPS-Kaufoption erwerben (also kaufen, um eine Position zu eröffnen), die weit »im Geld« ist und in einem Jahr verfällt.
- Beobachten Sie die Entwicklung Ihrer Position sorgfältig.
- Wenn Sie einen tollen Gewinn gemacht haben, denken Sie darüber nach, die Position zu schließen und den Gewinn mitzunehmen (also zu verkaufen, um die Position zu schließen).
- Wenn sich der Kurs der zugrunde liegenden Aktie in die falsche Richtung bewegt, sollten Sie erwägen, die Verluste zu begrenzen und aus dem Geschäft auszusteigen. Das ist aber eine Entscheidung, die nur Sie selbst treffen können.
- Um es zu wiederholen: Weil es sich hier um Optionen handelt, empfehle ich, die gesamte Position vor dem Verfallstermin zu verkaufen.

# KAPITEL 8

# HOCHVERZINSLICHE WERTPAPIERE

Hochverzinsliche Wertpapiere sind Wertpapiere, die ihren Besitzern regelmäßige Zahlungen (meist vierteljährlich) einbringen. Die üblichsten hochverzinslichen Anlageformen sind Anleihen und Dividendenaktien; daneben gibt es aber auch andere »renditebringende« Vermögenswerte.

Es handelt sich hier um eine der weniger riskanten Anlagestrategien dieses Buches. Aber Sie sollten natürlich trotzdem die Informationen in diesem Kapitel zur Kenntnis nehmen, bevor Sie eine Anlageentscheidung treffen.

Im Sommer 2016 saß ich an einem langen Eichentisch. Mir gegenüber saß Frank R. Suess von BFI Infinity, einem der führenden unabhängigen Vermögensverwalter der Schweiz. Während unseres zweistündigen Treffens sprachen wir über alles: vom Präsidentschaftskandidaten Trump bis zu der steigenden Rendite türkischer Staatsanleihen. Aber wir unterhielten uns auch geraume Zeit über die sogenannten hochverzinslichen Wertpapiere.

Die meisten Anleger konzentrieren sich auf die üblichen hochverzinslichen Wertpapiere, also Dividendenaktien und »Schrottanleihen«. Aber es steht auch eine ganze Reihe anderer Hochrisiko-Hochrendite-Anlageformen in diesem Bereich zur Verfügung. Zu diesen wenig bekannten und oft übersehenen Anlageformen gehören Aktien mit einer zweistelligen Dividendenrendite, börsennotierte Beteiligungsgesellschaften (»Business Development Companies« oder »BDCs«) und börsennotierte Immobiliengesellschaften (»Real Estate Investment Trusts« oder »REITs«).

Ich habe die Erfahrung gemacht, dass hochverzinsliche Wertpapiere für mein Portfolio genauso wichtig sind wie meine Wachstumsaktien. Warum? Angesichts von Zinsen, die weltweit nahe bei 0 Prozent liegen, ist es wichtiger denn je, Einnahmen durch Dividenden zu erzielen.

Aber ich habe auch schnell gelernt, dass es Unmengen von »Tretminen« in diesem Sektor gibt. Wie ich Ihnen gleich erklären werde, ist jeder Vermögenswert mit einer Rendite von 8 bis 10 Prozent zwangsläufig riskant. Zu wissen, wie man diese Tretminen erkennt und umgeht, hat für mich den Unterschied ausgemacht zwischen einem stetigen Strom von Einnahmen und einem möglichen Kapitalverlust von 50 Prozent.

Ein wichtiger Hinweis für diese Art von Investments vorab: Wenn Sie große Gewinne mit diesen spekulativen Anlageformen erzielen, sollten Sie regelmäßig die Gewinne in stabilere Vermögenswerte reinvestieren, wie etwa Indexfonds, Aktien oder sogar Zinspapiere. Denn ich habe nur zu oft gesehen, wie Anleger Riesengewinne wieder verloren haben, weil Sie Ihr Geld auf dem Spieltisch haben liegen lassen. Ich will nicht, dass Ihnen das auch passiert.

# Aktien mit einer zweistelligen Dividendenrendite

## Was sind Aktien mit einer zweistelligen Dividendenrendite?

Um zu verstehen, was Aktien mit einer zweistelligen Dividendenrendite sind, muss man zunächst verstehen, was Dividenden sind und welche Funktion sie haben. Eine Dividende ist die Auszahlung eines Teils der Gewinne eines Unternehmens an seine Anteilseigner. Wenn ein Anteilseigner die Aktie eines Unternehmens vor dem *Ex-Dividende-Tag* besitzt, dann steht ihm eine solche Gewinnbeteiligung zu.

Nicht alle Unternehmen zahlen Dividenden. Typischerweise handelt es sich bei Unternehmen, die Dividenden zahlen, um reife Unternehmen. Wenn es bei diesen Unternehmen in einem Vierteljahr einen »Überschussgewinn« (also einen frei verfügbaren Cashflow) gibt, nachdem die Betriebskosten, die Ausgaben für Forschung und Entwicklung und die Zinsausgaben berücksichtigt wurden, dann entscheiden sich viele von ihnen dafür, diese Mittel ihren Aktionären in Form von Dividenden zukommen zu lassen. Dadurch unterscheiden sie sich von den typischen Wachstumsunternehmen, die meist die Gewinne einbehalten, um sie zu reinvestieren.

Die Dividenden verschiedener Unternehmen und verschiedener Branchen kann man vergleichen, indem man sich die *Dividendenrendite* anschaut. Das ist die jährlich gezahlte Dividende dividiert durch den Aktienkurs. Die durchschnittliche Dividendenrendite der Aktien im S&P 500 liegt aktuell bei 2 Prozent.

Es gilt die Regel, dass eine Aktie umso riskanter ist, je höher ihre Dividendenrendite ist. Schauen wir uns dazu ein Beispiel an: Nehmen wir an, Sie haben die Wahl zwischen dem Kauf von Aktien des Lebensmittelherstellers Kraft Heinz (KHC) und dem Kauf von Aktien von Lumen Technologies (LUMN). Kraft Heinz ist eines der sichersten und solidesten Unternehmen am Aktienmarkt. Jahr für Jahr nehmen die Dividendenzahlungen zuverlässig zu und es hat enorm beliebte Produkte im Angebot, wie Heinz-Ketchup oder Kraft Macaroni & Cheese. Die Umsätze des Unternehmens werden mit dem Wachstum der Bevölkerung wachsen und wegen der starken Marken hat Kraft Heinz einen großen preispolitischen Spielraum. Mit seiner grundsoliden Bilanz und guten Zukunftsaussichten ist Kraft Heinz eine sehr risikoarme Aktie. Deshalb beträgt die Dividendenrendite auch nur bescheidene, aber verlässliche 2 Prozent.

Bei Lumen Technologies sieht die Sache anders aus. Das Unternehmen, welches früher den Namen »CenturyLink« trug, betreibt die Infrastruktur für Festnetztelefonie in den ländlichen USA. Weil Festnetztelefone durch den Siegeszug des Handys immer mehr verdrängt werden, geht es mit dem Geschäft stetig und auf Dauer bergab. Die Marke ist schwach und einen preispolitischen Spielraum gibt es nicht. Lumen Technologies ist deshalb ein relativ risikoreiches Unternehmen. Das gilt vor allem dann, wenn man sich klarmacht, dass Lumen Technologies jede Menge Schulden hat und hohe Zinszahlungen leisten muss. Da die Aktie riskanter ist, zahlt Lumen Technologies eine relativ hohe Dividende von 7 Prozent.

Beide Unternehmen zahlen eine Dividende, aber die Dividendenrendite muss bei Lumen Technologies höher sein, weil die Wachstumsaussichten schlechter sind und die Aktie deshalb riskanter ist. Die höhere Dividendenrendite soll den Anleger für das höhere Risiko entschädigen.

Aber wie wir schon oft erlebt haben, kann ein Unternehmen mit niedrigen und stabilen Dividendenzahlungen genauso risikoreich sein wie ein Unternehmen mit hohen und instabilen Dividendenzahlungen.

## Die Dividende von Kraft Heinz geht zum Teufel

Kraft Heinz begann 2015, Dividenden zu zahlen – nachdem Kraft mit dem Gewürz- und Soßengiganten Heinz fusioniert hatte (ein Deal, der von Warren Buffett höchstpersönlich eingefädelt worden war). Durch diesen Zusammenschluss wurden sie der weltweit fünftgrößte Lebensmittel- und Getränkehersteller. Mit der Zustimmung von Buffett und angesichts eines scheinbar stabilen Geschäftsmodells entschied sich das Management dafür, Dividenden zu zahlen.

Zwischen 2015 und 2018 erhöhte Kraft Heinz die Dividendenzahlung jedes Jahr um durchschnittlich 10 Prozent. Auf den ersten Blick sah alles gut aus. 2018 hatte die *Ausschüttungsquote* einen Wert von 30 Prozent erreicht. Die Ausschüttungsquote ist der Prozentsatz des Unternehmensgewinns, der als Dividende an die Aktionäre ausgeschüttet wird. Er wird berechnet, indem man die Höhe der Dividende pro Aktie durch den Gewinn pro Aktie dividiert. In der Regel gilt eine Ausschüttungsquote von unter 80 Prozent als »sicher«. Kraft Heinz hatte zwar 2016 eine hohe Ausschüttungsquote von 112 Prozent, aber das Management hatte diese Quote bis 2018 auf 30 Prozent reduziert.

Zu dieser Zeit war plötzlich der Teufel los. Das Verbraucherverhalten hatte sich seit der Mitte der 2010er-Jahre geändert. Die Leute legten mehr Wert auf gesunde Lebensmittel und die Fertiggerichte von Kraft Heinz blieben in den Regalen liegen. Das machte sich schnell bei den Umsätzen bemerkbar, die zwischen 2016 und 2018 nicht mehr wuchsen.

Trotz der gleichbleibenden Umsätze schaffte es Kraft Heinz, die Gewinne zu steigern und die Dividenden zu erhöhen. Aber diese Gewinne waren auf Kosteneinsparungen und Finanzakrobatik zurückzuführen – und nicht darauf, dass mehr Macaroni & Cheese verkauft wurde.

Kraft Heinz steigerte die Dividendenzahlungen bis Anfang 2019 immer weiter. Dann konnte sich das Unternehmen die Ausschüttung von Dividenden in dieser Höhe nicht mehr leisten. Obwohl Kraft Heinz eine sehr starke Marke war und die Unterstützung eines der besten Investoren weltweit hatte, musste das Unternehmen seine Dividende um 36 Prozent kürzen. Gleichgültig, an was es gelegen haben mochte – höhere Kosten, eine Verschlechterung der Geschäftsaussichten oder Managementfehler: Der Cashflow war nicht hoch genug, um damit die Dividendenzahlungen bestreiten zu können.

## Es gibt nichts Schlimmeres als eine Dividendenkürzung

Anleger hassen es, wenn sie von einer Dividendenkürzung überrascht werden. Deshalb fiel der Aktienkurs von Kraft Heinz am Tag der Ankündigung der Dividendenkürzung um 33 Prozent. Trotz der niedrigen und

»sicheren« Dividendenrendite von 2 Prozent waren die Ausschüttungen von Kraft Heinz nicht sicherer als die aller anderen Unternehmen am Aktienmarkt.

Die Geschichte, wie es dazu kam, ist zwar eine andere, aber am Ende erlitt Lumen Technologies mit seiner Dividendenrendite von 7 Prozent das gleiche Schicksal. Das Festnetzgeschäft des Unternehmens steckte in großen Schwierigkeiten. Der Prozentsatz der Unternehmen und Haushalte, die noch Festnetztelefone nutzten, fiel immer weiter.

Zwischen 2008 und 2013 übernahm Lumen Technologies kleinere Telefongesellschaften, die wegen der Finanzkrise Probleme hatten. Auf diese Weise wollte man den Umsatz steigern. Das funktionierte auch: In diesem Fünf-Jahres-Zeitraum wuchs der Umsatz jedes Jahr um fast 40 Prozent.

In dieser Zeit zahlte Lumen Technologies die stattliche Dividende von 7 Prozent. Obwohl sich der Kurs der Aktie meistens seitwärts bewegte, waren die Anleger mit der stabilen Dividendenrendite sehr zufrieden und die Aktie galt deshalb als ein gutes Investment zur Erzielung regelmäßiger Einnahmen. Aber genau wie im Fall von Kraft Heinz hatte es damit ein Ende, als das Unternehmen die Dividende 2013 kürzte. In weniger als einer Woche stürzte die Aktie um über 40 Prozent ab.

Lassen Sie sich das einmal durch den Kopf gehen: Kraft Heinz hatte ein stabiles Geschäftsmodell und zahlte eine verlässliche Dividende. Außerdem hatte es die Unterstützung von Berkshire Hathaway (BTH), der Holdinggesellschaft von Warren Buffett. Dagegen war Lumen Technologies in einer schrumpfenden Branche tätig und die Geschäftszahlen sahen schrecklich aus. Und trotzdem musste das eine wie das andere Unternehmen die Dividende kürzen.

Was kann man daraus lernen? Dividendenrenditen können täuschen. Wenn ein angeblich sicheres Unternehmen wie Kraft Heinz und eine offensichtliche Niete wie Lumen Technologies am Ende gleich dastehen (nämlich mit heruntergelassenen Hosen), dann braucht man mehr Informationen als das, was allgemein bekannt ist, um eine Aktie mit hoher Dividendenrendite zu finden, in die es sich auch wirklich lohnt, zu investieren. Ich hätte nie gedacht, dass ein Unternehmen, welches Ketchup und Macaroni & Cheese verkauft und verlässlich Dividenden zahlt, jemals in Schwierigkeiten kommen könnte. Daran sieht man wieder einmal, dass nichts unmöglich ist. Die Präferenzen von Unternehmen und Haushalten können sich ändern. Dies schlägt sich im Aktienkurs nieder. Und genau das passierte Kraft Heinz.

Auch aus diesem Grund sollten Sie, wie ich schon erwähnt habe, darauf achten, dass Ihr Anlageportfolio breit gestreut ist. Man kann nie vorhersehen, was auf den Finanzmärkten passieren wird.

### Fallstudie: Wie ich Geld mit dem Verrücktesten verdient habe, das ich je in meiner Karriere erlebt habe

Ich bin seit vielen Jahren als professioneller Investor tätig. Aber das bei Weitem Verrückteste, das ich je in meiner Karriere erlebt habe, war, als die Ölpreise im April 2020 *negativ* waren. Sie haben richtig gelesen: Der Preis von Öl fiel *unter null*. Am 20. April 2020 erreichte er einen Tiefststand von *minus* 37 Dollar pro Barrel. Zu dieser Zeit hatte Covid-19 die gesamte Weltwirtschaft zum Stillstand gebracht. Aber was nicht stillstand, war die Ölförderung in Saudi-Arabien, Russland und anderen großen erdölexportierenden Ländern. Dieses Öl überflutete damals die Märkte.

Tanker lagen in den Häfen fest, Autos wurden nicht gefahren und die Flughäfen sahen wie Geisterstädte aus. Angesichts dessen mussten die Ölhändler Geld dafür bezahlen, dass Unternehmen ihr Öl lagerten. All das machte das »schwarze Gold« für eine kurze Zeit wertloser als wertlos.

Aber all das trieb auch die Dividendenrenditen von Aktien wie Enterprise Products Partners (EPD) für eine kurze Zeit in den zweistelligen Bereich.

### Das Ende der Welt, wie wir sie kennen, ist gekommen

Enterprise Products Partners ist ein nordamerikanisches Midstream-Unternehmen. Das bedeutet, dass es mit dem Transport und Großhandel von Öl, Ölprodukten und Gas Geschäfte macht. Enterprise Products Partners betreibt ein Pipelinenetz von ungefähr 80 000 Kilometern Länge, das sich über das gesamte Gebiet der Vereinigten Staaten erstreckt. Darin werden

Rohöl, Erdgas und Erdgaskondensate transportiert. Als dann Covid-19 ausbrach und die Weltwirtschaft zum Erliegen kam, kam auch der Großteil der Pipeline-Infrastruktur von EPD zum Erliegen. Und je weniger Rohstoffe durch das Pipelinenetz von EPD flossen, desto weniger Umsatz machte das Unternehmen.

Das schlug sich sehr schnell im Aktienkurs von EPD nieder. Anfang 2020 notierte die Aktie noch bei ungefähr 28 Dollar. Dann fiel der Kurs bis auf 12,50 Dollar. Aber in dieser Zeit kürzte das Unternehmen niemals die Dividende. Da EPD 1,75 Dollar an Dividende im Jahr 2020 ausschüttete, bedeutete das, dass die Dividendenrendite von EPD einen Wert von bis zu 14 Prozent erreichte (1,75 Dollar ÷ 12,50 Dollar = 14 Prozent).

Eine Dividendenrendite von 14 Prozent weist darauf hin, dass irgendetwas mit einem Unternehmen nicht stimmt. Und in diesem Fall bestand das Problem darin, dass die Ölnachfrage in den USA so weit gesunken war, dass die Ölhändler die Leute dafür bezahlten, ihr Öl zu lagern. Aber diejenigen Investoren, die schlau genug waren, diese Chance zu erkennen, strichen in den nächsten zwölf Monaten stattliche Gewinne ein.

## Sei gierig, wenn die anderen ängstlich sind

Wenn man EPD kaufte, als die Ölpreise negativ waren, folgte man dem Rat von Baron Rothschild, der sagte, man solle kaufen, »wenn das Blut in den Straßen fließt«. Einige meiner besten Investments gelangen mir, als ich Aktien kaufte, die zu der Zeit keiner haben wollte.

EPD war ein Sonderfall. Eine Dividendenrendite von 14 Prozent hatte es praktisch noch nie gegeben. Denn Unternehmen kürzen typischerweise ihre Ausschüttungen, wenn die Rendite eine solche Größenordnung erreicht. Aber ich ahnte, dass EPD nach der Krise genauso gut dastehen würde wie vor der Krise.

Mehr als ein Jahr später zeigte sich, dass ich recht gehabt hatte. Pfizer Incorporated (PFE) kündigte im November 2020 an, dass es bereit sei, mit der Vermarktung von Covid-19-Impfstoffen zu beginnen. Dadurch war es so gut wie sicher, dass sich die Nachfrage nach Öl wieder erholen und es zu einem starken Kursaufschwung von Öl- und Gasaktien wie EPD kommen würde.

Mein Investment in EPD hat nicht nur seit April 2020 um 64 Prozent an Wert gewonnen, ich habe mir auch eine Dividendenrendite von 14 Prozent für den Rest meines Lebens gesichert.

## Anlagestrategie: Aktien mit einer zweistelligen Dividendenrendite

Aktien mit einer zweistelligen Dividendenrendite gehören zu meinen Lieblingen auf dem Gebiet hochriskanter und hochprofitabler Anlageformen. Wenn man die Stabilität von Dividendenzahlungen richtig einschätzt, können solche Aktien zur Stabilität des Portfolios beitragen und die Höhe möglicher Wertverluste begrenzen.

Tatsächlich haben viele Aktien mit einer zweistelligen Dividendenrendite ein niedriges »Beta«. Das bedeutet, dass viele von ihnen steigen, wenn der Gesamtmarkt fällt! Außerdem ist es umso wahrscheinlicher, dass sich eine Aktie mit zweistelliger Dividendenrendite am Ende selbst bezahlen wird, je länger Sie diese Aktie halten. Denn wenn Sie eine Aktie, bei der es jedes Jahr eine Dividendenausschüttung von 10 Prozent gibt, zehn Jahre lang halten, dann haben Sie mit den Dividenden so viel verdient, wie Sie ursprünglich in die Aktie investiert haben.

## Wie man eine gute Aktie mit einer zweistelligen Dividendenrendite erkennt

Eine zweistellige Dividendenrendite, die von Dauer ist (also nicht durch Dividendenkürzungen wieder reduziert wird), ist typischerweise auf ein bestimmtes Ereignis zurückzuführen. Die Dividendenrendite ist deshalb ungewöhnlich hoch, weil der Aktienkurs durch ein Problem kurzfristig gedrückt wurde – und nicht, weil die absolute Dividendenzahlung erhöht worden ist.

Etwas anderes passierte im Fall von Kraft Heinz und Lumen Technologies. Beide Unternehmen mussten ihre Dividenden kürzen, weil sich ihr Geschäft strukturell verschlechterte. Weniger Menschen kauften Fertiggerichte und nutzten Festnetztelefone.

Dagegen war die Situation von EPD völlig anders. Obwohl Covid-19 die Weltwirtschaft zeitweilig zum Stillstand gebracht hatte, war es klar, dass schließlich wieder Öl nachgefragt und verbraucht werden würde. Aus diesem Grund konnte man ruhigen Gewissens im April 2020 auf EPD und die hohe Dividendenrendite dieser Aktie setzen. Das gilt vor allem deshalb, weil EPD schon immer um die Beibehaltung oder Erhöhung der Dividendenausschüttung bemüht gewesen ist.

Daneben gibt es noch andere Faktoren, auf die Anleger achten müssen, wenn sie die Stabilität der Dividendenrendite richtig einschätzen wollen.

## 1. Stellen Sie fest, wie hoch die Ausschüttungsquote ist

Die Ausschüttungsquote ist der Prozentsatz vom Unternehmensgewinn, der an die Aktionäre als Dividende ausgeschüttet wird. Je kleiner die Ausschüttungsquote ist, desto sicherer ist die Dividendenzahlung. In der Regel gilt eine Ausschüttungsquote von über 80 Prozent als Warnzeichen. Um den Einfluss kurzfristiger Schwankungen auszuschalten, ziehe ich für gewöhnlich die durchschnittliche Ausschüttungsquote über drei Jahre heran.

Informationen zur Ausschüttungsquote können Sie auf vielen kostenlosen Finanzwebsites finden, wie zum Beispiel *finviz* oder *Yahoo! Finance*.

## 2. Berechnen Sie den Verschuldungsgrad

Je mehr Schulden ein Unternehmen in seiner Bilanz stehen hat, desto gefährdeter ist es, wenn es mit einer schlechten Konjunktur zu kämpfen hat. Ein Unternehmen mit übermäßig hohen Schulden wird, wenn es in Schwierigkeiten gerät, eher die Dividende kürzen müssen als ein Unternehmen mit niedrigeren Schulden. Die Höhe des akzeptablen Verschuldungsgrades hängt von der Branche ab. Aber in aller Regel sollten bei einem Verschuldungsgrad von über 100 Prozent (also einem Verhältnis zwischen Fremd- und Eigenkapital von über 100 Prozent) die Alarmglocken schrillen.

Genau wie die Daten zur Ausschüttungsquote können Sie auch die Daten zum Verschuldungsgrad auf kostenlosen Websites wie *finviz* oder *Yahoo! Finance* finden.

### 3. Stellen Sie fest, wie hoch der frei verfügbare Cashflow ist

Dabei handelt es sich um den Cashflow, der nach Betriebskosten und Investitionen übrig ist. Anders als der Gewinn pro Aktie, der durch den Rückkauf von Aktien manipuliert werden kann, ist der frei verfügbare Cashflow eine objektive Finanzkennzahl, die zeigt, wie erfolgreich ein Unternehmen wirklich ist.

Wenn der frei verfügbare Cashflow wächst, dann heißt das, dass das Unternehmen mehr Spielraum hat, seine Dividendenzahlung beizubehalten oder sogar zu erhöhen. Ich konzentriere mich meistens auf Unternehmen mit einem Wachstum des frei verfügbaren Cashflows von mindestens 3 Prozent pro Jahr während eines Fünf-Jahres-Zeitraums. Diese Informationen können Sie auf *finviz, Yahoo! Finance, Google Finance* oder *Morningstar* finden.

## Wie kauft und verkauft man eine Aktie mit zweistelliger Dividendenrendite?

Wie ich erwähnt habe, sollte man nicht jede Aktie mit einer zweistelligen Dividendenrendite kaufen. Bei vielen solcher Aktien handelt es sich um Unternehmen, die vor unlösbaren Problemen stehen und die wahrscheinlich bald die Dividende kürzen müssen.

Deshalb sollten Sie sich vergewissern, dass die Dividendenrendite der Aktie, die Sie im Auge haben, aufgrund eines besonderen Vorkommnisses hoch ist – und dass die drei Kriterien, die ich soeben erwähnt habe, erfüllt sind. Sobald Sie das sichergestellt haben, sollten Sie versuchen, die Aktie zu einem möglichst günstigen Kurs zu kaufen.

Aktien mit einer zweistelligen Dividendenrendite sind zwar nicht so riskant wie andere Anlageformen in diesem Buch, aber auch sie sind nicht ohne Risiko. Deswegen würde ich nicht mehr als 5 Prozent meines Anlagekapitals für Aktien mit zweistelliger Dividendenrendite einsetzen. Um die Aktien zu einem möglichst günstigen Kurs zu kaufen, würde ich meine Position über mehrere Wochen und unter Ausnutzung des Durchschnittskosteneffekts aufbauen.

Sobald Sie die gewünschte Zahl an Aktien erworben haben, müssen Sie geduldig sein. Genau wie im Fall von EPD und dem Beginn der Impfstoffvermarktung muss man warten, bis die zeitweiligen Probleme vorüber sind und die dunkle Wolke über dem dividendenzahlenden Unternehmen wegzieht. Sobald die schlechten Nachrichten verschwunden sind und die dunkle Wolke weggezogen ist, wird der Aktienkurs wieder steigen. Aber da Sie zu einem niedrigeren Kurs gekauft haben, ist Ihnen die zweistellige Dividendenrendite sicher, solange Sie die Aktien halten. Und bei einem späteren Verkauf können Sie außerdem noch Geld durch die zwischenzeitlichen Wertzuwächse der Aktie verdienen.

Solange das zugrunde liegende Geschäftsmodell solide ist, können Sie Ihre Aktien mit der zweistelligen Dividendenrendite für viele Jahre halten.

**Kurzanleitung für Investoren: Aktien mit einer zweistelligen Dividendenrendite**

- Bevor Sie in eine Aktie mit einer zweistelligen Dividendenrendite investieren, müssen Sie Ihre Hausaufgaben sorgfältig machen und Ausschüttungsquote, Verschuldungsgrad und das Wachstum des frei verfügbaren Cashflows ermitteln.
- Bauen Sie Ihre Position allmählich und unter Ausnutzung des Durchschnittskosteneffekts auf.
- Weil eine höhere Rendite auch ein höheres Risiko bedeutet, sollten Sie nicht mehr als fünf Prozent Ihres Anlagekapitals für Aktien mit einer zweistelligen Dividendenrendite einsetzen.
- Seien Sie geduldig. Hier geht es darum, zu kaufen und langfristig zu halten (mindestens ein bis zwei Jahre).
- Verkaufen Sie nur, wenn sich grundsätzlich etwas ändert (zum Beispiel, wenn die Ausschüttungsquote steigt oder die Dividende gekürzt wird).

# Business Development Companies (BDCs)

## Was sind Business Development Companies (BDCs)?

Business Development Companies (BDCs) sind eine spezielle Form von Beteiligungsgesellschaften, die es auch Kleinanlegern ermöglicht, sich an privaten Investitionen zu beteiligen.* BDCs führen hochriskante und hochprofitable Investitionen durch, indem sie kleinen bis mittelgroßen privaten Unternehmen Beteiligungskapital, Wagniskapital und andere Formen von Kapital zur Verfügung stellen. Hinzu kommt noch die Beteiligung an Unternehmen, die in Zahlungsschwierigkeiten stecken und sich nur schwer Kapital beschaffen können.

BDCs sind der Rettungsanker für das Überleben dieser Unternehmen. Jeder, der schon einmal ein Unternehmen gegründet hat, weiß, wie schwer es ist, sich Kapital zu beschaffen. Und wenn man sich von einer Bank Geld leihen muss, um sein Unternehmen zu vergrößern, kann es noch schwerer werden. Das liegt zum Teil am Konsolidierungsprozess der Bankbranche während der letzten 20 Jahre.

Die Gesamtzahl der Banken in den USA ist seit 1998 um 46 Prozent gesunken. Weniger Banken bedeutet auch, dass die Zahl der möglichen Kreditgeber geringer ist. Das ist einer der Gründe dafür, dass der Prozentsatz der Kredite, die hoch verzinst (und risikoreich) sind (die sogenannten »leveraged loans«), von 71 Prozent im Jahr 1994 auf 9 Prozent heute gefallen ist.

Dadurch hat sich eine große Marktlücke für alternative Finanzierungsformen aufgetan, unter denen vor allem das sogenannte private Beteiligungskapital (»private equity«) von Bedeutung ist. Zwischen 2009 und 2019 hat in den USA das von Beteiligungsgesellschaften verwaltete

---

* BDCs sind börsennotierte Beteiligungs- und Sanierungsgesellschaften in den USA, deren Geschäfte bestimmten aufsichtsrechtlichen Regelungen unterliegen (Anmerkung des Übersetzers).

Kapital um 170 Prozent zugenommen. Davon hat diese Branche sehr profitiert, vor allem die großen Gesellschaften wie zum Beispiel Blackstone (BX).

## Eine neue Art von privatem Beteiligungskapital

Die traditionellen Beteiligungsgesellschaften investieren zwar in private Unternehmen, erlauben aber nur »akkreditierten« (also geprüften und zugelassenen) Anlegern die direkte Beteiligung an privaten Unternehmen. Als Anleger muss man dazu bestimmte Anforderungen hinsichtlich der Vermögenshöhe, des Bildungsstands und der finanziellen Kenntnisse erfüllen.

Zum Beispiel hält Blackstone Beteiligungen an vielleicht Hunderten von privaten Unternehmen. Aber wenn der Wert eines dieser Unternehmen steigt oder fällt, wirkt sich das auf die Aktionäre von Blackstone nicht direkt aus. Stattdessen sind sie an der Entwicklung des Gesamtgewinns von Blackstone beteiligt. Dadurch sind sie *indirekt* an den privaten Unternehmen beteiligt, denen Blackstone Kapital zur Verfügung stellt. Das ist ähnlich einem börsengehandelten Fonds (ETF) mit privaten Unternehmen.

Dagegen ermöglichen BDCs Anlegern eine *direkte* Beteiligung an privaten Unternehmen. Wenn der »Nettovermögenswert« einer BDC (also der Gesamtwert der privaten Investitionen einer BDC) steigt oder fällt, dann steigt oder fällt auch der Kurs der Anteile an dieser BDC. Und weil BDCs 90 Prozent ihrer Gewinne als Dividende an ihre Anteilseigner ausschütten müssen, sind die Dividendenrenditen oft riesig.

Schauen wir uns ein Beispiel an. Nehmen wir an, sowohl Blackstone als auch die BDC Ares Capital Corporation (ARCC) investieren in dieselben 20 privaten Unternehmen aus dem Bereich der erneuerbaren Energien. Kurz nachdem beide ihre Investitionen getätigt haben, beginnt eine neue Art von erneuerbarer Energie sich in den großen Volkswirtschaften dieser Welt durchzusetzen. Dadurch kann der Wert der privaten Investitionen um 50 Prozent fallen, weil die bisherigen Arten erneuerbarer Energien jetzt als »alte Hüte« gelten und die Nachfrage nach ihnen dramatisch fällt.

In diesem Szenario ergeht es den Aktien von Blackstone halbwegs gut. Das Unternehmen (und seine Aktionäre) verdient Geld mit den Verwaltungsgebühren, die es erhält – und nicht mit der Wertentwicklung der verwalteten Investitionsprojekte. Deswegen fällt die Aktie nur um bescheidene 5 Prozent. Dieser Rückgang trägt dem Umstand Rechnung, dass für Blackstone ein Teil der heutigen Kunden wahrscheinlich in Zukunft verloren sein wird.

Die Aktionäre von Ares Capital Corporation würden dagegen schwer getroffen werden. Da der Wert der Aktien dieser börsennotierten BDC direkt vom Wert der 20 Erneuerbare-Energie-Unternehmen abhängt, fällt der Aktienpreis ebenfalls um 50 Prozent.

BDCs mögen zwar riskanter sein, aber sie haben auch ein größeres Kurspotenzial.

## BDCs und der Status quo

Lassen Sie uns auf das obige Beispiel zurückkommen. Aber dieses Mal wollen wir nicht annehmen, dass eine neue Art von erneuerbarer Energie eingeführt wurde, sondern davon ausgehen, dass sich in der Branche nichts Wesentliches ändert. Die Nachfrage nach erneuerbaren Energien wächst stetig, aber der Wert der privaten Unternehmen bleibt relativ gleich.

In diesem Szenario würden sich die Aktien von Blackstone seitwärts bewegen. Der Aktienkurs würde sich kaum ändern, weil die von dem Unternehmen gewährten Kredite schon im Kurs eingepreist sind.

Im Fall von Ares Capital Corporation ist das anders. Da mit dem Wachstum der Nachfrage auch die Gewinne der Anbieter von erneuerbaren Energien steigen und da BDCs 90 Prozent ihrer Gewinne als Dividende ausschütten müssen, schießt die Dividendenrendite von Ares Capital Corporation in die Höhe. Tatsächlich kann sich die Gesellschaft aktuell einer Dividendenrendite von 8,2 Prozent rühmen! Das ist mehr als das Vierfache der durchschnittlichen Dividendenrendite der Aktien im S&P 500.

Durch ihre Geschäftsstruktur haben BDCs einen großen Vorteil gegenüber ihrer Konkurrenz. Und wenn er eine BDC mit einem attraktiven

Portfolio von Beteiligungen an privaten Unternehmen findet, dann sollte ein Anleger, der nach Vermögenswerten für sein Portfolio sucht, mit denen er Einnahmen erzielen kann, eine Investition in diese BDC in Erwägung ziehen.

Das gilt vor allem dann, wenn das Kapitalmarktumfeld durch steigende Zinsen gekennzeichnet ist.

## Fallstudie: BDCs, Jerome Powell und variabel verzinste Kredite

Anleger, die auch nur einen Schuss Pulver wert sind, achten genau auf die Entwicklung der Zinssätze. Da in den USA die Federal Reserve als Zentralbank für die Zinspolitik verantwortlich ist, behalten schlaue Anleger auch die Fed immer genau im Auge. Wie wichtig das ist, zeigte sich, als ich 2018 bei einer Investmentanalysegesellschaft arbeitete.

In diesem Jahr hatte Jerome Powell, der neue Präsident der Federal Reserve, die Zinsen dreimal angehoben. Das kam nach fast sechs Jahren, in denen die Zinsen bei oder nahe null waren – in der Periode der sogenannten Nullzinspolitik. Die Zinserhöhungen verursachten große Aufregung, weil die Zentralbank seit dem Beginn der globalen Finanzkrise die Zinsen nicht mehr erhöht hatte.

Zentralbanken erhöhen die Zinsen, wenn die Konjunktur gut läuft. Damals lief die US-Wirtschaft auf Hochtouren; die Wachstumsrate des realen Bruttoinlandsprodukts erreichte ihren höchsten Wert seit fünf Jahren und die Arbeitslosenquote war so niedrig wie seit den 1950er-Jahren nicht mehr.

Ich erwartete diese Zinserhöhungen und mir war klar, dass diejenigen BDCs, welche variabel verzinste Kredite vergeben, davon mehr profitieren würden als andere BDCs. Deshalb begann ich nach einer geeigneten BDC zu suchen, um durch den Kauf von deren Aktien von den Zinserhöhungen zu profitieren. Ich durchforstete die 10-K-Jahresberichte aller wichtigen BDCs, in denen sich deren Finanz- und Geschäftszahlen finden, um die Gesellschaften zu identifizieren, deren Aktiva die von mir gewünschte Struktur hatten.*

Ich stellte fest, dass bei Sixth Street Specialty Lending (TSLX) überwältigende 95 Prozent des Kreditportfolios aus variabel verzinsten Krediten bestand. Angesichts dessen und weil ich erwartete, dass Jerome Powell und die Federal Reserve die Zinsen aggressiv erhöhen würden, informierte ich meine Tausende von Lesern über diese BDC.

## BDCs lieben hohe Zinssätze

Steigende Zinssätze sind für BDCs aus zwei Gründen von Vorteil:

1. Erstens machen es höhere Zinsen für Unternehmen schwieriger, Kapital von den traditionellen Kapitalgebern zu bekommen. Kreditgeber sind hinsichtlich der Unternehmen, denen sie Geld leihen, wählerischer, weil ihre Kapitalkosten höher sind. Das treibt mehr Unternehmen zu den BDCs.
2. Zweitens erfolgen die meisten Investments von BDCs in Form variabel verzinster Kredite. Das heißt, dass der Zinssatz dieser Kredite während der Kreditlaufzeit schwanken kann. Fast immer ist ein variabler Kreditzins an die Verzinsung der zehnjährigen US-Staatsanleihe gebunden.

Wenn die US-Wirtschaft Fahrt aufnimmt und die Zinsen steigen, profitieren BDCs, weil ihre Zinseinnahmen ebenfalls steigen. Das gilt vor allem für BDCs mit einem hohen Anteil von variabel verzinsten Krediten in ihrem Kreditportfolio.

Aber die erwarteten höheren Zinssätze waren nicht der einzige Grund, aus dem mir Sixth Street Specialty Lending (TSLX) gefiel.

Setzen Sie auf das richtige Pferd.

* Das »Form 10-K« ist ein standardisierter Jahresbericht, den alle börsennotierten Unternehmen in den USA jedes Jahr bei der US-Börsenaufsicht einreichen müssen (Anmerkung des Übersetzers).

Es gibt viele Gründe, die für TSLX sprechen, aber der wichtigste ist die Qualität des Portfolios. 92 Prozent des Kreditportfolios bestanden aus erstrangigen, pfandrechtlich gesicherten Krediten. Bei Zahlungsausfällen hatte TSLX deswegen beim Kreditnehmer das Sagen bezüglich einer Restrukturierung oder eines Verkaufs von Vermögenswerten. Ich bin immer darauf aus, mein Risiko zu reduzieren – und das ist genau das, was mit dieser Portfoliostruktur erreicht wird. Dadurch war TSLX wesentlich weniger risikoreich als andere vergleichbare BDCs.

Außerdem war die Mischung des Kreditportfolios attraktiv. Finanzdienstleistungen, das Gesundheitswesen und die Pharmabranche machten über ein Drittel des Portfolios von TSLX aus. All das sind Branchen, in denen die Nachfrage unelastisch ist, was bedeutet, dass die Nachfrager relativ preisunempfindlich sind, weil sie die Dienste und Produkte von Banken, Krankenhäusern und Pharmaherstellern immer benötigen, gleichgültig, wie die Konjunktur läuft.

Fast das gesamte Kreditportfolio von TSLX besteht aus variabel verzinslichen Krediten. Die Zinsen, die die Unternehmen für ihre Kredite zahlen, steigen also, wenn die Zinssätze steigen.

Bei BDCs wie TSLX gibt es ein, wie ich es nenne, Management-Risiko. Da das Unternehmensportfolio von einem Management-Team ausgewählt und verwaltet wird, ist es wichtig, dass die Teammitglieder so gut wie möglich sind. Und TSLX bekommt sehr gute Noten für sein Management-Team. Eine Kapitalrendite, die 31 Prozent höher als der Branchendurchschnitt ist, zeigt, dass das Team von TSLX aus seinem Unternehmensportfolio das Beste macht. Die Kapitalrendite ist auch 20 Prozent höher als die von vergleichbaren Unternehmen. Das Team von TSLX erwirtschaftet also pro investiertem Dollar mehr Geld als das Management vergleichbarer Unternehmen. Und genau darauf sollte man bei einer BDC Wert legen.

Nachdem ich TSLX meinen Abonnenten empfohlen hatte, brachte die Aktie innerhalb der nächsten 18 Monate einen Gesamtgewinn von 33 Prozent. Das war das Doppelte dessen, was der S&P 500 im selben Zeitraum geschafft hatte.

## Anlagestrategie: Business Development Companies (BDCs)

Ich habe mich immer gerne mit BDCs beschäftigt, weil sie eine kaum bekannte Anlageform darstellen. Immer wenn ich bei meinen Freunden aus der Finanzbranche BDCs erwähne, hat fast keiner von ihnen von dieser Anlageform gehört.

Ein Leitthema dieses Buches ist, dass man dann in Dinge investieren sollte, wenn die Leute von ihnen noch nichts gehört haben. Denn wenn es sich um ein gutes Investment handelt, dann werden die Anleger irgendwann von den Gewinnen, die man damit machen kann, angelockt. Was BDCs und ihre riesigen Dividendenrenditen betrifft, so erwarte ich, dass sie in den kommenden Jahren von immer mehr Anlegern entdeckt werden.

## Wie man eine gute Business Development Company erkennt

Durch BDCs erhalten Anleger Zugang zu einzigartigen Investments in private Unternehmen. Ohne die Branche der BDCs wären Anleger auf »gewöhnlichere« Investments beschränkt, wie den Kauf von Aktien von traditionellen Beteiligungsgesellschaften. Ein direktes Investment in private Unternehmen wäre Kleinanlegern dann nicht möglich. Und wenn man auf der Suche nach wirklich hohen Dividendenrenditen ist, tut man sich sehr schwer, eine bessere Alternative als BDCs zu finden. Das gilt vor allem dann, wenn die Federal Reserve die Zinsen erhöht.

Aber auf der Suche nach der besten BDC sollte man die folgenden drei Punkte im Auge behalten.

## 1. Suchen Sie eine BDC mit einem hohen Anteil an variabel verzinsten Krediten im Portfolio

Wie in unserem Beispiel erläutert, sind BDCs mit variabel verzinsten Krediten der Renner, wenn die Zinssätze steigen. Aber Anleger, die nach diesen Informationen suchen, müssen sich ziemlich Mühe geben.

Am besten fängt man damit an, sich eine Liste der größten BDCs zu erstellen. Da die Branche klein ist, braucht man dazu nicht allzu lange. Danach muss man sich die 10-K-Jahresberichte oder die Anlegerinformationen dieser BDCs anschauen. Auf diese Weise kann man den Prozentsatz der variabel verzinsten Kredite am gesamten Kreditportfolio herausfinden. Die Informationen über die größten BDCs erhält man durch eine Google-Suche. Und dann kann man den 10-K-Jahresbericht jeder BDC auf dem Teil ihrer Website finden, der den Investor Relations gewidmet ist.

Sobald man die BDCs nach der Höhe des Prozentsatzes der variabel verzinsten Kredite geordnet hat, wählt man die BDC, die an erster Stelle steht.

## 2. Wählen Sie eine BDC mit einer attraktiven Kapitalstruktur

Sie sollten sich anhand derselben 10-K-Jahresberichte und Anlegerinformationen, die Auskunft über den Prozentsatz der variabel verzinsten Kredite geben, auch über die *Kapitalstruktur* der BDCs informieren. Daran sehen Sie, wie die von den BDCs vergebenen Kredite im Übrigen beschaffen sind. BDCs, die erstrangige, pfandrechtlich gesicherte Kredite vergeben, sind BDCs vorzuziehen, die andere Formen der Kreditvergabe nutzen.

Hinweis: Hinter den BDCs steht der Nettovermögenswert der privaten Unternehmen, in welche sie investieren. Das ist der große Vorteil gegenüber der Struktur anderer Beteiligungsgesellschaften wie etwa Blackstone.

Suchen Sie sich die BDC mit dem höchsten Prozentsatz an erstrangigen, pfandrechtlich abgesicherten Krediten im Portfolio. Im TSLX-Beispiel bestand 92 Prozent des Kreditportfolios aus solchen attraktiven

Krediten. Das ist die Kapitalstruktur, auf die Sie Wert legen sollten, da besonders solche BDCs von steigenden Zinsen profitieren – und Ihnen so eine der besten Möglichkeiten bieten, sich den Trend zu steigenden Zinsen zunutze zu machen.

### 3. Schätzen Sie die Sicherheit der Dividendenzahlungen ein

In dem Abschnitt über Aktien mit einer zweistelligen Dividendenrendite habe ich drei Punkte genannt, auf die Sie achten müssen, wenn es um die Beurteilung der Sicherheit von Dividendenzahlungen geht:

- eine Ausschüttungsquote von unter 80 Prozent,
- einen Verschuldungsgrad von unter 100 Prozent und
- ein Wachstum des frei verfügbaren Cashflows von über 3 Prozent.

Genau auf diese Punkte sollten Sie auch achten, um sich zu vergewissern, dass die Dividendenzahlungen der oft renditestarken BDCs auch sicher sind.

## Wie kauft und verkauft man eine Business Development Company?

Es gibt nicht viele börsennotierte Business Development Companies. Zu dem Zeitpunkt, an dem ich dies schreibe, gibt es nur zwölf BDCs mit einer Marktkapitalisierung von über 500 Millionen Dollar.

Sobald Sie eine BDC gefunden haben, die die oben genannten Kriterien erfüllt, und falls das wirtschaftliche Umfeld günstig ist (also wenn die Zinsen steigen), dann sollten Sie Ihre Position allmählich und unter Ausnutzung des Durchschnittskosteneffekts über mehrere Wochen aufbauen. Dadurch können Sie sicher sein, dass Sie Ihre Anteile zum bestmöglichen Preis erwerben.

Verglichen mit anderen Anlagestrategien in diesem Buch sind BDCs relativ risikoarm. Anleger, die aus ihrem Portfolio regelmäßig Einnahmen beziehen wollen, tun gut daran, 5 Prozent ihres Kapitals in eine BDC ihrer Wahl zu investieren. Wenn es keine exogenen Schocks am Markt gibt (wie die Covid-19-Pandemie), sollten solide BDCs eine stabile Dividende von 7 bis 8 Prozent pro Jahr abwerfen.

**Kurzanleitung für Investoren: Business Development Companies (BDCs)**

- Informieren Sie sich bei Ihrem Broker, wie Sie BDCs kaufen können.
- Investieren Sie nicht mehr als 5 Prozent Ihres Kapitals in diese Anlageform.
- Gehen Sie davon aus, dass Sie Ihre Position nach dem Kauf jahrelang halten werden. In dieser Zeit werden Sie regelmäßige Dividendenzahlungen erhalten.

# Börsennotierte Immobiliengesellschaften (REITs)

## Was sind »REITs« oder »Real Estate Investments Trusts«?

Immobilien sind ein zentraler Baustein jedes diversifizierten Portfolios. Solche Vermögenswerte verhelfen Anlegern zu zwei bedeutenden Arten von Rendite:

1. Kapitalzuwächse, wenn der Wert der Immobilien zunimmt,
2. Einnahmen durch Mietzahlungen.

Aber damit ist, wie Ihnen jeder sagen kann, der Immobilien besitzt, *eine Menge Arbeit* verbunden. Grundsteuerzahlungen, Instandhaltung und andere mit dem Immobilienbesitz in Zusammenhang stehende Tätigkeiten können oft einen Vollzeitjob bedeuten.

Deswegen ziehe ich es vor, in die börsennotierten Immobiliengesellschaften (»Real Estate Investments Trusts« oder REITs) zu investieren, anstatt Immobilien direkt zu erwerben. Ein REIT ist eine besondere börsennotierte Beteiligungsgesellschaft für die Anlage in Immobilien. REITs unterliegen besonderen Regeln und müssen 90 Prozent ihrer Gewinne in Form von Dividenden ausschütten. Das macht sie so attraktiv für Investoren, die an hochverzinslichen Anlageformen interessiert sind, um stetige Einnahmen zu erzielen. In der Tat zahlen REITs Dividenden von bis zu 10 Prozent. Wie wir schon in den Abschnitten über Aktien mit zweistelliger Dividendenrendite und Business Development Companies festgestellt haben, gilt auch hier, dass diejenigen, die herausfinden können, welche Dividendenrenditen sicher sind, große Gewinne erzielen können.

Außerdem werden die Anteile an REITs genau wie Aktien gehandelt. Genau wie wenn er eine Immobilie besitzen würde, kann ein REIT-Investor sowohl Einnahmen (in Form hoher Dividenden) als auch Kapitalzuwächse (in Form steigender REIT-Kurse infolge der Zunahme der Immobilienpreise) erzielen – aber ganz ohne die hohen Kapitalkosten und die Arbeit mit der Verwaltung, die mit dem direkten Besitz von Immobilien einhergehen.

## Die Vorteile eines Investments in REITs

Schauen wir uns ein Beispiel an. Nehmen wir an, Sie wollen Immobilien als Anlageform in Ihr Portfolio aufnehmen. Sie wissen nichts von REITs und deshalb gehen Sie ganz traditionell vor und kaufen eine Immobilie zur Kapitalanlage in Cleveland, Ohio.

Weil Cleveland eine verhältnismäßig kleine Stadt ist und die Zinsen niedrig sind, bekommen Sie einen günstigen 30-jährigen 100 000-Dollar-Hypothekenkredit. Sie haben vor, das Haus an Studenten der nahe gelegenen Universität zu vermieten und im Sommer selbst darin zu wohnen. Als Sie aufgewachsen sind, haben Sie in Ihrem Elternhaus immer bei der Reparatur und Instandhaltung aller möglichen Dinge geholfen. Deswegen ist es für Sie kein großes Problem, sich um die Instandhaltung des neuen Hauses zu kümmern. Und weil Sie selbst in Cleveland wohnen, können Sie jederzeit nach der Arbeit vorbeischauen und alles Notwendige erledigen. Sie erwarten eine jährliche Mietrendite von ungefähr 7 Prozent und zusätzlich einen Kapitalzuwachs bei dem Haus, dessen Wert seit 2010 jedes Jahr um 5 Prozent gestiegen ist.

Dann passiert etwas Unvorhergesehenes: eine globale Pandemie. Da Studenten wegen des Virus sich nicht länger am Campus aufhalten, bricht die Nachfrage nach Ihrer Immobilie ein. Sie könnten Ihr Haus zwar verkaufen, aber da die Immobilienpreise abstürzen, würden Sie damit einen Verlust machen.

Dieses Beispiel zeigt, wie illiquide Immobilien sind. Anders als eine Anleihe oder eine Aktie können Sie Immobilien nur schwer zu Geld machen. Der direkte Kauf von Immobilien ist eine langfristige Geldanlage. Und wenn man nicht vorsichtig ist – oder einfach nur Pech hat –, kann eine solche Geldanlage relativ schnell an Wert verlieren. Wenn das passiert, können Sie viele Jahre lang auf einer Immobilie sitzen bleiben, die entweder wertlos oder weniger wert als der Hypothekenkredit ist, den Sie abzahlen müssen.

## Real Estate Investment Trusts sind die Lösung dieser Probleme

Schauen wir uns ein anderes Beispiel an. Nehmen wir an, Sie wollen ein Investment in Studentenapartments in Ihr Portfolio aufnehmen. Aber anstatt eine illiquide Immobilie direkt zu kaufen, um die Sie sich dann kümmern müssen, kaufen Sie einen REIT namens American Campus Communities (ACC).

Dieser REIT baut und betreibt Häuser mit Studentenapartments überall in den Vereinigten Staaten. Mit dem Kauf dieses REITs können Sie an denselben Arten von Erträgen partizipieren wie mit dem Kauf des Hauses im vorhergehenden Beispiel. Sie können ebenfalls von der Wertsteigerung von Studentenapartments profitieren und außerdem eine Rendite von 5 Prozent (also etwas weniger als die Mietrendite im Haus-Beispiel) in Form der jährlichen Gewinne des REITs in Höhe von 5 Prozent erzielen. Außerdem sind Sie nicht an eine bestimmte Immobilie in der Stadt, in der Sie leben, gebunden, sondern Sie sind an Hunderten von Studentenwohnblöcken im ganzen Land beteiligt.

Die jährliche Rendite, die Sie erzielen, ist zwar niedriger als die, die Sie beim direkten Besitz einer Immobilie erreichen können. Aber die Einbuße von 2 Prozentpunkten für die Verwaltungskosten des REITs nehmen Sie gern in Kauf, weil Sie sich nicht selbst um die Immobilien kümmern müssen und Ihr Eigentum (also die Anteile an dem REIT) jederzeit verkaufen können.

Das erwies sich als großer Vorteil, als Sie in Ihren Studentenapartment-REIT investiert hatten. Denn als Sie erkannten, dass das ansteckende Virus sich negativ auf die Universitäten – und damit auf den Markt für Studentenapartments – auswirken würde, konnten Sie Ihre Position ohne Probleme verkaufen. Wenn Sie dagegen eine Immobilie direkt gekauft hätten, wären Sie auf einem schwer verkäuflichen Haus sitzen geblieben.

## Fallstudie: Sun Communities und die alternden Babyboomer

2017 hielt ich mich während einer Dienstreise im Napa Valley, Kalifornien, auf. Leider war meine Aufgabe nicht die Verkostung der berühmten gleichnamigen Weine dieser Region. Stattdessen schaute ich mir eine Wohnwagensiedlung an oder, wie der Betreiber es nannte, eine Anlage mit »mobilen Eigenheimen«. Es war keine normale Wohnwagensiedlung, sondern dieser Ort ähnelte mehr einer Luxusferienanlage. Und weil diese Eigenheime fast 300 000 Dollar billiger waren als richtige Häuser, war die Nachfrage nach ihnen hoch.

Ich schaute mir diese Wohnwagensiedlung im Napa Valley deswegen an, weil sie einem REIT namens Sun Communities Incorporated (SUI) gehörte, den ich analysierte. Das Unternehmen war auf Anlagen mit mobilen Eigenheimen für Ruheständler spezialisiert. Nach meiner Analyse schien es sich, zumindest auf den ersten Blick, um ein solides Unternehmen zu handeln. Zu dieser Zeit begannen sich gerade die Babyboomer zur Ruhe zu setzen. Es wurde geschätzt, dass jeden Tag ungefähr 12 000 Babyboomer in den USA in den Ruhestand gingen. Dabei gab es aber ein Problem: Die Babyboomer hatten nicht genug für ihren Ruhestand gespart. Nach einer Studie des Transamerica Center for Retirement Studies betrug die Median-Ruhestandsersparnis der Boomer nur mickrige 150 000 Dollar.

Wie Sie sich vorstellen können, war das nicht genug, um sich ein Traumhaus am Strand zu kaufen – aber es war genug, um sich ein »mobiles Eigenheim« in einer netten Wohnwagensiedlung zu kaufen. Studien zeigten, dass einer von drei Babyboomern überhaupt kein Geld für den Ruhestand gespart hatte. Und von denen, die etwas gespart hatten, hatte fast die Hälfte weniger als 10 000 Dollar auf die Seite gelegt.

Aber viele dieser Nichtsparer besaßen ein eigenes Haus. Und nach Aussage eines Professors der Duke University wurde erwartet, dass viele dieser Hausbesitzer ihr Haus verkaufen und in eine Wohnwagensiedlung – ich wollte sagen ein »mobiles Eigenheim« – ziehen würden.

Das sah mir ganz nach einer Investmentchance aus und ich beschloss, mich näher damit zu beschäftigen.

## Leben in der Wohnwagensiedlung

Wenig überraschend zog die Siedlung, die ich besuchte, eine Menge Babyboomer an. Viele der Bewohner waren Babyboomer im Ruhestand, die ihre Häuser zu einem guten Preis verkauft hatten, um in diesen mobilen Eigenheimen zu leben.

Ich war nicht der Erste, der hier eins und eins zusammengezählt hatte. Einer der Ersten, die sich für diesen Markt interessiert hatten, war Warren Buffett höchstpersönlich, das Orakel von Omaha. Seine Beteiligungsgesellschaft Berkshire Hathaway kaufte Clayton Homes im Jahr 2003 für 1,3 Milliarden Dollar. Damals war Clayton Homes der größte Hersteller von mobilen Eigenheimen in den USA.

Buffett hatte mit seinem Interesse an mobilen Eigenheimen recht. Die Umsätze von Clayton Homes waren zehn Jahre in Folge gestiegen und der Anstieg beschleunigte sich, als mehr und mehr Babyboomer in Rente gingen. Aber ich wollte mir ein Stück vom Grund und Boden sichern, auf dem diese Häuser geparkt wurden – und nicht von dem Unternehmen, das sie herstellte.

Zunächst einmal waren mobile Eigenheime einer der profitabelsten Sektoren der Immobilienbranche. Die Profitabilität eines Investments wird anhand des Nettobetriebsergebnisses gemessen. Dieses ist gleich der Differenz aus der Summe aller Einnahmen und den Betriebskosten. Und mir gefiel, dass REITs, die im Sektor der mobilen Eigenheime tätig waren, die höchsten Nettobetriebsergebnisse unter allen REITs erzielten.

Es gab noch zwei andere Dinge, die ich an mobilen Eigenheimen schätzte:

1. Erstens ist das Angebot solcher Häuser begrenzt.
2. Zweitens stehen mobile Eigenheime in einem schlechten Ruf, obwohl sie zu den bezahlbarsten Formen von Wohnraum in den USA gehören. Deshalb ist es schwer, Genehmigungen für die Anlage neuer Siedlungen zu erhalten. Dieses Problem ist als das »Sankt-Florians-Prinzip« bekannt. Es ist zwar von Nachteil für Menschen, die mobile Eigenheime kaufen wollen, aber von großem Vorteil für diejenigen, denen das Land gehört.

# Aktiv im Markt der mobilen Eigenheime

Die Anbieter mobiler Eigenheime benötigen zwei Dinge:

1. Das erste ist das *mobile Eigenheim* selbst. Es steht typischerweise im Alleinbesitz der Person, die das Haus von einem Unternehmen wie Clayton Homes gekauft hat. Und weil der durchschnittliche Bewohner zwölf Jahre und länger in einem mobilen Eigenheim lebt, muss man sich keine Sorgen machen, dass die Bewohner ständig aus- und wegziehen. Dieser Zeithorizont ist nur geringfügig kürzer als der von normalen Einfamilienhäusern, in denen – nach Angaben der National Association of Home Builders – der durchschnittliche Bewohner 13 Jahre im selben Haus verbringt.
2. Das zweite ist der *Grund und Boden*, auf dem das mobile Eigenheim steht. Er steht typischerweise im Besitz eines Immobilienverwaltungsunternehmens. Den Bewohnern ist das am liebsten, weil sich die Verwaltung um Dinge wie Wasser- und Abwasserleitungen, die Anlage des Fundaments für den Stellplatz, die Müllabfuhr und alles andere Notwendige kümmert.

Nachdem ich mit dem Management von Sun Communities gesprochen und die wichtigsten Faktoren verstanden hatte, die das Geschäft dieses Unternehmens beeinflussten, entschied ich mich dazu, Sun Communities meinen Lesern zum Kauf zu empfehlen. In den darauffolgenden drei Jahren warf dieser Betreiber von Wohnwagensiedlungen, der eine Dividende von 5 Prozent zahlte, eine Gesamtrendite von 128 Prozent ab (in Form der Dividendenzahlungen und der Kurszuwächse der Aktie).

## Anlagestrategie: Börsennotierte Immobiliengesellschaften

Für die meisten Anleger ist ein Investment in REITs sinnvoller als der Kauf von Immobilien selbst. Denn mit REITs kann man nicht nur problemlos in verschiedene Arten von Immobilien investieren (wie etwa Studentenapartments oder Wohnwagensiedlungen), sondern man kann seine Anteile auch jederzeit kaufen oder verkaufen, weil sie wie Aktien an der Börse gehandelt werden. Und weil man sowohl Dividenden erhält als auch von den Wertsteigerungen der Immobilien profitiert, kommt man in den Genuss aller Vorteile einer Investition in den Immobiliensektor. Aber man muss ein paar Dinge im Auge behalten, wenn man sich einen REIT aussucht. Diese Dinge wollen wir jetzt besprechen.

## Wie man einen guten REIT erkennt

Genau wie bei den anderen langfristigen Anlageformen in diesem Kapitel müssen Sie sich vergewissern, dass der REIT Ihrer Wahl von den demografischen Trends profitiert. John Mauldin, mein ehemaliger Chef, hat immer gesagt, dass Wirtschaftswachstum gleich Bevölkerungswachstum plus Produktivitätswachstum ist. Letzteres wächst jedes Jahr ungefähr um 1 Prozent. Das Bevölkerungswachstum ist, je nachdem, welches Land man betrachtet, etwas schwerer vorherzusagen.

Versuchen Sie, einen Trend am Immobilienmarkt ausfindig zu machen, der von Dauer ist. Dann müssen Sie sicherstellen, dass der REIT Ihrer Wahl eine nachhaltige und stabile Dividendenrendite hat. Wie wir beim Beispiel von Kraft Heinz im Abschnitt über Aktien mit zweistelliger Dividendenrendite gesehen haben, ist eine Dividendenkürzung das Todesurteil für jede Dividendenaktie.

Aber wenn Sie die folgenden drei Punkte beachten, werden Sie mit Ihren REIT-Investments bestimmt Glück haben.

## 1. Achten Sie auf die demografische Entwicklung

Genau wie im Fall von American Campus Communities und von Sun Communities müssen Anleger genau auf die demografischen Trends achten, die den Immobilienmarkt antreiben. Dazu gehören Trends wie der Eintritt der Babyboomer in den Ruhestand oder der Anstieg der Studentenzahlen aufgrund des Studienbeginns der Millennials. Auch andere langfristige Entwicklungen müssen berücksichtigt werden, wie etwa die Abnahme der Zahl der Menschen, die im stationären Einzelhandel einkaufen (was sich negativ auf REITs auswirkt, die Einkaufszentren betreiben).

Um Informationen zu den demografischen Trends zu finden, sollte man sich die Volkszählungsdaten des US Census anschauen.* Dadurch kann man erfahren, wie sich die verschiedenen Bevölkerungsgruppen entwickeln. Wenn man weiß, wo die »Bruchlinien« des Immobilienmarkts verlaufen, kann man Fehler bei der Geldanlage vermeiden, die man sonst vielleicht machen würde.

## 2. Suchen Sie nach REITs mit einem hohen operativen Ergebnis relativ zum Kurs

Eine der meistbeachteten Kennzahlen bei Aktien ist der Gewinn pro Aktie. Das ist der dem Investor pro Aktie zustehende Teil des Gewinns des Unternehmens, an dem er beteiligt ist. Bei REITs wird stattdessen die Kennzahl »operatives Ergebnis« (»funds from operations«) verwendet. Anders als beim Gewinn pro Aktie werden die Abschreibungen bei der Ermittlung des operativen Ergebnisses nicht abgezogen, sodass sich ein genaueres Bild der tatsächlichen Zuflüsse an liquiden Mitteln ergibt. Eine Aktie ist umso attraktiver, je höher der Nettogewinn im Verhältnis zum

* In den USA findet alle zehn Jahre eine Volkszählung (»Census«) statt; in Deutschland führt das Statistische Bundesamt ebenfalls alle zehn Jahre eine Volkszählung durch (Anmerkung des Übersetzers).

Kurs ist. Dasselbe gilt für REITs und das Verhältnis zwischen operativem Ergebnis und Kurs.

Deshalb bevorzuge ich bei der Auswahl von REITs Unternehmen mit einer dauerhaft hohen Quote von operativem Ergebnis und Kurs. Die Informationen darüber kann man in den 10-K-Jahresberichten der REITs finden.

### 3. Bestimmen Sie die Ausschüttungsquote der REITs

Ähnlich wie die übliche Ausschüttungsquote, die sich auf den Gewinn pro Aktie bezieht, gibt die Ausschüttungsquote der REITs, die sich auf das operative Ergebnis bezieht, Auskunft darüber, welcher Anteil des operativen Ergebnisses als Dividende ausgeschüttet wird.

Wenn es um Dividendenzahlungen geht, lege ich vor allem Wert auf Sicherheit. Deshalb kaufe ich nur REITs mit einer Ausschüttungsquote von unter 80 Prozent. Auch über die Höhe der Ausschüttungsquote kann man sich in den 10-K-Jahresberichten der REITs informieren.

## Wie kauft und verkauft man REITs?

Wenn Sie einen REIT gefunden haben, der die oben genannten Kriterien erfüllt, dann sollten Sie Ihre Position allmählich und unter Nutzung des Durchschnittskosteneffekts aufbauen. So können Sie sicher sein, Ihre Position zum bestmöglichen Preis aufzubauen.

Verglichen mit den anderen Anlageformen in diesem Buch handelt es sich bei REITs um ein relativ risikoarmes Investment. Je nach der Struktur Ihres Portfolios ist es sinnvoll, um die 5 Prozent Ihres Kapitals in REITs zu investieren.

Sobald Sie Ihre Position eröffnet haben, müssen Sie genau beobachten, wie sich Ihr REIT von Quartal zu Quartal entwickelt. Denn wenn das operative Ergebnis relativ zum Kurs oder die Ausschüttungsquote zu fallen beginnt, sollten Sie darüber nachdenken, auszusteigen. Das gilt vor allem dann, wenn sich auch der langfristige Trend, auf den Sie gesetzt haben, ändern sollte.

**Kurzanleitung für Investoren: Börsennotierte Immobiliengesellschaften (»Real Estate Investments Trusts« oder REITs)**

- Nutzen Sie beim Kauf des REITs den Durchschnittskosteneffekt zum Aufbau Ihrer Position.
- Wenn sich Ihre Position gut entwickelt, kaufen Sie nach und halten Sie dann Ihre Position. Überprüfen Sie den REIT regelmäßig, um sicherzustellen, dass er sich weiterhin in die richtige Richtung bewegt (also nach oben).
- Verkaufen Sie nur, wenn sich bei dem REIT grundsätzlich etwas ändert.

# KAPITEL 9

# ALTERNATIVE ANLAGEFORMEN

Eine alternative Anlageform ist jedes nichttraditionelle Investment, also alle Investments außer Aktien, Anleihen und anderen traditionellen Anlageformen wie zum Beispiel Bargeld. Der Begriff »alternative Anlageformen« ist weit gefasst und schließt einige der beliebtesten nichttraditionellen Investments wie Sammlerstücke und Kunstgegenstände ein. Um mit diesen hochriskanten und hochprofitablen Anlageformen kein Geld zu verlieren, sollten Sie dieses Kapitel sorgfältig lesen.

Ich wuchs im Nordwesten von Ohio auf und als Jugendlicher war ich ein großer Baseballfan. Damals war das Team meiner Heimatstadt Cleveland, die Cleveland Indians (heute die Cleveland Guardians), eines der besten Baseballteams. Sie schafften es zweimal ins Endspiel der amerikanischen Profiliga (um dann, wie üblich für Mannschaften aus Cleveland, zu verlieren). Für mich und meine Freunde war der Sport das Höchste und selbstverständlich begannen wir damit, Sammelkarten und andere Sammelobjekte anzuhäufen.

Aber wir taten das nicht nur, weil wir diese Sportler liebten, sondern auch, weil wir überzeugt davon waren, dass diese Karten irgendwann einmal »etwas wert« sein würden. Meiner Meinung nach war der Besitz dieser Dinge eine todsichere Methode, in der Zukunft Geld zu verdienen. Ob es nun meine Sammelkarte von Ken Griffey Jr., die erste Auflage der

Charizard-Pokémon-Karte oder eine alte »Star Wars«-Figur (natürlich in der Originalverpackung) war – der Gedanke, dass ein Sammlerstück in der Zukunft mehr wert sein würde, erschien mir selbstverständlich.

Als ich älter wurde, gab ich mich nicht mehr mit diesen Kindereien ab. Die meisten meiner Sammlerstücke endeten auf dem Flohmarkt oder verstaubten auf dem Dachboden meiner Eltern. Ich hatte keine Ahnung, dass viele von ihnen eines Tages wirklich wertvoll sein würden. Tatsächlich war die Wertsteigerung in einigen Fällen sogar höher als beim S&P 500.

Sammlerstücke, Weine und Kunstgegenstände gehören alle zur großen Anlageklasse der sogenannten *alternativen Anlageformen*. Wenn man es versteht, auf diesem Gebiet vernünftige Investments zu tätigen, kann man große Gewinne erzielen.

# Erinnerungsstücke

## Was sind Erinnerungsstücke?

Im Moment sind Erinnerungsstücke (oder Sammlerstücke) eine der beliebtesten alternativen Anlageformen. Ein Erinnerungsstück ist ein Gegenstand, den die Menschen wegen seiner historischen Bedeutung aufheben. Wie im Fall meiner Sammelkarte von Ken Griffey Jr. schätzen Sammler diese Objekte, weil sie sie an Personen erinnern, die sie bewundern. Ob es nun ein Homerun-Ball ist, den man während eines Baseball-Endspiels aufgefangen hat, oder die Sammelkarte von Michael Jordan in seinem ersten Jahr als Basketballprofi – dieser 5,4-Milliarden-Dollar-Markt macht Anleger seit Jahren reich.

Es gibt im Wesentlichen zwei Arten von Anlegern im Markt der Erinnerungsstücke. Erstens sind da die Amateure, die aus sentimentalen Gründen sammeln. Sie hegen nostalgische Gefühle für einen bestimmten Gegenstand von früher, und um diesen Gefühlen Ausdruck zu verleihen, kaufen sie ihn. Im Allgemeinen sind sie nicht im obersten Marktsegment unterwegs, aber sie sind in der Lage, sich günstige Objekte zu kaufen.

Und dann gibt es die zweite Gruppe von Anlegern: wohlhabende Personen. Diese Profisammler bieten bei Versteigerungen von Erinnerungsstücken mit, die von großen Auktionshäusern wie Christie's durchgeführt werden. Ihr Ziel besteht in der Diversifikation ihres Investmentportfolios und sie kaufen in der Hoffnung auf Wertsteigerungen.

Ob Sie nun ein Amateur- oder Profisammler sind – es war noch nie so einfach wie heute, in alternative Anlageformen wie Erinnerungsstücke zu investieren. Das gilt vor allem, seit sich dieser Anlagetrend während der Covid-19-Pandemie immer stärker durchgesetzt hat. Als die Menschen lange Zeit in ihren Wohnungen isoliert waren, begannen viele von ihnen, ihren Dachboden oder alte Kisten nach Sammlerstücken zu durchsuchen. Und seitdem Auktionen über eBay, Collectable und andere Plattformen leicht durchführbar sind, ist es so einfach wie nie zuvor, Käufer und Verkäufer zusammenzubringen.

Die möglichen Gewinne mit Erinnerungsstücken sind erstaunlich. PWCC – eine führende Handelsplattform für Sammelkarten – veröffentlichte eine Top-100-Liste der wertvollsten Sammelkarten. Zwischen 2008 und 2020 brachten die Karten auf dieser Liste einen Gewinn von 264 Prozent ein, wohingegen im selben Zeitraum der S&P 500 nur einen Gewinn von 110 Prozent erzielen konnte. Andere Erinnerungsstück-Indizes wie der GCI 250 weisen Renditen in ähnlicher Höhe auf. Seit seiner Einführung im März 2018 ist dieser Index um 71 Prozent gestiegen, was in etwa dem Anstieg des S&P 500 in Höhe von 68 Prozent entspricht.

Kurz und gut, der allgemeine Markt für Sammlerstücke hat sich während des letzten Jahrzehnts als Quelle solider Gewinne erwiesen, ohne dass das Risiko inakzeptabel hoch gewesen wäre.

## Geld regiert die Welt des Marktes für Erinnerungsstücke

Viele der Objekte auf dem Markt für Erinnerungsstücke werden für Millionen gehandelt. Zum Beispiel haben die fünf teuersten Sammlerstücke aus dem Bereich Sport folgende Preise erzielt:

- Das Original-Manifest der Olympischen Spiele: 8,8 Millionen Dollar.
- Das Trikot, das der Baseballspieler Babe Ruth zwischen 1928 und 1930 getragen hat: 5,6 Millionen Dollar.
- Das Trikot, das Babe Ruth 1920 getragen hat: 4,4 Millionen Dollar.
- Die »Rules of Basketball« von James Naismith aus dem Jahr 1891: 4,3 Millionen Dollar.
- Die »Rules of Basketball« von Daniel Lucius Adams: 3,2 Millionen Dollar.

Das Marktsegment mit Objekten für mehrere Millionen Dollar kommt für die meisten Anleger nicht infrage. Schließlich haben nicht viele Anleger 3,2 Millionen Dollar, um sie für ein über 100 Jahre altes Stück Papier auszugeben. Aber seitdem es die sogenannte »Fraktionalisierung« gibt, kann jeder ein Stück von diesen zeitlosen Erbstücken besitzen.

Nehmen wir zum Beispiel an, dass es zwei Anleger gibt: Reginald und Joe. Reginald ist Portfoliomanager bei einem großen Hedgefonds, der in der Sport-, der Medien- und der Unterhaltungsbranche engagiert ist. Er hat die Aufgabe, nach seltenen Sammlerstücken für das Portfolio seines Fonds zu suchen. Auf diese Weise können sich die Investoren des Fonds an solchen seltenen Erinnerungsstücken beteiligen und ihr Anlageportfolio diversifizieren. Weil hinter Reginald sehr wohlhabende Investoren stehen, kann er die seltensten und teuersten Objekte für seinen Fonds kaufen. Wenn der Wert dieser Sammlerstücke steigt, dann steigt auch der Nettovermögenswert seines Fonds. Und das gefällt wiederum den Investoren.

Das Portfolio von Reginald hat einen Wert von 20 Millionen Dollar. Da der Wert dieser Anlagen weiter steigt, erwartet er für das nächste Jahrzehnt höhere Gewinne als beim S&P 500.

Zum anderen Ende des Anlegerspektrums gehört Joe. Der gebürtige New Yorker in mittleren Jahren hat schon immer leidenschaftlich Basketball-Karten gesammelt. Während seiner 20 Jahre als Sammler hat er eine ganze Reihe von wertvollen Karten angehäuft, zu denen auch eine Karte von LeBron James in seinem ersten Jahr als Basketballprofi gehört, die er vor Jahren in einem Pfandleihhaus aufgestöbert hat. Seit seiner Kindheit hat er fast das gesamte Einkommen, das er erübrigen konnte, für seine Sammelleidenschaft ausgegeben, aber trotzdem ist seine Sammlung nur 5000 Dollar wert.

Wir haben hier zwei Menschen, die genau dasselbe tun: Sie sammeln Erinnerungsstücke. Der einzige Unterschied zwischen ihnen besteht darin, dass der eine mehr Kapital zur Verfügung hat und sich deshalb die profitableren Chancen am Markt für Erinnerungsstücke zunutze machen kann.

So sahen die Verhältnisse am Markt für Erinnerungsstücke (und an den Märkten für viele andere alternative Anlageformen) seit Jahren aus – bis Internetplattformen für mehr Chancengleichheit gesorgt haben.

# Technologie revolutioniert das Sammeln von Erinnerungsstücken

Ich möchte Ihnen nun einen neuen Teilnehmer am Markt für Erinnerungsstücke vorstellen: den 23-jährigen Asher. Asher ist seit Langem ein Fan von Investments am Markt für Erinnerungsstücke. Anders als der Hedgefonds-Manager Reginald und auch anders als der Kleinanleger Joe nutzt Asher für seine Käufe von Sammlerstücken einen Dienst namens Traceable.

Traceable ermöglicht die *Fraktionalisierung* des Marktes für Erinnerungsstücke. Wenn zum Beispiel ein Anleger sich an einem Unternehmen mit niedriger Marktkapitalisierung wie Etsy Incorporated (ETSY) beteiligen will, dann kommt er nie auf die Idee, das ganze Unternehmen zu kaufen. Stattdessen kauft er »Anteile« an Etsy, also Aktien. Auf diese Weise hat jeder Zugang zum Markt für Unternehmensbeteiligungen. Anders als im Fall der meisten Erinnerungsstücke hat Etsy seine Kapitalstruktur »fraktionalisiert«, um mehr Anleger anzuziehen.

Dasselbe Konzept wird von Traceable angewandt. Sagen wir, Asher sei ein großer Fan von Michael Jordan. Er hat von einer Karte gehört, in der ein winziges Stück von einem Trikot von Michael Jordan enthalten ist und die jetzt einen Verkaufspreis von 37 000 Dollar erzielt. Asher hat gerade sein Studium beendet und ist gewiss nicht in der Lage, 37 000 Dollar auszugeben. Aber Asher kann – ganz genau wie die Anleger, die Anteile oder »Bruchteile« von Etsy kaufen können – einen Bruchteil dieser Michael-Jordan-Karte kaufen. Tatsächlich reicht ein Investment von 25 Dollar aus, damit ihm ein Teil seiner Lieblingssammelkarte gehört.

Traceable ist zwar nur ein hypothetisches Fraktionalisierungsunternehmen, aber es gibt heute in der Realität eine Unmenge von neuen Firmen, die diesen Dienst anbieten (wir werden später in diesem Kapitel sehen, wie das genau funktioniert). Aber zunächst möchte ich Ihnen erzählen, wie einige Investoren während des letzten Booms am Markt für Sammlerobjekte Glück hatten und einen Riesengewinn machten.

## Fallstudie: Die Ballade von Brady Hill

Jede Klasse von Anlagewerten hat ihre Leitfigur. Ob es nun Jeffrey Gundlach bei den Anleihen ist, Warren Buffett bei den Wertaktien oder Cathie Wood bei den Wachstumsaktien – jede Anlageform hat ihren Fahnenträger, zu dem die anderen Anleger wegen seiner Klugheit und Erfahrung aufschauen. Und im Fall der Erinnerungsstücke ist das Brady Hill.

Wie bei vielen anderen Investoren am Markt für Erinnerungsstücke fing bei Hill alles mit dem Sammeln von Baseballkarten in seiner Jugend an. Weil er dachte, Darryl Strawberry würde der nächste Superstar sein, fing Hill an, alle Erinnerungsstücke von Darryl Strawberry, die er in die Hände bekommen konnte, zu sammeln. Bis ihm schließlich sein Vater den weisen Rat gab: Verkauf die Darryl-Strawberry-Karten und kauf Mickey-Mantle-Karten.

Die Empfehlung seines Vaters verwirrte Hill zunächst. Damals sah es so aus, als ob Darryl Strawberry tatsächlich der nächste Baseball-Superstar werden würde. Wäre es dann nicht sinnvoll, sich mit Erinnerungsstücken von ihm einzudecken, solange diese noch billig waren? Schließlich folgte Hill widerwillig dem Rat seines Vaters, verkaufte seine Darryl-Strawberry-Sammlung und kaufte eine Mickey-Mantle-Karte.

Es stellte sich heraus, dass ihm sein Vater einen tollen Tipp gegeben hatte. Während das Interesse an den Erinnerungsstücken von Strawberry einbrach, nachdem er wegen Drogenbesitzes mitten in seiner Karriere suspendiert wurde, wurde Mickey Mantle immer beliebter.

## Die Anfänge von »The Kid«

Als Jugendlicher nahm Hill an der National Sports Collectors Convention teil. Er war einer der wenigen Jugendlichen, die dort einen eigenen Verkaufstisch hatten. Deswegen erhielt er schnell den Spitznamen »The Kid«. Denn nicht viele Gleichaltrige hatten so wertvolle Karten wie er im Angebot.

Hill hatte so viel Erfolg mit seiner Sammelei, dass er sich durch den Verkauf seiner gesamten Sammlung sein erstes Auto leisten konnte. Dann absolvierte er sein Studium an der Louisiana State University. Die einzige Karte, die Hill behielt, war eine 1954er-Topps-Sammelkarte von Hank Aaron in seinem ersten Jahr als Baseballprofi, welcher damals der Spieler mit den meisten Homeruns in der Geschichte der ersten Baseball-Liga war.*

Wie viele andere gab Hill sein Sammelhobby auf, als er erwachsen wurde. Er konzentrierte sich auf die Gründung eines eigenen Unternehmens, welches T-Shirts bedruckte und den Namen »Greensource« trug. Nach einem Jahrzehnt war Greensource eines der größten Unternehmen in dieser Branche.

Aber wie sich herausstellte, war es das Schicksal von Hill, ein Sammler zu bleiben. In der Mitte der 2010er-Jahre kam er zufällig wieder in Kontakt mit seiner alten Leidenschaft.

## »The Kid« ist wieder da

Als er nach New York umzog, durchstöberte Hill einen alten Safe. Darin befand sich die Hank-Aaron-Karte, die er behalten hatte, als er mit dem Studium begann.

Er schickte die Karte einer darauf spezialisierten Agentur und ließ sie »benoten«. Auf diese Weise wird der Zustand eines Sammelobjekts von einer unabhängigen Stelle bewertet. Alle seltenen Sammelobjekte werden auf einer Zahlenskala eingestuft. Sobald die Einstufung feststeht, wird das Sammelobjekt versiegelt, damit es nie mehr durch Fingerabdrücke und Ähnliches verunreinigt werden kann. Die Agentur, an die Hill seine Hank-Aaron-Karte geschickt hatte, benotete diese mit 7.**

Hill bot die Karte dann umgehend im Internet an. Anstatt sie einfach zu verkaufen, tauschte er sie bei einem anderen Sammler gegen eine 1969er-Topps-Karte von Mickey Mantle in seinem ersten Profijahr. Damals war die Mantle-Karte mehr wert als die Aaron-Karte.

Von da ab ging Hill auf eine große Einkaufstour. Er folgte dem Rat seines Vaters und jagte keinen neuen glänzenden Sammelobjekten

* Topps ist ein führender amerikanischer Hersteller von Sportsammelkarten (Anmerkung des Übersetzers).

** Die »Notenskala« reicht von 1 bis 10, mit der 10 als bester Note (Anmerkung des Übersetzers).

hinterher. Stattdessen blieb er bei altbewährten und immer beliebten Karten, wie zum Beispiel den klassischen Vorkriegskartensets, der Cracker-Jack-Kollektion aus dem Jahr 1914 und den Top-Karten von Babe Ruth aus seinem ersten Profijahr.

Hill erwarb immer mehr seltene Karten. Als es 2020 zu einem Boom am Sammelkartenmarkt kam, erwies sich das Hobby von Hill als ein tolles Investment. Heute ist seine Kartensammlung Millionen wert.

## Anlagestrategie: Erinnerungsstücke

Investments am Markt für Erinnerungsstücke gehören definitiv zur Klasse der hochriskanten und hochprofitablen Geldanlagen. Im Extremfall setzen Anleger Riesensummen auf die Preisentwicklung von Vermögenswerten, die außerhalb eines kleinen Kreises von Sammlern praktisch unbekannt sind. Diese Multi-Millionen-Dollar-Transaktionen spiegeln wider, wie fest Anleger an die langfristige Preisentwicklung des Marktes glauben.

### Wie man ein gutes Investment in Erinnerungsstücke erkennt

Die Einführung der Fraktionalisierung im Markt für Erinnerungsstücke hat den Anlegern völlig neue Marktsegmente eröffnet. Kleinanleger mit weniger Geld auf dem Konto können jetzt auch am Aufwärtstrend des Marktes für Erinnerungsstücke teilhaben. Und nachdem dieser alternative Anlagemarkt im Gefolge der Covid-19-Lockdowns auf Hochtouren läuft, sind die kurzfristigen Aussichten für Investoren gut.

Aber die Fraktionalisierung hat nichts daran geändert, dass man sich genau überlegen muss, welche Sammelobjekte man kaufen will. Tatsächlich sind die Lehren, die Brady Hill von seinem Vater früh in seiner Laufbahn als Sammler gelernt hat, auch heute noch gültig. Die folgenden Tipps sollten Sie beachten.

## 1. Bleiben Sie bei den Klassikern

Als »The Kid« seine Investorenkarriere am Markt für Sammelobjekte begann, machte er fast einen katastrophalen Fehler. Er war hinter »dem nächsten Superstar« her. Er dachte sich, dass Darryl Strawberry der nächste Baseball-Superstar sein würde, und wollte alles auf ihn setzen. Wenn er das getan hätte, hätte seine Sammlung fast ihren ganzen Wert verloren, weil Strawberry am Ende seine Karriere ruinierte und damit den Wert der Sammlerstücke von ihm. Stattdessen drängte ihn sein Vater, »klassische« Sammlerstücke zu kaufen, wie etwa die Karten von Hank Aaron und Mickey Mantle in ihrem ersten Profijahr.

Bei dem Kauf eines Erinnerungsstücks – gleichgültig, ob man es ganz oder nur zu einem Bruchteil kauft – sollte man sich immer an die altbewährten Stücke halten. Ein Homerun-Ball oder ein Trikot von Babe Ruth wird immer seinen Wert behalten und wahrscheinlich sogar mit der Zeit noch wertvoller werden. Auf diese Weise können Sie eines der Hauptrisiken von Investments in Erinnerungsstücke vermeiden.

## 2. Investieren Sie nur in »fabrikneue« Stücke

Bei der Suche nach Erinnerungsstücken sollten Sie sich auf »fabrikneue« Stücke, also Stücke in einem neuwertigen Zustand, konzentrieren. Diese Stücke, die man auch in einem Museum ausstellen könnte, sind wesentlich wertstabiler als abgenutzte Stücke.

Deshalb sollten Investoren genau auf die »Note« der Sammelobjekte achten. Sobald ein Stück eingestuft und versiegelt worden ist, gibt es weniger Unsicherheiten bezüglich seines wirklichen Wertes. Ich würde empfehlen, nur in Sammelobjekte mit einer Note von 8,0 oder höher zu investieren.

**Lassen Sie Ihre Sammlerstücke bewerten**

Falls Sie ein Objekt gekauft oder bei sich entdeckt haben, das wertvoll ist, sollten Sie es sofort bewerten lassen. Für jede Art von Sammelobjekten gibt es spezialisierte Bewertungsagenturen. Zum Beispiel ist die führende Bewertungsagentur für Sportsammelkarten PSA, während die führenden Bewertungsagenturen für Comics CGC und CBCS sind.

Wie ich schon gesagt habe, würde ich keine nicht benoteten Stücke kaufen. Es ist am besten, wenn man sich auf Sammlerstücke konzentriert, deren Herkunft und »Geschichte« genau dokumentiert sind und die vor dem Kauf gründlich überprüft worden sind.

## 3. Investieren Sie nur in seltene Stücke

Gleichgültig, ob es sich um Baseball-Sammelkarten oder um non-fungible Token handelt (welche wir in Kapitel 11 besprechen werden) – am wichtigsten für den Wert von allen Sammelobjekten ist deren Seltenheit. Je weniger Exemplare eines Sammelobjekts existieren, desto wahrscheinlicher wird es seinen Wert behalten.

Diesen Zusammenhang kann man überall in der Wirtschaft beobachten. Zum Beispiel besteht einer der wichtigsten Gründe für den Optimismus hinsichtlich der Wertentwicklung des Bitcoins darin, dass dessen Angebot auf 21 Millionen Stück begrenzt ist. Entsprechendes gilt für Gold. Die bisher geförderten 205 000 Tonnen haben insgesamt kein größeres Volumen als das von ungefähr 110 Stadtbussen.

Bei der Auswahl Ihrer Sammelobjekte sollten Sie nach seltenen Stücken suchen, von denen es nur ein paar Exemplare gibt. Dabei könnte es sich um etwas wie den Golfball handeln, mit dem Tiger Woods den entscheidenden Schlag führte, als er zum ersten Mal das Masters-Turnier in Augusta gewann. Oder es könnte der Ball sein, den Hank Aaron geschlagen hat, als er es auf den Spitzenplatz der Allzeit-Homerun-Liste schaffte. Das sind die Arten von Objekten, die Sie in Ihrer Sammlung haben sollten.

# Wie handelt man mit Erinnerungsstücken?

Diejenigen, die mit Sammelobjekten handeln, fallen in zwei Kategorien: die Käufer ganzer Stücke und die Käufer von Bruchteilen von Stücken.

## Käufer ganzer Stücke

Die »Ganzkäufer«, also diejenigen, die ganze Sammelobjekte kaufen, sollten gründlich ihre Hausaufgaben machen und die oben genannten drei Punkte abhaken, bevor sie einen Kauf tätigen. Sie müssen also sicherstellen, dass das Objekt klassisch, in einwandfreiem Zustand und selten ist. Nach dem Kauf müssen sie auf eine Lagerung unter idealen Bedingungen achten.

Einige Objekte müssen bei geringer Luftfeuchtigkeit gelagert werden. Das gilt zum Beispiel für Baseball-Karten, damit diese keine Risse bekommen. Wenn Sie darauf nicht achten, wird der Wert Ihres Sammlerstücks mit der Zeit abnehmen. Da Sie wahrscheinlich Ihr Sammlerstück viele Jahre lang halten müssen, bevor es an Wert gewinnt, ist die richtige Aufbewahrung von zentraler Bedeutung. Denjenigen, die sich näher mit dem Markt für Sammlerstücke beschäftigen wollen, würde ich die Lektüre von *Kovels' Guide to Selling, Buying, and Fixing Your Antiques and Collectibles* empfehlen.*

## Bruchteilkäufer

Bruchteilkäufer haben es viel einfacher. Zum einen ist der Markt für Bruchteile von Sammlerstücken viel liquider. Wie wir schon ein paarmal in diesem Buch gesehen haben, kann das Fehlen von Marktliquidität ein großes Problem für Anleger sein, die ihre Investments wieder verkaufen

---

* Dieses Buch der Autoren Ralph und Terry Kovel ist 1995 im Verlag Three Rivers Press, New York, erschienen (Anmerkung des Übersetzers).

wollen. Sammlerstücke sind – anders als Aktien oder Anleihen – illiquide, da es nur ein paar Käufer und Verkäufer gibt. Und wenn es um Sammlerstücke zum Preis von mehr als 10 000 Dollar geht, schrumpft der Markt noch einmal deutlich.

Aber der Markt für den Kauf und den Verkauf von Bruchteilen von Sammlerstücken ist wesentlich liquider. Um als Bruchteilkäufer auftreten zu können, müssen Sie sich bei einer der Börsen für Sportsammelobjekte wie Collectable, Otis Wealth, Rally oder Dibbs registrieren lassen.

Wenn Sie ein Objekt gefunden haben, dass klassisch, »fabrikneu« und selten ist, können Sie ungefähr 1 Prozent Ihres Portfolios dafür einsetzen. Sammlerstücke haben zwar ein großes Potenzial nach oben, aber man sollte diese Investments klein halten, weil immer die Möglichkeit besteht, dass das Objekt im Preis stagniert und nie die Gewinne abwirft, die Sie erwarten. Wenn Sie Ihr Investment klein und in Grenzen halten, dann kommen Sie in den Genuss des Aufwärtspotenzials einer hochriskanten und hochprofitablen Anlageform, ohne dabei zu viel Kapital in einem Anlagewert zu binden, mit dem Sie keinerlei laufende Einnahmen erzielen können. Idealerweise sollten Sie außerdem diversifizieren und in verschiedene Arten von Sammlerstücken investieren. So können Sie vom Aufwärtspotenzial verschiedener Objektklassen profitieren, wie Sammelkarten, Oldtimer oder Comics.

**Kurzanleitung für Investoren: Erinnerungsstücke**

- Nehmen Sie sich die Zeit, um sich eingehend mit den Erinnerungsstücken zu beschäftigen, an denen Sie interessiert sind. Sie wollen ja schließlich nicht den Anfängerfehler machen, zu viel für ein Objekt zu zahlen. Machen Sie also Ihre Hausaufgaben.
- Sprechen Sie mit Investoren und Sammlern, um zu erfahren, welche Stücke am beliebtesten sind und was als ein guter Preis gelten kann. Mit anderen Worten, informieren Sie sich gründlich.
- Es ist wichtig, dass Sie keine gefühlsmäßige Bindung an irgendein Objekt entwickeln. Am allerwichtigsten ist, dass Sie sich nicht in ein besonderes Stück verlieben. Sonst könnten Sie zu viel dafür bezahlen.
- Entscheidend ist, die »Note« eines Objekts in Erfahrung zu bringen. Sie sollten das Ziel haben, Objekte mit einer möglichst hohen Einstufung (am besten mit einer Note von 8,0 und besser) und einem möglichst niedrigen Preis zu kaufen. Das kann bedeuten, dass man warten muss, bis der richtige Preis da ist. Bleiben Sie bei den »Klassikern«, dann können Sie wenig falsch machen.
- Es ist besser, ein paar wenige Stücke in einem einwandfreien Zustand zu besitzen, als viele Stücke in einem mittelmäßigen Zustand. Konzentrieren Sie sich auf den Kauf neuwertiger Objekte. Am besten ist es, wenn Sie neuwertige Objekte, die selten sind, finden können. Für diese sollten Sie Spitzenpreise beim Verkauf erzielen können.
- Achten Sie darauf, dass Ihre Sammlerstücke sicher gelagert werden. Es kommt darauf an, dass sie ihren Wert behalten, und das bedeutet, dass man sich gut um sie kümmern muss. Einige Sammlerstücke, wie zum Beispiel Baseball-Karten, müssen bei geringer Luftfeuchtigkeit gelagert werden.

# Kunstgegenstände

## Was sind Kunstgegenstände?

Bei der Geldanlage geht es um nichts anderes, als heute sein Geld irgendwo zu parken, damit man in der Zukunft mehr Geld entnehmen kann. Die meisten Anleger konzentrieren sich auf traditionelle Anlageformen wie Aktien, Anleihen oder Rohstoffe, aber mittels alternativer Anlageformen, wie etwa Kunstgegenständen, kann man einen Grad an Diversifizierung erreichen, der nur mit traditionellen Anlagen nicht möglich ist.

Das ist nichts Neues. Denken Sie nur an die Familie der Medici in Florenz. Diese Familie häufte im 15. Jahrhundert ein Riesenvermögen an – nicht zuletzt dank ihres Systems der doppelten Buchführung. Am Ende seines Lebens war Cosimo de' Medici, der Familienpatriarch, einer der reichsten Männer Italiens.

Zu seinen Nachkommen zählten vier Päpste, aber am bekanntesten ist er durch seine Kunstschätze geworden. Heute ist die Kunstsammlung der Medici, zu welcher Werke von Michelangelo, Raffael und Leonardo da Vinci gehören, in den Uffizien in Florenz untergebracht. Viele dieser Kunstwerke gelten als unbezahlbar und haben seit 500 Jahren ihren Wert behalten.

Auch die Medici von heute nutzen Kunst als eine Anlageform.

## Manche Anlagen kommen nie aus der Mode

In den 2010er-Jahren wurde Kunst als Anlageform wieder beliebt. Innerhalb weniger Jahre wurden Hedgefonds-Manager zu den wichtigsten Kunstsammlern weltweit. Die Ironie dabei ist mir nicht entgangen. Das waren die besten Investoren der Welt; und auf einem Gebiet, das traditionell mit der Wall Street nichts zu tun hatte, sahen sie die Gelegenheit, die Rendite ihrer Portfolios zu steigern.

Ganz oben auf der Liste dieser Manager-Milliardäre steht der Hedgefonds-Manager Steven Cohen. An der Spitze des Hedgefonds Point72 hat Cohen das milliardenschwere Kunstportfolio des Fonds um Arbeiten von Picasso, Andy Warhol und Jeff Koons erweitert.

Und er ist nicht der Einzige. Der Milliardär und Fondsmanager Dan Loeb ist auch ein Kunstmäzen. Loeb hat in seiner Sammlung seltene Werke von Basquiat, Mike Kelley und Richard Prince; außerdem hat er einen Anteil von 9,3 Prozent an einem der exklusivsten Auktionshäuser weltweit erworben – Sotheby's.

Ich habe mir angewöhnt, darauf zu achten, was die weltweit besten Investoren tun. Wenn man sich die Zahlen anschaut, dann wird klar, warum diese Fondsmanager sich auf den Kunstmarkt stürzen. Seit 1995 konnte man am Markt für zeitgenössische Kunst pro Jahr 14 Prozent Gewinn machen. Das ist fast das Doppelte des Gewinns, der mit dem S&P 500 möglich war, und das Dreifache der Rendite von US-Staatsanleihen.

Der Kunstmarkt, der ein Volumen von 70 Milliarden Dollar hat, offeriert nicht nur hohe Gewinne, sondern auch allen Anlegern einen neuen Weg zur Diversifizierung ihrer Portfolios. Die Rendite von Kunstgegenständen ist, wenn man sie mit der von Anleihen vergleicht, oft höher (je nachdem, wie hoch der Zinssatz ist).

Außerdem war es für Kleinanleger noch nie so einfach wie heute, am Kunstmarkt teilzuhaben.

## Der Kleinanleger am Kunstmarkt

Am oberen Ende des Kunstmarkts gibt es Transaktionen wie die kürzlich durchgeführten Versteigerungen der Gemälde *Salvator Mundi* von Leonardo da Vinci und *Junges Mädchen mit Blumenkorb* von Picasso, die 450 Millionen beziehungsweise 115 Millionen Dollar einbrachten.

Aber die meisten Menschen haben nicht Hunderte von Millionen Dollar übrig, um sie am Kunstmarkt anzulegen. Außerdem ist es am sinnvollsten, in Kunstgegenstände nur ungefähr 5 Prozent seines gesamten Portfolios zu investieren. Seit es die Fraktionalisierung (die schon weiter oben in diesem Kapitel erörtert wurde) gibt, ist der Traum, einen Kunstgegenstand zumindest zum Teil zu besitzen, auch für diejenigen wahr geworden, die nicht superreich sind. Auf Plattformen wie Masterworks, Yieldstreet und anderen haben Anleger die Möglichkeit, einen Bruchteil eines Multimillionen-Dollar-Kunstwerks zu kaufen.

Nehmen wir zum Beispiel an, dass das Management-Team von Masterworks ein Kunstwerk von dem Künstler Banksy erwirbt. Es zeigt die Silhouette der Mona Lisa, die ein AK-47-Schnellfeuergewehr hält, mit einem Fadenkreuz in der Mitte ihrer Stirn. Masterworks zahlt 250 000 Dollar für diese Arbeit und bewahrt das Gemälde im Tresor auf.

Banksy ist einer der berühmtesten Künstler des 21. Jahrhunderts. Seine Arbeiten werden in Galerien auf der ganzen Welt gezeigt. Und obwohl er anonym bleibt (»Banksy« ist nur sein Künstlername), lieben die Menschen seine Werke. Ein Sammler wie Loeb oder Cohen kann es sich leisten, 250 000 Dollar für ein Kunstwerk auszugeben, aber der durchschnittliche Kleinanleger hat kein frei verfügbares Einkommen in dieser Höhe.

Genau hier kommt die Fraktionalisierung ins Spiel. Bei vielen der genannten Plattformen gibt es einen Mindestanlagebetrag (meistens 1000 Dollar). Auf diese Weise können Investoren »Stücke« ihrer Lieblingskunstwerke kaufen. Anstatt einen »ganzen« Banksy für 250 000 Dollar zu besitzen, kann man 1 Prozent von dem betreffenden Banksy-Kunstwerk für 2500 Dollar besitzen. Das ist nur durch die Fraktionalisierung möglich.

Am besten ist aber, dass man seinen Anteil wie eine Aktie handeln kann. Sollte der Wert des Banksy-Kunstwerks, an dem man beteiligt ist, um 100 Prozent auf 500 000 Dollar steigen, dann kann man seinen Anteil, welcher in diesem Fall 5000 Dollar wert wäre, ohne Probleme verkaufen.

Die Fraktionalisierungsplattformen schaffen Liquidität auf einem Markt, der zuvor illiquide gewesen ist. Im Gegensatz dazu ist der traditionelle Kunstmarkt weiterhin sehr illiquide. Wie ich Ihnen gleich zeigen werde, können diejenigen, die ein Gespür für den Kunstmarkt haben, Unmengen Geld verdienen, indem sie diese Plattformen nutzen.

## Fallstudie: Ein Pensionsfonds stürzt sich auf den Kunstmarkt

Eine der ältesten Methoden zur betrieblichen Altersvorsorge ist der Pensionsplan oder, genauer, der »leistungsorientierte Pensionsplan« (»defined benefit plan«). Das ist ein vom Arbeitgeber bezuschusster Sparplan für den Ruhestand, aus dem die Arbeitnehmer Zahlungen erhalten, wenn sie in Rente gehen. Der Arbeitgeber ist für die Verwaltung des Sparplans verantwortlich. Nach dem Ausscheiden aus dem Arbeitsleben erhält der Arbeitnehmer (oder der überlebende Ehegatte, wenn der Arbeitnehmer stirbt) lebenslang eine bestimmte monatliche Zahlung.

Solche Rentenzahlungen erhalten oft auch Staatsdiener wie Lehrer oder Polizisten. Die Fonds zur Finanzierung dieser Zahlungen haben oft ein sehr großes Volumen. Beispielsweise verwaltete der Pensionsfonds der öffentlich Bediensteten Kaliforniens (»California Public Employees' Retirement System« oder »CalPERS«) im Jahr 2020 ein Vermögen in Höhe von fast 500 Milliarden Dollar. Das war fast das Dreifache der Vermögenswerte, die der größte Hedgefonds der Welt, Bridgewater Associates von Ray Dalio, unter Verwaltung hatte.

Die Manager von Pensionsfonds sind typischerweise risikoscheu. Ihr Ziel besteht darin, eine marktübliche Rendite von 7 bis 8 Prozent zu erzielen und so das Wachstum des Fondsvermögens sicherzustellen, mit dem die Pensionen von Hunderttausenden von Arbeitnehmern finanziert werden. Deshalb sind sichere Investments die Regel. Allerdings gibt es auch einige Fonds, die aus der Reihe tanzen und in alternative Anlageformen, wie etwa Kunstgegenstände, investieren. Zu ihnen gehört zum Beispiel der Pensionsfonds der Britischen Eisenbahn (British Rail Pension Fund).

### Sotheby's als Retter in der Not

1974 herrschte in vielen Industrieländern eine hohe Inflation. Das war auch der Fall im Vereinigten Königreich, in dem die Inflationsrate bis zu 17 Prozent betrug. Inflationsraten in dieser Höhe stellten Pensionsfonds, die jeden Monat Riesensummen investieren müssen, vor große Probleme.

Da die Inflation den realen Wert dieser Summen schmälerte, mussten sie neue Wege finden, um Gewinne zu erzielen.

Das brachte den Pensionsfonds der Britischen Eisenbahn auf die Idee, sich einer alternativen Anlageform zuzuwenden: Kunstgegenständen. Der Fonds beschloss, 40 Millionen Pfund (70 Millionen Dollar) – oder 3 Prozent des Fondsvermögens – in eine Sammlung verschiedener Kunstwerke zu investieren. Der Fonds arbeitete mit dem berühmten Auktionshaus Sotheby's zusammen, welches sich bereit erklärte, Kunstwerke zu identifizieren, die im Wert steigen würden. Im Gegenzug würde der Pensionsfonds alle Käufe und Verkäufe von Kunstwerken über Sotheby's abwickeln.

Der Fonds ging auf große Einkaufstour. Mit der Hilfe von Sotheby's kaufte er 2400 Stücke chinesisches Porzellan, afrikanische Stammeskunst, impressionistische Gemälde und eine ganze Reihe von Kunstgegenständen aus Edelmetall.

## Das Ende des großen Experiments

Die Inflation kühlte sich Anfang der 1980er-Jahre wieder ab, aber mit dem Kunstmarkt ging es weiter aufwärts. Impressionistische Gemälde von Künstlern wie Vincent van Gogh wurden immer stärker nachgefragt. Das war zum Teil auf japanische Kunstkäufer zurückzuführen, die sich auf den Kunstmarkt stürzten, weil sich die Wechselkurse in der Folge eines internationalen Abkommens, des sogenannten Plaza-Abkommens, zu ihren Gunsten entwickelt hatten.

Das waren gute Nachrichten für den Pensionsfonds der Britischen Eisenbahn. Der Wert der großen und diversifizierten Sammlung, die er zwischen 1974 und 1980 erworben hatte, schoss in die Höhe. Der Fonds begann zwar in den frühen 1990er-Jahren, seine Kunstwerke wieder zu verkaufen, konnte aber trotzdem in der Periode von 1974 bis 1999 eine jährliche Rendite von durchschnittlich 13,1 Prozent mit seiner Sammlung erzielen. Das übertraf sogar die Entwicklung des S&P 500 im gleichen Zeitraum.

Die Gewinne kamen vor allem durch den Wertzuwachs der besten und teuersten Kunstwerke zustande, beispielsweise der impressionistischen Gemälde und der Arbeiten von Pablo Picasso. Im Gegensatz dazu schnitten seltene Münzen und europäische Malerei im Allgemeinen, die eher Nischenmärkte darstellten, schlecht ab und zogen die Gesamtrendite nach unten. Nach Aussage von Sotheby's verzeichnete die Impressionistensammlung des Fonds von 1974 bis 1990 einen Wertzuwachs von fantastischen 400 Prozent!

Die Manager des Pensionsfonds der Britischen Eisenbahn behaupteten zwar, dass sie nie wieder Fondsvermögen in Kunstwerke investieren würden. Aber eines war klar: Das erste große Investment eines staatlichen Fonds am Kunstmarkt war ein Erfolg.

## Anlagestrategie: Kunstgegenstände

Das Experiment des Pensionsfonds der Britischen Eisenbahn kann schwerlich von privaten Anlegern nachvollzogen werden. Der Fonds hatte fast unbegrenzte Mittel zur Verfügung, um sie in eine ganze Reihe verschiedener Sammlungen zu investieren. Der Fonds konnte sich die besten Stücke des gesamten Kunstmarkts leisten. Er besaß außerdem die Unterstützung von Sotheby's, einem der angesehensten Kunstauktionshäuser der Welt. Dennoch ist es auch dem Durchschnittsanleger möglich, am Kunstmarkt zu investieren. Diese Möglichkeiten wollen wir jetzt besprechen.

## Wie man ein gutes Kunstinvestment erkennt

Manchmal wird behauptet, dass Kunstgegenstände zwar ein hochriskantes und hochprofitables Investment darstellten, aber dass die Kapitalsumme, die man braucht, damit sich ein solches Investment auch lohnt, viel zu hoch sei. Ich kann dieses Argument nachvollziehen, aber inzwischen hat die Fraktionalisierung durch Plattformen wie Masterworks oder Yieldstreet für mehr Chancengleichheit gesorgt. Wenn Sie die Lehren aus dem Experiment des Pensionsfonds der Britischen Eisenbahn auf diese neuen Plattformen anwenden, dann können auch Sie am Kunstmarkt schöne Gewinne erzielen.

## 1. Qualität geht vor Quantität

Als der Pensionsfonds der Britischen Eisenbahn beschloss, sich am Kunstmarkt zu engagieren, kaufte er eine große Auswahl verschiedener Künstler und Kunstrichtungen. Das entspricht der klassischen Investmentregel, nie alle seine Eier in einen Korb zu legen.

Grundsätzlich bin ich zwar bei den meisten Anlageformen ein Freund der Diversifizierung. Dennoch sollten Sie nicht auf eine Anlage in qualitativ hochwertige Kunstgegenstände zugunsten eines diversifizierten Investments in viele verschiedene, aber weniger seltene und weniger wertvolle Objekte verzichten. So waren die Kunstwerke des Fonds mit der größten Wertsteigerung klassische Arbeiten von bekannten Künstlern wie van Gogh, Picasso oder Renoir. Als der Fonds diese Kunstwerke erwarb, waren die Namen dieser Künstler schon allgemein bekannt. Mit der Zeit wurden sie nur noch bekannter. Nach Aussagen von Sotheby's haben 86 Prozent der versteigerten Kunstwerke von Andy Warhol zwischen 2003 und 2017 um 14 Prozent an Wert gewonnen.

Ein bekannter Name ist sehr wichtig in der Kunstwelt. Es mag zwar reizvoll sein, Werke eines weniger bekannten Künstlers günstig zu kaufen; aber nach aller Erfahrung ist es besser, mehr Geld auszugeben und sich Arbeiten etablierter Künstler zuzulegen.

## 2. Kaufen und lange halten

In vielen Kapiteln dieses Buches erfahren Sie, wie man in Vermögenswerte investiert, mit denen man schnelle Gewinne erzielen kann. Aber in der Kunstwelt ist Geduld eine wichtige Tugend.

Zum Beispiel gibt es einen berühmten Ausspruch über Investments in Kunstgegenstände, der lautet: »Nach fünf Jahren kann man das investierte Geld zurückbekommen, nach zehn Jahren hat es sich verdoppelt und danach vervielfacht es sich.« Es kann sein, dass Sie in den ersten paar Jahren Ihres Investments keine großen Gewinne machen. Es ist möglich, dass der Wert Ihrer Kunstobjekte stagniert oder deren Wertentwicklung der des Aktienmarktes hinterherhinkt. Wie wir am Beispiel des Pensionsfonds der

Britischen Eisenbahn gesehen haben, kann man aber über die langfristigen Gewinne nicht meckern.

Geduld ist besonders wichtig für die Sammler, die sich am illiquiden Markt für »ganze« Kunstwerke engagieren wollen. Denn der Verkauf eines Kunstwerks bei einer Auktion kann Jahre dauern.

### 3. Grundregel: Je seltener, desto besser

Ein Problem, das der Pensionsfonds der Britischen Eisenbahn hatte, war die niedrige Rendite der Sammlung seltener Münzen. Für seltene Münzen gibt es gewiss eine eigene Marktnische, aber das Grundproblem besteht darin, dass diese Objekte nicht wirklich selten sind. Es existieren von jeder »seltenen« Münze Hunderte, vielleicht sogar Tausende von Exemplaren, was den Wert beträchtlich drücken kann.

Andererseits gibt es nur einen einzigen *Jim Crow*, das Gemälde des berühmten Künstlers Jean-Michel Basquiat aus dem Jahr 1986. Diese Seltenheit erhöht den Wert des Kunstwerks; im Gegensatz dazu begrenzt die hohe Zahl »überschüssiger« Exemplare die Wertentwicklung einer »seltenen« Münze.

## Wie handelt man mit Kunstgegenständen?

Anleger, die beabsichtigen, sich am lukrativen, hochriskanten und hochprofitablen Kunstmarkt zu engagieren, sollten sich zuallererst gründlich über das Marktsegment informieren, in das sie investieren wollen. Zum Beispiel gibt es sehr große Unterschiede zwischen dem Markt für chinesische Antiquitäten und dem Markt für digitale Kunstwerke (wie etwa non-fungible Token, welche wir in Kapitel 11 besprechen werden). Sie sollten sich mit den wichtigsten Marktteilnehmern, den historischen Preistrends und allen für die Marktentwicklung wichtigen Faktoren vertraut machen – und zwar für jedes Marktsegment, das Sie interessiert.

Sobald Sie ein Marktsegment gefunden haben, das Ihnen gefällt, würde ich Ihnen empfehlen, nur bis zu 5 Prozent Ihres Kapitals in Kunst zu investieren. Das funktioniert viel einfacher, wenn Sie Fraktionierungs-Plattformen wie Masterworks, Yieldstreet oder Otis nutzen. Auf diese Weise können Sie Anteile an verschiedenen Kunstgegenständen erwerben und Ihr Kunstportfolio diversifizieren.

Nachdem Sie Ihre Position aufgebaut haben, müssen Sie sie nur noch viele Jahre lang halten. Wenn Sie in qualitativ hochwertige Kunstwerke (zum Beispiel Picassos, Basquiats, Warhols und so weiter) investieren, gibt es kaum ein Risiko von Wertverlusten. Aber es ist nicht unwahrscheinlich, dass der Wert dieser Kunstwerke viele Jahre lang nicht zunehmen wird. Es kann zwar frustrierend sein, wenn man wartet und sich kaum etwas tut, aber Sie können darauf vertrauen, dass die langfristigen Wachstumsaussichten bei qualitativ hochwertigen Kunstwerken sehr gut sind.

**Kurzanleitung für Investoren: Kunstgegenstände**

- Informieren Sie sich, indem Sie Galerien und Kunstausstellungen (wie zum Beispiel die Art Basel) in Städten in der Nähe von Ihnen besuchen.
- Halten Sie Ausschau nach Verkaufsangeboten oder nach Kunstwerken mit einer streng limitierten Auflage von den Künstlern, die Sie interessieren. Entscheiden Sie sich, ob Sie Arbeiten von einem »kommenden« oder von einem »etablierten« Künstler kaufen wollen.
- Konzentrieren Sie sich auf qualitativ hochwertige Arbeiten und wählen Sie sorgfältig aus, was für Sie zum Kauf infrage kommt.
- Registrieren Sie sich bei Fraktionalisierungsplattformen wie Masterworks, Yieldstreet oder Otis, damit Sie Ihr Kunstportfolio diversifizieren können.
- Gehen Sie davon aus, dass Sie Ihre Käufe für sehr lange Zeit (also Jahre, vielleicht Jahrzehnte) halten müssen.

# KAPITEL 10

# STRATEGIEN FÜR DAS DAYTRADING

Der Intraday-Handel (oder das »Daytrading«) umfasst alle Anlagestrategien, bei denen man einen Vermögenswert für weniger als einen Tag hält. Diese Art des Handels gilt bekanntermaßen als sehr risikoreich und schwierig, weil Anleger sich beim Intraday-Handel oft von ihren Gefühlen hinreißen lassen. Wenn Sie aber die Ratschläge befolgen, die ich Ihnen in diesem Kapitel geben werde, dann steigen Ihre Chancen deutlich, mit dieser hochriskanten und hochprofitablen Strategie erfolgreich zu sein.

Wenn die Leute mit dem Geldanlegen beginnen, dann wollen viele von ihnen Daytrader werden. Offenbar ist damit ein gewisses geheimnisvolles Flair verbunden. Daytrader halten kaum langfristige Positionen und sie nutzen vor allem die Technische Analyse, um am Markt Erfolg zu haben.

Viele Anfänger kennen Daytrader aus Filmen oder den sozialen Medien und denken, dass der Intraday-Handel die Quintessenz der Geldanlage sei. Nichts könnte weiter von der Wahrheit entfernt sein. Tatsächlich besteht der sicherste Weg, ein Vermögen am Aktienmarkt zu machen, darin, Aktien solider Unternehmen für viele Jahre zu halten und dabei zuzusehen, wie sich das Kapital vermehrt. Wie Warren Buffett gesagt hat:

»Wir halten Aktien am liebsten für immer.« Die meisten Anleger täten gut daran, diese altbewährte Investmentstrategie zu verfolgen.

Aber ich weiß natürlich, dass es auch viele gibt, die lernen wollen, wie man Intraday-Handel betreibt. Und ein Buch über hochriskante und hochprofitable Investments ist der perfekte Ort, um diese Strategie zu diskutieren.

Bevor wir das tun, sollten Sie aber eine unangenehme Wahrheit kennen: Studien zeigen, dass nur ein kleiner Prozentsatz der Daytrader nennenswerte Gewinne erzielt. Die genauen Zahlen unterscheiden sich, aber aus den meisten Studien geht hervor, dass einer von fünf Daytradern nach einem Jahr pleite ist. Das ist ungefähr doppelt so hoch wie die Durchfallquote bei Studenten und mehr als dreimal so hoch wie der Prozentsatz der Restaurants, die innerhalb des ersten Jahres wieder dichtmachen.

Es hat zwar im Laufe der Jahre immer wieder Daytrader gegeben, die sehr erfolgreich waren. Ich werde Ihnen zeigen, wie sie das geschafft haben und wie Sie das – vielleicht – auch schaffen können.

Im Folgenden werde ich Ihnen drei beliebte Strategien des Intratageshandels vorstellen, die Sie in Erwägung ziehen sollten. Ich beginne damit, Ihnen zu zeigen, wie man von überraschenden Quartalszahlen profitieren kann.

# Überraschende Quartalszahlen

## Was sind überraschende Quartalszahlen?

Alle drei Monate berichten die in den USA börsennotierten Unternehmen über ihre Quartalszahlen. Diese Zahlen beeinflussen die Aktienkurse sehr stark. Ein Bericht über eine positive »Gewinnüberraschung« kann ein Segen für die Kurse sein. Umgekehrt können enttäuschende Gewinnzahlen über Nacht den Aktienkurs eines Unternehmens deutlich drücken. Eine weitverbreitete Daytrading-Strategie besteht darin, vorherzusagen, ob eine Aktie die Gewinnerwartungen übertreffen oder verfehlen wird.

Wie schon oft in diesem Buch erwähnt, hängen die Aktienkurse von den Gewinnen der Unternehmen ab. Gleichgültig, ob es die Erwartung der künftigen Kursentwicklung oder die Gewinnentwicklung in der Vergangenheit ist, die Höhe der Gewinne und das Kurs-Gewinn-Verhältnis sind die entscheidenden Faktoren, wenn man verstehen will, von was Aktienmarktgewinne abhängen.

Nehmen wir zum Beispiel an, dass die Aktien von Microsoft (MSFT) bei 300 Dollar pro Aktie notieren. Das Unternehmen erzielte im Vorjahr einen Gewinn pro Aktie in Höhe von 8 Dollar. Das bedeutet, dass das *Kurs-Vorjahresgewinn-Verhältnis* von Microsoft 37,5 beträgt (300 Dollar ÷ 8 Dollar).

Wenn es um die Geldanlage geht, sollte man weniger darauf achten, wie es einem Unternehmen in den Vorjahren ergangen ist, sondern man sollte sich darauf konzentrieren, wie die Zukunftsaussichten des Unternehmens aussehen. Deswegen nutzen Analysten eine Kennzahl, die Kurs und *erwartete Gewinne* ins Verhältnis zueinander stellt. Diese Kennzahl gibt also an, welches Vielfache der erwarteten Gewinne dem aktuellen Kurs entspricht. Im Allgemeinen wird dieses Kurs-Zukunftsgewinn-Verhältnis niedriger sein als das Kurs-Vorjahresgewinn-Verhältnis. Denn Ersteres wird auf Grundlage der Gewinnprognosen des Unternehmens berechnet. Und da man im Regelfall von steigenden Gewinnen ausgeht, ist der Quotient niedriger, wenn man denselben aktuellen Kurs durch einen höheren Gewinn dividiert.

Lassen Sie uns noch etwas bei dem Microsoft-Beispiel bleiben. Das Unternehmen verdiente im Vorjahr 8 Dollar pro Aktie. Für das nächste Jahr geht die Mehrheit der Analysten davon aus, dass Microsoft seinen Gewinn um 12 Prozent auf 9 Dollar pro Aktie steigern wird. Bei einem Kurs von 300 Dollar impliziert das ein Kurs-Vorjahresgewinn-Verhältnis von 37,5 (300 Dollar ÷ 8 Dollar) und ein Kurs-Zukunftsgewinn-Verhältnis von 33,3 (300 Dollar ÷ 9 Dollar).

## Jetzt wird es interessant

Wir haben gesehen, wie der Aktienkurs vom Gewinn, vom Kurs-Vorjahresgewinn-Verhältnis und vom Kurs-Zukunftsgewinn-Verhältnis abhängt. Kommen wir noch einmal auf unser Beispiel zurück. Die Microsoft-Aktie notiert bei 300 Dollar und nach Meinung der Mehrheit der Analysten wird das Unternehmen nächstes Jahr einen Gewinn von 9 Dollar pro Aktie machen. Jetzt naht der Tag der Veröffentlichung der Quartalszahlen und die Händler warten nach Börsenschluss geduldig darauf, wie sich Microsoft im vergangenen Quartal geschlagen hat.

Es gibt drei Dinge, die passieren können:

1. Erstens kann Microsoft eine Gewinnmitteilung veröffentlichen, aus der hervorgeht, dass das Unternehmen die Erwartungen der Mehrheit der Analysten erfüllt und einen Gewinn von 9 Dollar pro Aktie erzielt hat. Da dies der Erwartung des Marktes entspricht, bewegt sich der Aktienkurs in den Stunden nach der Veröffentlichung nicht. Es gab keine Überraschung, sodass die Aktie genau richtig bewertet ist.
2. Zweitens kann es auch ein anderes Szenario geben: nämlich wenn die Gewinnerwartungen verfehlt werden. Nehmen wir an, dass Microsoft seine Quartalszahlen veröffentlicht und dabei verkündet, dass das Unternehmensergebnis unter einem Einbruch der Einnahmen aus dem Cloud-Computing-Geschäft gelitten hat. Aus diesem Grund ist der Gewinn pro Aktie auf 6 Dollar gesunken. Das

wäre eine Katastrophe für die Microsoft-Aktie. Da Analysten einen Gewinn pro Aktie von 9 Dollar erwartet hatten und der tatsächliche Gewinn um 33 Prozent niedriger ausfiel, hat Microsoft die Gewinnerwartungen verfehlt. Investoren hassen böse Überraschungen und die Microsoft-Aktie wird abgestraft. Am folgenden Tag fällt der Kurs um 15 Prozent.

3. Das dritte Szenario, das sich einstellen kann, ist eine Gewinnüberraschung. Die Analysten gehen weiterhin bei Microsoft von einem Gewinn in Höhe von 9 Dollar pro Aktie aus. Aber nehmen wir an, dass im vergangenen Jahr ein Anstieg der Nachfrage nach dem Office-Software-Paket von Microsoft für einen Gewinnzuwachs auf 12 Dollar pro Aktie gesorgt hat. In diesem Fall hätte Microsoft die Analysten mit Nachrichten überrascht, die besser waren als erwartet.

Während das Verfehlen der Gewinnerwartungen zu einem Rückgang des Kurses der Microsoft-Aktien führt, hat ein Übertreffen der Gewinnerwartungen einen Kursanstieg zur Folge. Da das Unternehmen die Gewinnerwartungen um 33 Prozent übertroffen hat, steigen auch die erwarteten künftigen Gewinne, wodurch es zu einem Kursaufschwung um 15 Prozent kommt.

## Kann man Überraschungen vorhersagen?

Denken Sie immer daran, dass das Microsoft-Beispiel stark vereinfacht ist. Abgesehen vom Gewinn pro Aktie gibt es eine Menge von anderen Faktoren, die den Aktienkurs eines Unternehmens nach der Veröffentlichung einer Gewinnmitteilung beeinflussen können.

Zum Beispiel kann ein Unternehmen seine Gewinnprognose erhöhen, was dem Aktienkurs einen Schub nach oben geben wird. Das bedeutet, dass das Unternehmen ankündigt, dass seine Berechnungen gezeigt haben, dass es in den kommenden Quartalen höhere Gewinne als erwartet machen wird. Analysten gefällt es, wenn das Geschäft eines Unternehmens besser läuft, als die Investoren und das Unternehmen selbst erwartet haben. Das ist ein gutes Zeichen für den Erfolg des Unternehmens.

Aber das Gegenteil gilt natürlich auch. Selbst wenn ein Unternehmen die Erwartungen, sowohl was den Umsatz pro Aktie als auch was den Gewinn pro Aktie betrifft, schlägt, nützt das überhaupt nichts, wenn es gleichzeitig seine Gewinnprognose senkt.

Denn letztlich kümmert es die Finanzwelt nur, was in der Zukunft passieren wird, nicht, was in der Vergangenheit passiert ist. Es ist zwar sehr schwer, vorherzusagen, ob ein Unternehmen erfolgreicher sein wird, als die Anleger oder die Mehrheit der Analysten erwarten. Aber wer diese Fähigkeit besitzt, kann damit gute Gewinne machen.

Deswegen gibt es auch eine Unmenge von Unternehmen, die den Anlegern ihre Hilfe bei der Vorhersage solcher positiven Gewinnüberraschungen anbieten.

## Fallstudie: Wie man das »Auge im Weltraum« nutzt

Hedgefonds und Analysten sind immer auf der Suche nach Wegen, um der Konkurrenz einen Schritt voraus zu sein. Am Anfang meiner Karriere hörte ich Geschichten von Hedgefonds, die ihre Junioranalysten jeden Abend zu den Parkplätzen von Unternehmen, die sie analysierten, schickten, um dort die Kundenautos zu zählen. Die Idee dabei war, dass jedes Auto eine bestimmte Summe an Einnahmen für das Unternehmen repräsentierte.

Wenn ein Geschäft pro Auto 50 Dollar Umsatz macht und jedes Quartal von 50 000 Autos besucht wird, dann heißt das, dass das Geschäft 2,5 Millionen Dollar pro Quartal macht. Wenn zu einer Handelskette 50 Geschäfte gehören, dann folgt daraus ein Gesamtumsatz von 125 Millionen Dollar pro Vierteljahr. Wenn diese Zahl über den Schätzungen der Analysten lag, eröffnete der Hedgefonds eine große Position mit Aktien dieses Unternehmens – in der Erwartung, dass es eine positive Gewinnüberraschung geben würde. Wenn aber die Zahl unter den Schätzungen lag, dann verkaufte dieser selbe Hedgefonds die Aktien leer, baute also eine Short-Position auf.

Das Problem mit dieser Methode besteht darin, dass sie sehr arbeitsintensiv ist. Einen gut bezahlten Analysten loszuschicken, um Autos auf

Parkplätzen zu zählen, ist nicht unbedingt die sinnvollste Verwendung der Arbeitszeit dieses Analysten. Aber wie so viele andere Dinge heutzutage hat der technische Fortschritt auch diese Recherchemethode einfacher gemacht.

## Wie man vom Boom der »alternativen Daten« profitieren kann

James Crawford begann seine Tech-Karriere bei Google. Seine Aufgabe bestand darin, ein auf Künstlicher Intelligenz basierendes Verfahren zu entwickeln, mit dessen Hilfe Google Millionen von Büchern scannen und durchsuchen konnte. Ihm wurde schnell der Wert dieser Technologie klar; denn man konnte sie auch dazu nutzen, Satellitenbilder zu scannen.

Mit dieser Idee verließ Crawford Google in den frühen 2010er-Jahren und gründete ein neues Unternehmen, Orbital Insight. Das Unternehmen stand bei den sogenannten »alternativen Daten« in vorderster Front. In den 2010er-Jahren wurde die indexorientierte Anlage am Aktienmarkt sehr populär, weil Hedgefonds häufig schlechter als der S&P 500 abschnitten. Tatsächlich hinkten Hedgefonds zwischen 2009 und 2014 jedes Jahr der Entwicklung des S&P 500 hinterher.

Zu Crawfords Kunden gehörten auch einige milliardenschwere Hedgefonds. Diese Großinvestoren waren darauf aus, sich auf alle mögliche Art und Weise einen Vorteil zu verschaffen.

Und genau den lieferte ihnen Crawford. Sein Unternehmen verkaufte detaillierte Analysen von Maisfeldern, mit denen man die Erntemenge vorhersagen konnte. Das hatte direkte Auswirkungen auf den Rohstoffmarkt, auf dem viele Hedgefonds Termingeschäfte machten. Die Satelliten von Orbital Insight lieferten auch Bilder von Dutzenden von chinesischen Städten, deren Auswertung den Marktteilnehmern Informationen über die Entwicklung des chinesischen Immobilienmarktes lieferten, die von den offiziellen Quellen unabhängig waren. Und genau wie früher Hedgefonds Analysten zu Kundenparkplätzen geschickt hatten, um die Autos zu zählen, zählten jetzt die Satelliten von Crawford die Autos auf den Parkplätzen von Walmart und Home Depot, um die Höhe der Umsätze zu schätzen.

## Orbital Insight hat eine Bekleidungskette im Visier

Die erste große Bewährungsprobe für die Technologie von Crawford kam im November 2014 mit der Analyse der Discount-Bekleidungskette Ross Stores. Der Termin für die Veröffentlichung der nächsten Quartalszahlen war im November und Orbital Insight hatte den Kundenverkehr auf verschiedenen Parkplätzen von Ross Stores beobachtet.

Aufgrund der Auswertung der Daten erwartete Orbital Insight einen Umsatz, der über der Schätzung der Mehrheit der Analysten von 2,55 Milliarden Dollar liegen sollte. Gemäß der Analyse von Orbital Insight würde der Umsatz näher bei 2,56 Milliarden Dollar liegen. Das scheint zwar nur eine kleine Differenz zu sein. Aber jedes Übertreffen der Umsatzerwartungen kann zu einem Sprung beim Aktienkurs führen.

Und genau das passierte auch. Die Umsatzzahlen von Ross Stores waren mit 2,6 Milliarden Dollar sogar noch höher als die Schätzung von Orbital Insight. Diese erfolgreiche Bewährungsprobe war ein Wendepunkt für die »Alternative-Daten-Branche«. 2018 gaben Fonds bis zu 650 Millionen Dollar pro Jahr für alternative Daten aus und die Branche wuchs um 75 Prozent pro Jahr.

Am Erfolg bestanden keine Zweifel. Nach einer Studie von Greenwich Associates gaben 72 Prozent aller Investmentgesellschaften an, dass die Nutzung alternativer Daten nicht nur die Qualität ihrer Analysen verbesserte, sondern auch für 20 Prozent ihrer Gewinne verantwortlich war.

## Anlagestrategie: Überraschende Quartalszahlen

Wahrscheinlich haben Sie nicht ein paar Millionen Dollar übrig, um ein »Alternatives-Daten-Unternehmen« wie Orbital Insight anzuheuern. Die Kunden dieses Unternehmens sind vor allem gut betuchte Hedgefonds, die jede Menge Geld für die Suche nach überraschenden Quartalszahlen ausgeben können. Aber die Informationen in diesem Abschnitt werden

Ihnen dabei helfen, aus den Möglichkeiten, die es auch für Anleger wie Sie gibt, das Beste zu machen.

## Wie man überraschende Quartalszahlen vorhersagen kann

Kleinanleger sind nicht völlig hilflos, wenn es um die Vorhersage überraschender Quartalszahlen geht. Ähnlich wie in der Legende von David und Goliath können Kleinanleger gegenüber Großanlegern sogar im Vorteil sein, weil sie flexibler sind, schneller reagieren können und eine größere Lebenserfahrung haben als viele professionelle Fondsmanager.

Wenn Sie die folgenden Ratschläge beachten, können Sie Ihre Chancen deutlich erhöhen, Geld mit überraschenden Quartalszahlen zu verdienen.

### 1. Suchen Sie nach Aktien, bei denen es schon oft überraschende Umsatz- und Gewinnzahlen gegeben hat

Wenn es um die Dokumentation der Umsatz- und Gewinnentwicklung von Unternehmen geht, ist *Zacks.com* eine der besten Adressen. Leonard Zacks, der Unternehmensgründer, setzt voraus, dass Unternehmen, bei denen es in der Vergangenheit überraschende Quartalszahlen gegeben hat, wahrscheinlich auch in der Zukunft für Überraschungen gut sein werden.

Der beste Weg für einen Anleger, um Unternehmen zu finden, die überraschende Quartalszahlen veröffentlichen werden, besteht darin, diejenigen Unternehmen zu identifizieren, die das in der Vergangenheit getan haben. Sie sollten Unternehmen ausfindig machen, bei denen es mehrere Jahre in Folge Überraschungen gegeben hat und deren Gewinne oft doppelt so hoch wie erwartet gewesen sind.

## 2. Lassen Sie die Finger von Unternehmen, deren Quartalszahlen keinem klaren Trend folgen

Es liegt im Interesse der Unternehmen selbst, mit ihren Quartalszahlen zu überraschen. Die meisten Unternehmen machen vorsichtige Gewinnprognosen, damit sie später mit ihren Quartalszahlen für eine positive Überraschung sorgen können. Schließlich erhalten die meisten Manager Aktien und Aktienoptionen in Abhängigkeit von der Kursentwicklung der Aktie ihres Unternehmens, sodass sie natürlich von Quartalszahlen profitieren, die besser sind als erwartet.

Wenn aber ein Unternehmen andauernd schwankende Quartalszahlen veröffentlicht – ob nun besser oder schlechter als erwartet –, dann bedeutet das, dass das Management keine klare Linie hat. Investoren wollen ein gleichmäßiges und stetiges Wachstum des Unternehmens sehen; große Schwankungen bei den Geschäftszahlen können vor allem institutionelle Investoren zum Verkauf veranlassen.

Ganz genauso wie Sie sich auf Unternehmen konzentrieren sollten, die schon oft mit ihren Quartalszahlen positiv überrascht haben, sollten Sie die Finger von Unternehmen lassen, deren Quartalszahlen undurchsichtig sind.

# Wie kann man mit überraschenden Quartalszahlen Geld verdienen?

Das Risiko der Strategie, auf überraschende Quartalszahlen zu setzen, hängt davon ab, ob man die betreffende Aktie kurz- oder langfristig halten will. Wenn Sie in eine Aktie mit einer Marktkapitalisierung von 10 Milliarden Dollar investieren, weil Sie hoffen, von der Veröffentlichung überraschender Quartalszahlen zu profitieren, dann ist das Risiko relativ gering. Selbst wenn es keine positive Überraschung geben sollte, besitzen Sie Aktien eines relativ großen Unternehmens und wenn es auch keinen Kurssprung nach oben gibt, so wird doch der Kurs nicht abstürzen (außer die Gewinnerwartungen werden deutlich verfehlt).

In diesem Szenario können Sie beruhigt 3 bis 4 Prozent Ihres Portfolios einsetzen. Je mehr Sie dazu bereit sind, die Aktie auch langfristig zu halten, desto mehr Kapital können Sie investieren.

Andererseits sollten Sie vorsichtiger sein, wenn Sie auf überraschende Quartalszahlen eines Unternehmens spekulieren, das nur eine Marktkapitalisierung von 100 Millionen Dollar hat. Aktien kleinerer Unternehmen sind viel schwankungsanfälliger und das Verfehlen von Gewinnerwartungen kann zu einem Kursrutsch führen.

Wenn Sie also in der Hoffnung auf überraschende Quartalszahlen in die Aktie eines kleinen Unternehmens investieren wollen, dann sollten Sie dieses Investment auf 1 bis 2 Prozent Ihres Portfolios limitieren. Auf diese Weise können Sie immer noch vom Kurspotenzial einer positiven Überraschung profitieren, ohne dass Ihr Portfolio ausradiert wird, wenn Sie falschgelegen haben.

Wenn es überraschende Quartalszahlen gibt, dann sollten Sie eine starke Zunahme des Handelsvolumens der betreffenden Aktie feststellen können. Der Umsatz wird wahrscheinlich zwei- oder dreimal so hoch sein wie der durchschnittliche Tagesumsatz. Wenn die Zahlen überragend sind, sollten Sie vielleicht Ihre Position auf Dauer halten. Denn das Übertreffen der Gewinnerwartungen ist häufig der Auslöser dafür, dass andere Investoren sich verstärkt dieser Aktie zuwenden. Deshalb kann es sein, dass der Kurs nach dem Anstieg aufgrund der überraschenden Quartalszahlen weiter steigt (man spricht in diesem Fall von der Kurstendenz nach Veröffentlichung der Quartalszahlen oder von der »post-earnings-announcement drift«). Viele Investoren bauen ihre Positionen nach einer positiven Gewinnüberraschung aus.

Wenn es sich andererseits nur um einen kurzfristigen Kursanstieg handelt, dann sollten Sie Ihre Position an dem Tag schließen, an dem die überraschenden Quartalszahlen veröffentlicht werden. Denn meistens gibt es bei Aktien nach einem starken Kursanstieg am Folgetag eine Kurskorrektur. Deswegen ist es sinnvoll, die Position sofort aufzulösen, wenn Sie nicht vorhaben, die Aktie langfristig zu halten.

**Kurzanleitung für Investoren: Überraschende Quartalszahlen**

- Setzen Sie nicht mehr als 4 Prozent Ihres Portfolios für die auf überraschenden Quartalszahlen beruhende Strategie ein.
- Machen Sie ein Unternehmen ausfindig, von dem Sie denken, dass es möglicherweise überraschende Quartalszahlen veröffentlichen wird. Nutzen Sie bei Ihrer Suche beispielsweise *Zacks.com*.
- Nachdem Sie ein solches Unternehmen ausfindig gemacht haben, bauen Sie drei bis vier Wochen vor der Veröffentlichung der Quartalszahlen eine Position unter Ausnutzung des Durchschnittskosteneffekts auf. Denn es kann ein paar Wochen dauern, bis Sie Ihre Position vollständig aufgebaut haben.
- Sobald Ihre Position aufgebaut ist, müssen Sie geduldig auf die Veröffentlichung der Quartalszahlen warten.
- Falls die Gewinnerwartungen übertroffen werden, sollten Sie den Anstieg der Nachfrage nach dieser Aktie ausnutzen und verkaufen. Das gilt, wenn Sie nur kurzfristig an der Aktie interessiert sind und nicht vorhaben, sie langfristig zu halten.
- Wenn Ihre Position langfristig ist, dann halten Sie die Aktie weiter und nutzen Sie den fortgesetzten Aufwärtstrend. Setzen Sie Stop-Loss-Grenzen in Abhängigkeit von der Höhe der bisher erzielten Gewinne.

# Leerverkäufe

## Was sind Leerverkäufe?

Das »Leerverkaufen« – oder »Shorten« – ist eine Strategie, mit der man Geld verdienen kann, wenn der Preis eines Vermögenswertes fällt. Diese Strategie ist das genaue Gegenteil von der Strategie, die die meisten Anleger verfolgen. Lassen Sie uns beispielsweise annehmen, dass ich Aktien von Visa Incorporated (V) kaufen will, weil die Konjunktur gut läuft. Ich bin davon überzeugt, dass mehr Menschen Kreditkarten nutzen, um ihre Einkäufe zu bezahlen. Wenn ich recht habe, dann sollte dies zu höheren Gebühreneinnahmen für Visa (und damit zu höheren Umsätzen und Gewinnen) führen, was wiederum einen langfristigen Anstieg des Aktienkurses zur Folge haben sollte. Zumindest erwarte ich das. Um dieses Investment zu tätigen, kaufe ich 100 Visa-Aktien zu 200 Dollar pro Aktie und halte sie jahrelang in meinem Wertpapierdepot, bis sie mein Kursziel erreicht haben. Wenn meine Theorie stimmt und die Aktie drei Jahre später bis auf 400 Dollar steigt, mache ich mit diesem Investment einen Gewinn von 100 Prozent.

Short-Positionen sind das Gegenteil von Long-Positionen, bei denen auf steigende Kurse gesetzt wird. Nehmen wir zum Beispiel an, Sie denken, dass die Menschen in den nächsten fünf Jahren weniger Kleidung im traditionellen Einzelhandel kaufen werden. Weil immer mehr Menschen auf E-Commerce-Plattformen einkaufen, wird es weniger persönliche Einkäufe vor Ort geben. Das bedeutet, dass traditionelle Einzelhändler wie The Children's Place (PLCE) in Schwierigkeiten geraten können, was zu niedrigeren Aktienkursen führen sollte. Um darauf zu spekulieren, beschließen Sie, 100 Aktien von The Children's Place zu einem Kurs von 30 Dollar leerzuverkaufen. Wenn Sie recht behalten und die Aktie fällt Jahre später auf 15 Dollar, dann können Sie Ihre Spekulation mit einem Gewinn von 100 Prozent abschließen. Die Grundidee bei Leerverkäufen ist eigentlich einfach: Anstatt erst billig zu kaufen und später teuer zu verkaufen, verkauft man erst teuer – in der Absicht, später billig zurückzukaufen und die Kursdifferenz einzustreichen.

## Briefmarken sind so etwas von altmodisch

Wenn Sie einen Vermögenswert leerverkaufen, kaufen Sie nicht einfach eine Aktienposition und verdienen später Geld, wenn der Kurs fällt. Stattdessen »leihen« Sie sich diese Aktien, verkaufen sie und geben sie später zurück, nachdem Sie sie wieder billiger gekauft haben.

Lassen Sie uns ein Beispiel anschauen: Stellen Sie sich vor, ein Freund von Ihnen sammelt seltene Briefmarken. Sie glauben, dass das Hobby des Briefmarkensammelns aussterben und der Wert seiner Marken deshalb fallen wird. Aus diesem Grund beschließen Sie, die Briefmarken Ihres Freundes leerzuverkaufen.

Zu diesem Zweck besuchen Sie Ihren Freund und fragen ihn, ob Sie sich ein paar seiner Briefmarken ausleihen können. Ihr Freund ist einverstanden und leiht Ihnen einige seiner wertvollen Marken gegen eine kleine Gebühr aus. Er erzählt Ihnen, dass der Marktwert dieser Briefmarken aktuell 100 Dollar ist und dass Sie gut darauf aufpassen müssen, weil es die schönsten Stücke in seiner Sammlung sind. Sie akzeptieren das und nehmen die Marken in Besitz.

Ohne das Wissen Ihres Freundes bringen Sie diese Briefmarken zu einem Händler und verkaufen Sie sofort zum aktuellen Marktwert von 100 Dollar. Dann warten Sie darauf, dass der Wert der Briefmarken fällt. Das passiert früher, als Sie gedacht haben. Denn die US-Post kündigt an, dass sie damit beginnen wird, viele der Marken in der Sammlung Ihres Freundes wieder herauszugeben. Da die Marken jetzt wesentlich weniger selten sind, fällt ihr Wert auf 50 Dollar.

Sie gehen wieder zu dem Händler, dem Sie die Briefmarken verkauft haben, und kaufen dieselben Marken für 50 Dollar zurück. Da Sie die Marken für 100 Dollar verkauft haben und diese jetzt für nur 50 Dollar zu haben sind, können Sie einen Gewinn von 50 Dollar einstreichen und die ehemals seltenen Marken Ihrem Freund zurückgeben.

Genauso können Anleger auch im Fall von Aktien vorgehen. Lassen Sie uns auf das Beispiel von The Children's Place (PLCE) zurückkommen. Wenn Sie darauf setzen wollen, dass die Aktie fällt, würden Sie sie »shorten«, indem Sie sie von Ihrem Broker gegen eine niedrige Gebühr ausleihen. Wenn Sie recht behalten und der Kurs tatsächlich fällt, können Sie die Aktien dann »zurückkaufen« (also Ihre Short-Position »eindecken«) und die Aktien Ihrem Broker zurückgeben.

So zumindest sieht das Idealszenario aus. Aber beim Leerverkauf von Aktien kann auch einiges schiefgehen.

## Das Sammeln von Briefmarken kommt wieder in Mode

Lassen Sie uns auf das Briefmarkenbeispiel zurückkommen. Sie glauben, dass der Wert von Briefmarken fallen wird. Um daraus Profit zu schlagen, leihen Sie sich die Marken Ihres Freundes gegen eine kleine Gebühr, verkaufen diese und warten darauf, dass die Preise sinken.

Aber Sie haben sich getäuscht. Kurz nachdem Sie die Briefmarken verkauft haben, kündigt der prominente YouTuber David Dobrik an, dass er eine Briefmarken-Tauschbörse gründen will. Er sammelt seit Jahren Briefmarken, obwohl er das bisher nicht bekannt gemacht hat. Aber jetzt will er seine Leidenschaft mit seinen Fans teilen.

Plötzlich beginnen Menschen auf der ganzen Welt, seltene Briefmarken zu kaufen. Über Nacht verdoppelt und verdreifacht sich auf Auktionsplattformen wie eBay der Wert einiger dieser seltenen Marken. Leider haben jetzt die Marken, die Sie verkauft haben, einen Wert von 400 Dollar. Da Sie jetzt der Meinung sind, dass ihr Wert noch weiter steigen wird, weil Dobrik das Briefmarkensammeln propagiert, kaufen Sie die Marken zurück und machen einen Verlust von 300 Prozent Ihres Investments bei dieser Transaktion.

Leerverkäufe sind eine der wenigen Investmentstrategien, bei denen man mehr als 100 Prozent der investierten Summe verlieren kann. Wenn Sie eine Aktie zum Kurs von 100 Dollar kaufen und diese fällt bis auf 0 Dollar, dann verlieren Sie 100 Prozent Ihres Investments. Das ist schlimm genug, aber bei Leerverkäufen sind die möglichen Verluste unbegrenzt!

Dennoch haben einige der cleversten Anleger auf der Welt mit Leerverkäufen massive Gewinne erzielt. Eine dieser Investorenlegenden ist Jim Chanos.

## Fallstudie: Jim Chanos und die größte Unternehmenspleite in der US-Geschichte

In den 1990er-Jahren war ein Energieversorger namens Enron eines der »heißesten« Unternehmen in den USA. Trotz bescheidener Anfänge in Omaha, Nebraska, wurde Enron zu einem der weltweit größten Unternehmen. An der Spitze des Unternehmens stand Kenneth Lay, ein gut vernetzter Geschäftsmann mit engen Verbindungen zu den ehemaligen US-Präsidenten George H. W. Bush und seinem Sohn, George W. Bush.

Enron verdiente ein Vermögen mit der Verlegung von Pipelines und Stromleitungen und mit anderen Infrastrukturprojekten überall in den USA. Im Unterschied zu traditionellen Energieversorgern, die sich auf den Transport von Erdgas, Öl und Strom beschränkten, beschäftigte sich Enron nebenbei auch mit Geschäften wie der Bereitstellung von Breitband-Internetverbindungen. Das Unternehmen betrieb sogar eine Art Hedgefonds, die sogenannte »Gas Bank«.

Im Januar 2000 kündigten Lay und sein Team an, dass sie auf die Entwicklung eines Hochgeschwindigkeits-Glasfasernetzwerks setzen würden. Weil zu dieser Zeit die Dotcom-Blase kurz vor ihrem Höhepunkt stand, waren viele Investoren begeistert. Damals stiegen alle Aktien, die irgendetwas mit dem Internet zu tun hatten, immer weiter und weiter. Der Kurs der Enron-Aktie lag vor dieser Ankündigung bei 40 Dollar und erreichte im Sommer 2000 Werte von bis zu 90 Dollar.

Aber ein Hedgefonds-Manager – Jim Chanos – bemerkte, dass mit dem Wall-Street-Liebling Enron etwas nicht stimmte.

## Chanos riecht die Lunte

In den 1990er-Jahren stand Jim Chanos an der Spitze seines Hedgefonds, Kynikos Associates. Dieser Investor, der eine Brille trug und in Yale studiert hatte, hatte den Fonds 1985 mit dem Ziel gegründet, mit Leerverkäufen Unternehmen, die in Schwierigkeiten waren, den Garaus zu machen.

Er hatte viel Erfolg. Chanos fielen Unregelmäßigkeiten bei Unternehmen wie Tyco, Drexel Burnham Lambert und anderen auf – lange bevor die Wall Street etwas davon spitzbekam. Er hatte ein Auge für Unternehmen, deren Geschäftsmodell unsicher und unsolide erschien. Immer wenn Chanos ankündigte, dass er eine Short-Position mit einer Aktie aufbauen würde, fiel der Kurs dieser Aktie ohne Ausnahme.

Chanos beschäftigte sich zuerst im Jahr 2000 näher mit Enron und es fiel ihm auf, dass das Unternehmen neue Umsatzquellen scheinbar aus dem Nichts zauberte. Enron betrieb eine Vielzahl verschiedener Geschäfte vom Handel mit Zellstoff-Terminkontrakten bis zum sogenannten »Wetterrisiko-Management«. Chanos hielt es für unmöglich, dass ein Unternehmen in so vielen unterschiedlichen Branchen gleichzeitig Geschäfte machen konnte.

Chanos wurde misstrauisch, als er bemerkte, dass Enron seine Aktiva nach dem Modellpreisprinzip bewertete (»mark-to-model accounting«). Diese Form der Rechnungslegung erlaubt es Unternehmen, ihre Aktiva mit dem wahrscheinlichen künftigen Wert derselben zu bewerten. Wenn also Enron beispielsweise einen Sojabohnen-Terminkontrakt mit dem Marktwert von 50 000 Dollar hielt und ein Finanzmodell zu dem Ergebnis kam, dass dieser Kontrakt in Zukunft 100 000 Dollar wert sein würde, dann konnten die Buchhalter von Enron diesen Kontrakt mit 100 000 Dollar in der Bilanz bewerten. Das steht im Gegensatz zum Marktpreisprinzip, nach welchem Aktiva mit ihrem aktuellen Marktwert bewertet werden (und in noch größerem Gegensatz zum Kostenwertprinzip, nach welchem Aktiva mit ihren Anschaffungs- beziehungsweise Herstellungskosten bewertet werden).

Aber das war nicht die einzige Auffälligkeit, die Chanos misstrauisch machte.

## Eines der größten Geschäfte aller Zeiten

Chanos und sein Team von Finanzforensikern entdeckten jede Menge Unregelmäßigkeiten in den Jahresabschlüssen von Enron. Chanos war der Meinung, dass Enron nichts als ein riesiger, hochverschuldeter Hedgefonds sei, der nur eine geringe Kapitalrendite erwirtschaftete.

Er ließ diesen Überlegungen Taten folgen und eröffnete im November 2000 eine große Short-Position mit Enron. Zu jener Zeit war Enron der Liebling der Wall Street und noch kein Leerverkäufer hatte das Unternehmen im Visier. Deshalb war es sehr leicht für Chanos, sich Enron-Aktien von Brokern zu leihen. Chanos glaubte, dass dies ein profitables Geschäft sein würde, und er behielt recht.

Einen Monat nachdem Chanos seine Short-Position aufgebaut hatte, war die Hölle los. Vom Dezember 2000 bis zum Dezember 2001 fiel der Aktienkurs von Enron von 80 Dollar auf 0 Dollar. Und ein Jahr nachdem Chanos Enron leerverkauft hatte, beantragte Enron Insolvenz nach Abschnitt 11 des Insolvenzgesetzes der USA.

Und was Chanos betrifft, er strich über 500 Millionen Dollar an Gewinn ein – und hatte für seine Firma eines der größten Geschäfte in der Finanzgeschichte gemacht.

## Anlagestrategie: Leerverkäufe

Nicht jeder hat die finanzforensischen Fähigkeiten eines Jim Chanos – aber auch Sie können mit Leerverkäufen Erfolg haben, wenn Sie die Empfehlungen in diesem Abschnitt beherzigen.

## Wie man einen geeigneten Kandidaten für Leerverkäufe erkennt

Daytrader können Leerverkaufs-Strategien nutzen, welche der ähnlich sind, die Chanos angewandt hat. Sobald Sie von Ihrem Broker die Genehmigung dazu haben, können Sie eine Aktie »leerverkaufen«, von der

Sie denken, dass sie an Wert verlieren wird. Die Abwicklung von Leerverkäufen ist zwar einfach, aber es ist eine große Herausforderung, mit ihnen auch wirklich Geld zu verdienen.

Wenn Sie auf dieselbe Art und Weise wie Chanos Gewinne machen wollen, dann sollten Sie diese Ratschläge befolgen:

## 1. Machen Sie ein Unternehmen ausfindig, dessen Gewinne zusammenbrechen

Nicht bei jedem Kandidaten für Leerverkäufe wird es sich um einen »sexy« Betrugsfall auf dem Niveau von Enron handeln. Stattdessen bieten sich die meisten Gelegenheiten für Leerverkäufe bei Unternehmen, deren Gewinne nicht mehr wachsen.

Aktienkurse hängen von einer ganzen Reihe von Faktoren ab. Zu ihnen gehören der aktuelle Unternehmensgewinn, das Angebot von und die Nachfrage nach der betreffenden Aktie und der zukünftige Unternehmensgewinn. Wenn man in einer Grafik den Verlauf des Aktienkurses und das Gewinnwachstum abträgt, dann verlaufen beide Linien typischerweise parallel. Bei Unternehmen mit wachsenden Gewinnen steigt tendenziell der Aktienkurs, während bei Unternehmen mit fallenden Gewinnen der Aktienkurs meistens ebenfalls sinkt.

Das Erste, was Sie tun sollten, wenn Sie auf der Suche nach einem Leerverkaufskandidaten sind, ist, nach Unternehmen Ausschau zu halten, deren Gewinne mehrere Jahre in Folge gesunken sind. Das kann auf langfristige Trends (zum Beispiel, dass Amazon den traditionellen Einzelhandel verdrängt) oder auf Managementfehler (zum Beispiel im Fall von JCPenney) zurückzuführen sein.

## 2. Suchen Sie nach Unternehmen, die von einmaligen Ereignissen profitiert haben

Eine der besten Methoden, um Leerverkaufs-Kandidaten zu finden, besteht darin, nach Unternehmen zu suchen, die vor Kurzem in den Genuss eines Zufallsgewinns kamen. Zum Beispiel kam es bei einem Unternehmen namens Lumber Liquidators (LL) nach Hurrikan Sandy 2012 zu einem starken Anstieg der Nachfrage. Die Anleger hatten den Kurs der Aktie dieses Unternehmens in die Höhe getrieben, weil sie die plötzliche Belebung der Nachfrage nach Bauholz vorhersahen.

Ein Leerverkäufer sieht darin einen einmaligen Krisengewinn für das Unternehmen, der sich nicht wiederholen wird. Falls es nicht wieder einen Hurrikan gibt, sollte der Kurs der Aktie eines Unternehmens wie Lumber Liquidators wieder auf sein altes Niveau zurückfallen, sobald sich Umsätze und Gewinne wieder normalisieren. Wenn Sie Unternehmen finden, die von ähnlichen einmaligen Ereignissen profitiert haben, sind Sie auf dem besten Wege, profitable Leerverkäufe tätigen zu können.

### 3. Wählen Sie eine Aktie, die Sie zu geringen Gebühren ausleihen können

Wenn Sie eine Short-Position mit einer Aktie aufbauen wollen, müssen Sie sich zunächst vergewissern, dass Sie diese Aktie von Ihrem Broker leihen können. Wie in dem obigen Beispiel, als Sie Briefmarken von Ihrem Freund geliehen haben, müssen Sie die Aktie von Ihrem Broker leihen und diesem dafür eine Gebühr zahlen.

Wenn andere Anleger auf die gleiche Idee wie Sie kommen, dann kann es sein, dass Sie eine relativ hohe Leihgebühr zahlen müssen. Zum Beispiel müssen Sie vielleicht eine »Aktienleihgebühr« in Höhe von ungefähr 0,5 Prozent des Wertes der ausgeliehenen Aktien zahlen. Dieser Prozentsatz kann sich ändern und je mehr Anleger eine bestimmte Aktie leerverkaufen wollen, desto höher wird die Leihgebühr ausfallen.

Wenn Sie eine Aktie finden, die nicht im Fokus der Leerverkäufer steht, wird es für Sie einfacher und billiger, sie auszuleihen.

## Wie wickelt man einen Leerverkauf ab?

Es gibt verschiedene Methoden, mit denen man Leerverkäufe für Investmentzwecke nutzen kann. Erstens können Sie es wie Jim Chanos machen und gegen Unternehmen wetten, von denen Sie glauben, dass sie scheitern werden. Dazu müssen Sie die Aktien von Ihrem Broker leihen und sofort an der Börse verkaufen.

Bevor Sie von Ihrem Broker die Genehmigung für Leerverkäufe bekommen, müssen Sie ein Einschusskonto (»margin account«) eröffnen. Je nachdem, was Ihr Broker sonst noch verlangt, kann es auch noch andere Bedingungen geben, die Sie erfüllen müssen. Ich empfehle Ihnen, nicht mehr als 3 Prozent Ihres Portfolios für Short-Positionen einzusetzen. Denn die Verluste können sehr schnell sehr groß werden, wenn Sie falschliegen. Wenn Sie Ihre Short-Position klein halten, können Sie vermeiden, dass Ihr gesamtes Portfolio ausradiert wird. Denken Sie auch immer daran, dass erfahrene Leerverkäufer ihre Portfolios sehr genau überwachen, um finanzielle Katastrophen zu vermeiden. Außerdem nutzen sie Stop-Loss-Order oder sichern ihre Positionen mit Optionen ab, damit aus kleinen Verlusten nicht Riesenverluste werden.

Zweitens kann man auch im Rahmen des Intratageshandels Leerverkäufe tätigen. Aber dies funktioniert auf eine andere Weise. Wenn Sie zum Beispiel der Meinung sind, dass am Markt eine Kurskorrektur überfällig ist, können Sie Ihr Portfolio absichern, indem Sie einen Index-ETF leerverkaufen – wie beispielsweise den S&P-500-ETF-Trust (SPY) von SPDR oder den QQQ Trust (QQQ) von Invesco. Wenn Sie Ihr Portfolio vollständig absichern wollen, können Sie den S&P 500 oder den Nasdaq in einem Umfang leerverkaufen, der dem Wert Ihres Portfolios entspricht. Das wird Sie zwar eine kleine Gebühr kosten; aber das ist es wert, wenn die Märkte im freien Fall sind und Sie sich absichern wollen.

Sobald sich der Sturm gelegt hat und Sie wieder eine Long-Position bei Aktien einnehmen wollen, schließen Sie einfach bei Ihrem Broker Ihre Short-Position.

**Kurzanleitung für Investoren: Leerverkäufe**

- Sie müssen verstehen, dass Leerverkäufe eine extrem riskante Investmentstrategie sind. Denn es gibt keine Obergrenze für die möglichen Verluste.
- Sobald Sie einen Leerverkaufs-Kandidaten ausfindig gemacht haben, müssen Sie sich bei Ihrem Broker erkundigen, ob genug Aktien für Leerverkäufe verfügbar sind. Falls das der Fall ist, sollten Sie nicht mehr als 3 Prozent Ihres Portfolios für Leerverkäufe einsetzen.
- Eröffnen Sie Ihre Short-Position.
- Nachdem Sie eine Aktie leerverkauft haben, sollten Sie eine Stop-Loss-Order von 30 Prozent erteilen. Das ist sehr wichtig, da Sie dadurch den möglichen Verlust bei dieser Position limitieren können. Ein sorgfältiges Risikomanagement ist die Grundvoraussetzung für die erfolgreiche Anwendung der Leerverkaufsstrategie.
- Überwachen Sie Ihre Position trotz der erteilten Stop-Loss-Order sorgfältig.
- Wenn Sie mit Ihrer Short-Position in die Gewinnzone kommen, dann sollten Sie die Stop-Loss-Order so anpassen, dass Sie einen Gewinn von mindestens 25 Prozent sicher haben. Wenn die Aktie weiter fällt und Ihre Gewinne weiter steigen, sollten Sie die Stop-Loss-Order weiter so anpassen, dass Sie auch die höheren Gewinne absichern.
- Irgendwann wird die Stop-Loss-Order ausgelöst werden. Hoffentlich haben Sie sich bis dahin einen satten Gewinn gesichert.
- Schließen Sie Ihre Short-Position.

# Termingeschäfte

## Was sind Termingeschäfte?

Viele Daytrader machen auch Termingeschäfte. Wenn Sie gedacht haben, dass Leerverkäufe hochriskant sind, dann warten Sie, bis Sie wissen, was Termingeschäfte sind. Diese sind nur etwas für sehr erfahrene Anleger!

Termingeschäfte funktionieren wie folgt: Wenn Sie einen Terminkontrakt abschließen, dann verpflichten Sie sich dazu, eine bestimmte Menge eines Wertpapiers oder eines Rohstoffs zu einem bestimmten Preis an einem bestimmten Tag in der Zukunft zu kaufen oder zu verkaufen. Was Termingeschäfte sind und wie sie funktionieren, kann man sich am besten anhand eines Beispiels klarmachen.

Betrachten wir zum Beispiel zwei Personen: Gerald und Ronald. Gerald lebt in Cleveland, Ohio. Jeden Sonntag geht er in den »Giant Eagle«-Supermarkt in seinem Viertel und kauft fünf Dosen Mais. Jedes Mal, wenn er zu dem Regal mit Konserven kommt und den Mais sieht, nimmt er sich fünf Dosen. Der Preis schwankt von Woche zu Woche um ein paar Cent; aber eine Dose Mais kostet im Regelfall ungefähr 2 Dollar.

Für Ronald sehen die Dinge etwas anders aus. Er ist der Farmer, der den Mais, den Gerald kauft, anbaut. Ronald besitzt Ackerland in Ohio und verkauft seine Produkte an einen Lebensmittelproduzenten. Dieses Unternehmen verarbeitet den Mais von Ronald, dost ihn ein und liefert ihn an den »Giant Eagle«-Supermarkt. Wenig später landet er auf dem Esstisch von Gerald.

Anders als der relativ stabile Preis, den Gerald zahlt, wenn er Mais bei »Giant Eagle« kauft, schwankt der »Spotpreis« oder »Kassapreis« von Mais sehr stark. Genau wie die anderen Farmer in seiner Gegend erntet Ronald den Großteil seines Maises auf einmal. Wenn aber jeder seinen Mais zur gleichen Zeit erntet, dann steigt das Angebot stark an, während die Nachfrage konstant bleibt. Jedes Mal, wenn so etwas passiert, wenn also das Angebot steigt und die Nachfrage gleichbleibt, fällt der Preis des betreffenden Gutes.

Obwohl Ronald und die anderen Farmer ihren Mais auf einmal ernten, will der Lebensmittelproduzent nicht den ganzen Mais auf einmal kaufen. Denn dann müsste er den Mais bei sich lagern, was zusätzliche Kosten für ihn verursachen würde. Stattdessen lagern Farmer wie Ronald den Mais bei sich und verkaufen ihren Vorrat im Laufe des ganzen Jahres.

## Jetzt kommen Termingeschäfte ins Spiel

Jetzt werden wir sehen, welche Rolle Termingeschäfte in unserem Fall spielen. Anstatt Mais direkt zu kaufen und zu verkaufen, kaufen beziehungsweise verkaufen der Lebensmittelproduzent und der Farmer Mais-Terminkontrakte. Der Lebensmittelproduzent verpflichtet sich, 100 Scheffel Mais von dem Farmer Ronald sechs Monate von heute ab zu einem festen Preis zu kaufen.

Dieses Geschäft ist für beide Parteien von Vorteil. Ronald kann eine große Menge seines Maises zu einem künftigen Datum verkaufen und sich schon heute den Preis sichern. Und auch der Lebensmittelproduzent ist zufrieden, dass er einen festen Preis vereinbart hat und so vor künftigen Schwankungen des Maispreises sicher ist. Das bedeutet, dass keine der beiden Parteien auf den künftigen Marktpreis von Mais, wie immer sich dieser auch entwickeln mag, angewiesen ist. Das hilft auch, den Preis für Menschen wie Gerald stabil zu halten, welche Mais immer, wenn sie ihn brauchen, zum gewohnten Preis kaufen wollen.

Interessant ist, dass Ronald das Termingeschäft mit dem Lebensmittelhersteller schon vor der Ernte des Maises abschließen kann. Ronald verkauft dem Lebensmittelproduzenten eine bestimmte Menge von der in Zukunft erwarteten Ernte. Das bedeutet, dass dieser Produzent den Mais zu einem günstigeren Preis kaufen kann, was er natürlich gerne tun wird. Da Ronald auf diese Weise sich einen festen Preis gesichert hat, würde ihn ein Zusammenbruch des Marktpreises zwischen dem Abschluss des Termingeschäfts und der Ernte nicht ruinieren.

Aber es gibt auch eine andere Seite der Medaille. Sagen wir, dass zwischen dem Vertragsabschluss und der Auslieferung des Maises der Mittlere Westen von einer schweren Dürre heimgesucht wird. Die Felder von Ronald werden zwar verschont, aber viele Farmer haben weniger Glück und die gesamte Erntemenge fällt. Da das Angebot an Mais zurückgeht, aber die Nachfrage gleich bleibt, bedeutet das, dass der Maispreis steigt.

Der Lebensmittelersteller ist froh, dass er das Termingeschäft abgeschlossen hat, weil er sich damit Monate vor der Dürre einen relativ niedrigen Preis gesichert hat. Aber Ronald ist nicht begeistert; der Maispreis hat sich verdoppelt, seit er und der Lebensmittelhersteller den Vertrag abgeschlossen haben, sodass auch der Terminpreis für Mais gestiegen ist. Weil Ronald nicht seine gesamte Maisernte bei diesem Termingeschäft verkauft hat, kann er zumindest einen Teil seiner Ernte zu dem neuen, höheren Preis verkaufen. Das gleicht einen Teil seiner Verluste durch das Termingeschäft aus, obwohl er insgesamt noch in den roten Zahlen ist.

Schauen wir uns ein anderes Szenario an. Gehen wir davon aus, dass der technische Fortschritt zu einer Verdoppelung der Maiserträge geführt hat. Da das Angebot an Mais in die Höhe geschossen, aber die Nachfrage gleich geblieben ist, fällt der Maispreis, seitdem Ronald und der Lebensmittelhersteller ihren Vertrag abgeschlossen haben. In diesem Fall ist Ronald froh, dass er schon mit dem Hersteller den zukünftigen Preis fest vereinbart hat. Dagegen wäre es dem Lebensmittelproduzenten lieber gewesen, er hätte mit dem Maiseinkauf noch gewartet. Aber es gibt noch andere Farmer, von denen er Mais zum aktuellen, niedrigeren Preis kaufen kann.

## Termingeschäfte als Instrument des Risikomanagements

Wie das Beispiel zeigt, können auf den Rohstoffmärkten sowohl Käufer als auch Verkäufer Termingeschäfte dazu nutzen, Preis und Menge abzusichern. So sicherten Ronald und der Lebensmittelhersteller durch das Termingeschäft die zukünftigen Kauf- beziehungsweise Verkaufskonditionen am Maismarkt ab. Im Allgemeinen kann man unter Absicherung (»hedging«) eine Methode verstehen, mit der man Verluste oder Gewinne bei einer Transaktion durch Gewinne oder Verluste bei einer anderen Transaktion ausgleichen kann.

Anleger können Termingeschäfte auch nutzen, um auf die Entwicklung von Aktienindizes, Währungen und Rohstoffpreisen zu spekulieren.

Lassen Sie uns annehmen, dass ein Anleger denkt, dass der Preis von Silber – der aktuell bei 20 Dollar pro Feinunze steht – in den nächsten sechs Monaten bis auf über 25 Dollar steigen wird. Um darauf zu spekulieren, kauft der Anleger einen Sechs-Monats-Terminkontrakt auf Silber zum Preis von 5000 Dollar.

Wenn der Anleger recht behält und der Silberpreis steigt, dann wird auch der Wert des Terminkontrakts zunehmen. Wenn der Preis von Silber tatsächlich in den nächsten sechs Monaten auf über 25 Dollar steigt, kann der Anleger seinen Terminkontrakt mit einem ordentlichen Gewinn verkaufen.

Aber nehmen wir an, dass sich der Anleger getäuscht hat. Der Silberpreis ist nicht auf über 25 Dollar gestiegen, sondern bis zum Fälligkeitstermin auf unter 20 Dollar gefallen. Dann verliert der Anleger sein gesamtes Investment.

Termingeschäfte sind eine extrem riskante und extrem profitable Investmentstrategie. Aber wenn man sie effektiv nutzt, wie in der folgenden Fallstudie, kann man sowohl bei Preisbewegungen nach unten als auch bei Preisbewegungen nach oben Gewinne erzielen.

## Fallstudie: Tim Luong und der »Trump-Schock«

Am Wahlabend im November 2016 stellte sich heraus, dass der Außenseiterkandidat Donald Trump der nächste Präsident der USA sein würde. Meinungsumfragen vor der Wahl hatten ergeben, dass Trump nur eine minimale Chance auf den Sieg hatte. In den meisten Umfragen hatte er nur eine Chance von 5 Prozent, die Kandidatin des Establishments, Hillary Clinton, zu schlagen.

Der Sieg von Trump überraschte die meisten Investoren. Es war zwar klar, dass Trump in traditionell konservativen Staaten gewinnen würde, aber die Menschen waren überrascht, dass er auch in Hochburgen der Demokratischen Partei, wie den Staaten Wisconsin, Michigan und Ohio, vorne lag.

Wenn es etwas gibt, das die Finanzmärkte hassen, dann sind es böse Überraschungen. Es war deshalb kein Wunder, dass der S&P-500-Termin-

markt über Nacht abstürzte. Trump war zwar ein erfahrener Geschäftsmann, aber dennoch ein Außenseiter mit wenigen Verbindungen in Washington. Niemand wusste, welche Art von Politik er machen würde, und angesichts dieser Unsicherheit gerieten die Investoren in Panik.

Aber ein cleverer Terminkontrakthändler beschloss, zu handeln.

## Man muss die Termingeschäfts-Eisen schmieden, solange sie heiß sind

Tim Luong ist ein Terminkontrakthändler Mitte zwanzig. Sein Unternehmen, Stock Navigators, welches er zusammen mit seinem Vater, Tom Luong, führt, bringt Kleinanlegern bei, wie der Terminmarkt funktioniert.

Tim erkannte, dass die Märkte am Wahlabend unglaublich volatil waren. Er beobachtete die Entwicklung des S&P 500 genau und sah, dass der Index wichtige technische Unterstützungslinien durchbrochen hatte. Wenn das passiert, folgt daraus für gewöhnlich, dass der Abwärtstrend sich weiter verstärkt und der Index noch weiter sinkt.

Genau das passierte auch. Zum Glück für Tim hielt er einen Short-Terminkontrakt auf den S&P 500. Während der Index fiel, stieg der Wert seiner Position rapide an. Sobald der Index eine neue Unterstützungslinie gefunden hatte und begann, sich zu stabilisieren, schloss Tim seine Short-Position und machte dabei einen Riesengewinn.

Er hatte zwar aus Abwärtsbewegung Profit geschlagen, aber es war seine nächste Aktion, die aus einem guten Geschäft eines seiner allerbesten Geschäfte machte.

## Auf beide Tore schießen

Der S&P 500 war um mehr als 5 Prozent in der nächtlichen Terminmarktsitzung eingebrochen. Die Investoren hatten vor der Präsidentschaft von Trump Angst und verkauften vor lauter Panik. Bis zum Morgen hatten aber die kühlen Köpfe die Oberhand gewonnen. Viele Leute erkannten, dass Trump und die anderen Republikaner typischerweise aufseiten der

Unternehmen und auch der Wall Street stehen. Deswegen würde sich Trump im Weißen Haus als Segen für die Märkte erweisen können.

Auch Tim erkannte diesen Stimmungsumschwung. Am Morgen nach der Wahl wettete er mittels eines S&P-500-Terminkontrakts auf steigende Kurse. Damit bewies er wieder ein tolles Timing, weil der S&P 500 an diesem Tag 1,1 Prozent höher schloss.

Tim hatte also auf beiden Seiten des Marktes gestanden und hatte mit Terminkontrakten erst auf einen Kursrückgang und dann auf einen Kursanstieg gewettet. Als er seine Position schloss, hatte er innerhalb von zwei Tagen mehr als 30 000 Dollar Gewinn gemacht. Wie man sieht, kann man, wenn man die richtige Idee hat und sich gut positioniert, richtig Geld mit Termingeschäften machen.

## Anlagestrategie: Termingeschäfte

Es gibt ein altes Sprichwort: »Dem Tüchtigen hilft das Glück.« Tim Luong hatte bei dem überraschenden Sieg von Donald Trump bei den US-Präsidentschaftswahlen sehr geschickt sowohl auf fallende als auch auf steigende Kurse gesetzt und damit großen Erfolg gehabt. In diesem Abschnitt will ich Ihnen dabei helfen, ähnlich erfolgreiche Termingeschäfte zu machen.

### Wie man einen aussichtsreichen Terminkontrakt erkennt

Tim und sein Vater führen ihr Institut zur Ausbildung von Terminkontrakthändlern schon seit Jahren. Tim hatte viel Erfahrung mit Termingeschäften und konnte sich diese Erfahrung während einer außergewöhnlichen Periode sehr hoher Volatilität am Aktienmarkt zunutze machen.

Aber das heißt nicht, dass ein weniger erfahrener Anleger so etwas nicht auch schaffen könnte. Wenn Sie die folgenden drei Ratschläge beachten, können Sie Ihre Chancen auf Gewinne am Terminmarkt deutlich erhöhen.

## 1. Nutzen Sie die Technische Analyse

Bevor Sie sich in diesen hochriskanten und hochprofitablen Markt stürzen, müssen Sie einen soliden Plan bereit haben. Um am Terminmarkt erfolgreiche Intratagesgeschäfte abzuschließen, ist es notwendig, dass man sich mit der Technischen Analyse gut auskennt.

Die Technische Analyse ist eine Methode, bei der man mittels Kurscharts und Preistrends versucht, vorherzusagen, wie sich der Preis eines Wertpapiers entwickeln wird. Einige behaupten zwar, die Technische Analyse sei nur ein fauler Zauber, aber es gibt unzählige Beispiele von erfolgreichen Anlegern, die mithilfe dieser Methode große Gewinne erzielt haben.

Was das Daytrading am Terminmarkt angeht, so müssen Sie die Kursmuster und andere technische Indikatoren (wie zum Beispiel den Relative-Stärke-Index [im Englischen: Relative Strength Index, RSI] oder den gleitenden Konvergenz-Divergenz-Mittelwert [im Englischen: Moving Average Convergence-Divergence, MACD]) verstehen, wenn Sie erfolgreich sein wollen. Die Technische Analyse erlaubt Daytradern, einen soliden Plan für ihre Transaktionen zu erstellen und das Risiko zu managen.

Bevor Sie Intratagesgeschäfte am Terminmarkt machen, müssen Sie sich unbedingt über die Technische Analyse und die mit ihr verwandten Methoden informieren. Zu diesem Zweck sollten Sie Bücher lesen wie *Technical Analysis of the Financial Markets* von John J. Murphy oder *All About Market Indicators* von Michael Sincere.*

* Das Buch von John J. Murphy ist im Original in erweiterter Auflage 1999 bei Prentice Hall, New York, erschienen; die deutsche Ausgabe ist in dritter Auflage 2004 im Finanzbuch-Verlag unter dem Titel *Technische Analyse der Finanzmärkte* veröffentlicht worden. Das Buch von Michael Sincere ist 2011 bei McGraw-Hill, New York, erschienen (Anmerkung des Übersetzers).

## 2. Suchen Sie sich einen bestimmten Terminmarkt aus

Es gibt vier geregelte Märkte für den Handel mit Terminkontrakten: die Märkte für Rohstoffe, Währungen, Aktienindizes und Zinssätze. Bevor Sie mit dem Intratagesgeschäft mit Terminkontrakten beginnen, sollten Sie sich einen dieser Märkte heraussuchen und dabeibleiben.

Für Anfänger ist am Indexterminmarkt der Terminkontrakt E-mini Russell 2000 (RTY) am besten geeignet. Das ist ein Aktienindex mit Unternehmen mit geringer Marktkapitalisierung. Zu diesem Index gehören die 2000 kleinsten börsennotierten Unternehmen. Weil der Russell-2000-Index nicht so im Zentrum der Aufmerksamkeit wie der S&P 500 steht, hat man es beim Handel mit diesem Terminkontrakt vor allem mit Amateuranlegern zu tun.

Das Ziel besteht zunächst darin, wiederholt einen bestimmten Terminkontrakt zu handeln, um die Details und Besonderheiten der Termingeschäfte kennenzulernen. Je mehr Erfahrung Sie haben, desto leichter werden Sie die immer gleichen Kursmuster erkennen, auf die Sie spekulieren können.

## 3. Machen Sie sich mit beiden Seiten des Markts vertraut

Die meisten Anleger setzen bei Aktien auf Kursanstiege, nehmen also Long-Positionen ein. Das bedeutet, dass sie Aktien von Unternehmen kaufen und halten – in der Hoffnung, dass diese langfristig steigen werden. Daytrader sind nicht auf diese langfristigen Anlagen festgelegt. Sie kaufen und verkaufen Positionen innerhalb eines Tages und versuchen, die kurzfristigen Kursbewegungen der Wertpapiere auszunutzen.

Um erfolgreich zu sein, müssen Daytrader wissen, wie man sowohl auf Kurserhöhungen als auch auf Kursrückgänge setzen kann. Terminkontrakthändler müssen technische Indikatoren nutzen, um kurzfristige Wetten auf die Kursbewegung eines Wertpapiers abzuschließen. Ob nun diese technischen Indikatoren auf einen Kursanstieg oder einen Kursrückgang hindeuten – wer Termingeschäfte machen will, muss wissen, wie er mithilfe dieser Indikatoren Gewinne erzielen kann.

Das ist leichter gesagt als getan. Denn viele Anleger neigen dazu, bei einem Wertpapier entweder die Short-Position oder die Long-Position einzunehmen. Wenn Sie an die Spitze der Terminkontrakthändler wollen, dann müssen Sie solche Neigungen unterdrücken oder ganz ausschalten – und sich bei Ihren Geschäften nur von den Charts leiten lassen.

## Wie macht man Geschäfte am Terminmarkt?

Bevor Sie sich am Terminmarkt engagieren, müssen Sie eines wissen: Terminkontrakte nutzen die Hebelwirkung. Das bedeutet, dass die Gewinne und Verluste mit den Kontrakten, die Sie handeln, überproportional sind. Dadurch ist der Terminmarkt zwar sehr risikoreich, aber es bedeutet auch, dass man mit geringem Einsatz möglicherweise viel Geld verdienen kann.

Nehmen wir an, dass Sie auf Ihr Wertpapierkonto 15 000 Dollar eingezahlt haben, bevor Sie mit Termingeschäften beginnen. Mit den 15 000 Dollar auf Ihrem Konto könnten Sie einen Terminkontrakt kaufen und damit vielleicht Gewinne in Höhe von 300 bis 500 Dollar am Tag machen. Wenn ein Terminkontrakt bei 4500 Dollar notiert und auf 4501 Dollar steigt, dann haben Sie nicht 1 Dollar verdient, sondern 50 Dollar, weil der Kontrakt eine starke Hebelwirkung aufweist.

In der anderen Richtung gilt natürlich dasselbe. Wenn der Terminkontrakt von 4500 Dollar auf 4499 Dollar fällt, dann verlieren Sie 50 Dollar. Diese Hebelwirkung ist einer der Gründe dafür, dass Termingeschäfte so risikoreich, aber auch so profitabel sind. Das Portfolio jedes Anlegers sollte vor allem aus langfristigen Positionen bestehen. Deswegen sollte jeder, der mit Termingeschäften Erfahrung sammeln will, nicht mehr als 5 Prozent seines Kapitals dafür einsetzen. Und auch das ist wichtig: Anleger mit einem niedrigeren Investmentkapital – einem Kapital von weniger als 25 000 Dollar – sollten ganz die Finger von Termingeschäften lassen, da Verluste mit gehebelten Geschäften sehr schnell ein kleines Kapital aufzehren können.

**Kurzanleitung für Investoren: Termingeschäfte**

Hinweis: Ich kann nicht oft genug betonen, dass Termingeschäfte nur etwas für sehr erfahrene Anleger sind. Um erfolgreich zu sein, muss man ein großes Wissen und viel Erfahrung haben. Handeln Sie nicht mit Terminkontrakten, bevor Sie nicht Erfahrungen mit dem Daytrading von Aktien und Optionen gemacht haben. Im Folgenden kann ich nur einen kurzen Überblick über diese Anlagestrategie geben. So können Sie einen ersten Eindruck davon bekommen, mit was Sie rechnen müssen, wenn Sie sich entschließen, es mit dieser Strategie zu versuchen.

- Um Termingeschäfte zu machen, müssen Sie zunächst einen Broker finden, bei dem dies möglich ist. Im Moment gibt es davon nur eine Handvoll. In den USA erlauben Interactive Brokers, TD Ameritrade, TradeStation, E-Trade und Charles Schwab ihren Kunden, Termingeschäfte zu machen. Erkundigen Sie sich bei Ihrem Broker, ob er eine Handelsplattform für Terminkontrakte betreibt.
- Setzen Sie nur einen kleinen Teil Ihres Kapitals für Termingeschäfte ein, weil diese extrem riskant sind.
- Sammeln Sie dadurch Erfahrung, dass Sie Termingeschäfte simulieren, ohne dabei echtes Geld einzusetzen.
- Nutzen Sie die Scanning-Software Ihres Brokers, um geeignete Wertpapiere und aussichtsreiche Gelegenheiten (das heißt bestimmte Kursmuster) zu finden. Bedienen Sie sich der Technischen Analyse, um überkaufte oder überverkaufte Wertpapiere zu identifizieren und um Ihre Positionen zu eröffnen und zu schließen.
- Die einfachste Strategie besteht darin, überverkaufte Wertpapiere zu kaufen und sie zu verkaufen, wenn sie nahe daran sind, überkauft zu sein. Investoren können diese Kursniveaus anhand des 14-tägigen Relative-Stärke-Index (RSI) erkennen. Ein RSI-Wert von über 70 zeigt, dass eine Aktie überkauft ist und dass es an der Zeit sein kann, sie zu ver

kaufen. Ein Wert von unter 30 bedeutet, dass die Aktie überverkauft ist; typischerweise ist das ein guter Kaufzeitpunkt. Hinweis: Üben Sie diese Strategie, bevor Sie echtes Geld einsetzen.

- Wenn ein Intratagesgewinn anfällt, sollten Sie Ihre Position sofort verkaufen. Vergessen Sie nicht, dass bei Intratagesgeschäften mit Terminkontrakten alle Positionen ohne Ausnahme vor dem Ende des Tages geschlossen werden müssen. Ein gutes Risikomanagement ist bei Termingeschäften unabdingbar – genau wie bei den anderen in diesem Buch vorgestellten Strategien.

# KAPITEL 11

# ANLAGESTRATEGIEN FÜR FORTGESCHRITTENE

In unserem letzten Kapitel werden wir uns mit einigen der risikoreichsten Investments beschäftigen, die Privatanleger gegenwärtig tätigen können. Dazu gehören der Kauf von und der Handel mit non-fungiblen Token (NFTs) und die schnell wachsende Anlageform des »Yield Farming«.

Denken Sie bitte daran, dass dieses Kapitel nur zwölf Monate, nachdem diese Anlageformen einer breiteren Öffentlichkeit bekannt geworden sind, geschrieben wurde. Wenn Sie dieses Buch lesen, haben sich vielleicht die auf diesen Märkten geltenden Regeln (und die auf diesen Märkten Erfolg versprechenden Strategien) schon wieder geändert. Dennoch sollten Sie sich mithilfe dieses Kapitels zumindest über die wichtigsten Voraussetzungen informieren können, um auf diesen hochriskanten und hochprofitablen Märkten Erfolg zu haben.

Während ich dieses Buch geschrieben habe, bin ich immer wieder auf Strategien gestoßen, die, wie man in der Videospiel-Szene sagen würde, der »Oberboss« in Sachen Risiko waren. Dabei handelte es sich oft um Anlageformen und Strategien, die noch vor einem Jahr nicht existiert haben. Tatsächlich sind diese hochriskanten und hochprofitablen Investments so neu, dass man sich nicht sicher sein kann, ob es sie in ein paar Jahren überhaupt noch geben wird! Deswegen behandle ich alle diese Strategien am Ende dieses Buches.

Nehmen Sie die folgenden Abschnitte nicht auf die leichte Schulter. Ich gebe Ihnen zwar eine Schritt-für-Schritt-Anleitung, wie Sie diese Strategien auf die sicherste mögliche Weise einsetzen können, aber Ihnen muss klar sein, dass *alle* Strategien in diesem Kapitel zur Folge haben können, dass Sie Ihren *gesamten* Einsatz verlieren. Aus diesem Grund sollten Sie bei der Entscheidung über die Höhe Ihres Investments sehr vorsichtig und auf die Möglichkeit eines Totalverlustes gefasst sein. Deshalb würde ich prinzipiell nicht mehr als 1 Prozent meines Kapitals in eine dieser Strategien investieren.

Wie Sie in den beiden Abschnitten dieses Kapitels erfahren werden, kann es sehr schnell sehr gefährlich werden. Auch einige der weltweit erfolgreichsten Unternehmer haben sich mit diesen Hochrisiko-Hochrendite-Investitionen die Finger verbrannt.

# Non-fungible Tokens (NFTs)

## Was sind non-fungible Tokens (NFTs)?

Es ist immer faszinierend, zu beobachten, wie eine ganze Branche revolutioniert wird. Genau das passierte mit dem Kunstmarkt, nachdem non-fungible Token (NFTs) eingeführt worden sind. Non-fungible NFTs sind eine besondere Form von »Smart Contracts« (siehe Kapitel 2). Sie dienen als Nachweis für den Besitz eines digitalen Vermögenswerts. Sie können genau wie Kryptowährungen gehandelt und getauscht werden und auf bestimmten Plattformen gehalten beziehungsweise »eingesetzt« werden. Die meisten NFTs sind außerdem in der Ethereum-Blockchain gespeichert; aber auch andere Plattformen, wie Solana, Ronin oder Wax, betreiben NFT-Blockchains.

Am wichtigsten ist, dass NFTs den Besitz von Foto-, Video-, Audio- oder anderen Dateien dokumentieren. Es ist bekanntermaßen sehr schwierig, nachzuvollziehen, wer welches digitale Gut besitzt. Diese Güter können einfach kopiert und geteilt werden, sodass ein Eigentumsnachweis nicht einfach ist. NFTs lösen dieses Problem, da sie »nicht-fungibel« (also nicht austauschbar und auch nicht vermehrbar) sind; deswegen ist mit ihnen ein eindeutiger Nachweis des Eigentums an einem digitalen Gut möglich. Der rechtmäßige Eigentümer eines NFTs ist der alleinige und rechtmäßige Eigentümer des betreffenden digitalen Gutes.

Schauen wir uns den Schlüsselbegriff im Zusammenhang mit NFTs an: *fungibel.* Wenn ich aus meiner Brieftasche einen 20-Dollar-Schein nehme und diesen gegen einen anderen 20-Dollar-Schein oder gegen zwei 10-Dollar-Scheine tausche, dann ist das völlig unproblematisch für mich und meinen Tauschpartner. Denn der US-Dollar ist ein fungibler Vermögenswert. US-Dollars, Rohstoffe und sogar Bitcoins können untereinander ausgetauscht werden, ohne dass es das geringste Problem gibt.

Wenden wir uns jetzt Gegenständen zu, die *nicht fungibel* sind. Nehmen wir an, ich habe ein Exemplar eines Buches über die Konstruktion von Skateboards, das in einer begrenzten Auflage erschienen ist, bei einem Freund von mir bestellt. Es wurden nur 50 Exemplare dieses Buches gedruckt und ich habe es geschafft, mir die Nummer vier zu sichern. Dieses Buch ist einzigartig, weil es den Vermerk »Nr. 4 von 50« trägt; deshalb ist es auch nicht fungibel, also nicht austauschbar. Niemand kann behaupten, er besitze das vierte Exemplar dieses Buches, weil ich beweisen kann, dass das vierte Exemplar mir gehört.

Obwohl andere Leute dieses Buch lesen können (und vielleicht sogar ein eigenes Exemplar besitzen), ist das vierte Exemplar einzigartig und kann nicht durch ein anderes Exemplar ersetzt oder gegen ein anderes Exemplar ausgetauscht werden. Denn ich kann beweisen, dass ich der Eigentümer dieses besonderen Exemplars bin. Selbst wenn Sie jede Seite dieses Buches kopieren und aus diesen Kopien ein neues Buch machen würden, würden Sie nicht das »Original« besitzen – weil das Buch nicht fungibel ist.

Wenn Sie dieses Konzept auf den Kunstmarkt anwenden, können Sie unschwer sehen, dass NFTs die Art und Weise, wie Kunsthändler und Kunstinvestoren Geschäfte machen, grundlegend ändern.

## Das »Prägen« eines non-fungiblen Token

Man kann sich NFTs als digitale Wertmarken oder Sammlerobjekte vorstellen. Sie können Sammelkarten, Videos von NBA-Basketballspielen oder sogar Bilddateien oder CryptoPunks repräsentieren (dazu später mehr).

Wenn Sie einen NFT auf einer Handelsplattform wie OpenSea gekauft haben, können Sie damit beweisen, dass Sie der rechtmäßige Eigentümer des betreffenden digitalen Vermögenswertes sind. In dieser Hinsicht gibt es keine großen Unterschiede zu den traditionellen Kunstmärkten. Beispielsweise besuchte ich vor einigen Jahren, als ich in Paris war, den Louvre, um die *Mona Lisa* von Leonardo da Vinci zu sehen.

Die *Mona Lisa* gilt allgemein als das bekannteste Gemälde auf der Welt. Es wurde von einem der einflussreichsten Künstler der Geschichte geschaffen, seine Echtheit und Herkunft wurden von den bedeutendsten Kunsthistorikern weltweit bestätigt und es hat einen besonderen Platz in einem weltbekannten Museum.

Dennoch kann sich jeder ein Bild der *Mona Lisa* auf seinem Smartphone oder seinem Computer anschauen und einen Screenshot machen. Man kann sich sogar eine Reproduktion der *Mona Lisa* ausdrucken und an die Wand hängen. Und man könnte auch einen Künstler damit beauftragen, eine Kopie der *Mona Lisa* zu malen!

Aber ohne den Beweis, dass es sich um die echte *Mona Lisa* handelt, hätte eine Kopie keinen großen Wert. Selbst wenn es eine direkte Kopie von Leonardo da Vincis Meisterwerk wäre, würde kein Mensch dafür 850 Millionen Dollar zahlen (den Schätzwert des Originals im Jahr 2020).

## Von der *Mona Lisa* zu Instagram

Diese Überlegungen können wir auch auf digitale Kunstwerke anwenden. Die Künstlerin Alexa Meade aus Los Angeles war eine der Ersten, die NFTs verkaufte. Bei ihren Arbeiten bemalte sie Menschen und hielt diese »lebendigen Gemälde« in Form von Bildern fest. Auf diese Weise verwandelte sie ihre dreidimensionalen Motive in zweidimensionale Abstraktionen. Sie postet ihre Bilder auf ihrem Instagram-Kanal, dem sehr viele Menschen folgen, und stellt sie weltweit in Galerien aus.

Jeder kann umsonst einen Screenshot von den Kunstwerken Alexa Meades machen. Aber nur diejenigen, die den NFT eines Kunstwerks kaufen, können einen Besitzanspruch darauf erheben. Nehmen wir zum Beispiel an, Meade würde einen NFT eines Kunstwerks mit dem Namen *Color of Reality* erstellen oder »prägen«. Die Prägung eines NFTs umfasst

- einen Fingerabdruck (»hash«),
- den Namen des Tokens und
- das Symbol des Tokens.

Dieser NFT von *Color of Reality* wird dann in der Ethereum-Blockchain gespeichert. Diese Speicherung stellt die erste »Transaktion« mit diesem NFT dar. Da die Daten in einer Blockchain nicht geändert werden können (also nicht fungibel sind), sind sie sicher. Dadurch kann bewiesen werden, dass Meade den NFT erstellt hat und besitzt. Wenn sie nun diesen NFT verkauft, wird diese Transaktion in der Blockchain registriert, und derjenige, der dafür bezahlt hat, kann beweisen, dass er jetzt der rechtmäßige Besitzer des NFTs ist.

Meade und alle ihre Fans können zwar das Bild von *Color of Reality* teilen, aber der Käufer des NFTs ist der alleinige Besitzer dieses Bildes. Und wenn man den richtigen NFT zur richtigen Zeit kauft, kann man sehr schnell einen Gewinn von 10 000 Prozent machen.

## Fallstudie: Wie CryptoPunks aus einer Bilddatei 12 Millionen Dollar machten

Mich hat die Kunstgeschichte der westlichen Welt schon immer fasziniert. Die Renaissance begann mit der Wiederentdeckung der alten griechischen und römischen Kultur nach dem Ende der Pest. Lange Zeit später folgte der Impressionismus, der durch fertige Farbmischungen und andere Hilfsmittel, mit denen man im Freien malen konnte, möglich war. Diese Richtung verschmolz später mit den verschiedenen Stilen der zeitgenössischen Kunst, welche wesentlich von Andy Warhol und seiner Pop-Art geprägt wurde.

2020 kam es zur Entstehung einer neuen Kunstrichtung: der Kryptokunst. Wie im Fall vorhergehender Stile wurde auch die Kryptokunst erst durch den technischen Fortschritt möglich.

Das Fundament der Kryptokunst wurde im Juni 2017 von zwei kanadischen Softwareentwicklern und ihrer Firma Larva Labs gelegt. Sie hatten ein Programm geschrieben, das automatisch 10 000 einzigartige Bilder mit 24 mal 24 Pixeln kreierte. Diese Bilder nannten sie »CryptoPunks«. Diese kleinen, verpixelten 8-Bit-Bilder von Außerirdischen, Zombies und Affen wurden von so verschiedenen Quellen inspiriert wie dem Film *Blade Runner* von Ridley Scott oder der elektronischen Musik von Daft Punk.

Aber es war nicht das Aussehen dieser Bilder, das sie wertvoll machte. Vielmehr war es die Tatsache, dass sie die ersten Werke einer neuen Kunstrichtung namens Kryptokunst waren. Diese Richtung basierte wesentlich auf der neuen Technologie der NFTs.

## Die Anfänge der Kryptokunst-Bewegung

Alle CryptoPunks sind voneinander verschieden. Einige sind männlich, während andere weiblich sind. Einige tragen eine Brille, während andere einen Pferdeschwanz haben. Sie sind sich zwar in Gestalt und Stil ähnlich, aber jeder hat einzigartige Merkmale, die nicht dupliziert werden können.

Anders als ein Gemälde, das man kaufen und daheim aufhängen kann, existieren diese Kunstwerke nur im Cyberspace. Man könnte zwar ein Bild eines CyberPunks ausdrucken, aber man würde das Bild nur dann richtig »besitzen«, wenn man den entsprechenden NFT gekauft hätte. Die Eigentumsverhältnisse sind in der Ethereum-Blockchain dokumentiert. Niemand kann diese hacken und fälschlicherweise behaupten, er sei der rechtmäßige Eigentümer.

Dieses Projekt von Larva Labs gab Anstoß zur Entwicklung des sogenannten ERC-721-Standards. Dieser Standard wurde von den Teilnehmern am Ethereum-Netzwerk geschaffen, um das rechtmäßige Eigentum an digitalen Gütern sicher zu dokumentieren. Mit dem ERC-721-Standard wird für jeden, der ein digitales Gut kauft und besitzt, ein »Smart Contract« in der Ethereum-Blockchain kreiert. Und da die Ethereum-Blockchain wie jede Blockchain ein »verteiltes Kassenbuch« (»distributed ledger«) darstellt, hat jeder zu jeder Zeit Zugang zu dem Eigentümer des NFTs.

Das gab es in der Kunstwelt zum ersten Mal. Und wie bei allen Dingen, die selten sind und zunehmend nachgefragt werden, sind die Preise dieser CryptoPunks in den Himmel geschossen.

## Die CryptoPunks schaffen den Durchbruch

Wie erwähnt, begann sich die Kryptokunst zu etablieren, als die zwei Entwickler von Larva Labs 10 000 CryptoPunks schufen. Sie verschenkten 9000 davon, weil sich damals kaum jemand für das Projekt interessierte.

Aber dann passierte etwas Seltsames: Fans begannen damit, diese CryptoPunks zu sammeln. Ähnlich wie bei der traditionellen Kunst wurde der Besitz eines CryptoPunks zum Statussymbol in der Welt der Kryptowährungsnutzer. Wenn man einen CryptoPunk besaß und ihn in seinem Twitter-Profil zeigte, dann wussten alle, dass man ein Kryptokunst-Kenner war. Einige stellten ihre NFTs sogar in Decentraland aus, einer auf der Ethereum-Blockchain basierenden virtuellen Welt.

Wenig später waren am Markt für NFTs die Bullen los. Während in der ersten Januarwoche im Jahr 2021 nur magere 2 Millionen Dollar mit NFTs umgesetzt wurden, stieg der Umsatz bis zum März 2021 auf 175 Millionen Dollar pro Woche. Verkauft wurde alles, von den Höhepunkten der NBA-Basketballspiele bis zu – Sie werden es sich gedacht haben! – CryptoPunks. Tatsächlich waren CryptoPunks so beliebt, dass sie im Juni 2021 für 12 Millionen Dollar pro Stück verkauft wurden! (Das stimmt wirklich!)

Die Preise waren atemberaubend. Aber genau wie die Leute viel Geld für ein Original von Andy Warhol, der die Kunstrichtung der Pop-Art begründet hatte, zahlten, waren Kunstsammler dazu bereit, Millionen von Dollar für die Werke zu bezahlen, die am Anfang der modernen Kryptokunst standen.

## Anlagestrategie: Non-fungible Token (NFTs)

NFTs sind ein extrem riskantes, aber auch extrem profitables Investment. Nicht jeder ist davon überzeugt, dass sich NFTs als Anlageform durchsetzen und Bestand haben werden. Einige halten sie nur für eine spekulative Blase. Deshalb ist es auch unklar, wie die Kriterien aussehen, anhand derer man beurteilen kann, ob ein bestimmtes Projekt ein sinnvolles Investment darstellt – oder eben nicht. Sie müssen also besonders vorsichtig sein, wenn Sie an ein Investment in diesem Markt denken. Wenn man sich seine Vergangenheit anschaut, dann könnte man den NFT-Markt auch den »Wilden Westen der Finanzwelt« nennen. Dieser Abschnitt soll Ihnen dabei helfen, das Beste daraus zu machen.

### Wie man ein gutes NFT-Investment erkennt

Im CryptoPunk-Beispiel wurden die Preise der NFTs offensichtlich deshalb in die Höhe getrieben, weil es sich um die ersten NFTs handelte, die eine neue Kunstform repräsentierten. Man kann sich die CryptoPunks als die ersten »Sammelkarten« der Kryptokunst vorstellen. Aber eines ist klar: Digitale Vermögenswerte sind nicht mehr wegzudenken. Die meisten jungen Leute haben heute keinerlei Interesse daran, eine alte Vase aus dem frühen 19. Jahrhundert zu kaufen. Sie würden viel lieber ein Stück Popkultur besitzen, zum Beispiel einen der ersten CryptoPunks. Und da die Fraktionalisierung, die wir in Kapitel 9 erörtert haben, inzwischen auch die Welt der NFTs erreicht hat, werden bald viele Menschen in der Lage sein, sich einen Anteil an diesen Kryptokunstwerken, die jetzt Kult sind, zu kaufen.

Es kann zwar schwierig sein, zu bestimmen, welche NFTs die besten Investments darstellen, aber wenn Sie die folgenden drei Faktoren berücksichtigen, kann sich die Waagschale zu Ihren Gunsten neigen.

## 1. Bleiben Sie bei Google Trends auf dem Laufenden

Wie in Kapitel 9 besprochen, ist es wichtig, zu erkennen, in welchem Teil seines Zyklus sich ein Markt gerade befindet. Das gilt auch für den NFT-Markt, bei dem dieses Wissen Ihnen dabei helfen kann, sich eine NFT-Position aufzubauen. Eine der besten Methoden, um die Stimmung an einem Markt einzuschätzen, besteht darin, Google Trends zu analysieren.

Diese Datenbank kann kostenlos genutzt werden und zeigt, wie viele Menschen auf Google nach bestimmten Begriffen suchen. Je mehr Menschen an NFT-Projekten interessiert sind, desto mehr Suchen nach »NFT« werden gespeichert.

Sie sollten warten, bis die Zahl der NFT-Suchen einen Tiefpunkt erreicht. Da ich glaube, dass NFTs wahrscheinlich auf Dauer Bestand haben werden, würde ich Ihnen empfehlen, zu warten, bis weniger Menschen sich mit NFTs beschäftigen. Das würde eine geringere Suchanzahl auf Google Trends bedeuten – und wahrscheinlich auch geringere Preise.

Dagegen sollten Sie keine NFTs kaufen, wenn Sie in den sozialen Medien in aller Munde sind. Wenn Sie kaufen, weil Sie Angst haben, etwas zu verpassen, werden Sie höchstwahrscheinlich überhöhte Preise zahlen.

## 2. Achten Sie auf Seltenheit und den Ruf des Künstlers

Sobald Sie mithilfe von Google Trends festgestellt haben, dass es eine gute Zeit für den Kauf von NFTs ist, müssen Sie sich auf die Suche nach einem NFT-Projekt machen, das sich durch Seltenheit auszeichnet.

NFTs haben zum allergrößten Teil keinerlei greifbaren oder physischen Wert. 99,9999 Prozent aller NFTs sind wertlos. Aber auch 99,9999 Prozent aller Kunstwerke überhaupt sind wertlos, was den Kunstmarkt an sich nicht beeinträchtigt.

Genau wie am traditionellen Kunstmarkt hängt auch der Wert eines NFTs davon ab, wie viele andere Menschen bereit sind, dafür zu zahlen. Und diese Bereitschaft hängt wiederum von der Seltenheit des NFTs ab. Zum Beispiel wurden nur 10 000 CryptoPunk-NFTs geprägt. Das bedeutet, dass nur 10 000 CryptoPunks jemals existieren werden. Diese Begrenztheit des Angebots ist ein wichtiger Grund dafür, dass die Preise der CryptoPunks so stark gestiegen sind.

Diese NFTs sind nicht nur selten, sie stammen auch aus einem Kryptokunstprojekt mit gutem Ruf. Gleiches gilt für den Künstler Beeple, der im März 2021 einen NFT für 69,4 Millionen Dollar verkaufte. In den 15 Jahren vor diesem Verkauf hatte Beeple in den sozialen Medien ganze Heerscharen von Anhängern um sich gesammelt. Er ist ein angesehener Künstler und der Wert seiner Arbeiten ist genauso stabil wie seine Reputation. Deswegen sind auch seine NFTs dauerhaft wertvoll.

Ein künftiger NFT-Investor sollte sich außerdem damit beschäftigen, wie aktiv die ihn interessierenden Künstler auf den Plattformen der sozialen Medien sind, insbesondere auf Twitter und Discord. Je größer die Gefolgschaft und je aktiver diese in den sozialen Medien ist, desto wahrscheinlicher ist es, dass Sie mit Ihrem NFT-Investment Erfolg haben.

## 3. Wählen Sie beliebte, hochliquide und »spielifizierte« Projekte

Die Liquidität entscheidet darüber, wie leicht (oder schwer) es ist, einen Vermögenswert zu kaufen oder zu verkaufen. Zum Beispiel ist eine Qualitätsaktie wie Alphabet (GOOGL) ein liquider Vermögenswert, weil man sie jederzeit am Markt kaufen oder verkaufen kann. Andererseits ist ein Apartmenthaus ein illiquider Vermögenswert, weil es in der jeweiligen Gegend nur ein paar Leute gibt, die gewillt sind, eine Multimillionen-Dollar-Immobilie zu kaufen oder zu verkaufen.

Dasselbe gilt für NFTs. Wenn Sie 2000 Dollar für ein digitales Kunstwerk ausgeben, dann sollten Sie sicher sein, dass es auch Käufer für dieses Objekt gibt, damit sie dieses hochriskante Investment später wieder mit Gewinn abstoßen können. Und deshalb sollten Sie sich auf beliebte NFT-Projekte beschränken, die eine große Gefolgschaft in den sozialen Medien und in der digitalen Kunstwelt haben, insbesondere auf Twitter und Discord.

Schließlich werden vor allem solche NFT-Projekte von Dauer sein, die »spielifiziert« worden sind. Bei diesen Projekten können Nutzer virtuelle Güter (einschließlich NFTs) innerhalb einer Spielwelt kaufen oder sich verdienen und dann auch besitzen. Dadurch wird das Ökosystem eines NFT-Spielprojekts stabilisiert, weil die Nutzer und Spieler einen Anreiz haben, die Website immer wieder zu besuchen und immer weiterzuspielen. Durch diesen Mechanismus wird auch der Preis der NFTs innerhalb der jeweiligen Spielwelt gestützt, weil innerhalb des NFT-Ökosystems die Nachfrage im Verhältnis zum Angebot gestärkt wird.

## Wie handelt man mit NFTs?

Diejenigen, die in non-fungible Token investieren wollen, müssen damit beginnen, eine Liste der NFT-Künstler zu erstellen. Dabei kann es sich um bekannte Künstler handeln, wie die Schöpfer der CyberPunks, aber auch um weniger bekannte Künstler wie Alexa Meade. Dann müssen Sie die Preisentwicklung der Projekte dieser Künstler während der Bullenphasen des NFT-Marktes in Erfahrung bringen und nach zukünftigen Veröffentlichungen (»drops«) von NFTs Ausschau halten.

Die Bullenphasen sollten mit der Aktivität auf Google Trends eng korreliert sein. Wenn diese Aktivität hoch ist, sollten Sie am besten Ihre Liste mit den NFT-Projekten erst einmal in die Schublade legen. Aber wenn die Suchanfragen auf Google Trends und die Preise von NFTs einbrechen, was früher oder später passieren wird, dann können Sie diesen Rücksetzer ausnutzen und Ihre Lieblingsprojekte kaufen.

Sobald Sie sich Ihren NFT gesichert haben, müssen Sie stillhalten und warten. Denken Sie daran, dass wir unter der Voraussetzung investieren, dass es sich bei NFTs nicht nur um eine vorübergehende Modeerscheinung handelt. Wenn der Markt für digitale Vermögenswerte dann wieder in einer Bullenphase ist, sind Sie bereits engagiert. Eine Strategie, die Sie verfolgen können, besteht darin, wieder zu verkaufen, wenn die Marktstimmung ein neues Hoch erreicht und die Preise auf Rekordhöhe sind.

Diejenigen, die NFTs kaufen wollen, können Handelsplattformen wie OpenSea, Rarible und SuperRare nutzen. Weil ein Investment in NFTs zwar hochprofitabel sein kann, aber eben auch hochriskant ist, sollten Sie Ihr Engagement begrenzen. Denn es ist immer möglich, dass selbst ein sehr angesehenes Projekt scheitert und in Vergessenheit gerät. Deswegen müssen Sie sicherstellen, dass Ihr Investmentkonto nicht ausradiert wird, wenn sich einmal ein Projekt nicht nach Ihren Wünschen entwickelt. Ich würde jede NFT-Position auf weniger als 1 Prozent des Gesamtportfolios limitieren.

**Kurzanleitung für Investoren: Non-fungible Token (NFTs)**

- Registrieren Sie sich bei einer NFT-Handelsplattform. Sie werden feststellen, dass die Preise nicht in Dollar, sondern als Prozentsätze einer Kryptowährungseinheit genannt werden (je nach Plattform ist das meistens Ether oder Solara). Lesen Sie noch einmal Kapitel 2 über Kryptowährungen, wenn Sie etwas über Ether und Ethereum wissen wollen.
- Entscheiden Sie sich, welche Art von NFTs Sie kaufen wollen (die Auswahl ist groß: von digitalen Kunstwerken über Grundstücke in virtuellen Welten wie Decentraland bis zu Videos von sportlichen Höhepunkten auf NBA Top Shot).
- Richten Sie sich eine digitale Wallet ein, in der Sie Ihre digitalen Vermögenswerte speichern können.
- Speichern Sie Ihren NFT in Ihrer digitalen Wallet, nachdem Sie ihn gekauft haben.
- Wenn Sie wieder verkaufen wollen, müssen Sie eine NFT-Handelsplattform besuchen und dort Ihren NFT anbieten. Denken Sie daran, dass der NFT-Markt sehr illiquide ist. Sie müssen also damit rechnen, dass es Ihnen nie gelingen wird, Ihren NFT zu verkaufen.

# Yield Farming

## Was ist Yield Farming?

Der Kryptowährungsmarkt entwickelt sich rasend schnell. Es wird auch in Zukunft immer neue »heiße« Trends auf diesem Markt geben. 2017 habe ich meinen ersten Ausflug in die Welt der Kryptowährungs-Investments unternommen. Damals haben sich die meisten Anleger auf Investitionen in Smart-Contract-Plattformen wie Ethereum oder Cardano konzentriert. 2021 wandten sich dann die meisten Anleger non-fungiblen Token (NFTs) zu, deren Preise in dieser Zeit in die Höhe schossen.

2020 kam ein neuer Kryptotrend auf, das sogenannte *dezentrale Finanzwesen* oder kurz »DeFi«. DeFi-Projekte nutzen die Blockchain und Smart Contracts, um Finanzintermediäre auszuschalten. Auf diese Weise sollen die Finanzdienstleistungen von Brokern, Börsen und Banken *ohne* diese zentralen Finanzdienstleister angeboten werden.

DeFi entstand im Rahmen der Ethereum-Blockchain. 2018 war Ethereum eine der ersten Blockchains, mit der man mithilfe von Smart Contracts Protokolle und andere Anwendungen konstruieren konnte. Wie wir in Kapitel 2 gesagt haben, kann man sich Ethereum am besten als das »Betriebssystem« vorstellen, mit dem Blockchain-Protokolle geschaffen werden können. Auch im Fall des dezentralen Finanzwesens werden Anwendungen auf der Grundlage der Ethereum-Blockchain in Form von Smart Contracts kreiert. Auf diese Weise entstand eine ganze Welle von neuen Produkten und Dienstleistungen, die nur mithilfe der Blockchain-Technologie möglich waren.

Obwohl die Ethereum-Blockchain diese neue Welle von DeFi-Anwendungen ermöglichte (einschließlich des Yield Farming, auf das wir gleich zu sprechen kommen werden), sollte man nicht vergessen, dass der Bitcoin das allererste DeFi-Projekt war. Wie wir in Kapitel 2 erfahren haben, wurde der Bitcoin, die weltweit erste Kryptowährung, in der Absicht geschaffen, eine Möglichkeit zu eröffnen, Geld digital und außerhalb des traditionellen Bankensystems zu transferieren. Der Bitcoin hat die Mittelsmänner beim Prozess der Geldübertragung eliminiert. Und DeFi soll bei einer ganzen Reihe von anderen Finanzdienstleistungen denselben Effekt haben.

Eine der interessanten Anwendungen des dezentralen Finanzwesens ist das sogenannte *Staking*.

## Eine neue Art von Zinseinnahmen

Staking ist eine hochriskante Methode, mit welcher die Besitzer von Kryptowährungen Zinsen verdienen können. Wenn Sie Ihr Kryptowährungsguthaben »staken«, dann wird dieses für einen bestimmten Zeitraum in einem sogenannten »Liquiditätspool« festgelegt.

Im Gegenzug für die Festlegung seiner Kryptowährungsguthaben kann man Geld unter anderem in Form von Transaktionsgebühren oder Zinsen von Kreditnehmern verdienen. Je größer der Kryptowährungsbetrag ist, den man in einem Liquiditätspool festlegt, desto höhere Einnahmen kann man erzielen. Staking ist aus mehreren Gründen wichtig. In Kapitel 2 haben wir Token diskutiert, die sich des Anteilsnachweisverfahrens (»proof of stake«) bedienen. Dabei handelt es sich um einen »Konsensfindungsmechanismus«, mit dem die Transaktionen im Netzwerk verifiziert werden. Auf diese Weise soll sichergestellt werden, dass die Leute ihre Kryptowährungsguthaben nicht mehr als einmal ausgeben können (was die Sicherheit des Netzwerkes kompromittieren und die betreffende Kryptowährung entwerten würde).

Bei vielen dieser Konsensfindungsmechanismen, mit denen Transaktionen verifiziert werden, handelt es sich tatsächlich um nichts anderes als um Bestände mit »gestakten« Kryptowährungsguthaben. Mithilfe dieser Bestände (»pools«) werden Datenblöcke verifiziert, in denen jeweils mehrere Transaktionen zusammengefasst sind. Dafür erhalten die Eigentümer der Kryptowährungsguthaben eine Transaktionsgebühr.

In der traditionellen Finanzwelt verifiziert eine zentrale Institution, wie etwa eine Bank, jede Transaktion in ihrem Zahlungsnetzwerk. Kryptowährungen sind mit dem Ziel geschaffen worden, ein dezentrales Finanzökosystem zu etablieren. Bei ihnen treten die erwähnten Bestände an Kryptowährungsguthaben an die Stelle zentraler Institutionen.

## Yield Farming: Staking mit Vollgas

Nehmen wir an, Sie sind der Schöpfer einer Kryptowährung namens ElonMoon. Damit ElonMoon überhaupt eine Chance auf Erfolg hat, müssen Sie für Liquidität im ElonMoon-Markt sorgen.

Der Grad an Liquidität ist ein Maßstab dafür, wie leicht (oder schwer) es ist, einen Vermögenswert zu kaufen oder zu verkaufen. Beispielsweise ist eine Aktie von Apple Incorporated (AAPL) ein liquider Vermögenswert, weil man die Aktie jederzeit einfach mit einem Mausklick kaufen oder verkaufen kann. Dagegen ist das alte Bob-Seger-Poster in Ihrem Wohnzimmer ein illiquider Vermögenswert, weil es nur ein paar Menschen auf der ganzen Welt gibt, die vielleicht an einem Kauf interessiert sind.

Viele neue Kryptowährungen sind illiquide. Es gibt für sie einfach nicht viele Käufer und Verkäufer, ganz besonders, wenn die erstmalige Ausgabe der Währung (»Initial Coin Offering«) nur kurze Zeit zurückliegt. Mit dieser erstmaligen Ausgabe werden Kryptowährungen an Börsen eingeführt, an denen sie dann gehandelt werden können. Dieser Prozess ähnelt dem Börsengang von Aktiengesellschaften (»Initial Public Offering«).

Üblicherweise gibt es bei der Schaffung einer Kryptowährung die sogenannten »Wale« . Das sind die Halter von großen Kryptowährungsbeständen, die eine automatisierte Handelssoftware nutzen (»Bots«), um die Kryptowährung zu kaufen und zu verkaufen. Damit soll sichergestellt werden, dass neue Nutzer der Kryptowährung ihre Transaktionen problemlos durchführen können.

Das dezentrale Finanzwesen bietet eine Alternative zu dieser Methode. Heute kann jeder, der vorhat, eine Kryptowährung längerfristig zu halten, sein Guthaben an einen Liquiditätspool »ausleihen«. Die Plattform, auf der dies stattfindet, kann die verliehenen Kryptowährungsbestände an Kunden weitergeben, die daran interessiert sind, sie zu nutzen. Die »Yield-Farmer«, also diejenigen, die ihre Bestände verleihen, profitieren dadurch, dass die Plattform ihnen einen Teil der Gebühren zahlt, die sie den Nutzern in Rechnung stellt. Wie im Fall des Bitcoins gibt es keinen Mittelsmann, weil dieser Prozess durch Smart Contracts automatisiert ist.

Durch Staking und Yield Farming wird das Ziel erreicht, die Mittelsmänner von traditionellen Finanztransaktionen auszuschalten. Wenn man es richtig macht, kann man mit diesen Methoden Zinsen von manchmal bis zu 100 Prozent verdienen! Wenn man bedenkt, dass traditionelle Bankguthaben magere 0,01 Prozent pro Jahr bringen, dann ist es kein Wunder, dass viele Anleger sich von der neuen Welt des Kryptostakings angezogen fühlen.

Aber die Gewinne, die man mit dieser neuen Technologie erzielen kann, sind nicht ohne Grund so hoch. Im Folgenden werde ich Ihnen zeigen, dass selbst die schlauesten Tech-Experten am Staking-Markt übers Ohr gehauen werden können.

## Fallstudie: Mark Cuban auf dem Weg zur Yield-Farm

Mark Cuban ist einer der weltweit bekanntesten Unternehmer. Er machte sein Vermögen damit, dass er Technologietrends vor allen anderen erkannte und mit ihnen Geld verdiente. Beispielsweise hat er die Internetradiofirma Broadcast.com mitgegründet und später, auf dem Höhepunkt der Tech-Blase, an Yahoo für 5,7 Milliarden Dollar verkauft.

Er ist heute vor allem bekannt als der Eigentümer des Erstliga-Basketball-Teams Dallas Mavericks und als einer der Moderatoren der Reality-TV-Show *Shark Tank*. Aber er war auch einer der ersten, der sich DeFi zugewandt hat. Er war vor allem am Yield Farming interessiert. Cuban behauptet, dass sich Yield Farming kaum von Investments in Dividendenaktien oder in »Schrottanleihen« unterscheidet, die beide auch hohe Renditen bringen. Beim Yield Farming kann man zwar Renditen erzielen, die 10- bis 20-mal höher sind als die von Dividendenaktien, aber Cuban erklärt diese hohen Renditen damit, dass sie einen Ausgleich für das mit dem Yield Farming verbundene Risiko darstellen würden.

Cuban berichtet über seine Ausflüge in die Welt des Yield Farmings seit Langem auf seiner Website *Blog Maverick*. Im Juni 2021 schrieb er sogar einen Aufsatz mit dem Titel »The Brilliance of Yield Farming, Liquidity Providing, and Valuing Crypto Projects«, den er auf seinem Blog postete.* Darin äußerte er sich überschwänglich über ein Kryptowährungsprojekt namens Iron Finance, welches – zu jener Zeit – dreistellige Renditen abwarf.

Zum Unglück für Cuban verlor dieses DeFi-Projekt wenig später von einem Tag zum anderen 99 Prozent seines Wertes.

## Der Kampf der Titanen

Iron Finance ist ein Stablecoin-Projekt, hinter dem eine Kryptowährung namens TITAN steht. Eine Stablecoin ist eine Kryptowährung, deren Preis an den Preis einer bestimmten anderen Kryptowährung, einer staatlichen Währung (wie dem US-Dollar) oder eines Edelmetalls gebunden ist.

Der weltweit bedeutendste Stablecoin ist Tether, der von der Kryptowährungsbörse Bitfinex herausgegeben wird. Tether ist auf Dauer fest im Verhältnis eins zu eins an den US-Dollar gebunden. Das heißt, jeder Tether ist durch 1 Dollar gedeckt. Stablecoins sollten zwar eigentlich überhaupt nicht im Kurs schwanken, doch gibt es aus strukturellen Gründen meistens kleinere Fluktuationen. Beispielsweise schwankt der Tether zwischen 0,98 und 1,02 Dollar.

Im Fall von Iron Finance wurde dessen Stablecoin IRON (unter anderem) von der Kryptowährung TITAN gedeckt. Und um diese Plattform mit Liquidität zu versorgen, offerierte Iron Finance wahrhaft astronomische Renditen. Tatsächlich wurden auf dem Höhepunkt dieser Entwicklung Nutzer, die ihre Bestände an Ether, dem Token der Ethereum-Blockchain, auf der TITAN-Plattform festlegten, mit einer Durchschnittsrendite von 347 Prozent belohnt!

Auf der Plattform von Iron Finance konnten die Benutzer Token entweder prägen oder konvertieren. Diese Token wurden dann in einem Liquiditätspool für TITAN und USDC festgelegt (USDC ist ein am Kryptowährungsmarkt weitverbreiteter Stablecoin). Für die Festlegung (oder das »Staking«) ihrer Token wurden den Nutzern Zinsen in Form von IRON-Token gezahlt. Angelockt von diesen Renditen, konnte selbst ein

---

* https://blogmaverick.com/2021/06/13/the-brilliance-of-yield-farming-liquidity-providing-and-valuing-crypto-projects/ (Anm. der Redaktion)

Milliardär wie Mark Cuban nicht anders, als mitzumischen. Aber wie Cuban auf seinem Blog richtig gesagt hatte, der Grund dafür, dass die Renditen so hoch sind, besteht darin, dass die Plattformen so riskant sind.

## Der erste große Krypto-Bankenrun

In der Spitze konnten diejenigen, die mit TITAN und IRON Yield Farming auf der Plattform von Iron Finance betrieben, jeden Tag 400 Dollar pro investierte 10 000 Dollar verdienen. Das Hauptrisiko für diesen Geldstrom bestand darin, dass der TITAN-Token seinen Wert verlieren und damit auch IRON zum Absturz bringen würde.

Und genau das passierte auch. Weniger als eine Woche nachdem Cuban auf seinem Blog die Vorteile des Yield Farming angepriesen hatte, begann TITAN zu implodieren. Bis zum 17. Juni – vier Tage nachdem er seinen Aufsatz gepostet hatte – war der Wert von TITAN auf 0 Dollar gefallen. Ja, Sie haben richtig gelesen: NULL!

Wie kam es zu diesem Crash? Es handelte sich um einen klassischen Bankenrun. In der traditionellen Finanzwelt sind Banken nicht in der Lage, allen ihren Kunden gleichzeitig ihr Geld auszuzahlen. Schließlich halten diese Institutionen nur einen Bruchteil der Einlagen in Reserve und vergeben den Rest als Kredite. Das Banksystem als Ganzes vergibt eine wesentlich größere Dollar-Menge an Krediten, als in den Tresorräumen liegt. Wenn jeder Kunde auf einmal an sein ganzes Geld will, dann können die Banken diese Nachfrage nicht befriedigen, weil das Geld ja zum Großteil verliehen worden ist.

So etwas passierte auch Iron Finance. Große Investoren zogen ihre Token aus dem Liquiditätspool von Iron Finance ab, wodurch der Wert des TITAN abstürzte. Daraufhin zogen auch die anderen Besitzer von TITAN ihre Bestände ab. Da ihm auf diese Weise die Liquidität entzogen wurde, konnte der IRON-Stablecoin die Bindung an den US-Dollar eine Zeit lang nicht aufrechterhalten.

IRON erholte sich zwar für eine kurze Zeit, aber Iron Finance musste Unmengen von TITAN prägen, um die Nachfrage all derjenigen zu befriedigen, die versuchten, ihre Bestände abzuziehen. Der Anstieg von

Nachfrage und Angebot schaukelte sich wechselseitig auf – bis in diesem Teufelskreis der Token auf 0 Dollar fiel.

Zum Unglück für Cuban verlor er dabei ein paar Hunderttausend Dollar. Für diejenigen, die nicht die Finanzreserven eines Milliardärs haben, würde ein derartiger Verlust eine untragbare finanzielle Katastrophe bedeuten. Deshalb ist es auch so wichtig, dass man nur einen kleinen Teil seines Kapitals in diese revolutionäre, aber hochriskante Anlageform investiert.

## Anlagestrategie: Yield Farming

Wenn ein Investment zu gut ist, um wahr zu sein, dann ist es meistens auch nicht wahr. Als ich zum ersten Mal vom Yield Farming hörte und wie die Leute bis zu 300 Prozent mit dem Festlegen ihrer Kryptowährungsbestände verdienten, war ich misstrauisch. Jeder Anleger, der sich überlegt, Yield Farming zu betreiben, sollte immer daran denken, dass es zwar eine der profitabelsten, aber auch eine der riskantesten Anlageformen in diesem Buch ist. Aus diesem Grund sollten Anleger sehr vorsichtig sein, wenn sie sich darauf einlassen wollen.

## Wie man ein gutes Yield-Farming-Projekt erkennt

Wenn Sie tatsächlich mit dem Yield Farming beginnen wollen, dann müssen Sie einfach wissen, dass die Möglichkeit besteht, dass Sie Ihr gesamtes Investment verlieren – so wie es Mark Cuban ergangen ist. Bei allen hochprofitablen und hochriskanten Anlageformen ist das Risikomanagement von zentraler Bedeutung. Und was das Yield Farming betrifft, so sollten Sie die Höhe Ihres Investments mit Bedacht wählen.

Yield Farming kann innerhalb kurzer Zeit zwar ordentliche Gewinne einbringen – aber ebenso auch ordentliche Verluste. Sogar milliardenschwere Tech-Unternehmer wie Mark Cuban sind nicht vor den Gefahren des Yield-Farming-Markts gefeit.

Wenn Sie die folgenden Ratschläge beachten, haben Sie aber eine viel größere Chance, tatsächlich ein vernünftiges und ehrliches Yield-Farming-Projekt zu finden.

## 1. Achten Sie auf die Reputation des Projekts

In der Welt der Kryptowährungen gibt es jede Menge Betrügereien. Zum Beispiel sieht eine beliebte Masche so aus: Der Kurs von Token wird zunächst »aufgepumpt«, indem über das Internet organisierte Gruppen planmäßig koordinierte Käufe tätigen. Auf diese Weise werden naive Anleger auf den Markt gelockt, welche die Token aus Furcht, etwas zu verpassen, kaufen. Sobald genug von diesen Anlegern gekauft haben, wird der betreffenden Kryptowährung der Boden unter den Füßen weggezogen: Die Gruppe, die den Kurs »aufgepumpt« hat, wirft ihre Token in einer koordinierten Aktion wieder auf den Markt.

Ein solches Vorgehen findet man sehr häufig bei den umsatzschwachen Kryptowährungen. Aus diesem Grund müssen Sie sich genau informieren, bevor Sie sich für eine Kryptowährung entscheiden, mit der Sie Yield Farming betreiben wollen. Und Sie sollten Kryptowährungen auch nur auf Plattformen nutzen, die einen guten Ruf haben.

Nachdem ich mit einigen Experten gesprochen habe, weiß ich, dass zwei der vertrauenswürdigsten DeFi-Plattformen Harvest Finance und SushiSwap sind. Besonders Harvest Finance eignet sich gut für das Yield Farming, weil bei dieser Plattform der komplizierte Yield-Farming-Prozess automatisiert ist. Außerdem gibt es Harvest Finance schon seit Jahren. Die Plattform ist etabliert und hat einen guten Ruf.

Ich ziehe zwar Harvest Finance SushiSwap vor, aber auf beiden Plattformen werden verschiedene Projekte, die auf der Suche nach Krediten sind, gebündelt und an Kreditgeber vermittelt. Und beide Plattformen gehen mit der für das Staking von Kryptowährungen notwendigen Sorgfalt bei der Überprüfung der verschiedenen Projekte vor. Dadurch ist es weniger wahrscheinlich, dass man als Anleger Opfer von Betrügereien wird.

## 2. Achten Sie auf hohe Transparenz

Es gibt Tausende von Kryptowährungsprojekten, die potenziellen Yield-Farmern, welche Liquidität für die Token dieser Projekte bereitstellen, hohe Renditen offerieren. Wie Sie wahrscheinlich selbst feststellen werden, wenn Sie sich sorgfältig informieren, bieten die bekanntesten Projekte typischerweise die niedrigsten Renditen, während man bei weniger bekannten Projekten oft höhere Renditen erzielen kann. Das ist kein Zufall, denn die weniger bekannten Projekte müssen mit höheren Renditen um Investments in ihre Liquiditätspools werben.

Ein Kriterium für die Entscheidung, in welchem Pool man seine Kryptowährungsbestände festlegen soll, besteht in der Offenheit und Transparenz, die diese weniger bekannten Projekte gegenüber ihren Nutzern und Kunden an den Tag legen. Sie können den Grad der Transparenz dadurch einschätzen, dass Sie sich die Website des Kryptowährungsprojekts anschauen und herauszufinden versuchen, welche Personen hinter dem Projekt stehen. Wenn das Team anonym ist, dann ist die Wahrscheinlichkeit nicht gering, dass es sich um einen Betrug handelt. Von einem solchen Projekt sollten Sie die Finger lassen.

Wenn jedoch das Projekt von ehemaligen Google-Ingenieuren mit Namen und Gesichtern und aktiven Twitter-Kanälen betrieben wird, ist es eher unwahrscheinlich, dass Ihnen bei diesem Projekt der Boden unter den Füßen weggezogen wird. Wie bei allen riskanten Anlageformen ist es selbstverständlich auch beim Yield Farming sehr wichtig, dass Sie sich sorgfältig informieren, bevor Sie in irgendeines dieser Projekte investieren.

## 3. Bestimmen Sie die jährliche Rendite

Bei den meisten Aktien mit einer hohen Dividendenrendite gibt es maximal 10 Prozent Dividende pro Jahr (in Kapitel 8 haben wir gesehen, wie man solche Aktien finden kann). Beim Yield Farming stößt man aber häufig auf jährliche Renditen von über 100 Prozent.

Die jährliche Rendite ist das Verhältnis zwischen allen in einem Jahr erzielten Erträgen und der investierten Summe. Wenn Sie Ethereum-Token im Wert von 1000 Dollar auf einer Yield-Farming-Plattform festgelegt hätten und die jährliche Rendite 100 Prozent betragen würde, dann würden Sie innerhalb eines Jahres Erträge in Höhe von 1000 Dollar erzielen.

Der Haken beim Yield Farming besteht darin, dass die dreistelligen Renditen meistens nicht nachhaltig sind. Tatsächlich sollten potenzielle Yield-Farmer sogar von Projekten mit Renditen in dieser Größenordnung die Finger lassen, weil die mit ihnen verbundenen Risiken einfach zu hoch sind.

Projekte, die dreistellige Renditen offerieren, sind extrem riskant. Man bekommt derartig hohe Erträge nur deshalb, weil das der einzige Weg ist, die Besitzer von Kryptowährungsbeständen dazu zu bewegen, diese Bestände in den Liquiditätspools dieser Projekte festzulegen. Wer seinen Kryptowährungsbestand festlegen und Yield Farming betreiben möchte, sollte stattdessen Renditen im Bereich von 25 Prozent anstreben. Es mag verlockend sein, höhere Risiken einzugehen, aber ich wäre bei Renditen von über 50 Prozent immer sehr vorsichtig.

## Wie investiert man in Yield-Farmen?

Ich möchte nochmals betonen, dass Investments in Yield-Farmen wirklich eine hochriskante und potenziell hochprofitable Anlageform sind. Es handelt sich außerdem um eine neue Technologie, bei der es immer Probleme gibt und die anfällig für Betrügereien ist. Wenn Sie die falsche Plattform oder den falschen Liquiditätspool wählen, können Sie Ihr gesamtes Investment verlieren. Yield-Farmen unterliegen auch nicht der Einlagensicherung durch die Federal Deposit Insurance Corporation (FDIC); wenn also eine Yield-Farm untergeht, dann erhalten Sie keine Entschädigung.*

Deshalb müssen Sie Ihre Hausaufgaben wirklich sehr sorgfältig machen und sich genau über die Yield-Farming-Plattform und die zugrunde liegenden Kryptowährungs-Protokolle informieren, bevor Sie sich ins Abenteuer stürzen. Ich empfehle eine Zielrendite von 25 bis 50 Prozent

* Die FDIC (Federal Deposit Insurance Corporation) ist der staatliche Einlagensicherungsfonds der USA (Anmerkung des Übersetzers).

pro Jahr; Sie müssen aber auch darauf achten, die Höhe Ihres Investments vernünftig zu wählen. Wie im Zusammenhang mit anderen risikoreichen Anlagen erwähnt, würde ich auch beim Yield Farming nicht mehr als 1 Prozent meines gesamten Anlagekapitals einsetzen. Es besteht zwar die Möglichkeit von hohen Gewinnen, aber das Risiko auf diesen neuen, unsicheren Märkten ist einfach viel zu hoch, um große Summen zu investieren.

Wenn Sie einen Kryptowährungs-Pool gefunden haben, der die genannten Anforderungen erfüllt, können Sie Ihre Position aufbauen. Bei den meisten Yield-Farmen kann man den Durchschnittskosteneffekt nicht nutzen, sodass Sie die Summe, die Sie investieren wollen, auf einmal investieren müssen. Bei vielen Handelsplattformen müssen Sie Ihren Kryptowährungsbestand für eine bestimmte Anzahl von Wochen oder Monaten festlegen. Im Regelfall ist die Rendite umso höher, je länger man seinen Bestand festlegt.

Und dann müssen Sie Ihr Investment genau überwachen. Wenn ein Übermaß an Liquidität in den Pool fließt, dann wird die jährliche Rendite fallen und Sie sollten Ihren Kryptowährungsbestand in einen anderen Pool transferieren.

**Kurzanleitung für Investoren: Yield Farming**

Es ist zwar möglich, regelmäßige Einnahmen zu erzielen, aber es ist auch möglich, dass man einem Yield-Farming-Schwindel auf den Leim geht (lesen Sie in diesem Kapitel, was Mark Cuban passiert ist). Seien Sie also vorsichtig.

- Sie müssen über einen Bestand an einer Kryptowährung verfügen, die Sie festlegen (»staken«) können.
- Meistens werden Stablecoins, deren Wert nur geringen Schwankungen unterliegt, festgelegt.
- Transferieren Sie Ihre Stablecoins in den Liquiditätspool, in dem Sie Ihren Bestand festlegen wollen. Es gibt Plattformen (zum Beispiel Harvest Finance, SushiSwap, Uniswap, PancakeSwap und so weiter), auf denen Sie diesen Prozess sehr einfach abwickeln können.
- Sobald Sie mit dem Yield Farming begonnen haben, sollten Sie fast jeden Tag Einnahmen erzielen.
- Ihre Einnahmen erhalten Sie in der Kryptowährung, für die Sie Liquidität bereitgestellt haben.
- Viele Yield-Farmer sind mit ihren Beständen auf verschiedenen DeFi-Plattformen unterwegs, um sich immer die höchsten Renditen zu sichern.

# FAZIT

# WENN SIE RISIKEN EINGEHEN WOLLEN, SCHALTEN SIE DABEI NICHT IHREN VERSTAND AUS

Von Anfang an bestand mein Ziel darin, mit diesem Buch der nächsten Generation von Anlegern dabei zu helfen, sich auf dem herausfordernden Gebiet hochriskanter und hochprofitabler Anlageformen zurechtzufinden. Die meisten der klassischen Investmentratgeber wurden geschrieben, bevor die Flut der Kleinanleger sich über die Märkte ergossen hat. Soweit ich weiß, ist dieses Buch das einzige seiner Art, das bisher geschrieben wurde, und ich freue mich, wenn diese neue Anlegergeneration mein Buch nutzt, um den einzigartigen Herausforderungen durch die neuesten Markttrends zu begegnen.

Während der Fertigstellung dieses Projekts war mir meine Verantwortung für die Leser dieses Buches immer bewusst. Während des Großteils meiner Karriere arbeitete ich als leitender Analyst bei verschiedenen Investmentanalysegesellschaften. Aber die letzten beiden Jahre verbrachte ich damit, all das Wissen, das ich im Lauf meiner Karriere erworben habe, mit einem begeisterten, jungen Publikum zu teilen.

Aber je größer mein Publikum wurde, desto mehr Horrorgeschichten las ich über Leute, die mit hochriskanten Investments spekuliert hatten, die sie gar nicht verstanden hatten. Ob es sich nun um Optionen, Kryptowährungen oder irgendeine andere neumodische Anlageform, die bestimmt irgendwann erfunden werden wird, handelt – man muss wissen, wie man diese hochriskanten Strategien am besten und sichersten einsetzt. Es ist unabdingbar, dass man sich zuerst über die Risiken im Klaren ist und – was am wichtigsten ist – darüber, wie man diese Risiken beherrschen kann.

Wie ich schon am Beginn dieses Buches angedeutet habe, dürfen Sie Ihren Verstand nicht ausschalten, wenn Sie Risiken eingehen wollen. Nur weil man einen Post auf Reddit gelesen hat, ist das noch lange kein Grund, sich einfach auf gut Glück in ein Investment zu stürzen und sein sauer verdientes Geld zu riskieren.

Und während einige Internetforen – wie zum Beispiel WallStreetBets – ein solches Vorgehen oft verherrlichen, haben die Verluste, die man dadurch erleidet, ganz konkrete und oft gravierende Konsequenzen für die betroffenen Anleger. Diejenigen, die sich in ihren Posts ihrer Verluste in Höhe von Tausenden von Dollar rühmen, genießen in den meisten Fällen große Privilegien und sind nicht mit dem Durchschnittsanleger zu vergleichen. Es ist nämlich eine Tatsache, dass es sich die meisten Menschen nicht leisten können, mit riskanten Strategien Tausende von Dollar aufs Spiel zu setzen.

Außerdem werden viele Leute ängstlich und davon abgehalten, ihr Geld zu investieren, wenn sie sehen, wie andere Geld auf den Finanzmärkten verlieren. Oder, was noch schlimmer ist, sie folgen bei ihrem ersten Investment einem schlechten Ratschlag, machen einen Verlust und hören dann für immer mit dem Geldanlegen auf. Geldanlegen ist nicht dasselbe, wie ins Spielcasino zu gehen; es ist einer der besten Wege, um sich ein Vermögen aufzubauen. Und die Tatsache, dass nur 50 Prozent der Amerikaner Aktien besitzen, spiegelt wider, dass viele Menschen der Finanzwelt mit Misstrauen begegnen.*

Ich hoffe, dass die Geschichten in diesem Buch wenigstens einer Handvoll Menschen dabei helfen können, Verluste zu vermeiden und genug Vertrauen zu fassen, um ihre Laufbahn als Geldanleger zu beginnen. Dann wäre dieses Buch nicht umsonst geschrieben worden.

---

* In Deutschland besaßen 2022 sogar nur 18,3 Prozent der Bevölkerung Aktien oder Fonds. Quelle: Statistisches Bundesamt, https://de.statista.com/statistik/daten/studie/1101640/umfrage/aktienbesitz-in-deutschland/. (Anm. der Redaktion)

# DANKSAGUNG

Zuallererst möchte ich Michael Sincere dafür danken, dass er dieses Buch redigiert, mir während dessen Entstehung mit Rat zur Seite gestanden und mir geholfen hat, bis zum Ende durchzuhalten.

Ich danke auch allen, die sich trotz ihrer vollen Terminkalender die Zeit genommen haben, mir von ihren interessanten Investmenterfahrungen zu berichten. Unter ihnen sind Tim Luong, Genevieve Roch-Decter und E.B. Tucker. Dank gebührt auch Maxine Ryan, die meine Fragen über die sich ständig ändernde Welt des dezentralen Finanzwesens beantwortet hat. Brad Vitou und Justin Spittler danke ich für die Aufklärung über den Verlauf eines Börsengangs.

Ich möchte Patrick Reagin und Jared Dillian dafür danken, dass sie mir geholfen haben, mich im Verlagswesen zurechtzufinden.

Besonders wichtig ist es mir, allen Menschen zu danken, die mich während meiner Karriere unterstützt und gefördert haben. Hier möchte ich Walter Block, Fergus Hodgson, Ed D'Agostino, Helena Woodruff, Dan Steinhart und Dawn Pennington nennen. Wenn sie diesem Jungen aus Nordost-Ohio keine Chance gegeben hätten, dann hätte ich dieses Buch nicht veröffentlichen können.

Ich möchte meiner Familie – Pat, Terry und Katie – für ihre Unterstützung während des gesamten Buchprojekts danken. Und ganz besonders möchte ich meinem Geschäftspartner Alexis Reck für alle seine aufmunternden Worte danken, die ich sehr nötig gehabt habe, als ich dieses Buch schrieb.

Mein Dank geht auch an Rebecca Tarr Thomas und Peter Archer, die mir dabei geholfen haben, dieses Projekt auf die Beine zu stellen.

Schließlich möchte ich gerne allen meinen Lesern danken. Ohne sie wäre all das nicht möglich gewesen und ich werde ihnen für immer dafür dankbar sein, dass ich alles, was ich selbst über das Geldanlegen weiß, mit ihnen teilen durfte.

# ÜBER DEN AUTOR

Der einzigartige, klare und direkte Stil der Aktienanalysen von Robert Ross hat ihm zu einer großen Anhängerschaft in der Investmentanalysebranche verholfen. Er begann seine Karriere bei der Investmentanalysegesellschaft Mauldin Economics, stieg schnell auf und wurde der jüngste Chefanalyst der Branche. Heute hat er jeden Monat ein Publikum von mehr als einer Million Anlegern, die sich für seine Ansichten über Geldanlegen, Konjunktur und persönliche Finanzen interessieren. Er hat auf TikTok, Instagram und Patreon viele Follower und wurde von *Time*, *Business Insider* und *Daily Mail* (London) porträtiert. Ross nutzt diese Plattformen, um Menschen aller Altersklassen ein vernünftiges Anlageverhalten nahezubringen. Er hat einen Abschluss in Volkswirtschaftslehre von der Loyola University in New Orleans und lebt in Los Angeles, Kalifornien.

# Trading mit Hebelprodukten

**Richard Pfadenhauer | Dominik Auricht**

Richard Pfadenhauer und Dominik Auricht wollen Sie dabei unterstützen, Hebelprodukte richtig und optimal einzusetzen und dabei nicht nur die Chancen maximal zu nutzen, sondern auch die mit dem Trading von Hebelprodukten verbundenen Risiken zu kennen, zu beherrschen und auf ein Minimum zu reduzieren. Trading-Einsteiger lernen nicht nur Ein- und Ausstiegsszenarien sowie ein sinnvolles Risiko- und Money-Management kennen, sondern auch den Aufbau und die Vorteile von Hebelprodukten. Zudem geben die Autoren Hilfestellung bei den wichtigsten Kennzahlen und vermitteln Grundkenntnisse in der Fundamental- und in der Chartanalyse.

208 Seiten | Hardcover | 24,99 € (D) | 25,70 € (A) | ISBN 978-3-89879-861-7

# Das große Handbuch der Optionsstrategien

**Andrei Anissimov**

Die meisten Anleger und Trader verlieren, weil sie mit wenig Erfolg versuchen, den Markttrend vorherzusagen. Dieses Buch zeigt in einer Schritt-für-Schritt-Anleitung einen neuen Weg auf, unabhängig von der Marktentwicklung planbare und regelmäßige Einnahmen zu erzielen – und das mit einem Zeitaufwand von nur wenigen Stunden pro Woche. Sie als Trader oder Investor erhalten erprobte Bausteine, um gute Aktien billiger einzukaufen und langfristige, stabile Profite zu generieren. Andrei Anissimov legt die Strategien von Investmentlegenden wie Warren Buffett oder George Soros offen und zeigt, wie Trader dieses Wissen nutzen können.

352 Seiten | Hardcover | 34,99 € (D) | 36,00 € (A) | ISBN 978-3-95972-289-6

# Kryptotrading – erweiterte Ausgabe

**Sascha Huber**

Der Handel mit Kryptowährungen wie Bitcoin, Ethereum & Co. ist ein neuer und aufstrebender Markt, für den sich auch immer mehr Trader begeistern. Tatsächlich lassen sich hier mit der richtigen Strategie hohe und nachhaltige Renditen erzielen. Sascha Huber, selbst erfahrener Krypto-Trader, führt in die Welt der Kryptos ein und gibt Antworten auf die wichtigsten Fragen: Wie erkenne ich interessante Coins und Tokens? Wie vermeide ich Shitcoins? Zudem stellt er verschiedene Methoden für erfolgreiches Trading vor, zeigt Chancen und Risiken der Krypto-Börsen auf und gibt Tipps zum Thema Steuern.

240 Seiten | Hardcover | 30,00 € (D) | 30,90 € (A) | ISBN 978-3-95972-590-3

# Reich mit NFTs

**Mike Hager**

Dieses Buch bietet einen Einstieg ins Thema. Und zwar nicht von einem Theoretiker, sondern von einem Mann der Praxis, Mike Hager, von einigen »NFT-Papst im deutschsprachigen Raum« genannt. NFTs sind ein Risiko-Investment. Doch wo die Risiken groß sind, sind es auch die Chancen. Um erfolgreich zu sein, braucht man fundiertes Know-how über die Kryptowelt und über den Markt der digitalen Assets, seine Akteure und seine Spielregeln. All das bietet dieses Buch so verständlich und beispielreich, dass jeder gleich loslegen kann.

192 Seiten | Softcover | 15,00 € (D) | 15,50 € (A) | ISBN 978-3-95972-578-1

# Handeln wie ein Market Wizard

**Mark Minervini**

Mark Minervini ist seit mehr als 30 Jahren extrem erfolgreich an der Börse unterwegs. Basierend auf seinem selbst entwickelten SEPA-Handelssystem zur Analyse des optimalen Einstiegs in Kombination mit sorgfältigem Risikomanagement, Selbstanalyse und Ausdauer gelang es ihm, fünf Jahre in Folge dreistellige Renditen zu erzielen. Zum ersten Mal überhaupt enthüllt der US-Investitions-Champion Mark Minervini in diesem Buch sein bewährtes System. Egal, ob Sie gerade erst in den Aktienmarkt einsteigen oder schon ein erfahrener Profi sind, Minervini zeigt Ihnen, wie Sie eine bisher unerreichte Performance erzielen können!

336 Seiten | Hardcover | 28,00 € (D) | 28,80 € (A) | ISBN 978-3-95972-512-5